O2O | 高等院校O2O新形态
立体化系列规划教材

办公自动化技术 | 微课版

李可 王庆宇 ◎ 主编
张健 于中海 刘斓波 ◎ 副主编

人民邮电出版社
北京

图书在版编目（CIP）数据

办公自动化技术 : 微课版 / 李可，王庆宇主编. --
2版. -- 北京 : 人民邮电出版社，2017.9（2019.11重印）
高等院校O2O新形态立体化系列规划教材
ISBN 978-7-115-45806-3

Ⅰ. ①办… Ⅱ. ①李… ②王… Ⅲ. ①办公自动化－高等学校－教材 Ⅳ. ①C931.4

中国版本图书馆CIP数据核字(2017)第117964号

内容提要

本书以Windows 7操作系统为平台，结合Office办公软件、工具软件、网络应用和办公设备来实现资料查找与整理、文本信息录入、数据登记与管理以及对文件进行压缩、打印、扫描、复印、放映、传送等操作。

本书由浅入深、循序渐进，首先采用情景导入案例的方式讲解软件知识，然后通过“项目实训”和“课后练习”加强对学习内容的训练，最后通过“技巧提升”来提升学生的综合学习能力。全书通过大量的案例和练习，着重对学生实际应用能力进行培养，并将职业场景引入课堂教学，让学生提前进入工作的角色。

本书适合作为高等教育院校办公自动化相关课程的教材，也可作为各类社会培训学校相关专业的教材，同时还可供Office办公软件初学者自学使用。

◆ 主　　编　李　可　王庆宇
副 主 编　张　健　于中海　刘斓波
责任编辑　桑　珊
责任印制　马振武

◆ 人民邮电出版社出版发行　　北京市丰台区成寿寺路11号
邮编　100164　电子邮件　315@ptpress.com.cn
网址　http://www.ptpress.com.cn
山东百润本色印刷有限公司印刷

◆ 开本：787×1092　1/16
印张：16　　2017年9月第2版
字数：359千字　　2019年11月山东第6次印刷

定价：45.00元

读者服务热线：（010）81055256　印装质量热线：（010）81055316
反盗版热线：（010）81055315
广告经营许可证：京东工商广登字20170147号

前　言

PREFACE

根据现代教育教学的需要，我们于 2014 年组织了一批优秀的、具有丰富的教学经验和实践经验的作者团队编写了本套教材。

教材进入学校已有 3 年的时间，在这段时间里，我们很庆幸这套教材能够帮助老师授课，并得到广大老师的认可；同时，我们更加庆幸，老师们在使用教材的同时，给我们提出了很多宝贵的建议。为了让本套教材更好地服务于广大老师和同学，我们根据一线老师的建议，开始着手教材的改版工作。改版后的教材拥有案例更多、行业知识更全、练习更多等优点。在教学方法、教学内容、教学资源 3 个方面体现出自己的特色，更加适合现代的教学需要。

教学方法

本书根据"情景导入→课堂案例→项目实训→课后练习→技巧提升"5 段教学法，将职业场景、软件知识、行业知识进行有机整合，各个环节环环相扣，浑然一体。

- **情景导入**：本书从日常办公中的场景展开，以主人公的实习情景模式为例引入各章教学主题，并将主题贯穿于课堂案例的讲解中，让学生了解相关知识点在实际工作中的应用情况。教材中设置如下两位主人公。

  米拉：职场新进人员，昵称小米。

  洪钧威：人称老洪，米拉的顶头上司，职场的引路人。
- **课堂案例**：以来源于职场和实际工作中的案例为主线，以米拉的职场路引入每一个课堂案例。因为这些案例均来自职场，所以应用性非常强。在每个课堂案例中，我们不仅讲解了案例涉及的 Office 软件知识，还讲解了与案例相关的行业知识，并通过"职业素养"的形式展现出来。在案例的制作过程中，穿插有"知识提示"和"多学一招"小栏目，提升学生的软件操作技能，扩展知识面。
- **项目实训**：结合课堂案例讲解知识点，结合实际工作的需要进行综合训练。训练注重学生的自我总结和学习，所以在项目实训中，我们只提供适当的操作思路及步骤提示供参考，要求学生独立完成操作，充分训练学生的动手能力。同时增加与本实训相关的"专业背景"让学生提升自己的综合能力。
- **课后练习**：结合本章内容给出难度适中的上机操作题，可以让学生强化、巩固所学知识。
- **提巧提升**：以本章案例涉及的知识为主线，深入讲解软件的相关知识，让学生可以更便捷地操作软件，或者学到软件的更多高级功能。

教学内容

本书的教学目标是循序渐进地帮助学生掌握自动化办公软、硬件的使用和网络应用操作。全书共 12 章，可分为以下 4 个方面的内容进行讲解。

- **第 1 章**：主要讲解办公自动化基础与平台知识，包含办公自动化的功能、办公自动化的技术支持，Windows 7 系统的基本操作等。
- **第 2~8 章**：主要讲解 Word 2010、Excel 2010、PowerPoint 2010 办公软件的使用，包含文档的制作、编辑、审阅和打印，表格制作、数据计算、数据管理、数据分析，演示文稿的制作、美化、设置和放映输出等知识。
- **第 9~11 章**：主要讲解常用办公工具软件的使用、网络应用的操作、办公常用设备的使用等。
- **第 12 章**：综合使用 Office 组件、QQ 通信软件、打印机完成一个案例，通过案例学习办公自动化的流程，提升办公技巧。

平台支撑

人民邮电出版社充分发挥在线教育方面的技术优势、内容优势、人才优势，潜心研究，为读者提供一种“纸质图书 + 在线课程”相配套，全方位学习办公自动化技术的解决方案。读者可根据个人需求，利用图书和“微课云课堂”平台上的在线课程进行碎片化、移动化的学习，以便快速全面地掌握办公自动化技术以及与之相关联的其他软件。

“微课云课堂”目前包含近 50000 个微课视频，在资源展现上分为“微课云”“云课堂”这两种形式。“微课云”是该平台中所有微课的集中展示区，用户可随需选择；“云课堂”是在现有微课云的基础上，为用户组建的推荐课程群，用户可以在“云课堂”中按推荐的课程进行系统化学习，或者将“微课云”中的内容进行自由组合，定制符合自己需求的课程。

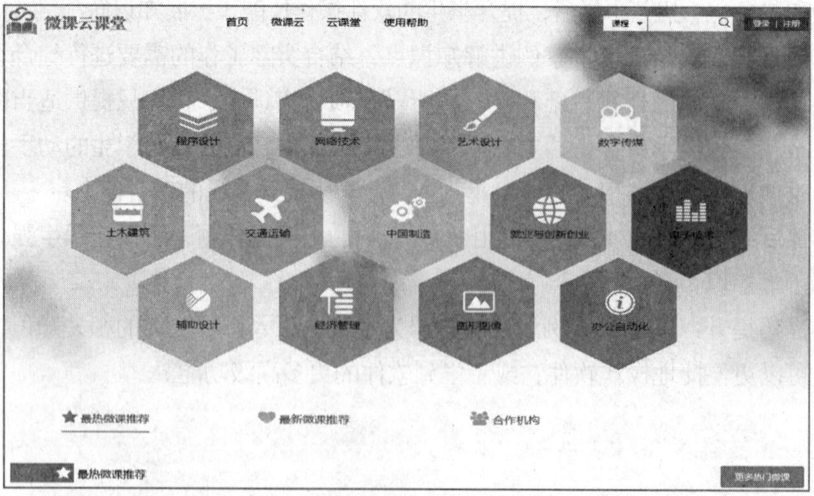

● “微课云课堂”主要特点

微课资源海量，持续不断更新：“微课云课堂”充分利用了人民邮电出版社在信息技术领域的优势，以人民邮电出版社60多年的发展积累为基础，将资源经过分类、整理、加工以及微课化之后提供给用户。

资源精心分类，方便自主学习：“微课云课堂”相当于一个庞大的微课视频资源库，按照门类进行一级和二级分类，以及难度等级分类，不同专业、不同层次的用户均可以在平台中搜索自己需要或者感兴趣的内容资源。

多终端自适应，碎片化移动化：绝大部分微课时长不超过10分钟，可以满足读者碎片化学习的需要；平台支持多终端自适应显示，除了在PC端使用外，用户还可以在移动端随心所欲地进行学习。

● “微课云课堂”使用方法

扫描封面上的二维码或者直接登录“微课云课堂”（www.ryweike.com）→用手机号码注册→在用户中心输入本书激活码（28cad52b），将本书包含的微课资源添加到个人账户，获取永久在线观看本课程微课视频的权限。

此外，购买本书的读者还将获得一年期价值168元的VIP会员资格，可免费学习50000微课视频。

教学资源

本书的教学资源包括以下几个方面的内容。

- **素材文件与效果文件：**包含书中实例涉及的素材与效果文件。
- **模拟试题库：**包含丰富的关于Office办公软件的相关试题，读者可自动组合出不同的试卷进行测试。另外，还提供两套完整的模拟试题，以便读者测试和练习。
- **PPT教案和教学教案：**包括PPT教案和Word文档格式的教学教案，以帮助老师顺利开展教学工作。
- **拓展资源：**包含Word教学素材和模板、Excel教学素材和模板、PowerPoint教学素材和模板、教学演示动画等。

特别提醒：上述教学资源可访问人民邮电出版社人邮教育网（http://www.ryjiaoyu.com/）搜索书名下载，或者发电子邮件至dxbook@qq.com索取。

本书涉及的案例、实训、讲解中的重要知识点都提供了二维码，只需使用手机或平板电脑扫描即可查看对应的操作演示以及知识点的讲解内容，方便灵活运用碎片时间，即时学习。

本书由李可、王庆宇任主编，张健、于中海、刘斓波任副主编，黄荫涛参与编写。虽然编者在编写本书的过程中倾注了大量心血，但恐百密之中仍有疏漏，恳请广大读者不吝赐教。

编　者

2017年7月

目 录

CONTENTS

第 4 章 审校与打印文档 65

第 5 章 制作与编辑表格的基本操作 81

第 6 章 Excel 数据计算与分析 109

第 7 章 制作与编辑演示文稿 135

第 8 章 放映与输出演示文稿 159

第 9 章　常用办公工具软件的使用　173

第 10 章　网络办公应用　191

第 11 章　常用办公设备的使用　213

第 12 章 综合案例——编写广告文案 231

附录 245

CHAPTER 1

第1章 办公自动化基础与操作平台

情景导入

米拉应聘到某公司后，担任该公司行政助理一职，开始在这个岗位上实习。为了快速适应行政助理的工作，出色地完成任务，米拉决定开始学习办公自动化的相关知识，以此充实自己。

学习目标

- 熟悉办公自动化实现的功能和技术支持。

  如文字处理、数据处理、图形图像处理、通信功能、文件处理、办公自动化的硬件构成、办公自动化的软件分类等。

- 掌握计算机自动化办公平台——Windows 7 的基本操作。

  如启动与退出 Windows 7、使用鼠标操作 Windows 7、Windows 7 系统桌面的操作以及认识并操作 Windows 7 的 3 大元素等。

案例展示

▲自动化办公硬件设备

▲ Windows 7 操作系统桌面

1.1 办公自动化的功能

办公自动化（Office Automation，OA）也称为无纸化办公，它是一种将现代化办公和计算机网络功能结合起来的新型办公方式，也是信息化社会的必然产物。随着三大核心支持技术——网络通信技术、计算机技术和数据库技术的成熟，办公自动化已具有以下 4 个方面的特点。

- **集成化**：软、硬件及网络的集成，人与系统的集成，单一办公系统同社会公众信息系统的集成，因此组成了“无缝集成”的开放式系统。
- **智能化**：面向日常事务处理，辅助人们完成智能性劳动，如汉字识别、辅助决策等。
- **多媒体化**：包括数字、文字、图像、声音和动画的综合处理。
- **运用电子数据交换（EDI）**：通过计算机网络，在计算机间进行交换和自动化处理。

一般办公室中都会进行大量的文件处理业务，如公文、表格和演示文稿的制作与管理等，办公自动化将这些独立的办公职能一体化，提高自动化程度，从而提高办公效率，也获得了更大的效益，创造了无纸化办公的优越环境。办公自动化系统的基本功能如图 1-1 所示。下面对其功能进行介绍。

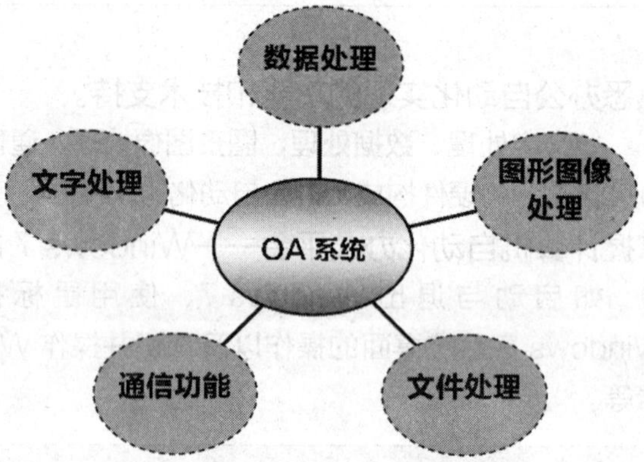

图 1-1 办公自动化系统功能示意图

1.1.1 文字处理

文字工作是办公室的主要工作之一，文字处理就是利用计算机处理文字工作，如常见的使用 Word 制作文档就属于文字处理，其工作流程如图 1-2 所示。

图 1-2 文字处理一般流程

1. 输入与编辑文字

在文字处理软件中可任意输入汉字、英文和数字等，并对其进行相应的编辑操作，主要包括设置文本格式，复制、粘贴、查找与替换文本等，还可根据需要在文档中添加图片等对象，以增加文档的观赏性。图 1-3 所示为使用 Word 制作的演奏会节目单。

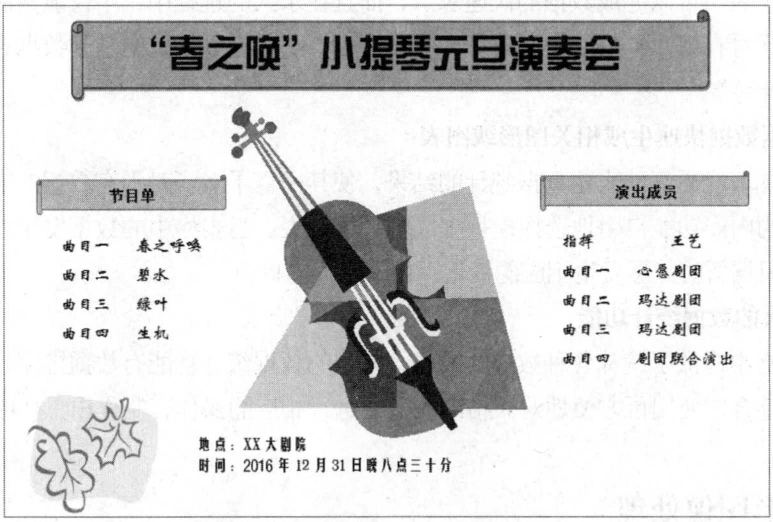

图 1-3 使用 Word 制作的文档效果

知识提示

美化文档的尺度

制作的办公文档格式应符合相应的规范和要求，在使用图片时应与主题相符，不宜制作得过于花哨。

2. 文档版式编辑

在一篇文档中完成基本的文字输入和编辑操作后，还可设置文档的版式，完善文档制作效果。版式的设计主要包括设置文档页面中的各项参数，包括分栏、页码格式以及页眉和页脚等。通过版式的设计可使文档更加美观、规范和专业。

3. 表格制作

表格是一种非常直观的表达方式，使用表格进行表达的效果往往比使用一段文字更清楚。在 OA 系统中使用表格并对其进行格式设置，不仅可以美化文档，还能增加文档的说服力。

4. 文档的智能检查

在常见的各种文字处理软件中都提供了基本字典和自定义字典，以及用户自定义的词库，通过使用这些工具可对文档进行拼写和语法检查，以确保用户在编辑文档时及时纠正出现的错误。

1.1.2 数据处理

数据处理是信息处理的基础，它是指将科学研究、生产实践和社会活动等各个领域的原始数据，用一定的设备和手段，按一定的目的加工成另一种形式的数据，即利用计算机对数据进行收集、存储、加工和传播等一系列活动的组合。

1. 方便快捷的数据录入

一个电子表格可以完成数据的快速录入，而且在录入的过程中，不仅能灵活地插入数据行或列，还能对有规律的数据实现自动生成，并根据函数生成特定的基于数据表的数据，同时进行自动计算等。

2. 根据数据快速生成相关图形或图表

图形或图表能更好地表达数据统计的结果，使其一目了然。对于有数据的电子表格，可根据其强大的内嵌功能自由地选择模板生成图形或图表。当表格中的数据发生变化时，图形或图表也会根据新的数据发生相应的变化，便于数据的更新。

3. 强大的数据统计功能

电子表格中提供了统计各种数据的方法，常用的数据统计功能有数据排序、筛选和分类汇总等，通过合理使用可方便地对表格中的数据进行相应的操作，制作出工作中需要的各种表格。

1.1.3 图形图像处理

将信息转换成图形来描述，有助于用户理解具体情况、加深印象、提高速度。图形是指静态图形或影像，图像则是指随时间而不断变化的动态图形。图形图像处理的基本流程如图 1-4 所示。

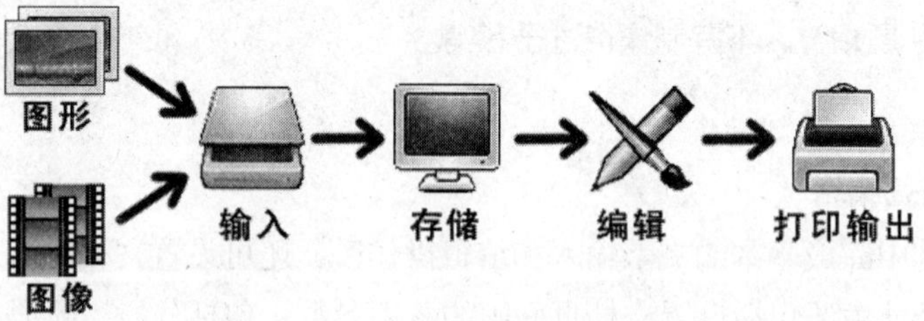

图 1-4 图形图像处理的基本流程

1. 图形和图像的输入

图形和图像的输入是图形图像处理的基础。图形和图像的输入方式有很多种，常见的图形输入方式有鼠标、数字化图形板和扫描仪等，常见的图像输入方式有扫描仪和数码相机等。

2. 图形和图像的存储和编辑

图形和图像的存储是将输入的图形或图像存储到计算机中的某个位置，存储之后即可对其进行编辑，包括裁剪大小、调整色调和转换格式等。

3. 图形和图像的输出和传送

对图形和图像进行处理后，即可将其输出到终端，常见的输出方式为打印机等。

4. 图形的识别

图形的识别是指对图形的判定和区分，是图形图像处理的重要功能，如文字符号的识别和指纹鉴定等。

1.1.4 通信功能

OA 系统的通信功能实现了各个部门间的协同工作，与传统的办公系统相比，办公效率更高。OA 通信功能主要包括及时提醒、远程通信、远程监控和屏幕互换 4 个方面。

当工作人员远离办公室，而又需要了解单位的某些数据时，即可通过网络远程连接计算机来完成相关办公事宜，如图 1-5 所示。

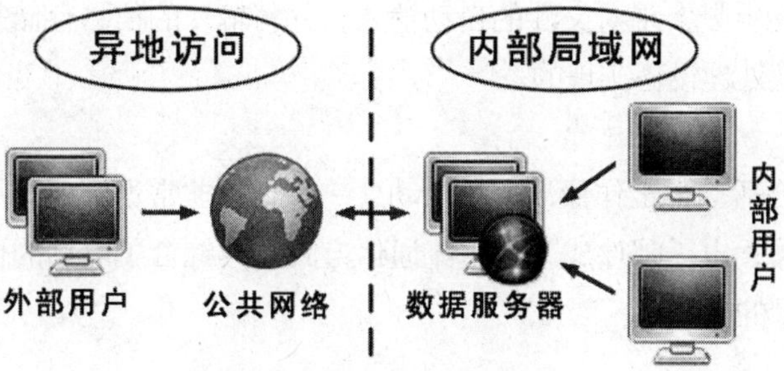

图 1-5 使用通信功能协同办公

1.1.5 文件处理

在任何企事业单位中，文件处理都是一项重要工作。传统的手工文件处理方式不仅效率低、消耗大，而且会占用工作人员大量时间进行分发、追踪和催办，已经无法满足办公自动化和远程办公的要求。OA 系统的文件处理系统真正实现了数字化办公，大大提高了工作效率，其主要有以下两种功能。

- **资源共享**：利用 OA 系统的网络可使内部成员方便地共享文件，经过授权的用户可通过访问网络资源来获取文件。
- **文件处理流程系统化**：在传统的文件处理流程中，需要专门的人员进行分发或催办工作，而在 OA 系统中，可通过基于 OA 网络的文件处理系统真正实现网络化处理，有效缩减处理时间，如图 1-6 所示。

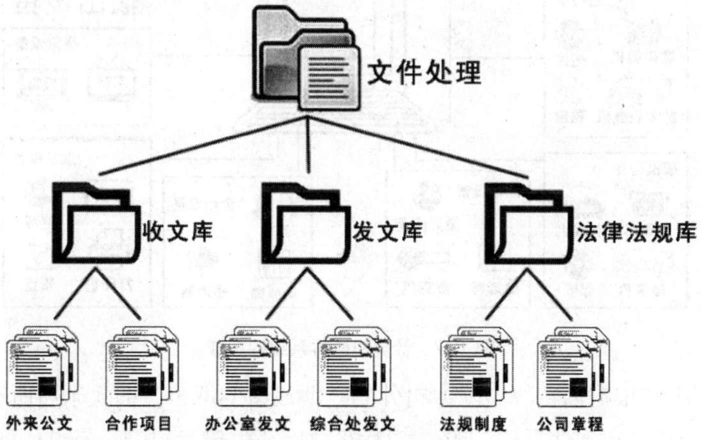

图 1-6 文件处理系统

文件处理主要指对文件这一整体形式进行的各种处理，如文件的复印、输入、存储、管理和传输，以及邮件处理等。

1. 收发文件管理

收发文件管理主要负责公文的拟定、收发、审批、归档、查询检索和打印等工作的全程处理，可实现文档发送自动化。

2. 文件输入和存储

文件输入和存储就是实现对文件的自动输入，并将输入的信息存储起来。典型的文件输入和存储是通过缩微处理设备实现的。

3. 邮件处理

通信工作是办公活动中工作量最大的活动之一，具有非常重要的作用。随着计算机、通信和网络技术的发展，电子邮件成为了主流通信方式，其综合了电话的传递信息迅速和邮政信件提供的文字记录的优点。

1.2 办公自动化的技术支持

在办公自动化中，计算机的应用是最重要，也是最广泛的，它是信息处理、存储与传输必不可少的设备。办公自动化设备由硬件和软件两大部分组成，硬件即计算机和外部设备等实体，软件指安装在计算机上的各种程序，如 Windows 操作系统、Office 办公软件和各种工具软件等。要想发挥办公自动化的各种功能，硬件和软件缺一不可。

1.2.1 办公自动化系统的硬件

一个完整的办公自动化硬件系统由计算机主机、输入 / 输出设备、控制设备和各类功能卡等组成，图 1-7 所示为硬件系统的组成。

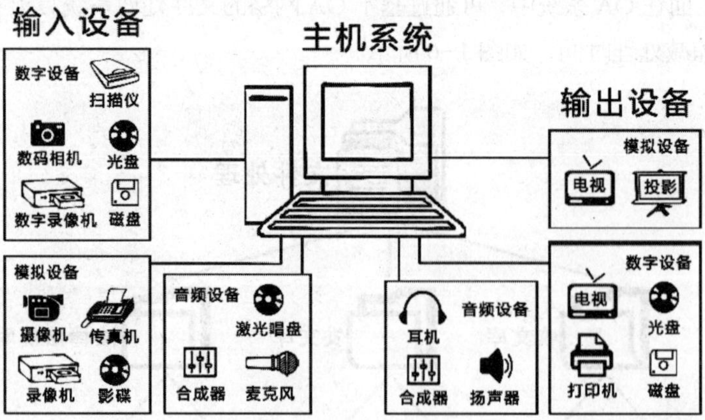

图 1-7　计算机硬件系统的组成

在实际应用中常根据需要决定除主机外的其他设备的取舍，而无须将所有的设备都购置和接入。最常见的计算机硬件系统一般包括主机、显示屏、键盘、鼠标、音响、耳机和摄像头等，如图 1-8 所示。

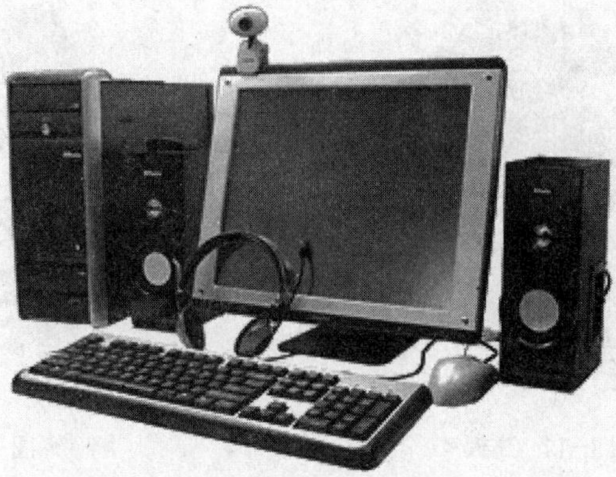

图 1-8　常见的计算机硬件系统

- **主机箱**：主机箱是计算机硬件的载体。计算机自身的重要部件都放置在机箱内，如主板、硬盘和光驱等。质量较好的机箱拥有良好的通风结构和合理布局，这样不仅有利于硬件的放置，也有利于计算机散热，其外观如图 1-9 所示。
- **电源**：电源是计算机的供电设备，为计算机中的其他硬件，如主板、光驱、硬盘等提供稳定的电压和电流，使其正常工作，其外观如图 1-10 所示。

多学一招

查看硬件型号

若需要了解硬件的型号，可查看硬件产品的说明书、包装盒或产品表面；使用硬件检测工具软件（如 EVEREST 或 360 硬件大师等）也可查看硬件设备的芯片或型号。

图 1-9　主机箱

图 1-10　电源

- **主板**：主板又称主机板、系统板或母板（motherboard）。主板上集成了各种电子元件和动力系统，包括 BIOS 芯片、I/O 控制芯片和插槽等。主板的好坏决定着整个计算机的好坏，主板的性能影响着计算机工作的性能，其外观如图 1-11 所示。
- **CPU**：CPU 是中央处理单元的缩写，简称为微处理器，CPU 是计算机的核心，负责处理、运算所有数据。CPU 主要由运算器、控制器、寄存器组和内部总线等构成，其外观如图 1-12 所示。

图 1-11　主板

图 1-12　CPU

- **硬盘**：硬盘是计算机重要的存储设备，能存放大量的数据，且存取数据的速度也很快。硬盘主要有存放大小、接口类型和转速等参数。目前常用的是机械硬盘，即通常所说的普通硬盘，而市场上新兴的固态硬盘也越来越受到消费者的青睐，与普通硬盘相比，其运行速度更快，但是价格相对较贵，容量较小，两种硬盘的外观如图 1-13 所示。

① 普通硬盘

② 固态硬盘

图 1-13　普通硬盘和固态硬盘

- **内存条**：内存条是 CPU 与其他硬件设备沟通的桥梁，用于临时存放数据和协调 CPU 的处理速度，其外观如图 1-14 所示。内存越大，计算机处理能力越强，速度也越快。
- **显示器**：显示器是计算机重要的输出设备，如今，办公领域中普遍使用液晶显示器。液晶显示器更加轻便，而且能有效地减少辐射，其外观如图 1-15 所示。

图 1-14　内存条

图 1-15　液晶显示器

- **网卡**：网卡又称网络适配器，是用于网络和计算机之间接收和发送数据信息的设备。网卡分为独立网卡和集成网卡两种，图 1–16 所示为独立网卡的外观。
- **显卡**：显卡又称显示适配器或图形加速卡，主要用于计算机中的图形与图像的处理和输出，数字信号经过显卡转换成模拟信号后显示器才能显示图像。显卡也分为独立显卡和集成显卡两种，图 1–17 所示为独立显卡的外观。

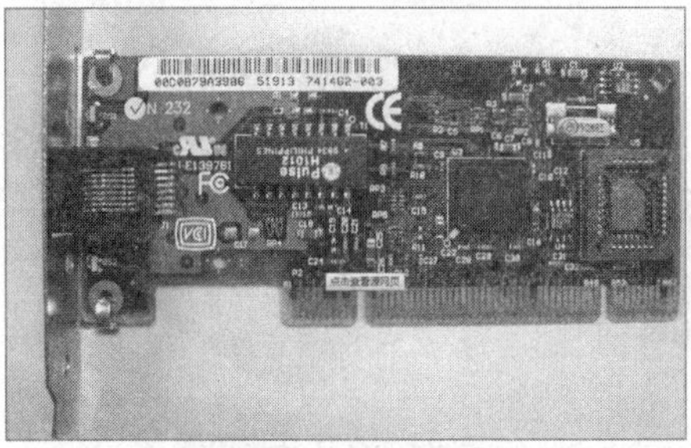

图 1–16　独立网卡

图 1–17　独立显卡

- **鼠标和键盘**：鼠标和键盘是最基本的输入设备，通过它们用户可向计算机发出指令进行各种操作，鼠标和键盘的操作是学习计算机最基本的操作，后面的章节将会对其进行详细介绍，其外观如图 1–18 所示。

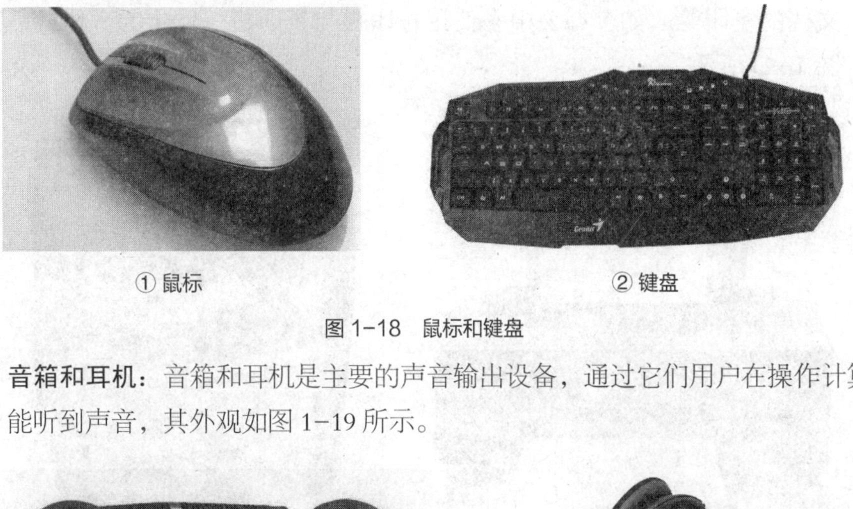

① 鼠标　　② 键盘

图 1–18　鼠标和键盘

- **音箱和耳机**：音箱和耳机是主要的声音输出设备，通过它们用户在操作计算机时才能听到声音，其外观如图 1–19 所示。

① 音箱　　② 耳机

图 1–19　音箱和耳机

- **光驱**：光驱是光盘驱动器的简称，它可读取光盘中的信息，然后通过计算机将其重现，其外观如图 1-20 所示。
- **扫描仪**：扫描仪是一种可以将实际工作中的文字或图片输入到计算机中的工具，它诞生于 20 世纪 80 年代初，是一种光机电一体化设备。扫描仪可分为手持式扫描仪、平板式扫描仪和滚筒式扫描仪等，图 1-21 所示为常见的扫描仪。

图 1-20　光驱

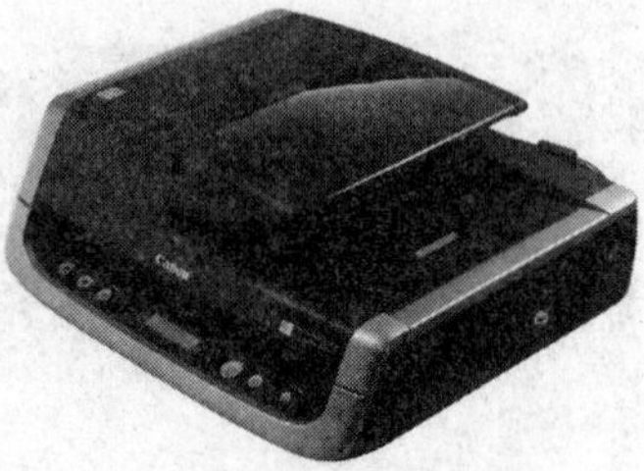

图 1-21　扫描仪

- **打印机**：打印机是文秘办公中必不可缺的办公设备之一，它可以打印文件、合同、信函等各种文稿。按其工作原理，可以分为针式打印机、喷墨打印机和激光打印机 3 种，现在普遍使用的是喷墨打印机和激光打印机，图 1-22 所示为激光打印机。
- **复印机**：复印机可以复印文件，在办公中也会经常使用，如身份证复印、各种职称文凭的复印等。如今办公中多使用打印机与复印机一体化的一体机，其外观如图 1-23 所示。

图 1-22　激光打印机

图 1-23　一体机

1.2.2 办公自动化系统的软件

计算机软件是计算机的灵魂，利用计算机进行的各种操作实际上都需要通过计算机上的软件来完成。计算机软件可以分为系统软件、工具软件和专业软件 3 大类。

- **系统软件**：系统软件是其他软件的使用平台，其中最常用的是 Windows 操作系统，图 1-24 所示为 Windows 操作系统之一的 Windows 7 系统软件的外包装图。计算机中必须安装系统软件才能为其他软件提供使用平台。

- **工具软件**：工具软件的种类繁多，这类软件的特点是占用空间小、实用性强，如“暴风影音”视频播放器软件、“ACDSee”图片管理软件等。
- **专业软件**：专业软件是指拥有某一领域的强大功能的软件，这类软件的特点是专业性强、功能多，如 Office 办公软件是办公用户的首选，Photoshop 图形图像处理软件是设计领域常用的专业软件。图 1-25 所示为 Office 2010 办公软件的外包装图。

图 1-24　Windows 7 外包装

图 1-25　Office 2010 外包装

知识提示

获取软件与序列号

系统软件和专业软件的程序文件可通过购买光盘、官方网站或购买专业书籍获赠等途径获得。安装使用系统软件和专业软件时，部分软件需要对应的序列号，用户若购买了正版的软件，在包装盒上即可查看到有效序列号。

1.3 计算机自动化办公平台——Windows 7 的基本操作

计算机是办公自动化重要的设备，而要使计算机发挥巨大作用，就需要安装操作系统，操作系统是办公自动化的重要平台，几乎所有的办公自动化操作都是围绕其进行。目前，实际办公中一般使用 Windows 操作系统，常见的 Windows 操作系统包括 Windows XP、Windows 7、Windows 8 和 Windows 10，从性能和界面美观性等方面考虑，办公中普遍使用 Windows 7 操作系统，本书将以 Windows 7 操作系统为基础进行知识讲解。

1.3.1 启动与退出 Windows 7

要使用 Windows 7 办公必须先启动计算机进入操作系统，计算机的启动类似于启动电视，只是其所需时间更长，而正常关闭计算机退出操作系统的方法不同于关闭电视的方法。下面介绍启动与退出 Windows 7 的方法，其具体操作如下。

微课视频

启动与退出 Windows 7

（1）接通电源后，首先按下显示器的电源按钮开启显示器，然后按下主机的电源按钮，计算机将自动启动。

（2）按下电源按钮后，计算机将进入自检状态，稍等片刻，计算机成功启动后将进入其桌面，此时通过键盘和鼠标便可以轻松操作计算机了，如图 1-26 所示。

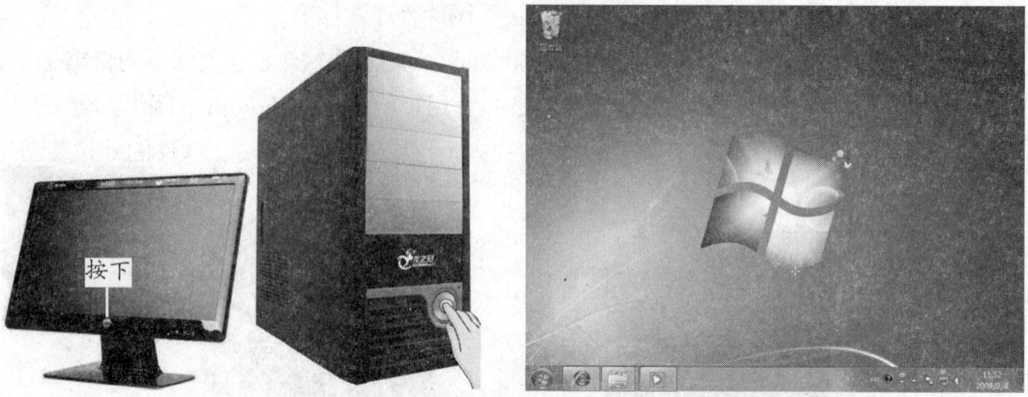

图 1-26　启动计算机进行入 Windows 7

（3）将屏幕上的鼠标指针移动到屏幕左下角的按钮上，然后单击鼠标左键，弹出“开始”列表，再将鼠标指针移动到关机按钮上，单击鼠标左键即可关闭计算机退出 Windows 7 操作系统，如图 1-27 所示。

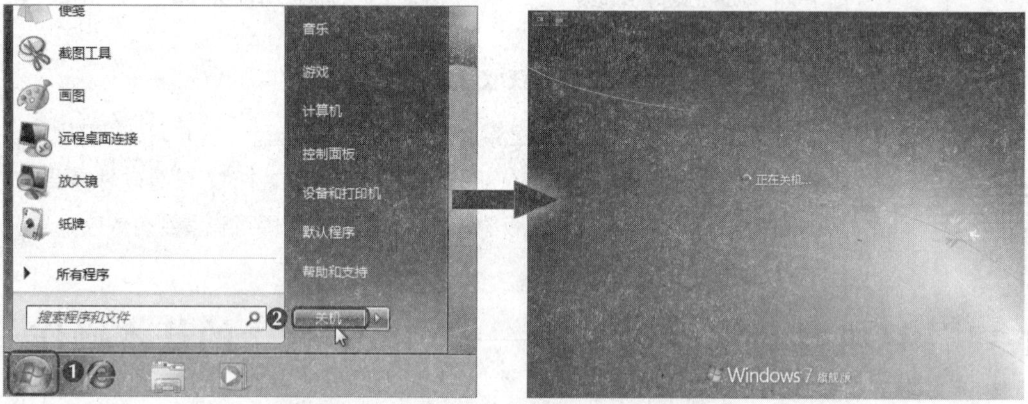

图 1-27　关闭计算机退出 Windows 7 操作系统

多学一招

进入睡眠与重新启动

当暂时不使用计算机时，可单击关机按钮右侧的按钮，在弹出的列表中选择“睡眠”选项，使计算机进入睡眠节能状态。当计算机遇到某些故障时，可单击关机按钮右侧的按钮，在弹出的列表中选择“重新启动”选项，让系统自动修复故障并重新启动计算机。

1.3.2　使用鼠标操作 Windows 7

微课视频

使用鼠标操作 Windows7

启动计算机进入系统后，便可对其进行操作。要操作 Windows 7 系统，必须能熟练地使用计算机的主要输入设备——鼠标，只有能熟练操作鼠标，才能更好地利用计算机进行各种活动。下面介绍鼠标在 Windows 7 系统中的各类操作。

- **单击**：单击是指用食指按一下鼠标左键，通常用于选择某个对象，如图 1-28 所示。
- **右击**：右击是指用中指按一下鼠标右键，会弹出一个快捷菜单供用户选择操作命令，如图 1-29 所示。
- **双击**：双击是指快速连续地按两次鼠标左键，通常是打开某个对象，如窗口、程序等，如图 1-30 所示。

图 1-28　单击鼠标

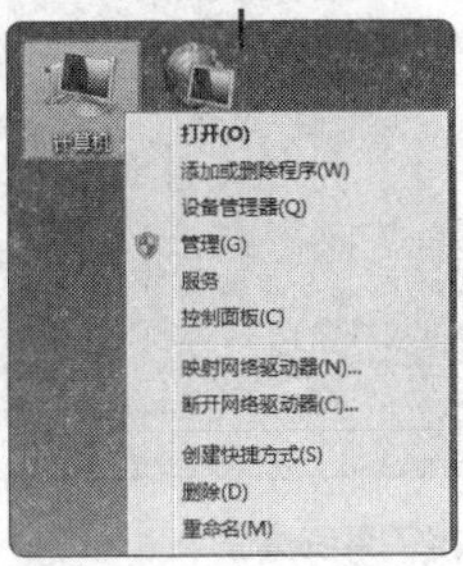

图 1-29　右键单击鼠标

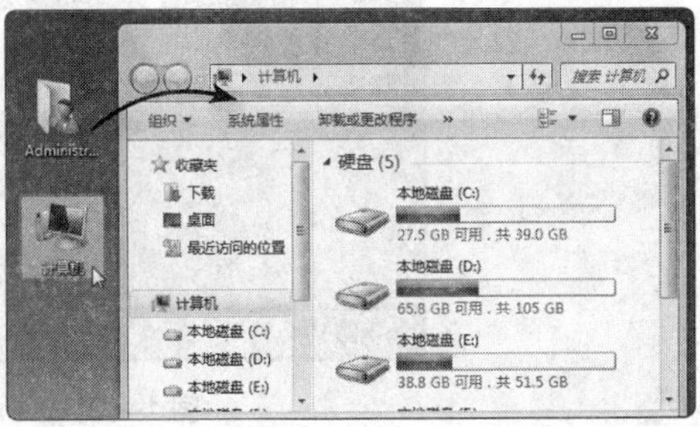

图 1-30　双击鼠标

- **滚动**：滚动滚轮是使用食指或中指滚动鼠标中间的滚轮，用于显示窗口中其他未显示完全的部分，如图 1-31 所示。
- **拖动**：拖动鼠标，是用食指按住鼠标左键不放，拖动鼠标以拖动目标对象，如图 1-32 所示。

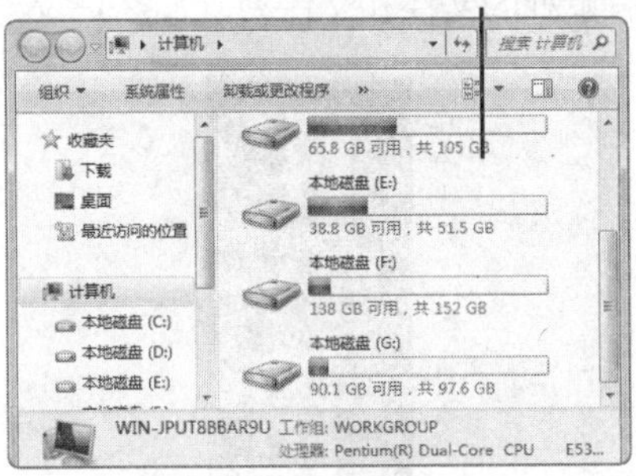

图 1-31　滚动鼠标

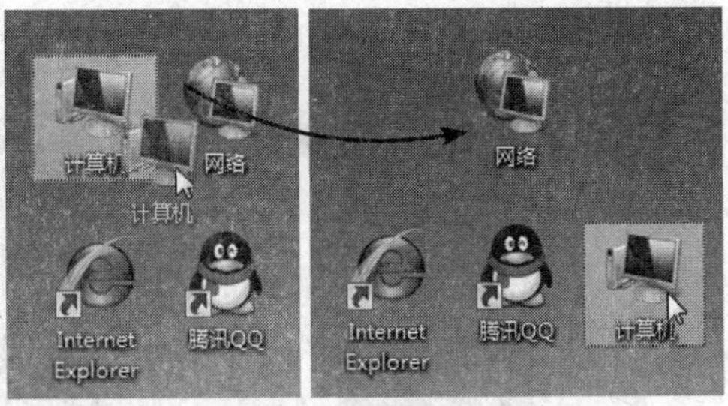

图 1-32　拖动鼠标

知识提示

鼠标指针的含义

在操作鼠标的过程中，鼠标指针的形状并非一成不变的，默认鼠标指针为形状，当指针变为形状时表示系统正在执行某操作，要求用户等待；当指针变为形状时表示系统处于忙碌状态，不能再进行其他操作；当指针呈形状时表示鼠标指针所在的位置是一个超链接，单击将进入该链接；在移动窗口或对象时，指针则呈形状，用于移动整个窗口或对象的位置。

1.3.3 Windows 7 系统桌面的操作

进入计算机后屏幕上显示的即为桌面，它是用户对计算机进行操作的入口，桌面主要包括桌面背景、桌面图标和任务栏 3 大部分，如图 1-33 所示。

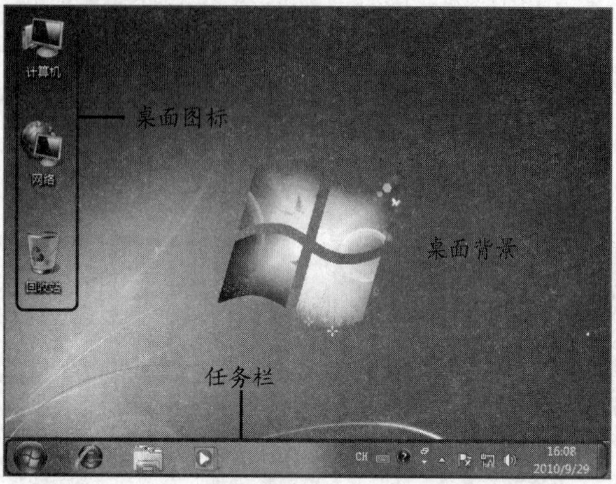

图 1-33　Windows 7 系统桌面

- **桌面背景**：桌面背景是在屏幕上显示出来的直观表现，相当于一个人的脸面。桌面背景可以是颜色、图案，也可以是一组幻灯片程序，根据个人喜好还可以设置为自己喜欢的背景。
- **桌面图标**：桌面图标是打开某个程序的快捷途径，用户可通过桌面图标快速打开其对应的程序。桌面图标有系统图标“计算机”“网络”等，如图 1-34 所示，还包括一些程序的快捷图标，如图 1-35 所示，也有单独的文件和文件夹，如图 1-36 所示。

图 1-34　系统图标

图 1-35　快捷图标

图 1-36　文件和文件夹图标

- **任务栏**：任务栏位于桌面的底部，由“开始”按钮、任务区、通知区和“显示桌面”按钮 4 部分组成，如图 1-37 所示，其中“开始”按钮用于打开“开始”菜单；任务区用于显示已打开的程序或文件，并可以在它们之间进行快速切换；通知区包括时钟以及一些告知特定程序和计算机设置状态的图标；单击“显示桌面”按钮，将最小化其他窗口快速显示桌面。

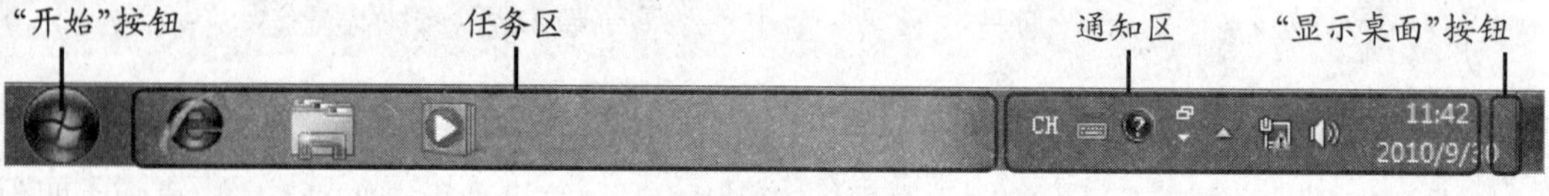

图 1-37　任务栏

1. 设置桌面背景

微课视频
设置桌面背景

在办公中为 Windows 7 设置精美的桌面背景，不仅可以保护办公人员的视力，同时，在繁忙重复的工作中看到系统桌面，能使心情轻松愉悦，没有压迫感。下面将 Windows 7 的桌面背景设置为一张风景图片，其具体操作如下。

（1）在系统桌面上单击鼠标右键，在弹出的快捷菜单中选择“个性化”命令，如图 1-38 所示。

（2）打开“个性化”窗口，单击下方的“桌面背景”超链接，如图 1-39 所示。

图 1-38 选择“个性化”命令

图 1-39 单击“桌面背景”超链接

（3）打开“桌面背景”窗口，在列表框中选择背景图片，单击保存修改按钮，如图 1-40 所示。

（4）返回到“个性化”窗口，单击 x 按钮关闭该窗口，返回桌面后可看到桌面背景已经应用了所选的图片，如图 1-41 所示。

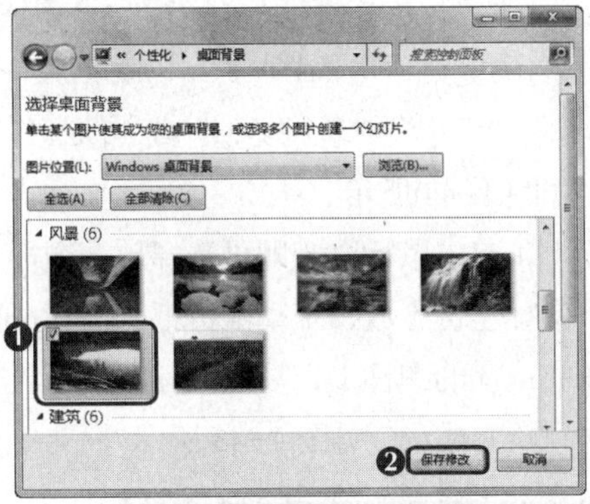

图 1-40 选择背景图片

图 1-41 应用所选图片

2. 添加系统图标

微课视频
添加系统图标

为了提高使用计算机时各项操作的速度，可以根据需要添加系统图标，以此打开相应的窗口，其具体操作如下。

（1）打开“个性化”窗口，单击导航窗格的“更改桌面图标”超链接，如图 1-42 所示。

（2）打开“桌面图标设置”对话框，单击选中需要添加图标对应的复选框，如图 1-43 所示，单击 确定 按钮，完成添加图标的操作。

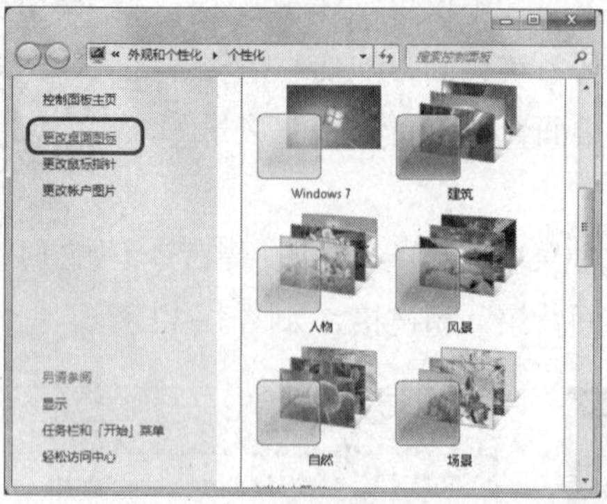

图 1-42　单击“更改桌面图标”超链接

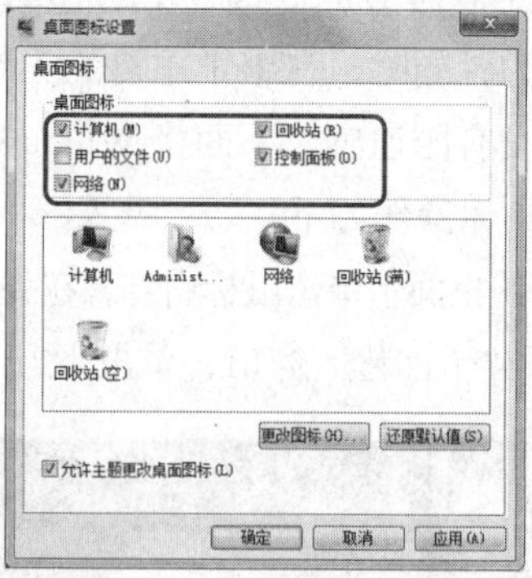

图 1-43　添加系统图标

> **多学一招**
>
> **添加程序快捷图标**
>
> 在“开始”菜单中“所有程序”区的软件程序对应的选项上单击鼠标右键，在弹出的快捷菜单中选择“发送到”命令，在子菜单中选择“桌面快捷方式”命令，可添加软件的快捷图标。

3. 排列桌面图标

微课视频：排列桌面图标

在办公中，随着安装软件的增多，桌面上的图标会逐步增加，为了工作方便，会将一些文件放置在桌面上，为了不使桌面看起来凌乱无章，用户可对桌面图标进行排列，排列图标的方法有手动排列和自动排列两种，下面分别进行介绍。

- **自动排列**：在桌面单击鼠标右键，在弹出的快捷菜单中选择“排序方式”命令，在子菜单中选择“名称”“大小”“项目类型”或“修改日期”命令，会根据选择的方式进行自动排列，如图 1-44 所示。
- **手动排列**：将鼠标光指针移动到某个图标上，单击鼠标左键即可选择单个图标，选择多个图标则需在图标附近的空白处按下鼠标左键不放，拖动鼠标框选需要选择的图标，然后再释放鼠标。将鼠标指针放在需选择的图标上，按住鼠标左键不放，拖动鼠标到目标位置后释放，图标便被移动到新的位置，如图 1-45 所示。

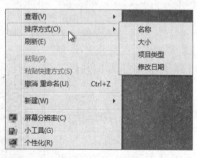

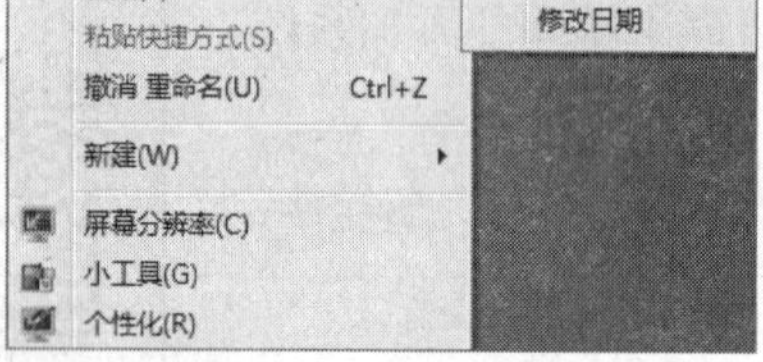

图 1-44　自动排列

图 1-45　手动排列

4. “开始”菜单的使用

单击桌面左下角的“开始”按钮，会弹出一个“开始”菜单，计算机中大多数程序都可以从这里开始执行。即使桌面上没有显示的文件或程序，通过“开始”菜单也能轻松找到，它是操作计算机的重要门户。开始菜单主要由高频使用区、所有程序区、搜索区、用户信息区、系统控制区和关闭注销区 6 部分组成，如图 1-46 所示，下面分别进行介绍。

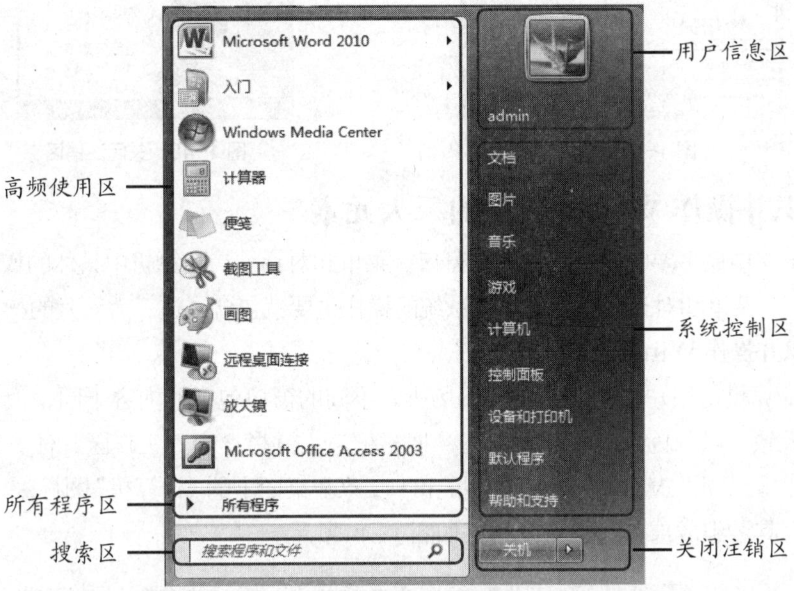

图 1-46 “开始”菜单

- **高频使用区**：根据用户使用程序的频率，Windows 会自动将使用频率较高的程序显示在该区域中，以便用户能快速地启动所需程序。
- **所有程序区**：选择“所有程序”选项，其上方显示高频使用程序的区域将显示计算机中已安装的所有程序的启动图标或程序文件夹，单击某个选项可以启动相应的程序或展开文件夹，此时“所有程序”选项变为“返回”选项。
- **搜索区**：“开始”菜单的最下方有一个“搜索”文本框，在其中输入关键字后，系统将搜索计算机中所有相关的文件、程序等信息，并将搜索结果显示在上方的区域中，单击即可打开程序、文件或文件夹，如图 1-47 所示。
- **用户信息区**：位于“开始”菜单的右上角，显示了当前用户的图标和用户名，单击图标将打开“用户账户”窗口，通过该窗口可更改用户账户的信息，单击用户名将打开当前用户的用户文件夹。
- **系统控制区**：位于“开始”菜单右侧，它显示了“文档”“计算机”“网络”和“控制面板”等系统选项，通过它们可以快速打开或运行一些文件，以及安装和删除程序等，便于用户管理计算机中的资源。
- **关闭注销区**：用于关闭、重新启动、注销计算机或锁定计算机以及使计算机进入睡眠状态等操作，单击关机按钮时将直接关闭计算机，单击其右侧的按钮，在弹出的菜单中将出现更多的操作选项，选择任一选项将执行相应的命令，如图 1-48 所示。

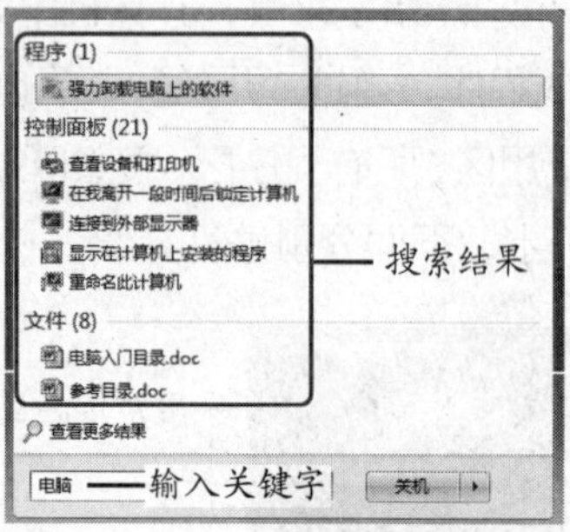

图 1-47　搜索区

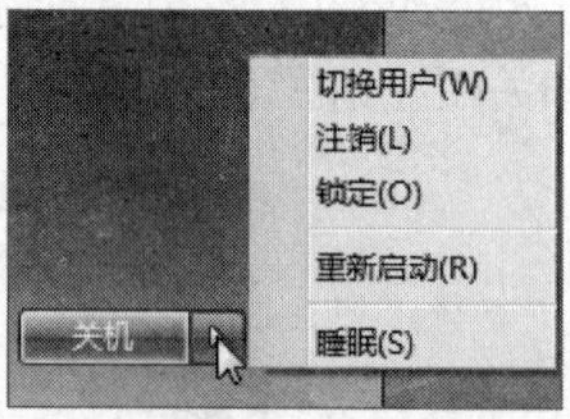

图 1-48　关闭注销区

1.3.4　认识并操作 Windows 7 的三大元素

Windows 7 中最主要的组成部分就是窗口、菜单和对话框，计算机中具体的操作和设置都需要通过窗口、菜单和对话框实现。学习系统的操作主要就包含了这三大元素的操作方法。

1．认识并操作 Windows 窗口

窗口是计算机与用户之间的主要交流场所，不同的窗口包含的内容不同，但其组成结构基本相似。大致可以分为控制栏、地址栏、搜索框、工具栏、窗口工作区、任务窗格和状态栏等部分，如“计算机”窗口就是一个典型的窗口，双击桌面上的“计算机”图标，可打开“计算机”窗口，其各组成部分的作用介绍，如图 1-49 所示。

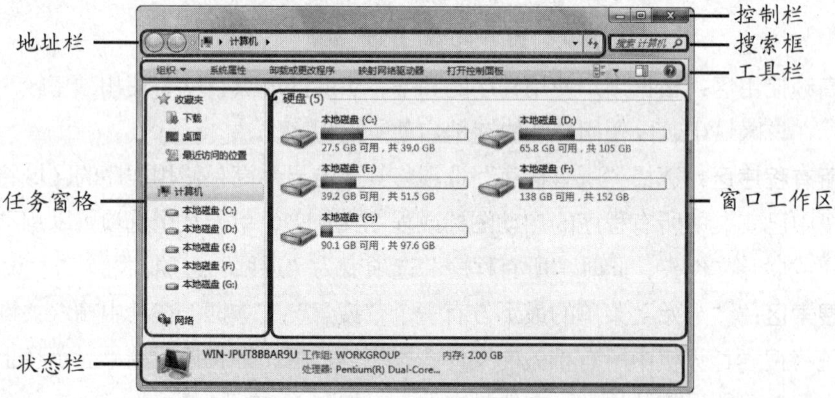

图 1-49　“计算机”窗口

- **控制栏**：也称标题栏，位于窗口顶部，其右侧有控制窗口大小和关闭窗口的按钮，单击按钮将使窗口在屏幕上以最大化状态显示，最大化显示后，按钮变为按钮，单击该按钮将还原窗口大小；单击按钮则使窗口最小化到任务栏；单击按钮可关闭窗口。
- **地址栏**：用于显示当前窗口的名称或具体路径，单击其左侧的或按钮可跳转到前一个或后一个窗口，在地址栏中单击按钮，在弹出的列表中选择相应的地址可以快速切换至相应的地址。

- **搜索框**：在搜索框中输入关键字，单击🔍按钮，系统将在当前窗口的目录下搜索相关信息。
- **工具栏**：提供一些常用的命令，并将这些命令以菜单和按钮的方式显示。每个菜单项中包含有若干菜单命令，选择某个命令可执行相应的操作。在不同的窗口中，工具栏中的菜单和按钮也有所不同。
- **窗口工作区**：位于任务窗格右边，用于显示当前的操作对象，在“计算机”窗口中，用户可以通过依次双击图标打开所需窗口或启动某个程序。
- **任务窗格**：其中包括“收藏夹”栏、“计算机”栏和“网络”栏。单击各栏中相应的选项将在右侧的工作区中快速显示相关内容。
- **状态栏**：位于窗口最下方，用于显示当前选择目标的提示信息和工作状态。

微课视频

认识并操作 Windows 窗口

对窗口自身进行操作可使在 Windows 7 中进行其他操作更方便，主要包括改变窗口大小、移动窗口、切换窗口等，其具体操作如下。

（1）窗口在还原状态时，将鼠标指针移动到窗口四边或四角上，当其变为↕、⇔、⤢或⤡形状时按住鼠标左键并向各个方向拖动，可改变窗口的大小，如图 1-50 所示。

（2）移动窗口的方法是将鼠标指针移动到窗口控制栏空白处，按住鼠标左键并拖动窗口到目标位置释放鼠标。窗口可以移动到桌面的任意位置，如图 1-51 所示。

（3）当计算机中同时打开多个窗口时，需要在不同窗口间切换，一般可以在任务栏上进行切换。默认情况下，窗口在任务栏上是分类叠放在一起的，可以单击需要切换的窗口所属类的图标，再在弹出的菜单中选择并单击目标窗口即可，如图 1-52 所示。

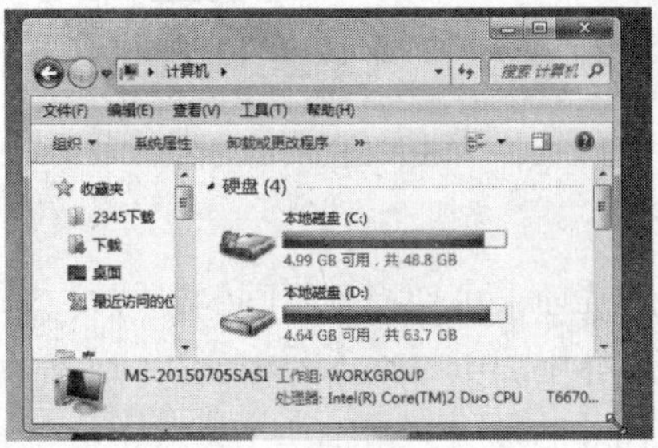

图 1-50　改变窗口大小

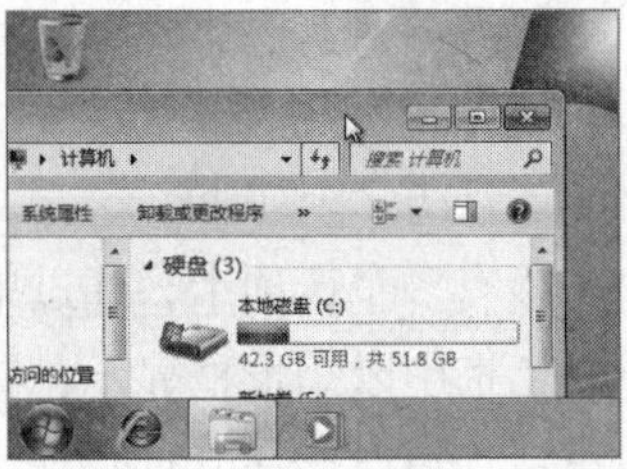

图 1-51　移动窗口

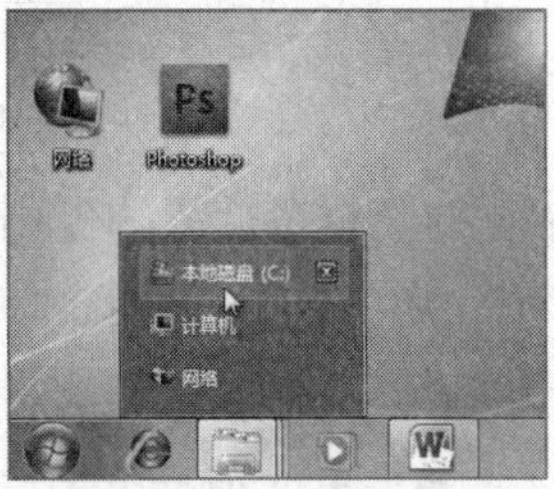

图 1-52　切换窗口

2. 认识并操作菜单

在计算机操作中菜单随处可见，通过菜单，用户可以方便快捷地对系统进行操作，菜单具有直观、易操作的特点。除了“开始”菜单，通常还包括快捷菜单和软件菜单。

- **快捷菜单**：快捷菜单是对某个对象进行操作时对应命令的菜单。在不同窗口或程序中单击鼠标右键，在弹出的菜单中选择某个命令可进行相应操作。如命令下还包含子菜单，继续选择子菜单中的命令即可，如图 1-53 所示。
- **软件菜单**：软件菜单是相对于某个软件或程序的，每种软件的菜单不尽相同，但却是使用软件时必不可少的工具。其使用方法和快捷菜单相似，在软件程序中单击某个菜单项，在弹出的菜单中选择某个命令即可执行相应的操作，如图 1–54 所示。

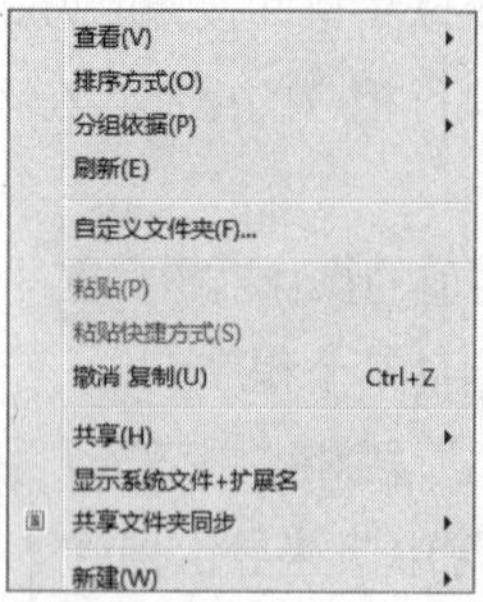

图 1–53 文件夹的右键菜单

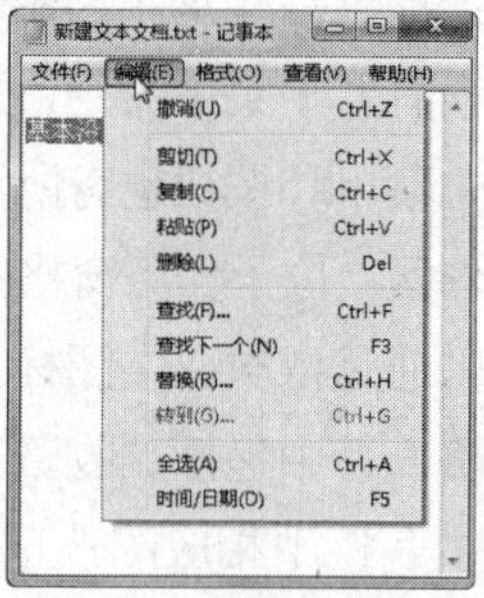

图 1–54 记事本程序的菜单

3. 认识并操作对话框

有时候在执行某些命令后将会打开一个对话框。对话框是一种特殊的窗口，在对话框中可以通过选择某个选项或输入数据来设置一定的效果。图 1–55 和图 1–56 所示分别为“自定义「开始」菜单属性”对话框和单击自定义(C)...按钮后打开的对话框。

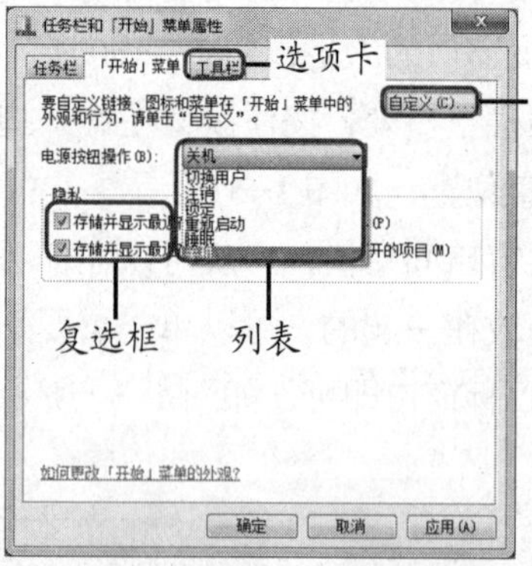

图 1–55 属性对话框

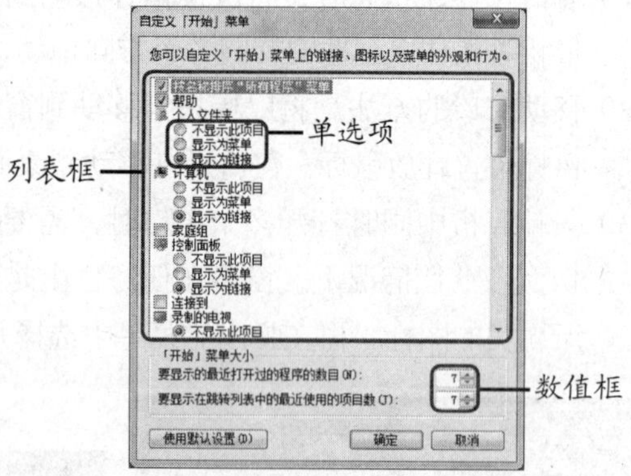

图 1–56 单击按钮打开的对话框

对话框各元素的作用及设置方法介绍如下。

- **选项卡**：对话框中一般有多个选项卡，通过单击选项卡可切换到不同的设置页。
- **列表框**：列表框在对话框中以矩形框显示，其中分别列出了多个选项。
- **单选项**：单击选中单选项可以完成某项操作或功能的设置，单击选中单选项后，其前面的○标记变为◉。
- **数值框**：可以直接在数值框中输入数值，也可以通过后面的⬍按钮设置数值。
- **复选框**：复选框作用与单选项类似，当单击选中复选框后，复选框前面的□标记变为☑。
- **列表**：与列表框类似，列表只是将选项折叠起来，单击对应的按钮，将显示出所有的选项。
- **按钮**：单击对话框中的某些按钮可以打开相应对话框进行进一步设置，而单击某些按钮则执行对应的功能。

1.4 项目实训

本章介绍了办公自动化实现的主要功能与相关知识，以及办公自动化的设备支持与Windows 7操作系统的基本操作。下面通过两个项目实训，将本章学习的知识灵活运用。

1.4.1 认识自动化办公组成设备

本实训将在图1-57中查看自动化办公组成的外部设备，根据前面了解的知识为各硬件设备标注名称。

图1-57 办公自动化设备

1.4.2 使用“计算机”窗口搜索并打开文件

微课视频

使用“计算机”窗口搜索并打开文件

1. 实训目标

本实训的目标是使用“计算机”窗口搜索并打开文件，如果在计算机中保存的文件很多，通过搜索的方式打开文件将有效提高办公速度，本例主要练习鼠标和窗口的基本操作。本实训的示意图如图1-58所示。

图1-58 使用“计算机”窗口搜索并打开文件示意图

2. 专业背景

打开文件的操作几乎都能通过“计算机”窗口实现，“开始”菜单是启动各项程序的门户，“计算机”窗口则是查找和打开文件的门户，用户通过“计算机”窗口能够在各个文件保存位置之间快速切换，从而实现管理、操作文件的目的。

3. 操作思路

完成本实训，首先要打开“计算机”窗口，然后在搜索框中输入文件的关键字，然后用鼠标双击搜索到的相关文件选项。

【步骤提示】

（1）启动计算机进入 Windows 7 操作系统，将鼠标指针移到“开始”按钮上，单击鼠标打开“开始”菜单。

（2）在系统控制区中单击“计算机”选项，打开“计算机”窗口，在“搜索框”中输入文件关键字，如这里输入制作的文件名称“年终销售总结 .pptx”。

（3）在显示的搜索结果中双击文件对应选项打开文件。

1.5 课后练习

本章主要介绍了办公自动化实现的功能和办公自动化的技术支持等知识，下面通过两个习题，巩固所学知识点。

练习 1：熟悉自动化办公实现的功能

巩固自动化办公实现的功能这个知识点，使自己能够非常自然地联想到自动化办公的主要功能有哪些，并对应到实际工作中去。

练习 2：自定义 Windows 7 操作系统桌面

自定义 Windows 7 操作系统桌面，先将自己喜欢的图片设置为桌面背景；再对桌面的图标进行排列。

1.6 技巧提升

1. 购买计算机硬件注意事项

首先应衡量产品的性价比，需从实用性的角度考虑所选的硬件是否能满足使用需求。其次要考虑硬件之间的兼容性，若兼容性不好则得不到好的使用效果。

2. 怎么选择网上软件“测试版”和“绿色版”等不同的版本

在选择软件时应根据实际需要和计算机硬件的具体情况，下载相应的版本进行安装，在条件允许的情况下一般选择官方发布的正式版软件，以保证其正常使用。且在安装后，应及时对软件进行更新，使其保持在最新状态，以获得相应的最新功能，避免出现错误等情况。

3. 使桌面图标变大

在桌面空白处单击鼠标右键，在弹出的快捷菜单中选择“查看”命令，在子菜单中选择“大图标”命令，桌面上的图标将比原来默认的中等图标大很多，同样，选择“小图标”命令则会变小。

4. 通过键盘操作直接关机退出 Windows 7

当计算机运行缓慢或出现死机情况，鼠标不能进行移动时，用户可通过键盘操作关机退出 Windows 7，首先关闭所有打开的程序或文件，然后按【Win】键，打开“开始”菜单，然后按【→】键，单击关机按钮，再按【Enter】键即可。

CHAPTER 2

第 2 章 Word 基本操作

情景导入

米拉在行政助理这个职位上实习了一段时间了，在工作中接触了许多不同类型的办公文档。这份工作看似简单实则繁杂，不过却能学习和掌握不少知识。接下来，米拉将正式处理公司交代的任务，完成会议通知文档的制作。

学习目标

- 掌握制作文档的基本操作。

  如新建与保存文档、打开与关闭文档、输入文本和修改、删除、查找和替换等编辑文本操作。

- 掌握编辑文档的操作方法。

  如设置字符格式、设置段落间距、设置对齐方式、设置编号和项目符号、设置底纹等。

案例展示

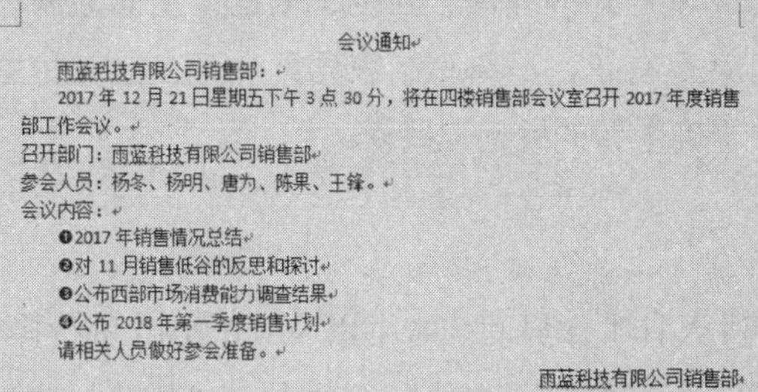
会议通知

雨蓝科技有限公司销售部：

2017 年 12 月 21 日星期五下午 3 点 30 分，将在四楼销售部会议室召开 2017 年度销售部工作会议。

召开部门：雨蓝科技有限公司销售部

参会人员：杨冬、杨明、唐为、陈果、王锋。

会议内容：

❶2017 年销售情况总结

❷对 11 月销售低谷的反思和探讨

❸公布西部市场消费能力调查结果

❹公布 2018 年第一季度销售计划

请相关人员做好参会准备。

雨蓝科技有限公司销售部

2017 年 12 月 17 日

▲“会议通知”文档效果

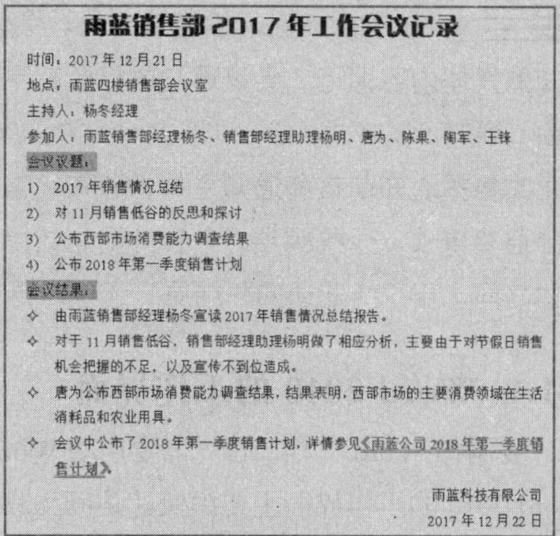
雨蓝销售部 2017 年工作会议记录

时间：2017 年 12 月 21 日

地点：雨蓝四楼销售部会议室

主持人：杨冬经理

参加人：雨蓝销售部经理杨冬、销售部经理助理杨明、唐为、陈果、闹军、王锋

会议议题：

1) 2017 年销售情况总结
2) 对 11 月销售低谷的反思和探讨
3) 公布西部市场消费能力调查结果
4) 公布 2018 年第一季度销售计划

会议结果：

✧ 由雨蓝销售部经理杨冬宣读 2017 年销售情况总结报告。
✧ 对于 11 月销售低谷，销售部经理助理杨明做了相应分析，主要由于对节假日销售机会把握的不足，以及宣传不到位造成。
✧ 唐为公布西部市场消费能力调查结果，结果表明，西部市场的主要消费领域在生活消耗品和农业用具。
✧ 会议中公布了 2018 年第一季度销售计划，详情参见《雨蓝公司 2018 年第一季度销售计划》

雨蓝科技有限公司

2017 年 12 月 22 日

▲“会议记录”文档效果

2.1 课堂案例：制作“会议通知”文档

米拉接到公司安排的制作“会议通知”文档任务后，就利用自己所学的知识开始进行制作。在制作会议通知文档前，需要清楚公司安排会议的与会人员和会议的主要内容等信息。而制作通知文档，一般需要使用 Word 来完成。因为通知文档的内容和组成相对简单，涉及的操作包括启动软件新建文档，然后输入文档并进行简单修改等编辑。在弄清楚目的和要求后，米拉很快便完成了文档的制作，效果如图 2-1 所示。

效果所在位置 效果文件 \ 第 2 章 \ 课堂案例 \ 会议通知 .docx

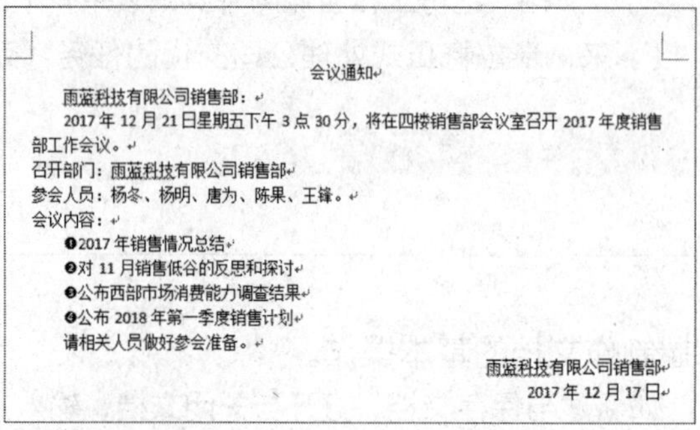

会议通知

雨蓝科技有限公司销售部：

2017 年 12 月 21 日星期五下午 3 点 30 分，将在四楼销售部会议室召开 2017 年度销售部工作会议。

召开部门：雨蓝科技有限公司销售部

参会人员：杨冬、杨明、唐为、陈果、王锋。

会议内容：

❶2017 年销售情况总结

❷对 11 月销售低谷的反思和探讨

❸公布西部市场消费能力调查结果

❹公布 2018 年第一季度销售计划

请相关人员做好参会准备。

雨蓝科技有限公司销售部

2017 年 12 月 17 日

图 2-1 “会议通知”文档最终效果

职业素养

“会议通知”的书写格式

会议通知是上级对下级、组织对成员之间部署工作、传达事情或召开会议等所使用的应用文。会议通知的写法有两种：一种以布告形式贴出，把事情通知到有关人员，如学生、观众等，通常不用称呼；另一种以书信的形式，发给有关人员，会议通知写作形式同普通书信一样，只要写明通知的具体内容即可。会议通知的标题有完全式和省略式两种，完全式包括制发机关、事由和通知；省略式，如《关于 ××× 的通知》，简单的通知内容，也可只写“通知”两字。正文包括通知前言和通知主体，通知前言即制发通知的理由、目的、依据；主体则需写出通知事项，分条列项，条目分明。结尾可意尽言止，不单写结束语；也可在前言和主体之间，用“特此通知”结尾；还可以再次明确主题的段落描写。

2.1.1 Word 2010 的工作界面

要制作 Word 文档，首先需要启动 Word 进入其工作界面。本书以 Word 2010 进行操作，Word 2010 的工作界面主要由快速访问工具栏、标题栏、“文件”选项卡、“帮助”按钮、功能选项卡、功能区、文本编辑区、状态栏、视图栏、“窗口控制”按钮等部分组成，如图 2-2

所示，各自的作用如下。

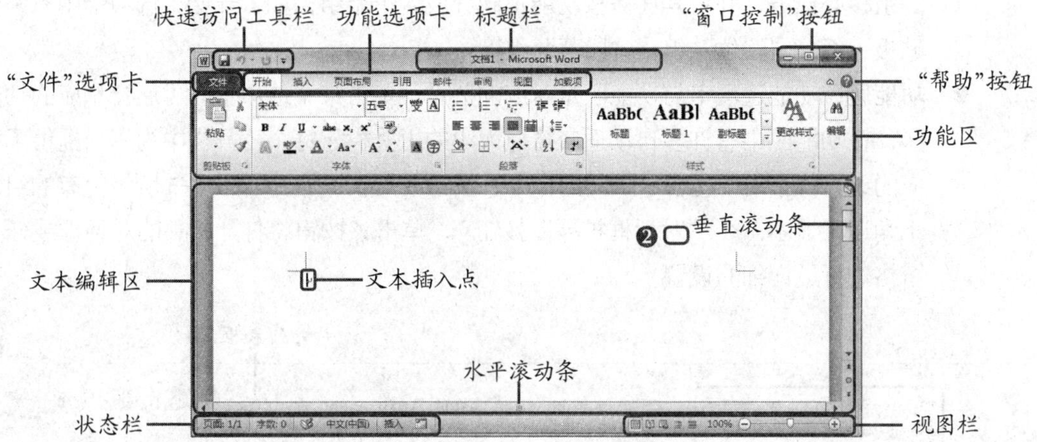

图 2-2　Word 2010 工作界面

- **快速访问工具栏**：可以快速使用提供的工具，默认情况下，快速访问工具栏中只显示“保存”按钮、“撤销”按钮、“恢复”按钮。
- **标题栏**：用来显示文档名和程序名，并通过右侧的“窗口控制”按钮控制窗口大小，单击“最小化”按钮可缩小窗口到任务栏并以图标按钮显示；单击“最大化”按钮则满屏显示窗口，且按钮变为“向下还原”按钮，再次单击该按钮将恢复窗口到原始大小；单击“关闭”按钮可关闭 Word。
- **“文件”选项卡**：用于对文档执行操作的命令集。单击“文件”选项卡，弹出的列表是功能选项，右侧列表框是预览窗格，如图 2-3 所示，无论是查看或编辑文档信息，还是进行文件打印，都能在同一界面中查看到最终效果，极大的方便了用户对文档的管理。
- **“帮助”按钮**：单击“帮助”按钮可打开相应组件的帮助窗口，如图 2-4 所示，在列表框中单击所需的超链接，或在搜索框中输入需查找的帮助信息，然后单击搜索按钮，在打开的窗口中再单击下级子链接，可详细查看相应的帮助信息。

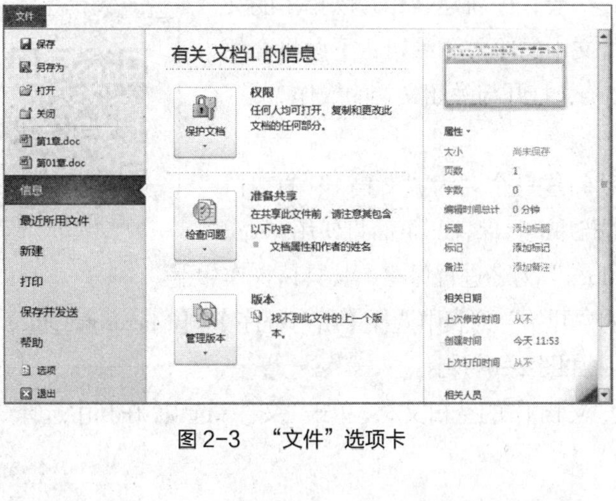

图 2-3　“文件”选项卡

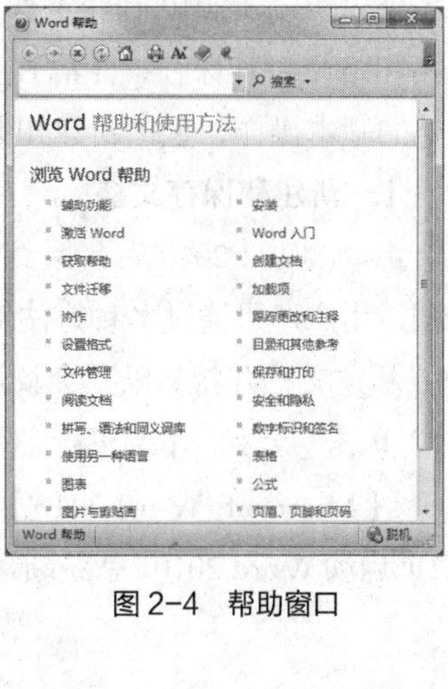

图 2-4　帮助窗口

- **功能选项卡**：Word 工作界面中显示了多个选项卡，每个选项卡代表 Word 执行的一组核心任务，并将其任务按功能不同分成若干个组，如“开始”选项卡中有“剪贴板”组、“字体”组、“段落”组等。
- **功能区**：功能选项卡与功能区是对应的关系，单击某个选项卡即可展开相应的功能区，在功能区中有许多自动适应窗口大小的工具栏，每个工具栏中为用户提供了相应的组，每个组中包含了不同的命令、按钮或列表框等，如图 2–5 所示。有的组右下角还会显示一个“对话框扩展”按钮，单击该按钮将打开相关的对话框或任务窗格进行更详细的设置。

图 2–5 功能选项卡与功能区

- **文本编辑区**：用来输入和编辑文本的区域。文档编辑区中有一个不断闪烁的竖线光标“I”，即“文本插入点”，用来定位文本的输入位置。在文档编辑区的右侧和底部还有垂直和水平滚动条，当窗口缩小或编辑区不能完全显示所有文档内容时，可拖动滚动条中的滑块或单击滚动条两端的按钮使其内容显示出来。
- **状态栏**：位于窗口最底端的左侧，用来显示当前文档页数、总页数、字数、当前文档检错结果、语言状态等内容。
- **视图栏**：位于状态栏的右侧，在其中单击视图按钮组中的相应按钮可切换视图模式；单击当前显示比例按钮 100%，可打开“显示比例”对话框调整显示比例；单击按钮、按钮或拖动滑块也可调节页面显示比例，方便用户查看文档内容。
- **“窗口控制”按钮**：控制窗口最小化、最大化、还原和关闭。

2.1.2 文档的基本操作

通过 Word 2010 制作工作文档，一般首先新建文档并以指定的文件名和路径将其保存，然后在其进行文本的输入和编辑，下面将介绍文档的基本操作，包括新建和保存文档、打开与关闭文档的操作。

微课视频

新建和保存文档

1. 新建和保存文档

启动 Word 2010 后，系统将自动新建一个名为“文档 1”的空白文档，用户还可通过多种方法新建文档并进行保存。下面将使用 Word 2010 新建文档并将其以“会议通知 .docx”为名进行保存，其具体操作如下。

（1）单击“开始”按钮，在弹出的“开始”列表中选择【所有程序】/【Microsoft Office】/【Microsoft Word 2010】选项，如图 2–6 所示。

（2）启动 Word 2010，系统新建名为“文档 1”的空白文档，单击“文件”选项，在其中选择“新建”选项，在中间的“可用模板”列表框中选择“空白文档”选项，在右下角单击“创建”按钮，如图 2-7 所示。

图 2-6 启动 Word 2010

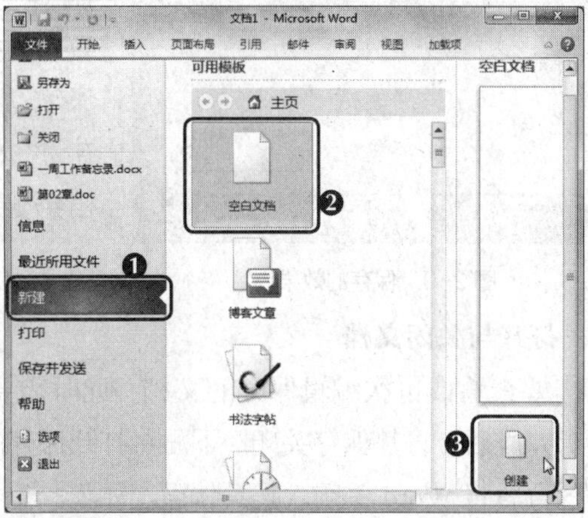

图 2-7 新建文档

多学一招

快速新建文档

在 Word 2010 中可通过按【Ctrl+N】组合键快速新建空白文档。另外，在“新建”界面中可选择模板选项，然后单击“创建”按钮，可快速新建具有样式和格式的模板文件，如“备忘录”和“新闻稿”等文档。

（3）系统将新建一个名为“文档2”的空白文档，然后单击标题栏中的“保存”按钮，打开“另存为”对话框，在地址栏中设置文档的保存位置，在“文件名”文本框中输入文档的名称，这里输入“会议通知”，单击保存(S)按钮，如图 2-8 所示。

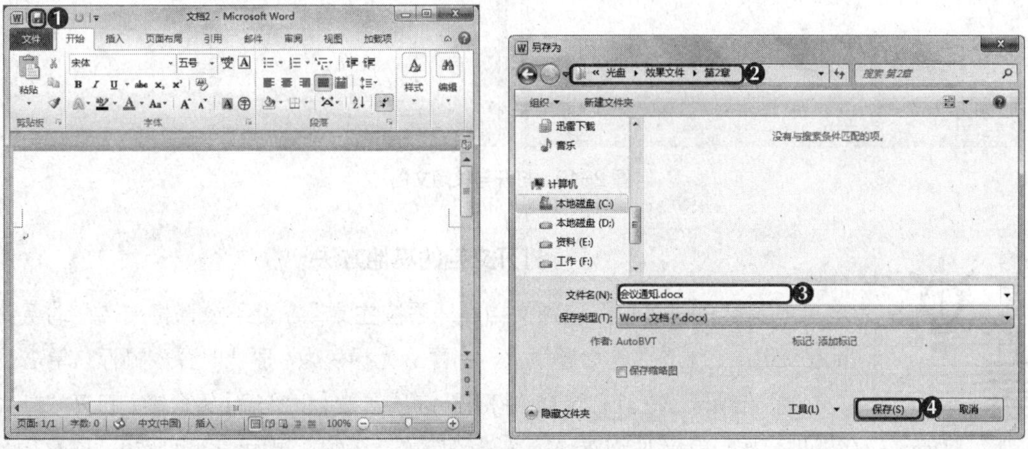

图 2-8 保存文档

（4）返回 Word 2010 工作界面，可查看到新建的“文档 2”文档的标题栏中将显示为“会议通知 .docx”，如图 2-9 所示。

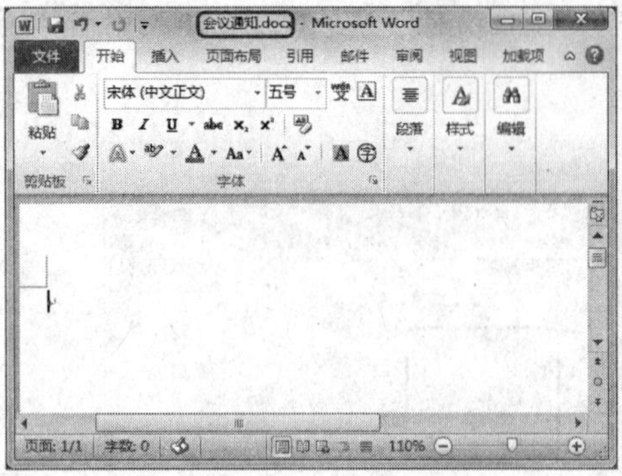

图 2-9　保存的效果

知识提示

保存与另存为

如果已经保存文档，进行编辑后单击“保存”按钮，将不再打开“另存为”对话框，而直接保存文档，单击“文件”选项卡，在其中选择“另存为”选项，将打开“另存为”对话框，可将文档存放到其他位置，或命名为其他文档保存。

2．打开与关闭文档

微课视频
打开与关闭文档

当需要查看或再次编辑保存的文档，此时需要先将文档打开，待查看编辑完成后，将其保存关闭。下面将打开保存的“会议通知 .docx”文档，查看后将 Word 关闭，其具体操作如下。

（1）在计算机中打开保存“会议通知 .docx”文档的位置，然后鼠标双击文档的图标。

（2）打开“会议通知 .docx”文档，查看或编辑后，在标题栏中单击按钮，即可关闭文档，如图 2-10 所示。

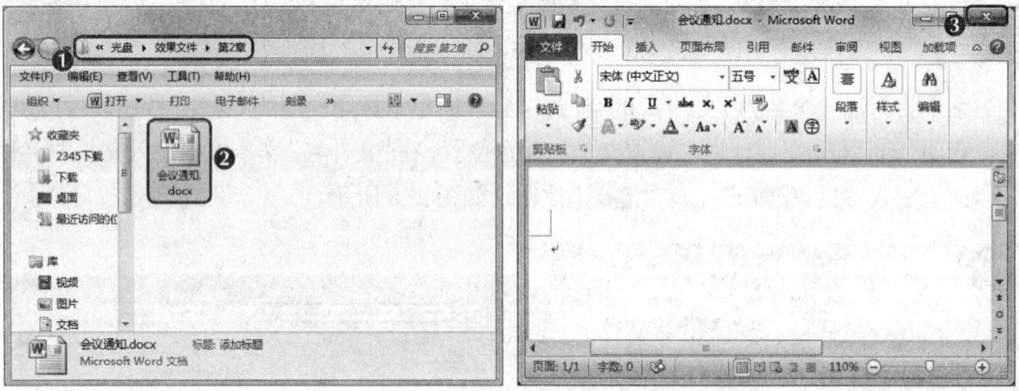

图 2-10　打开与关闭文档

多学一招

打开文档的其他方法

在文档的保存位置选择文档，然后按住鼠标左键不放，将文档拖动至 Word 2010 工作界面的标题栏上，当鼠标光标变为形状时释放鼠标；单击“文件”选项卡，在其中选择“打开”选项或按【Ctrl+O】组合键，打开“打开”对话框，在地址栏中打开文档的保存位置，然后选择文档，单击打开(O)按钮，或直接双击文档图标都可实现文档的打开操作。

2.1.3 输入文本

微课视频

输入文本

在 Word 文档中可以输入普通文本、特殊字符，以及日期和时间等不同类型的文本。下面在“会议通知 .docx”文档中输入通知文本，其具体操作如下。

（1）切换至中文输入法状态，将鼠标光标移动到文本编辑区上方的中间位置，当其变成 I 形状时，双击鼠标左键定位光标插入点，此时即可直接输入标题文本“会议通知”，输入的文本将在光标插入点处显示，如图 2-11 所示。

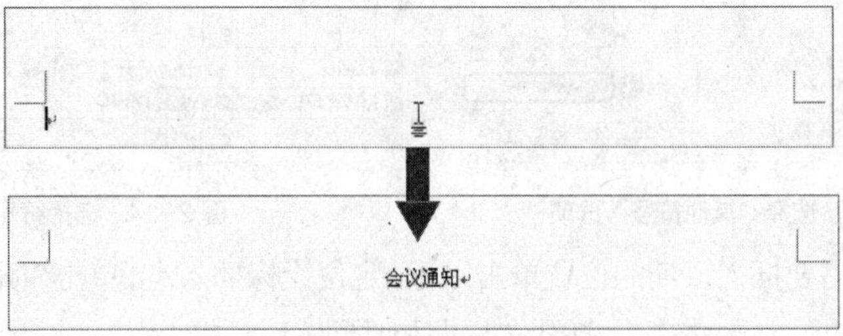

图 2-11　输入标题

（2）按 2 次【Enter】键换行，再按【BackSpace】键将光标插入点移动到该行左侧起始处，然后按 4 次空格键使段落前空 4 个字符，最后输入正文文本，当输入的文本到达右边界时，文字会自动跳转至下一行继续显示，如图 2-12 所示。

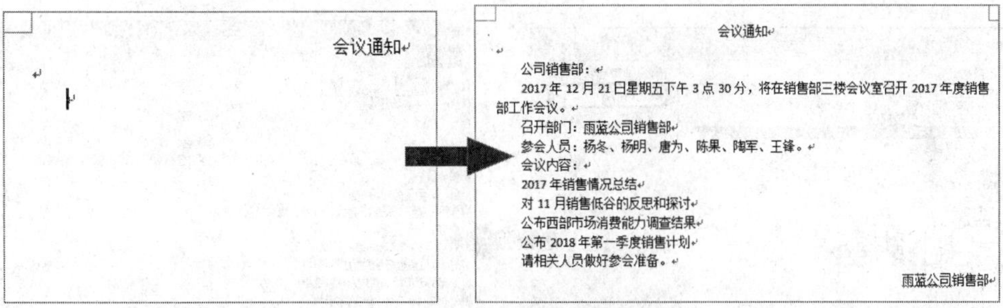

图 2-12　输入文字

知识提示

按 4 次空格键的原因

一般中文文档段落开始处都会空 4 个字符，因为按 1 次空格键会空 1 个字符，而每个中文文本占两个字符，所以在输入中文时，应在段落开始处按 4 次空格键使段落前空两格。

（3）在需要插入符号的“2017 年销售情况总结”文本前单击鼠标，定位光标插入点。单击“插入”选项卡，在“符号”组中单击“符号”按钮 Ω，在弹出的列表中选择“其他符号”选项，如图 2-13 所示。

（4）打开“符号”对话框，在“字体”列表框中选择符号的字体，这里选择“Wingdings”选项，并在其下的列表框中选择需要的符号“❶”，然后单击 插入(I) 按钮，如图 2-14 所示，即可在编辑区的光标插入点处插入选择的符号。使用相同的方法在其他需要的位置插入符号。

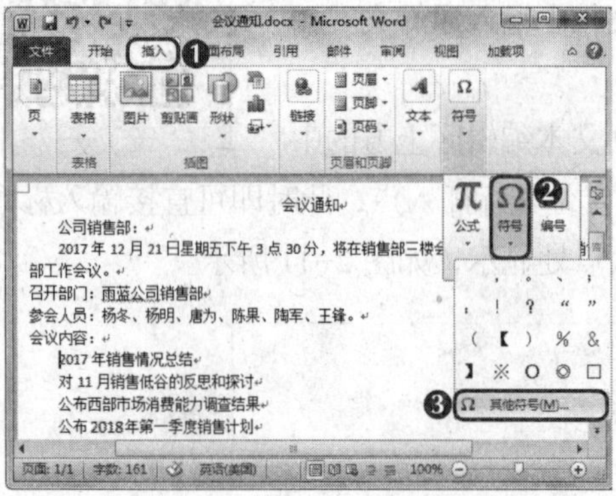

图 2-13　选择“其他符号”选项

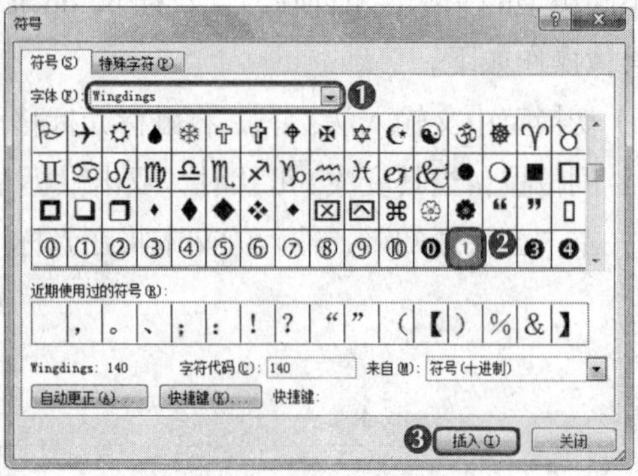

图 2-14　选择符号并插入

（5）在文档最后需要插入日期的位置单击鼠标，定位光标插入点。单击“插入”选项卡，在“文本”组中单击日期和时间按钮，打开“日期和时间”对话框。

（6）在“语言”列表框中选择“中文（中国）”选项，在左侧的列表框中选择需要的日期格式“2017 年 12 月 17 日”，并撤销选中自动更新(U)复选框，取消日期自动更新。单击确定按钮关闭对话框，返回文档编辑区，即可在光标插入点处插入所选格式的日期文本，如图 2-15 所示。

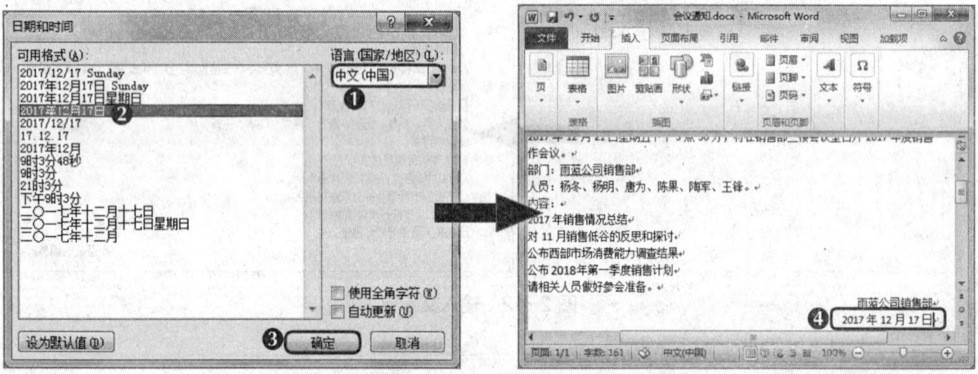

图 2-15　插入时间

2.1.4 编辑文本

若出现输入的文本错误或不完善的情况时，就需要对文本进行编辑，编辑主要包括修改、移动和复制文本等操作。下面在“会议通知”文档中对输入的文本内容进行编辑，其具体操作如下。

微课视频

编辑文本

（1）选择需修改的文本“三”，然后直接输入文本“四”，如图 2-16 所示。

（2）将文本插入点定位到要删除的文本“陶军、”后，按【BackSpace】键即可将其删除，如图 2-17 所示。

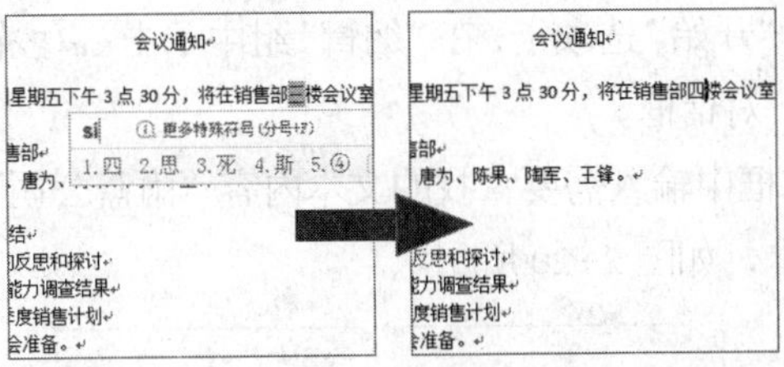

图 2-16　修改文本前后对比

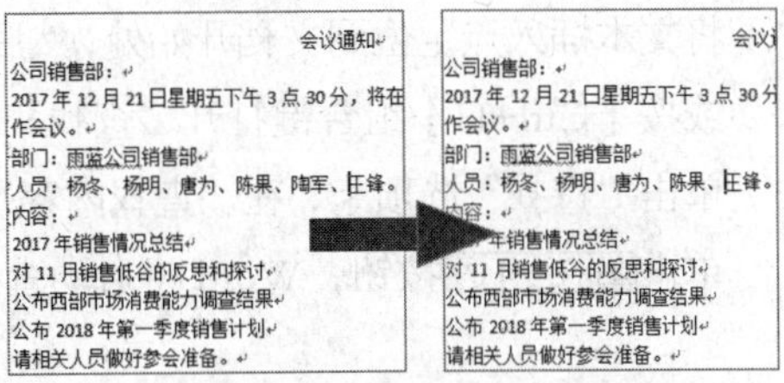

图 2-17　删除文本前后对比

多学一招

选择段落文本内容

将鼠标指针移至文本编辑区左侧的选择栏，当其变为↗形状时，单击鼠标可选择该行文本，双击鼠标可选择该段文本，连续单击鼠标 3 次可选择文档中的全部文本，按【Ctrl+A】组合键可选择所有文本。

（3）选择需移动的文本“四楼”，然后按住鼠标左键不放，将其拖动到文本“销售部”前释放鼠标即可，如图 2-18 所示。

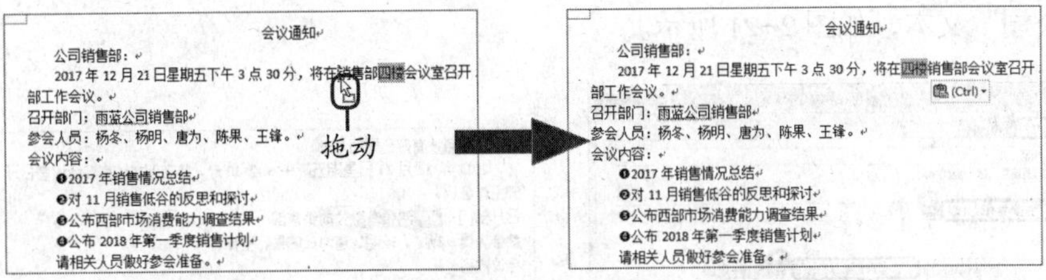

图 2-18　移动文本

（4）选择需复制的文本，然后单击“开始”选项卡，在“粘贴板”组中单击“复制”按钮复制文本，在需要粘贴文本的位置单击鼠标，这里选择第一段段首的“公司”文本，按【Ctrl+V】组合键粘贴文本，如图 2-19 所示。

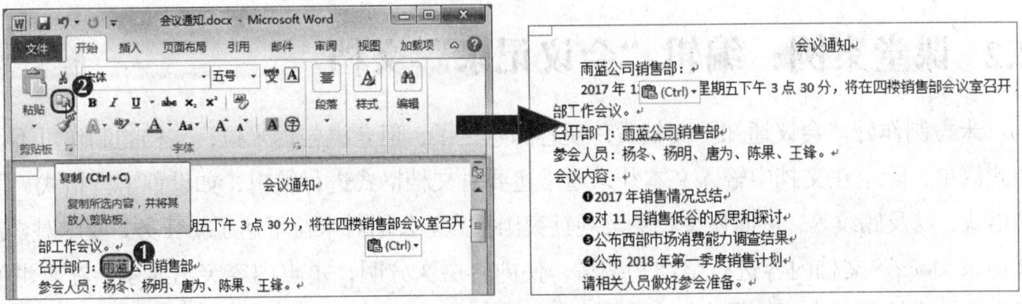

图 2-19　复制和粘贴文本

多学一招

复制粘贴的其他操作方法

选择文本后，单击鼠标右键，在弹出的快捷菜单中选择“复制”命令或按【Ctrl+C】组合键复制文本。复制文本后，单击鼠标右键，在弹出的快捷菜单中选择“粘贴”命令可粘贴文本。

（5）将文本插入点定位到文档开始处，然后单击“开始”选项卡，在“编辑”组中单击替换按钮，或按【Ctrl+H】组合键打开“查找和替换”对话框。

（6）单击“查找”选项卡，在“查找内容”文本框中输入需要查找的文本内容“雨蓝公司”，单击查找下一处(F)按钮，Word 将自动查找文本，如图 2-20 所示。

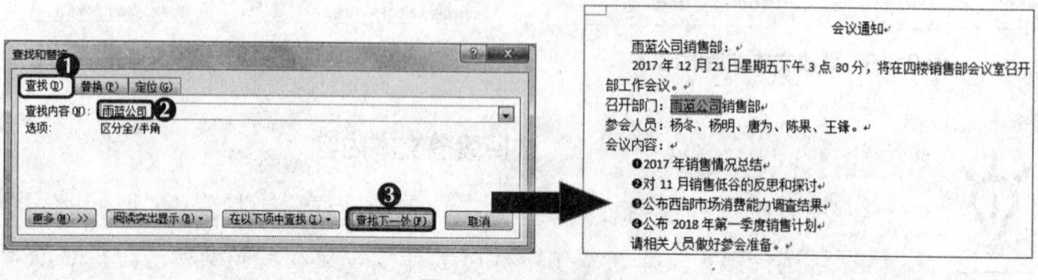

图 2-20　查找文本

（7）单击“替换”选项卡，在“替换为”文本框中输入替换后的文本“雨蓝科技有限公司”，单击全部替换(A)按钮，在打开的对话框中提示是否从开始处搜索替换文本，单击是(Y)按钮从开始处替换，将文档中所有的“雨蓝公司”文本替换为“雨蓝科技有限公司”文本，如图 2-21 所示。

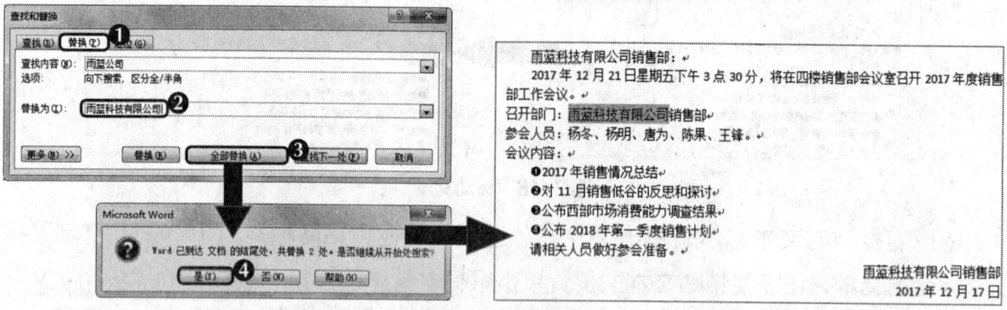

图 2-21　替换文本

2.2　课堂案例：编辑“会议记录”文档

米拉制作好“会议通知”文档后，便心满意足了，但老洪告诉米拉，文档的制作可不是如此简单，除了在文档中输入文本外，通常还要对文档格式进行编辑，如设置字符格式、段落格式，以及底纹等，从而使文档更美观且突出重点。公司对米拉下达了新任务，要求对“会议记录.docx”文档内容进行整理和编辑，使内容层次分明，重点内容突出显示。在老洪的指点下，米拉不负众望，很快便完成了文档编辑，效果如图 2-22 所示。

素材所在位置　素材文件 \ 第 2 章 \ 课堂案例 \ 会议记录 .docx
效果所在位置　效果文件 \ 第 2 章 \ 课堂案例 \ 会议记录 .docx

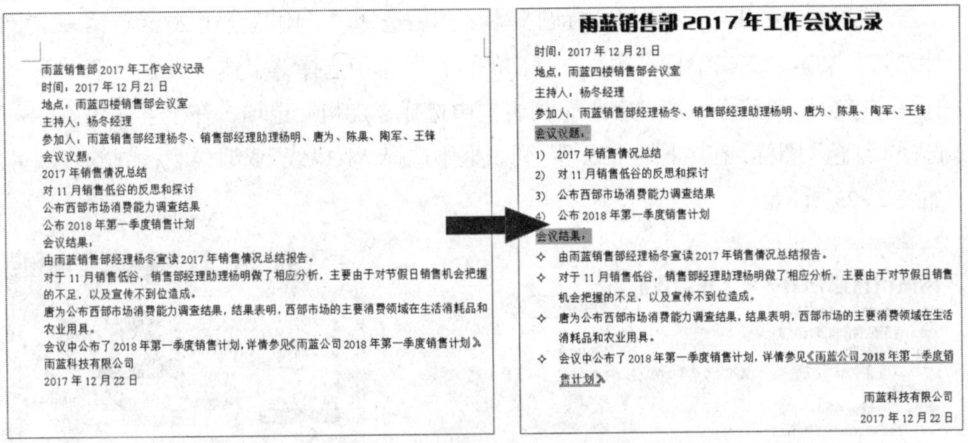
雨蓝销售部 2017 年工作会议记录
时间：2017 年 12 月 21 日
地点：雨蓝四楼销售部会议室
主持人：杨冬经理
参加人：雨蓝销售部经理杨冬、销售部经理助理杨明、唐为、陈果、陶军、王锋
会议议题：
2017 年销售情况总结
对 11 月销售低谷的反思和探讨
公布西部市场消费能力调查结果
公布 2018 年第一季度销售计划
会议结果：
由雨蓝销售部经理杨冬宣读 2017 年销售情况总结报告。
对于 11 月销售低谷，销售部经理助理杨明做了相应分析，主要由于对节假日销售机会把握的不足，以及宣传不到位造成。
唐为公布西部市场消费能力调查结果，结果表明，西部市场的主要消费领域在生活消耗品和农业用具。
会议中公布了 2018 年第一季度销售计划，详情参见《雨蓝公司 2018 年第一季度销售计划》
雨蓝科技有限公司
2017 年 12 月 21 日

雨蓝销售部 2017 年工作会议记录
时间：2017 年 12 月 21 日
地点：雨蓝四楼销售部会议室
主持人：杨冬经理
参加人：雨蓝销售部经理杨冬、销售部经理助理杨明、唐为、陈果、陶军、王锋
会议议题：
1) 2017 年销售情况总结
2) 对 11 月销售低谷的反思和探讨
3) 公布西部市场消费能力调查结果
4) 公布 2018 年第一季度销售计划
会议结果：
✧ 由雨蓝销售部经理杨冬宣读 2017 年销售情况总结报告。
✧ 对于 11 月销售低谷，销售部经理助理杨明做了相应分析，主要由于对节假日销售机会把握的不足，以及宣传不到位造成。
✧ 唐为公布西部市场消费能力调查结果，结果表明，西部市场的主要消费领域在生活消耗品和农业用具。
✧ 会议中公布了 2018 年第一季度销售计划，详情参见《雨蓝公司 2018 年第一季度销售计划》
雨蓝科技有限公司
2017 年 12 月 22 日

图 2-22 “会议记录”最终效果

职业素养

“会议记录”的作用

“会议记录”是对工作会议中的各项重要内容进行记录，是总结性的文档类型，具有指导意义。会议一般对先前的工作进行总结，同时对未来的事项和目的进行安排，会议记录将对今后的工作进行指导，即在今后的工作中注意什么、实现什么、该怎样做。

2.2.1 设置字符格式

微课视频

设置字符格式

设置字符格式主要包括对字体、字形和字号等文本外观进行设置，使文档更美观整洁。设置字符格式主要通过“字体”组或“字体”对话框实现，下面在“会议记录.docx”文档中设置字符格式，其具体操作如下。

（1）打开“会议记录.docx”文档，选择标题文本“雨蓝销售部 2017 年工作会议记录”，单击“开始”选项卡，在“字体”组的“字体”列表框中选择“方正粗倩简体”选项，设置字体，如图 2-23 所示。

（2）在“字号”列表框中选择“小二”选项，设置字号，如图 2-24 所示。

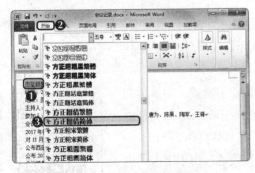

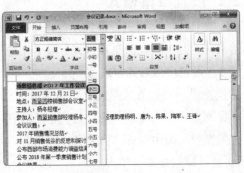

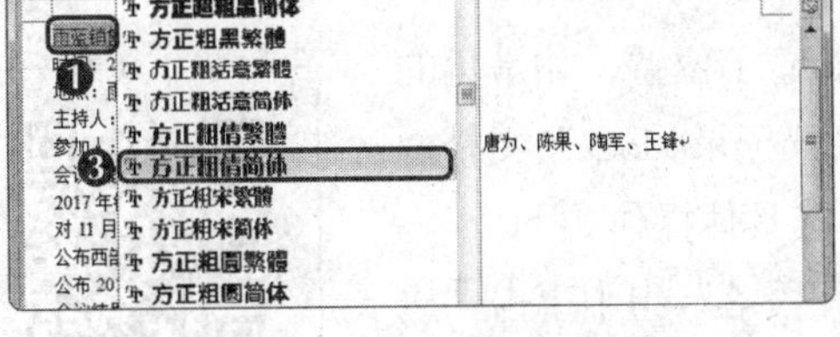
图 2-23 设置字体格式

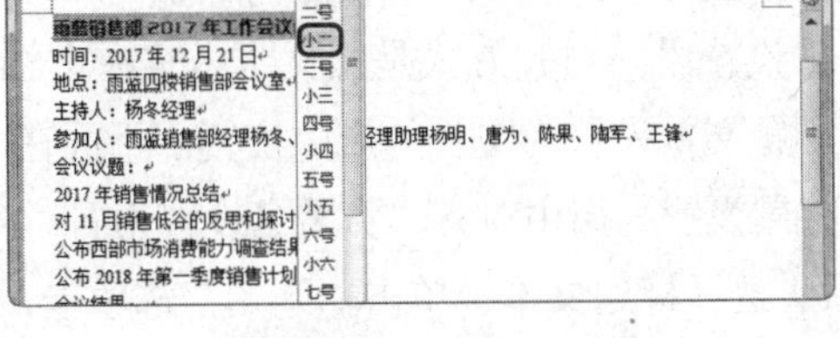
图 2-24 设置字体大小

（3）单击“加粗”按钮 **B**，加粗显示标题文本。然后选择“《雨蓝公司 2018 年第一季度销售计划》”文本，单击鼠标右键，在弹出的快捷菜单中选择“字体”命令。

（4）打开“字体”对话框，在“字形”列表框中选择“加粗”选项，在“字体颜色”列表中选择“红色”图标，在“下划线线型”列表框中选择“双横线”选项，然后单击 确定 按钮，如图 2-25 所示。

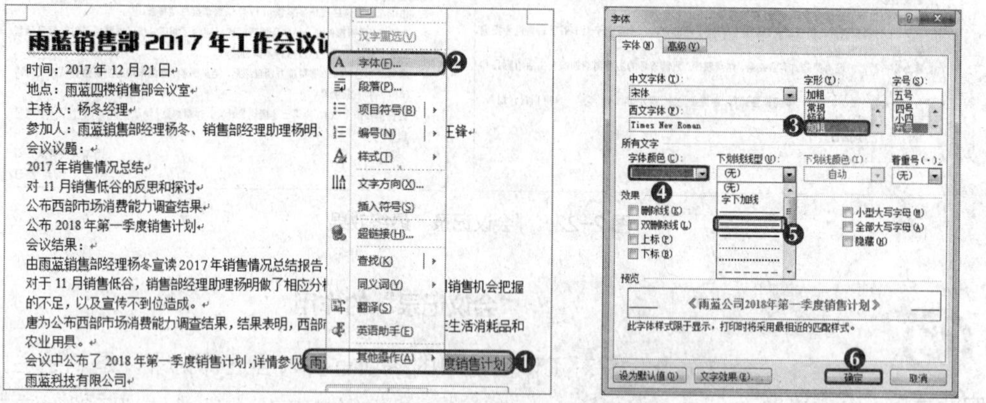

图 2-25 在“字体”对话框中设置字符格式

（5）返回文档，可查看到设置字符格式后的效果，如图 2-26 所示。

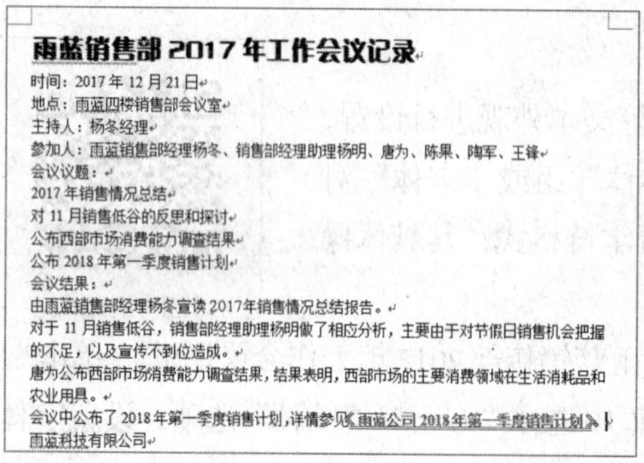

图 2-26 设置字符格式后的效果

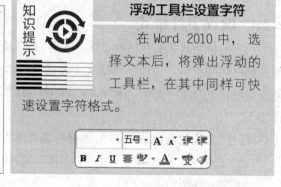

> **知识提示** 浮动工具栏设置字符
>
> 在 Word 2010 中，选择文本后，将弹出浮动的工具栏，在其中同样可快速设置字符格式。
>
> 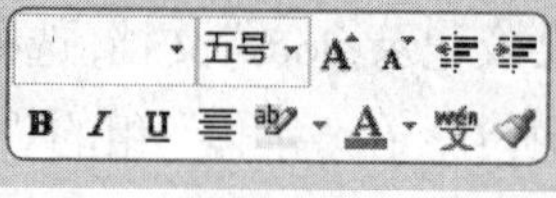
>

2.2.2 设置段落格式

对文档中的段落进行格式设置，可使文档结构更清晰，层次更分明，重点更突出。设置段落格式主要包括段落对齐方式、段落缩进和间距以及项目符号和编号 3 方面的设置。

1. 设置段落对齐方式

微课视频：设置段落对齐方式

设置段落对齐方式是指文本内容在文档中的显示位置，如常见的将标题文本设置为文档的居中位置。下面在“会议记录 .docx”文档中将标题设置为居中对齐，将署名设置为右对齐，其具体操作如下。

（1）选择标题文本，单击“开始”选项卡，在“段落”组中单击“居中”按钮 ≡，设置标题为居中，如图 2-27 所示。

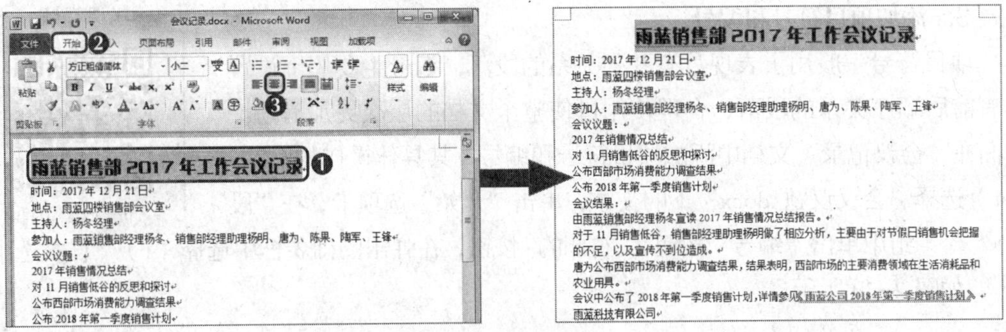

图 2-27　设置标题居中

（2）选中署名文本，单击“开始”选项卡，在“段落”组中单击“文本右对齐”按钮 ≡，设置署名为右对齐，如图 2-28 所示。

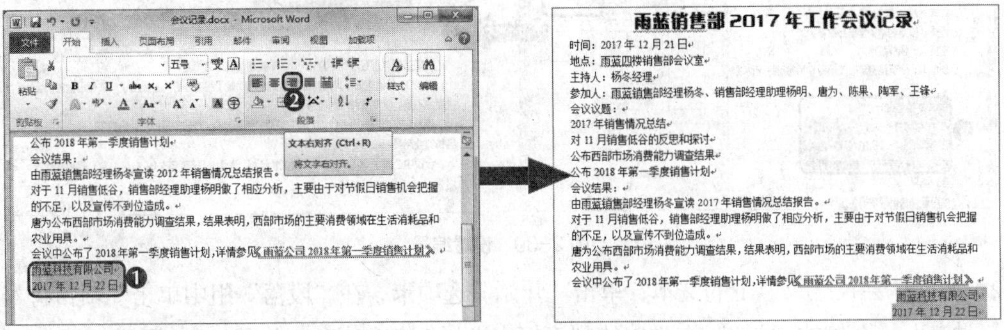

图 2-28　设置署名右对齐

2. 设置段落缩进和间距

设置段落缩进和间距主要是设置文本行与行之间的间距，一般通过“段落”对话框实现。下面在“会议记录 .docx”文档中设置段落缩进和间距，其具体操作如下。

微课视频

设置段落缩进和间距

（1）选择需要设置缩进和间距的段落，这里选择所有正文文本，单击鼠标右键，在弹出的快捷菜单中选择“段落”命令，打开“段落”对话框。

（2）在“缩进”栏中的“特殊格式”列表中选择“首行缩进”选项，然后在“间距”栏中的“行距”列表中选择“多倍行距”选项，在“设置值”数值框中输入行距，这里输入“1.2”，单击 确定 按钮确认设置，如图 2-29 所示。

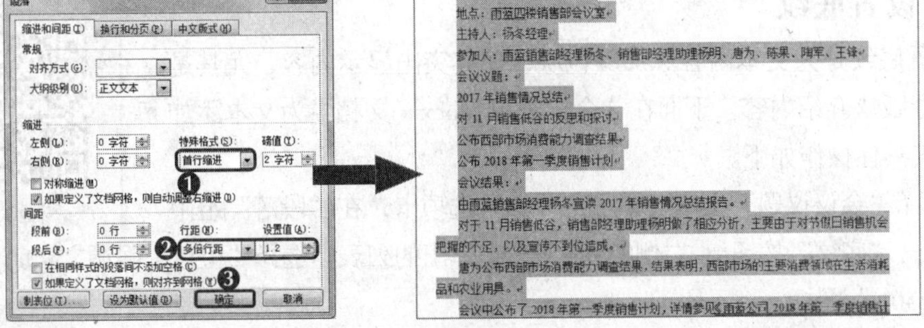

图 2-29　设置段落缩进和间距

3．添加项目符号和编号

微课视频
添加项目符号和编号

项目符号一般用于表现具有并列关系的段落，编号主要用于设置具有前后顺序关系的段落，合理使用可使整个文档的层次更加清晰。下面在“会议记录”文档中添加项目符号和编号，其具体操作如下。

（1）选择“会议议题 .docx”下的文本，单击“开始”选项卡，在“段落”组中单击“编号”按钮右侧的按钮，在弹出的列表框中选择“1）”样式选项，如图 2-30 所示。

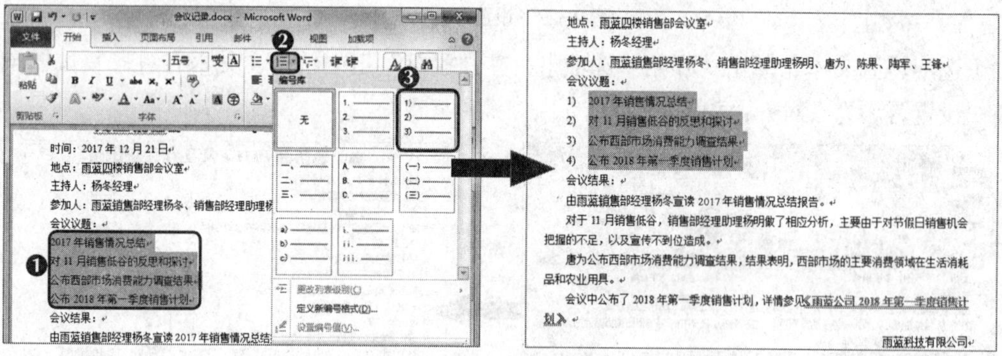

图 2-30 设置编号

（2）选择“会议结果”下的文本，单击“开始”选项卡，在“段落”组中单击“项目符号”按钮右侧的按钮，在弹出的列表框中选择✧样式选项，如图 2-31 所示。

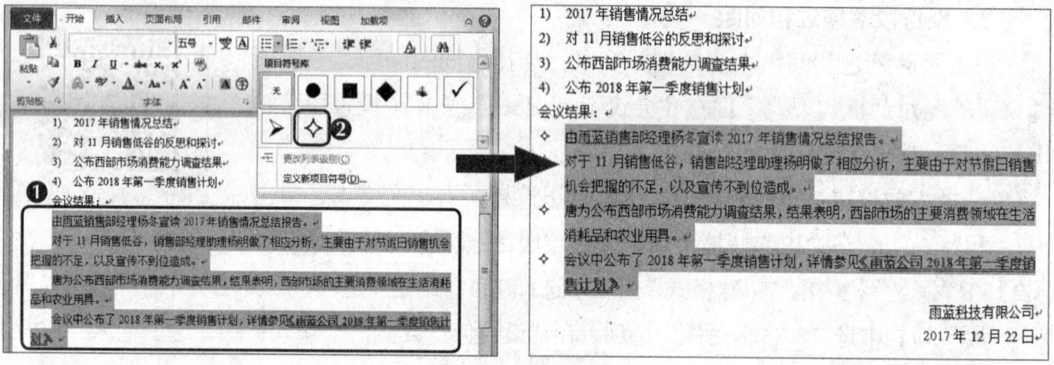

图 2-31 设置项目符号

2.2.3 设置底纹

微课视频
设置底纹

设置底纹是为文本内容添加颜色块，使其突出显示内容，尤其是文档中分版块介绍内容。下面在“会议记录 .docx”文档中为文本添加底纹，其具体操作如下。

（1）选择“会议议题”文本，单击“开始”选项卡，在“段落”组中单击“底纹”按钮右侧的按钮，在弹出的列表中选择“橙色，强调文字颜色 6，淡色 40%”图标。

（2）返回文档，可查看为文本内容添加底纹后的效果，如图 2-32 所示。然后使用相同的方法为“会议结果”文本内容设置相同颜色的底纹。

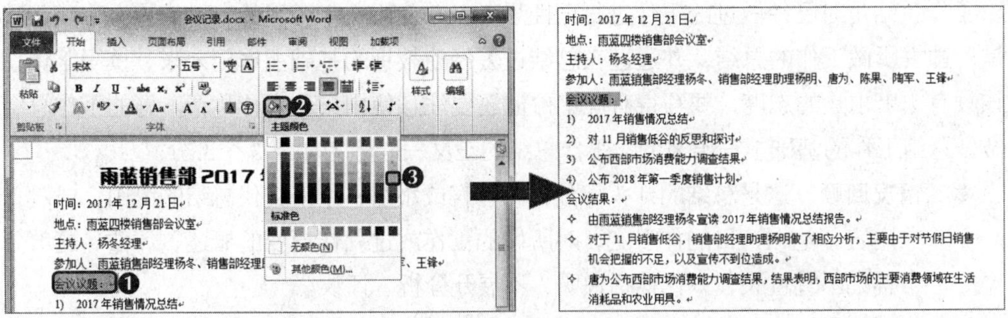

图 2-32　设置底纹

2.3 项目实训

本章通过制作“会议通知 .docx”文档、编辑“会议记录 .docx”文档两个课堂案例，讲解了 Word 的基本操作，其中新建与保存文档、输入文本、编辑文本、设置字符格式、设置段落格式等，是日常办公中经常使用的知识点，应重点学习和把握。下面通过两个项目实训，将本章学习的知识灵活运用。

2.3.1 制作“工作总结”文档

微课视频

制作“工作总结”文档

1. 实训目标

本实训的目标是制作“工作总结 .docx”文档，新建并保存文档后，输入总结文本内容，然后对文本内容进行编辑，设置字符、段落的格式。本实训的最终效果如图 2-33 所示。

素材所在位置　素材文件 \ 第 2 章 \ 项目实训 \ 工作总结 .docx

效果所在位置　效果文件 \ 第 2 章 \ 项目实训 \ 工作总结 .docx

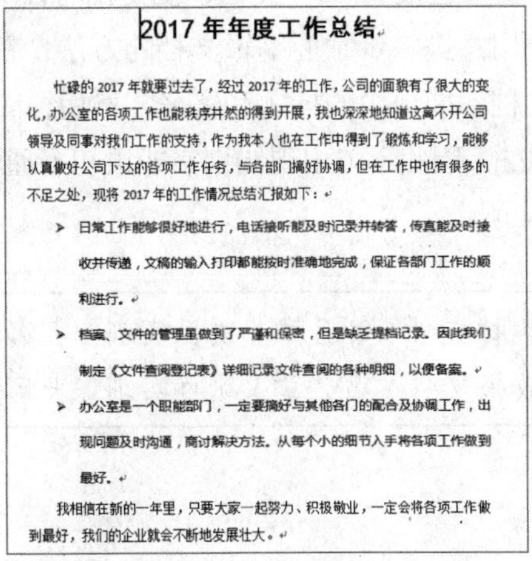

2017 年年度工作总结

忙碌的 2017 年就要过去了，经过 2017 年的工作，公司的面貌有了很大的变化，办公室的各项工作也能秩序井然的得到开展，我也深深地知道这离不开公司领导及同事对我们工作的支持，作为我本人也在工作中得到了锻炼和学习，能够认真做好公司下达的各项工作任务，与各部门搞好协调，但在工作中也有很多的不足之处，现将 2017 年的工作情况总结汇报如下：

- 日常工作能够很好地进行，电话接听能及时记录并转答，传真能及时接收并传递，文稿的输入打印都能按时准确地完成，保证各部门工作的顺利进行。
- 档案、文件的管理里做到了严谨和保密，但是缺乏提档记录。因此我们制定《文件查阅登记表》详细记录文件查阅的各种明细，以便备案。
- 办公室是一个职能部门，一定要搞好与其他各门的配合及协调工作，出现问题及时沟通，商讨解决方法。从每个小的细节入手将各项工作做到最好。

我相信在新的一年里，只要大家一起努力、积极敬业，一定会将各项工作做到最好，我们的企业就会不断地发展壮大。

图 2-33　“工作总结”最终效果

2. 专业背景

工作总结是对已经做过的工作进行理性思考，并使用文字表现的一种应用文格式，其目的是对过去所做工作的总结，并通过在总结过去经验教训的基础上展望未来。撰写工作总结应该具有实事求是的态度，要写得有理论价值还要注意使用第一人称称谓。好的工作总结是在做好总结工作的基础上写出来的。工作总结的正文一般分为如下 3 个部分。

- **情况回顾**：这是总结的开头部分，叫前言或小引，用来交代总结的缘由，或对总结的内容、范围、目的作限定，对所做的工作或过程作扼要的概述、评估。这部分文字篇幅不宜过长，只作概括说明，不展开分析、评议。
- **经验体会**：这部分是总结的主体，在第一部分概述情况之后展开分述。可使用小标题分别阐明成绩与问题、做法与体会或成绩与缺点。如果以正文的格式描述，就无法让人抓住要领。专题性的总结，也可以提炼出几条经验，以起到醒目、明了的效果。
- **今后打算**：这是总结的结尾部分，是在上一部分总结出经验教训之后，根据已经取得的成绩和新任务的要求，提出今后的设想和打算，成为新一年制定计划的依据。内容包括应如何发扬成绩，克服存在的问题及明确今后的努力方向。

3. 操作思路

完成本实训需要先新建文档并在其中输入文本，然后对文本进行相应的编辑。

【步骤提示】

（1）新建文档并将其以“工作总结 .docx”为名进行保存，将标题文本的格式设置为“汉仪粗宋简、二号、加粗、居中”。

（2）将正文文本设置为“首行缩进、1.5 倍行距”。

（3）将总结汇报段落的字体设置为“微软雅黑”，然后为其添加➢项目符号。

2.3.2 编辑“表彰通报”文档

1. 实训目标

本实训的目标是编辑“表彰通报 .docx”文档，使文档内容清晰，更具专业性。通过实训可让用户进一步掌握编辑文档的方法，首先应该保证文档的完整性，如文档不能缺少的标题和署名，然后检查文档的正确性，有的文档是公开发布，因此不能出现错别字或语句不通顺等。本实训的编辑效果如图 2-34 所示。

微课视频

编辑“表彰通报”文档

素材所在位置　素材文件 \ 第 2 章 \ 项目实训 \ 表彰通报 .docx

效果所在位置　效果文件 \ 第 2 章 \ 项目实训 \ 表彰通报 .docx

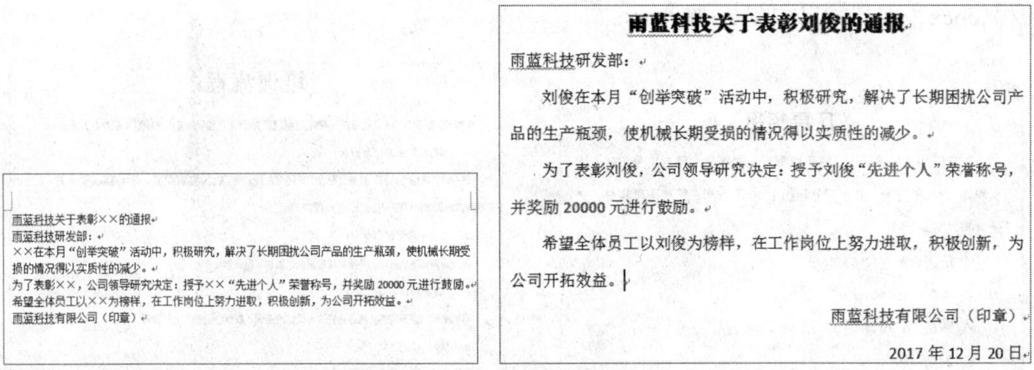
雨蓝科技关于表彰××的通报
雨蓝科技研发部：
××在本月“创举突破”活动中，积极研究，解决了长期困扰公司产品的生产瓶颈，使机械长期受损的情况得以实质性的减少。
为了表彰××，公司领导研究决定：授予××“先进个人”荣誉称号，并奖励 20000 元进行鼓励。
希望全体员工以××为榜样，在工作岗位上努力进取，积极创新，为公司开拓效益。
雨蓝科技有限公司（印章）

雨蓝科技关于表彰刘俊的通报

雨蓝科技研发部：

刘俊在本月“创举突破”活动中，积极研究，解决了长期困扰公司产品的生产瓶颈，使机械长期受损的情况得以实质性的减少。

为了表彰刘俊，公司领导研究决定：授予刘俊“先进个人”荣誉称号，并奖励 20000 元进行鼓励。

希望全体员工以刘俊为榜样，在工作岗位上努力进取，积极创新，为公司开拓效益。

雨蓝科技有限公司（印章）

2017 年 12 月 20 日

图 2-34 “表彰通报”编辑效果

2. 专业背景

通报是宣传教育、通报信息的文种，适用于表彰先进、批评错误、传达重要精神或告知重要情况。通报除了起到嘉奖或告诫作用外，还有交流的作用。通报具有以下 4 个特点。

- **真实性**：先进典型、错误典型、重要精神或情况都必须是真实的。内容的真实是通报的生命，是制发通报的重要前提。
- **导向性**：任何通报的目的都是为了扬善抑恶、树立正气、推广经验、总结教训，以利于工作的推动与改进，起到正确的导向作用。
- **典型性**：通报的对象一般是经过选择的，具有反映事物本质的典型意义，从而起到教育、激励、警戒和指导的作用。
- **时效性**：通报所涉及的事实比较具体，有特定的发生时间、地点等，而且，这些典型事件与当时的情况或普遍存在的问题和现象有着必然的密切联系。先进事迹、典型经验、重要情况，只有及时通报才能更好地推广，更好地发挥其作用；坏人坏事、反面典型，只有及时通报，才能更好地起到警示的作用，从而杜绝类似事件的发生。因此，通报只有及时制发，注重时效性，才能达到行文目的。

3. 操作思路

完成本实训首先打开“表彰通报.docx”文档，在文档的署名部分插入时间，然后将“××”替换为员工真实姓名；之后设置标题格式、正文内容字号、间距以及对齐格式等。

【步骤提示】

（1）将文本插入点定位到署名后，按【Enter】键换行，插入时间。

（2）按【Ctrl+H】组合键，打开“查找和替换”对话框，将“××”替换为“刘俊”。

（3）设置标题为“方正粗宋简体、小二、加粗、居中”。

（4）将正文文本字号设置为“四号”，署名设置为右对齐，段落设置为“首行缩进”。

（5）将“先进个人”“20000”文本内容设置为“红色、加粗”突出显示。

2.4 课后练习

本章主要介绍了 Word 的基本操作方法，下面通过两个练习的制作，使用户对各知识的应用方法及操作更熟悉。制作的“厂房招租.docx”文档效果如图 2-35 所示，制作的“培训

流程 .docx”文档效果如图 2-36 所示。

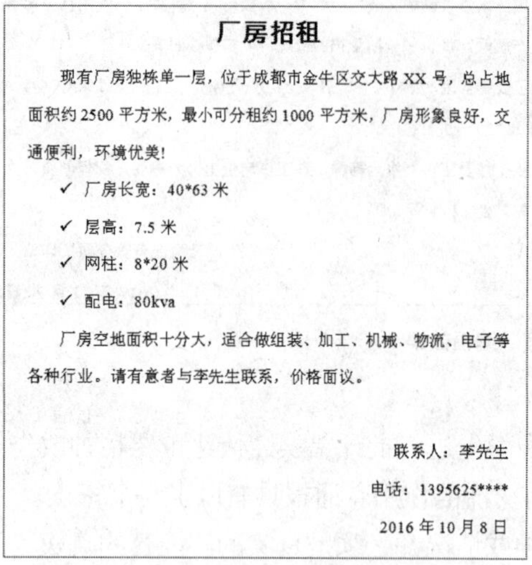

厂房招租

现有厂房独栋单一层，位于成都市金牛区交大路 XX 号，总占地面积约 2500 平方米，最小可分租约 1000 平方米，厂房形象良好，交通便利，环境优美！

✓ 厂房长宽：40*63 米

✓ 层高：7.5 米

✓ 网柱：8*20 米

✓ 配电：80kva

厂房空地面积十分大，适合做组装、加工、机械、物流、电子等各种行业。请有意者与李先生联系，价格面议。

联系人：李先生

电话：1395625****

2016 年 10 月 8 日

图 2-35 “厂房招租”最终效果

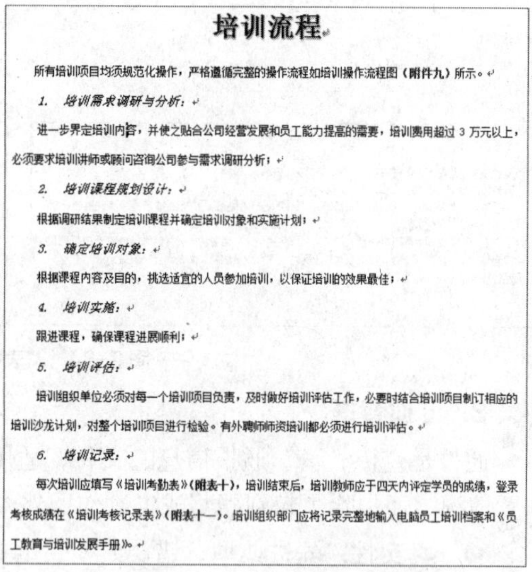

培训流程

所有培训项目均须规范化操作，严格遵循完整的操作流程如培训操作流程图（附件九）所示。

1. 培训需求调研与分析：

进一步界定培训内容，并使之贴合公司经营发展和员工能力提高的需要，培训费用超过 3 万元以上，必须要求培训讲师或顾问咨询公司参与需求调研分析；

2. 培训课程规划设计：

根据调研结果制定培训课程并确定培训对象和实施计划；

3. 确定培训对象：

根据课程内容及目的，挑选适宜的人员参加培训，以保证培训的效果最佳；

4. 培训实施：

跟进课程，确保课程进展顺利；

5. 培训评估：

培训组织单位必须对每一个培训项目负责，及时做好培训评估工作，必要时结合培训项目制订相应的培训沙龙计划，对整个培训项目进行检验。有外聘师师资培训都必须进行培训评估。

6. 培训记录：

每次培训应填写《培训考勤表》（附表十），培训结束后，培训教师应于四天内评定学员的成绩，登录考核成绩在《培训考核记录表》（附表十一）。培训组织部门应将记录完整地输入电脑员工培训档案和《员工教育与培训发展手册》。

图 2-36 “培训流程”最终效果

练习 1：制作“厂房招租”文档

微课视频

制作“厂房招租”文档

新建“厂房招租 .docx”文档，输入文本内容，设置标题和署名，段落首行缩进，并为产房条件添加项目符号，使其层次清晰。

效果所在位置 效果文件 \ 第 2 章 \ 课后练习 \ 厂房招租 .docx

操作要求如下。

- 快速新建空白文档，并输入文本内容。
- 设置标题文本的字体为“汉仪粗宋简、二号、加粗”，段落格式为“居中”，设置正文内容字体为“四号”，正文段落格式为“首行缩进”，最后三行段落为“右对齐”。
- 选择相应的文本内容设置项目符号为“✓”。

练习 2：编辑“培训流程”文档

微课视频

编辑“培训流程”文档

打开“培训流程 .docx”文档，对文档进行编辑操作，如设置字符格式、段落格式等。

素材所在位置 素材文件 \ 第 2 章 \ 课后练习 \ 培训流程 .docx
效果所在位置 效果文件 \ 第 2 章 \ 课后练习 \ 培训流程 .docx

操作要求如下。

- 选择标题文本“培训流程”，将其设置为“宋体、二号、加粗、居中”。
- 选择所有小标题文本，将其设置为“宋体、五号、倾斜”。
- 选择正文文本，在“段落”对话框的“缩进和间距”选项卡中设置“首行缩进”。
- 同时选择小标题文本，为其添加“1.”样式编号。
- 选择正文第1行中的“（附件九）”，正文第15和16行的“（附表十）”和“（附表十一）”文本，通过“字体”组将其设置为“加粗、蓝色”。
- 通过“段落”对话框将文档的段落间距设置为“1.5倍”。

2.5 技巧提升

1. 设置文档自动保存

为了避免在编辑数据时遇到停电或死机等突发事件造成数据丢失的情况，可以设置自动保存，即每隔一段时间后，系统将自动保存所编辑的数据。其方法为：在Word中单击“文件”选项卡，在其中选择“选项”选项，在打开的“Word选项”对话框中单击“保存”选项卡，在右侧单击选中☑保存自动恢复信息时间间隔(A)复选框，在其后的数值框中输入间隔时间，然后单击确定按钮即可。注意自动保存文档的时间间隔设置的太长容易造成不能及时保存数据的情况；设置的太短又可能因频繁的保存而影响数据的编辑，一般以10～15分钟为宜。

2. 修复并打开被损坏的文档

在Word中单击“文件”选项卡，在其中选择“打开”选项，在打开的“打开”对话框中选择需修复的文档，单击打开(O)按钮右侧的按钮，在弹出的列表中选择“打开并修复”选项。

3. 快速选择文档中相同格式的文本内容

此时可利用“文本定位”功能选择文本，文本定位是指让用户能快速找到文档中自己需要找到的位置，对相应的内容进行编辑操作。其方法为：在文档中单击“开始”选项卡，选择“编辑”组，单击选择按钮，在弹出的列表中选择“选择所有格式类似的文本”选项即可在整篇文档中选择相同样式的文本内容。

4. 清除文本或段落中的格式

选择已设置格式的文本或段落，在“开始”选项卡的“字体”组中单击“清除格式”按钮，即可清除选择文本或段落的格式。

5. 使用格式刷复制格式

选择带有格式的文字，单击“开始”选项卡，选择“剪贴板”组，单击“格式刷”按钮可只复制一次格式；双击“格式刷”按钮可复制多次格式，且完成后需再次单击“格式刷”按钮取消格式刷状态。另外，在复制格式时，若选择了段落标记，将复制该段落中的文字和段落格式到目标文字段落中，若只选择了文字，则只将文字格式复制到目标文字段落中。

6．复制不带任何格式的文本

先复制文本，单击“开始”选项卡，在“剪贴板”组中单击“粘贴”按钮下方的下拉按钮，在弹出的列表中选择“选择性粘贴”选项，在打开的“选择性粘贴”对话框的“形式”列表框中选择“无格式文本”选项，单击 确定 按钮即可。若只需复制并应用格式，可先选择文本，按【Ctrl+Shift+C】组合键，再选择需应用格式的文本，按【Ctrl+Shift+V】组合键应用复制的格式。

7．新建模板文档

Word 模板是指 Word 中内置的包含已设置固定格式和版式的模板文件。使用 Word 内置的模板，用户可通过相对少的操作制作出比较专业的文档。使用模板新建文档的具体操作如下。

（1）选择【文件】/【新建】菜单命令，在窗口中间的“可用模板”列表框中拖动垂直滚动条，在“Office.com 模板”栏中选择“备忘录”选项。

（2）快速在网络中搜索所需的模板样式，然后单击“下载”按钮。

（3）系统将下载该模板并新建文档，在其中用户可根据提示在相应的位置单击并输入新的文档内容，如图 2-37 所示。

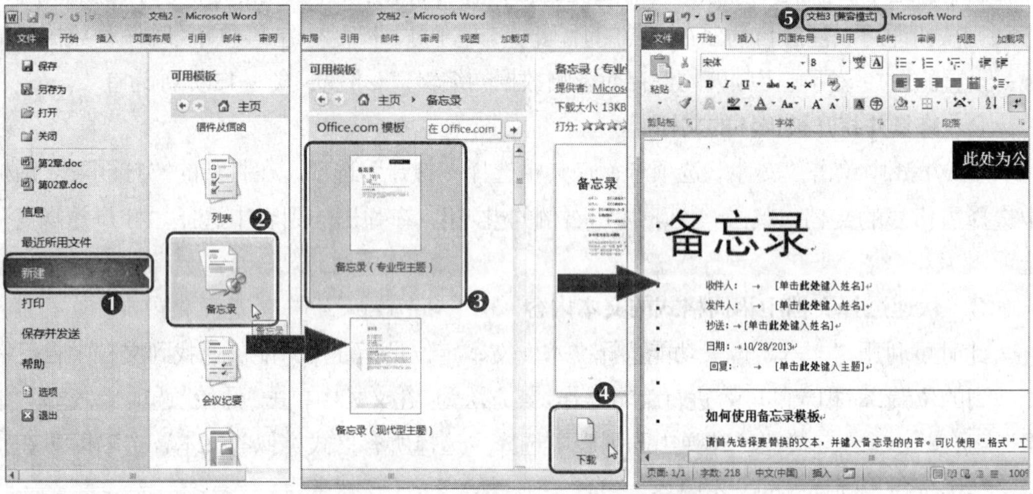

图 2-37　下载并新建“备忘录”模板文档

8．设置更大的字号

“字号”列表框中提供的最大字号是“初号”，若要输入更大的字号，应先选择需进行字号缩放的文字，按住【Ctrl】键不放，在键盘上连续按【]】键，可逐渐增大字号，若需要减小字号，则在按住【Ctrl】键不放的同时按【[】键即可，另外，也可在“字号”下拉列表框中输入数值进行设置。

CHAPTER 3

第 3 章 美化和编排文档

情景导入

米拉已经成为公司的一名正式员工，因此会接触到越来越多不同种类的文档。公司近期要求制作一份“展会宣传单”文档，她明白仅掌握简单的编辑操作不能满足工作的要求，关键时刻还得请教老洪。

学习目标

- 掌握美化文档的操作。

  如插入和编辑图片、使用文本框、插入艺术字、插入与编辑表格、插入脚注等美化操作。

- 掌握编排文档的方法。

  如设置封面、应用标题样式、使用大纲视图查看与编辑文档、设置页眉和页脚、添加目录等。

案例展示

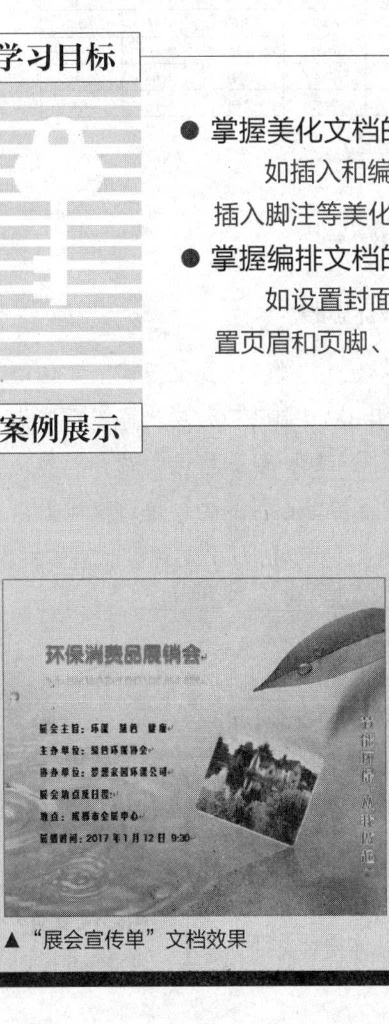

▲“展会宣传单”文档效果

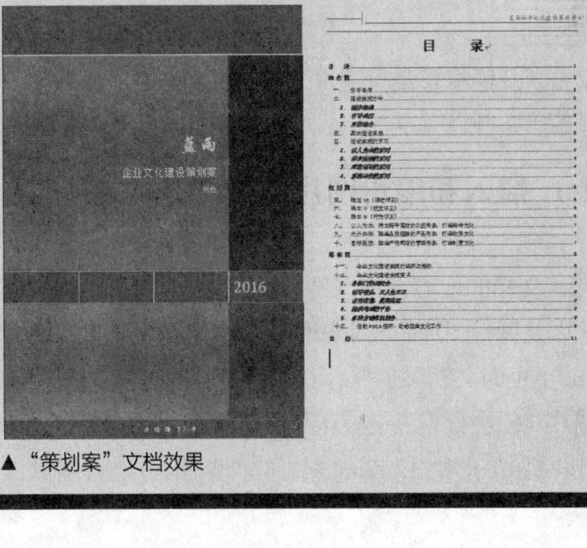

▲“策划案”文档效果

3.1 课堂案例：美化“展会宣传单”文档

老洪告诉米拉，美化文档主要是通过在文档中插入图片、形状或其他对象来实现的。在美化“展会宣传单”时，首先需要知道展会的主题，确定宣传单的整体背景基调，如此次会展宣传单是“环保”主题，因此在选择背景图片时可使用自然元素，如植物、绿色等元素。然后添加一些必要的元素，并对文档进行布局。在老洪的指点下，米拉经过不懈努力，完成了文档的美化，效果如图 3-1 所示。

素材所在位置 素材文件 \ 第 3 章 \ 课堂案例 \ 展会宣传单 .docx、背景 .jpg
效果所在位置 效果文件 \ 第 3 章 \ 课堂案例 \ 展会宣传单 .docx

图 3-1 “展会宣传单”文档最终效果

职业素养

“宣传单”的设计思路

宣传单的目的在于宣传，是展示给大众的文档。因此需要保证宣传单内容条理清晰，主题明确和页面美观。利用 Word 制作宣传单，通常需要借助图片、文本框和艺术字等对象来进行页面布局，表达宣传主题和内容，图片的使用要与表达的内容密切相关，如宣传单宣传的内容是日常用品，那么图片就需要是日常用品，颜色不宜太鲜艳；宣传的内容是家具，那么图片可以是沙发、桌椅等，颜色可以表达古朴、厚实等。

3.1.1 插入和编辑图片

在制作宣传单文档时，在文档中插入图片可以让内容更加直观，产生美感，从而吸引观众阅读文档的内容。插入图片后，根据需要，通常还要设置图片的格式，以及调整图片的大小和位置等，使图片与文本等内容更加融合。在 Word 中可为文档添加保存在计算机中的图片或软件自带的剪贴画，并对图片对象进行相应设置。下面在“展会宣传单”文档中分别插入保存在计算机中的图片和 Word 提供的剪贴画，并进行编辑，其具体操作如下。

微课视频
插入和编辑图片

（1）打开“展会宣传单 .docx”文档，单击“插入”选项卡，在“插图”组中单击“图片”按钮，打开“插入图片”对话框。

（2）在地址栏中选择图片保存的位置，在中间列表框中选择图片文件，单击“插入(S)”按钮，如图 3-2 所示。

（3）插入图片后，单击鼠标选择图片，单击鼠标右键，在弹出的快捷菜单中选择“自动换行”命令，在子菜单中选择“衬于文字下方”命令，将图片衬于文字的下方，如图 3-3 所示。

图 3-2　插入图片

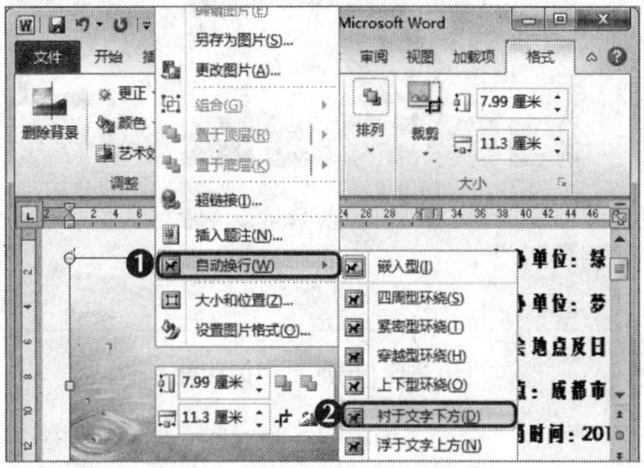

图 3-3　将图片放置到文字下方

多学一招

拖动图片插入

打开文档后，在计算机保存图片文件的位置选择图片文件，按住鼠标左键不放，将图片向文档中拖动可直接将图片插入到文档中。

（4）将鼠标指针移动到图片上，当其变成✥形状时，按住鼠标左键不放，将图片拖动到文档页面左上角，对齐文档页面左上角两侧，移动图片位置，如图 3-4 所示。

（5）将鼠标指针移动到图片右下角的控制点上，当其变为↘形状时，按住鼠标左键不放向右下角拖动至填充满整个文档页面后释放鼠标，调整图片大小，如图 3-5 所示。

图 3-4　移动图片位置

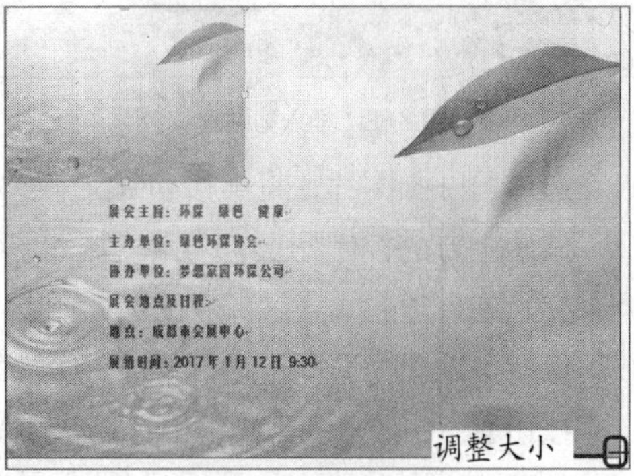

图 3-5　调整图片大小

（6）保持图片为选择状态，单击“格式”选项卡，在“调整”组中单击“颜色”按钮，在弹出的列表的“颜色饱和度”栏中选择“饱和度：200%”选项，增加图片颜色饱和度，如图 3-6 所示。

（7）在“调整”组中单击 艺术效果 按钮，在弹出的列表中选择“画图刷”选项，设置图片的艺术效果，如图 3-7 所示。

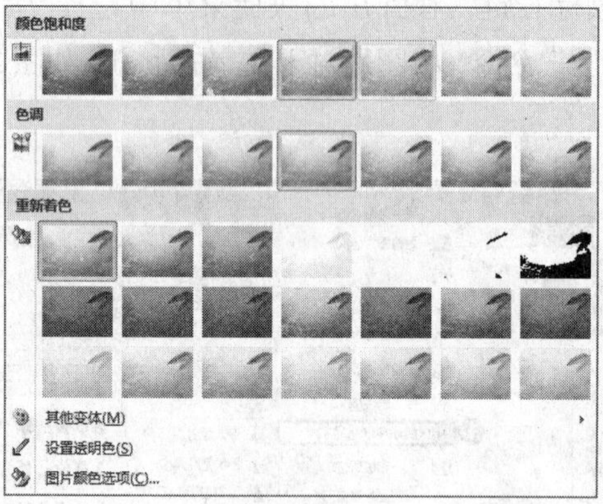

图 3-6　增加颜色饱和度

图 3-7　设置艺术效果

（8）单击“插入”选项卡，在“插图”组中单击“剪贴画”按钮，打开“剪贴画”窗格，单击 搜索 按钮。

（9）在下方的列表框中将显示搜索的剪贴画图片，拖动右侧的滑块，浏览剪贴画，然后在选择的剪贴画缩略图选项上单击，将剪贴画插入文档，如图 3-8 所示。

（10）单击 × 按钮关闭“剪贴画”窗格，在插入的剪贴画上单击鼠标右键，在弹出的快捷菜单中选择“自动换行”命令，在子菜单中选择“浮于文字上方”命令，如图 3-9 所示。

图 3-8　插入剪贴画

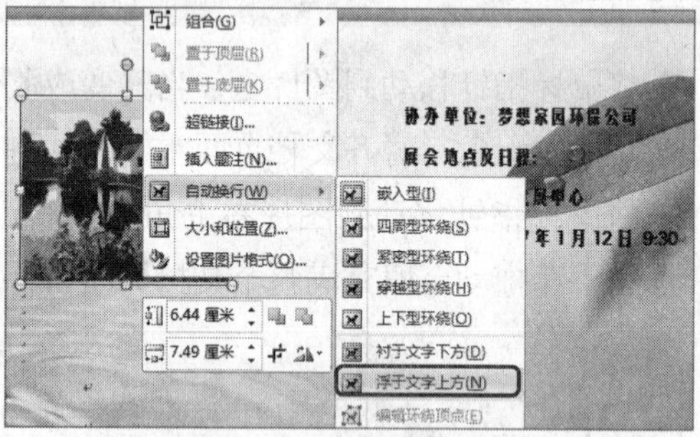

图 3-9　将图片浮于文字上方

（11）选择剪贴画图片，将其移动到文字的右侧并适当调整大小。然后将鼠标指针移动到剪贴画上方的控制柄上，当其变成形状时，按住鼠标左键不放向右侧拖动，将剪贴画旋转到合适的角度后释放鼠标，如图 3-10 所示。

（12）保持剪贴画为选择状态，单击“格式”选项卡，在“图片样式”组中单击“快速样式”按钮，在弹出的列表框中选择“映像圆角矩形”选项，为图片设置圆角和倒影效果，如图 3-11 所示。

图 3-10　旋转图片

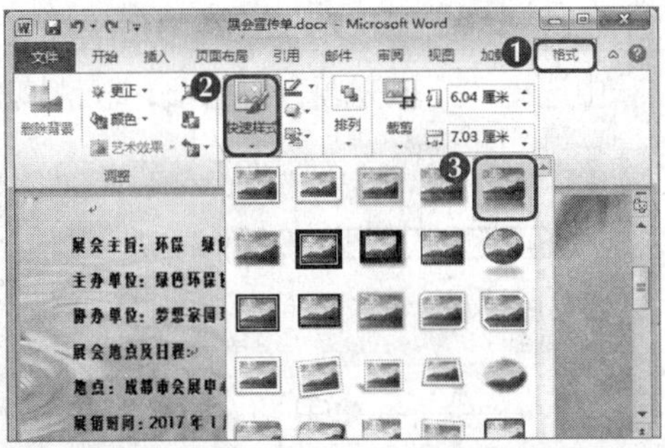

图 3-11　设置图片样式

3.1.2 使用文本框

微课视频

使用文本框

在文档中插入文本框可达到不同的排版效果，在文本框输入文字后，可将文本置放到任意位置，增加排版的灵活性。下面在“展会宣传单 .docx”文档中通过文本框插入宣传单的标题，并对其样式进行美化编辑，其具体操作如下。

（1）单击“插入”选项卡，在“文本”组中单击“文本框”按钮，在弹出的列表中选择“绘制文本框”选项。

（2）将鼠标指针移到文档中，当其变为+形状时，在所需位置处，按住鼠标左键不放，拖动鼠标即可绘制出文本框，如图 3-12 所示。

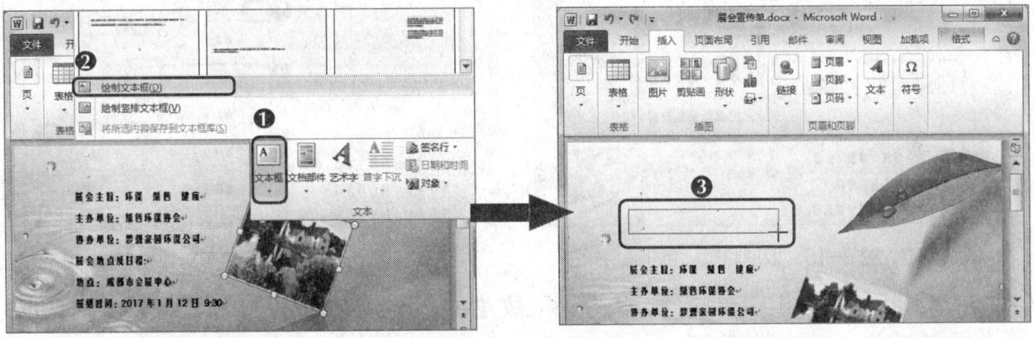

图 3-12　绘制文本框

> **多学一招**
>
> **应用内置文本框与绘制竖排文本框**
>
> 在本例中绘制的是横排文本框，在“文本框”的列表中可选择插入内置的文本框样式；选择“绘制竖排文本框”选项，在文档中可绘制竖排文本框，输入竖排显示的文字内容。

（3）在文本框中输入文本“环保消费品展销会”，然后将其格式设置为“方正粗圆简体、小初、绿色、居中”。

（4）此时文本显示不完全，将鼠标指针移到文本框的右下角，当其变为↘形状时，按住鼠标左键不放拖动鼠标，调整文本框的大小，使文本内容完全显示，如图 3-13 所示。

（5）单击“格式”选项卡，在“形状样式”组中单击“形状填充”按钮，在弹出的列表中选择“无填充颜色”选项，取消填充颜色，如图 3-14 所示。

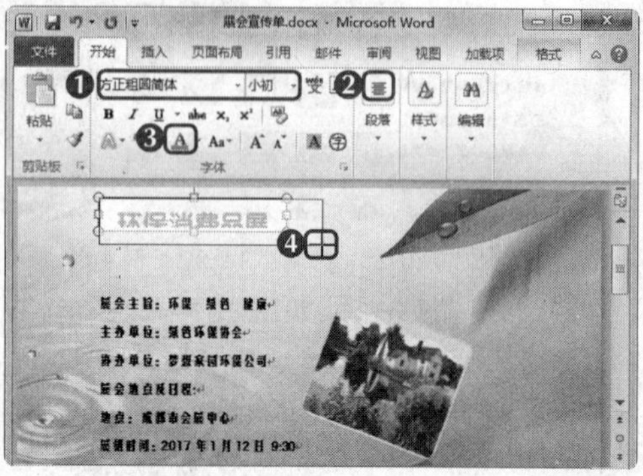

图 3-13 设置字体

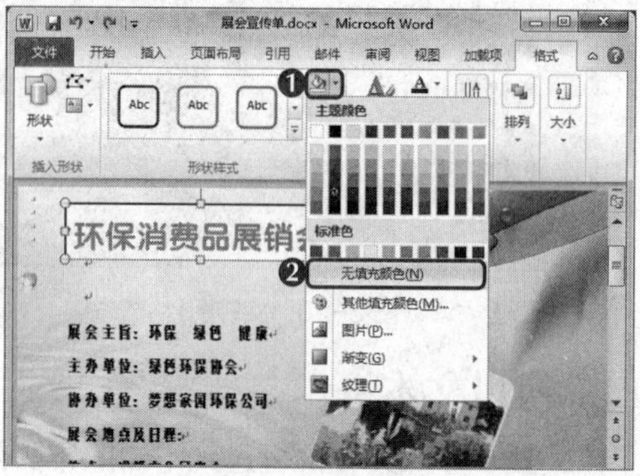

图 3-14 取消形状填充颜色

（6）在“形状样式”组中单击“形状轮廓”按钮，在弹出的列表中选择“无轮廓”选项，取消轮廓颜色，如图 3-15 所示。

（7）在“形状样式”组中单击“形状效果”按钮，在弹出的列表中选择“阴影”选项，在子列表中选择“向下偏移”选项，设置阴影效果，如图 3-16 所示。

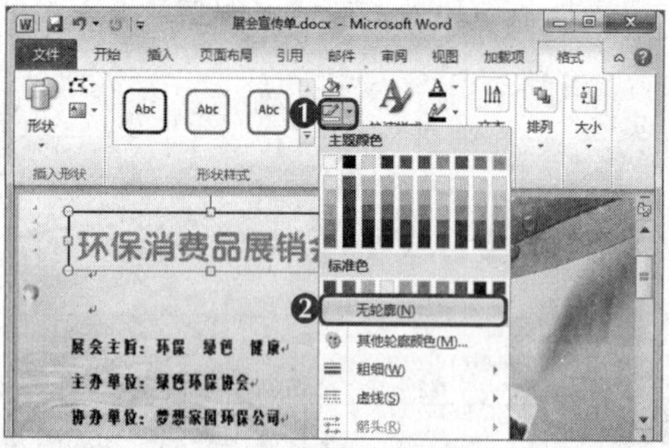

图 3-15 取消轮廓颜色

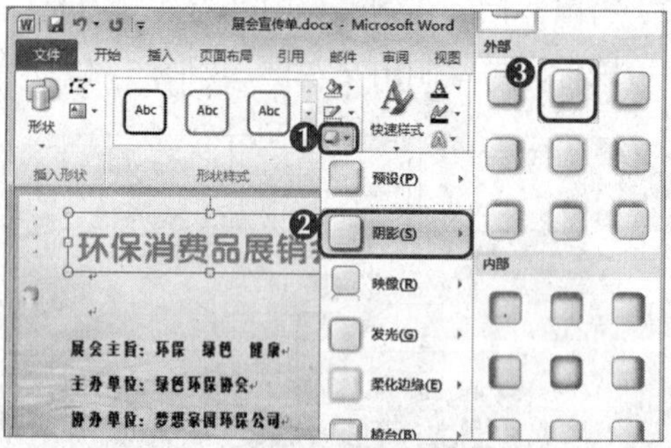

图 3-16 设置阴影效果

（8）在“形状样式”组中单击“形状效果”按钮，在弹出的列表中选择“映像”选项，在子列表中选择“半映像，接触”选项，设置映像效果，如图 3-17 所示。

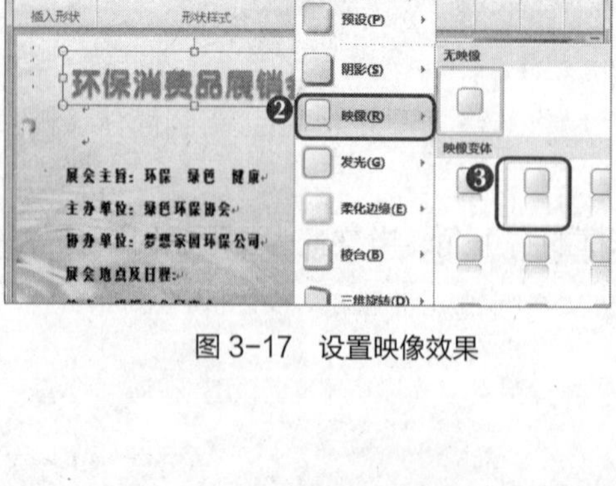

图 3-17 设置映像效果

知识提示

标题颜色的设置

这里除了可将标题的文本设置为与主题颜色相近的颜色“绿色”外，也可以将颜色设置为不同的颜色，如浅蓝色等，丰富画面的颜色，此时可直接在“格式”选项卡的“艺术字样式”组中设置。

3.1.3 插入艺术字

微课视频

插入艺术字

艺术字是将文字设置为具有艺术效果的内容，起到美化和丰富文档的作用。下面在“展会宣传单.docx”文档中插入艺术字，美化文档，其具体操作如下。

（1）在文档任意位置定位光标插入点，单击“插入”选项卡，在“文本”组中单击“艺术字”按钮，在弹出的列表中选择“渐变填充 - 蓝色，强调文字颜色 1，轮廓 - 白色，发光，强调文字颜色 2”选项，如图 3-18 所示。

（2）在插入的艺术字文本框中输入文本内容“节能环保，从我做起！”，然后在“字体”组中将字体设置为“方正粗倩简体、一号”，如图 3-19 所示。

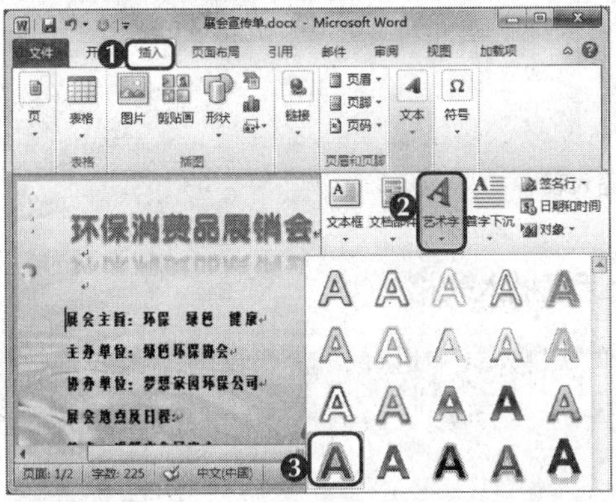

图 3-18 选择艺术字样式

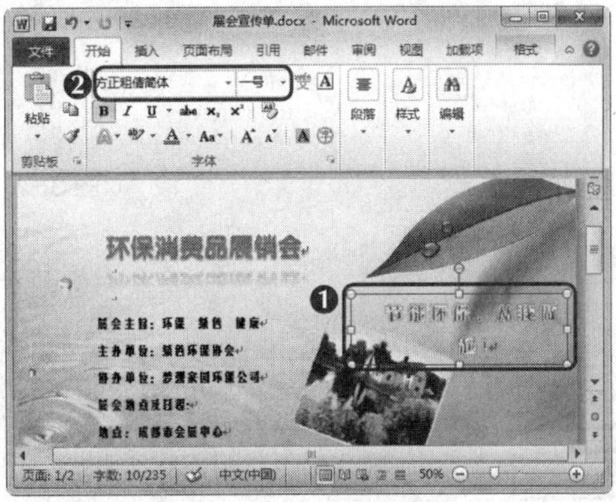

图 3-19 输入艺术字文字内容

（3）选择艺术字文本框，单击“格式”选项卡，在“文本”组中单击“文字方向”按钮，在弹出的列表中选择“垂直”选项，将文字设置为竖排显示，然后将其移动到文档右侧，如图 3-20 所示。

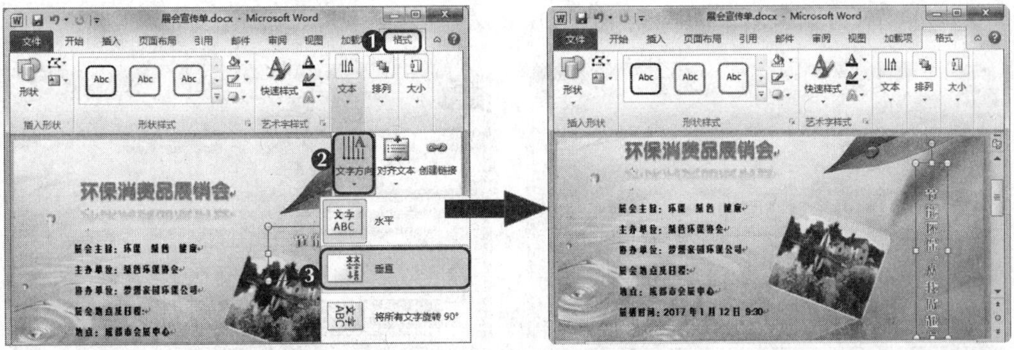

图 3-20 垂直显示艺术字

3.1.4 插入与编辑表格

微课视频

插入与编辑表格

如果需在文档中输入大量的数据内容，此时可使用表格将数据内容进行归纳展示，使数据显示更加直观，文档也不会凌乱。下面在“展会宣传单.docx”文档中插入并编辑表格，其具体操作如下。

（1）在第 2 页最后要插入表格的位置单击鼠标定位光标插入点，单击“插入”选项卡，在“表格”组中单击“表格”按钮▦，在弹出的列表中按住鼠标左键不放并拖动，当列表中显示的表格列数和行数为“5×4”时，释放鼠标。

（2）返回文档，在文本插入点位置处自动插入 4 行 5 列表格，如图 3-21 所示。

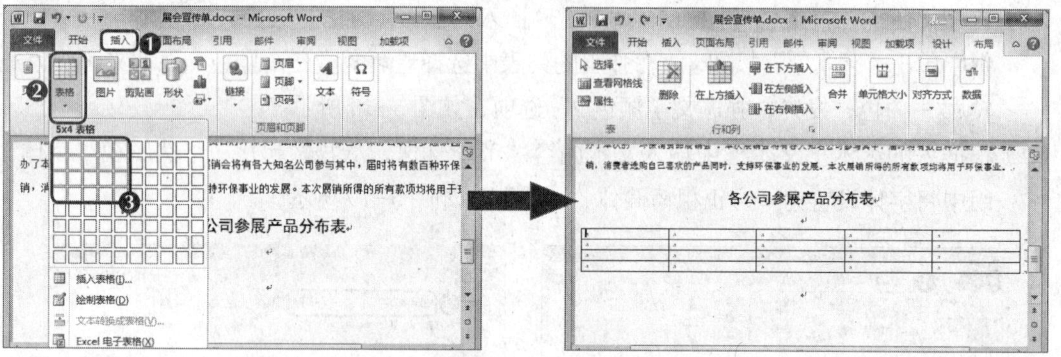

图 3-21　插入表格

多学一招

对话框插入表格

单击“表格”按钮▦，在弹出的列表中选择“插入表格”选项，打开“插入表格”对话框，在“行数”和“列数”数值框中输入行数和列数也可插入对应行列数的表格。

（3）在表格的第一个单元格中输入“展品分布”文本，然后在右侧的单元格中单击鼠标定位光标插入点，输入文本“A 公司”。使用相同的方法在其他单元格中输入相应的文本，如图 3-22 所示。

（4）单击表格左上角的“全选”按钮⊞，选择整个表格，在“字体”组中将表格数据的字号设置为“小二”，如图 3-23 所示。

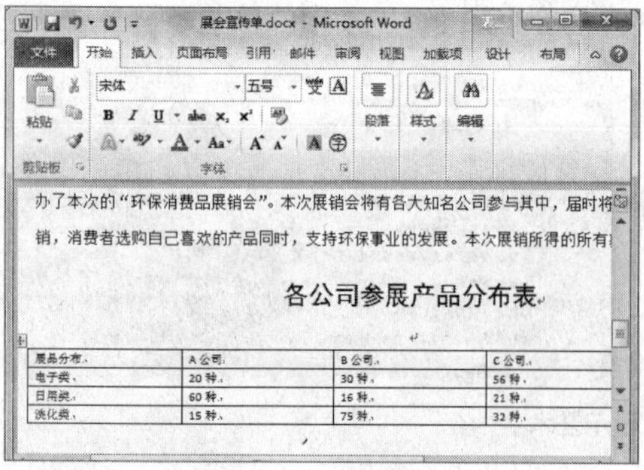

图 3-22　输入表格数据

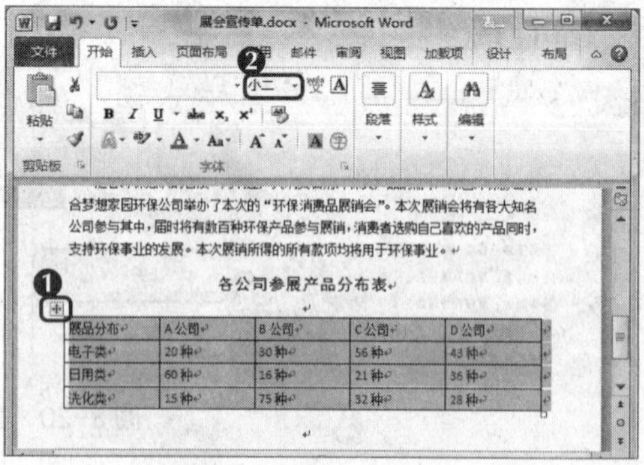

图 3-23　设置数据字号大小

（5）单击“布局”选项卡，在“对齐方式”组中单击“水平居中”按钮▤，如图 3-24 所示。

（6）在“单元格大小”组的“高度”数值框中输入“1.5 厘米”，设置单元格行高，如图 3-25 所示。

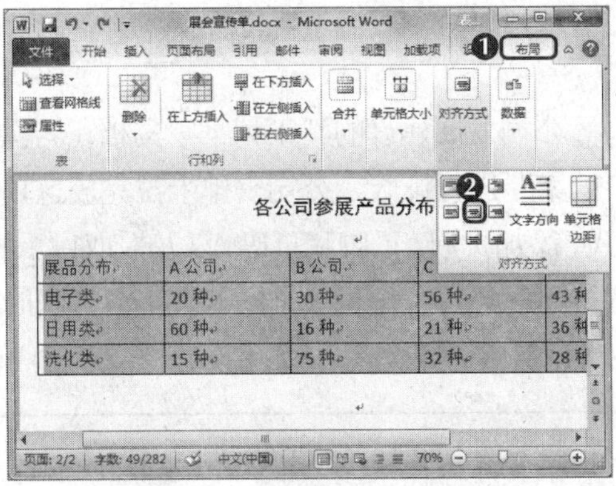

图3-24 设置数据居中对齐

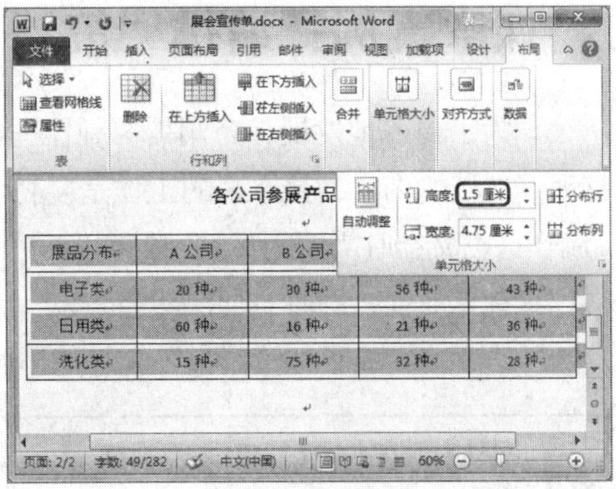

图3-25 设置行高

知识提示

添加数据

如果插入表格后，还要添加数据内容，此时可单击“布局”选项卡，在“行或列”组中单击“在上方插入”按钮、“在下方插入”按钮、“在左侧插入”按钮、“在右侧插入”按钮，可分别在上方、下方插入行单元格，在左侧、右侧插入列单元格，然后输入数据。

3.1.5 插入脚注

微课视频

插入脚注

日常生活中，可在某些宣传单的角落看到“活动最终解释权属公司所有”的字样，在文档中，可通过“脚注”功能实现，不仅可输入该类型的文字，也可输入正文内容进行补充说明的相关文字，使文档更加完整。下面在“展会宣传单.docx”文档中插入脚注，其具体操作如下。

（1）在表格后单击鼠标定位光标插入点，单击“引用”选项卡，在“脚注”组中单击“插入脚注”按钮AB¹，此时将激活脚注编辑区。

（2）在编辑区直接输入所需文本内容，如图3-26所示。

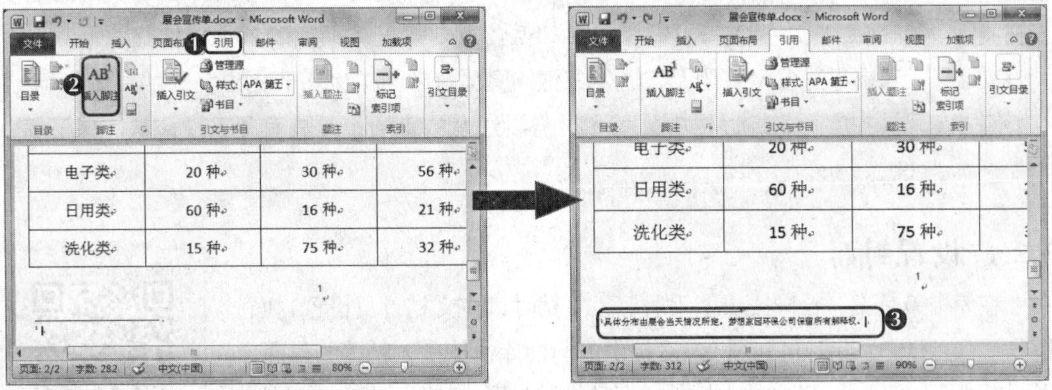

图3-26 插入脚注

3.2 课堂案例：编排“策划案”文档

公司为了更好地发展，公司需要制作一份引导公司发展建设的“策划案”文档，老洪已经整理好文档的内容，接下来的工作是要将“策划案”进行排版，公司安排米拉完成这项任务。制作这类文档时需要为文档中的内容应用样式，添加页眉、页脚和页码，以及提取目录等，使文档具有专业性，同时方便决策者查阅。米拉接到任务后，便积极查阅相关资料，同时在老洪的帮助下，完成了“策划案”文档的排版工作，最终效果如图 3-27 所示。

素材所在位置 素材文件 \ 第 3 章 \ 课堂案例 \ 策划案 .docx
效果所在位置 效果文件 \ 第 3 章 \ 课堂案例 \ 策划案 .docx

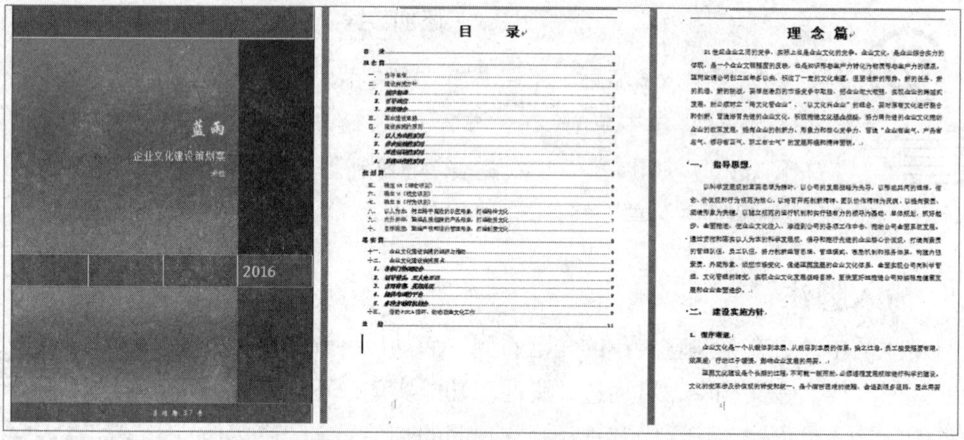

图 3-27 “策划案”最终效果

“策划案”包含的内容和实际作用

职业素养

策划案也称策划书，是对未来的某个活动或事件进行策划，并展现给读者的文本；策划案是目标规划的文档，对实现目标具有指导意义。实际制作中对整个项目的来龙去脉作一个清晰的交待，同时充分陈述项目的意义、作用和效果。需要注意的是，策划案是可实施的，不能凭空想象，要切实可行，语言描述要清楚明白，通俗易懂。具体来讲，策划案要指出实现的具体目标、如何去实现，在实际实施过程中公司人员需要注意的事项，要具有预见性，从而保证事件的顺利进展。

3.2.1 设置封面

微课视频

设置封面

在编排策划案、合同或员工手册等长文档时，在文档首页设置封面是非常有必要的，此时可利用 Word 提供的封面库快速插入精美的封面。下面在“策划案 .docx”文档中插入“瓷砖型”封面，其具体操作如下。

（1）打开“策划案 .docx”文档，单击“插入”选项卡，在“页”组中单击“封面”按钮，在弹出的列表框中选择“瓷砖型”选项，如图 3-28 所示。
（2）在文档的第一页插入封面，删除顶端的公司模块，然后在标题、副标题、作者、选取日期模块中输入相应的文本，如图 3-29 所示。

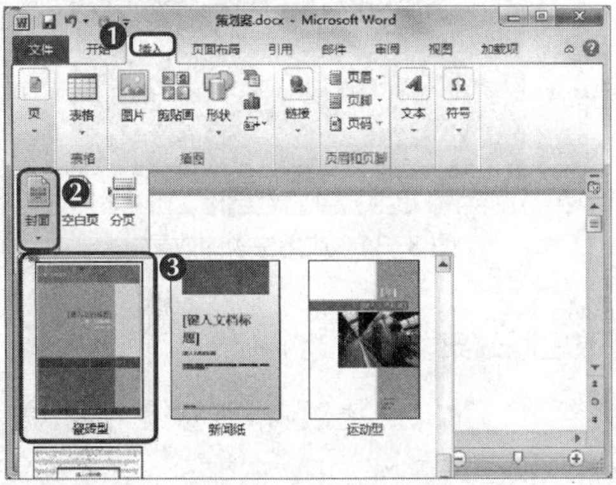
图 3-28 插入封面

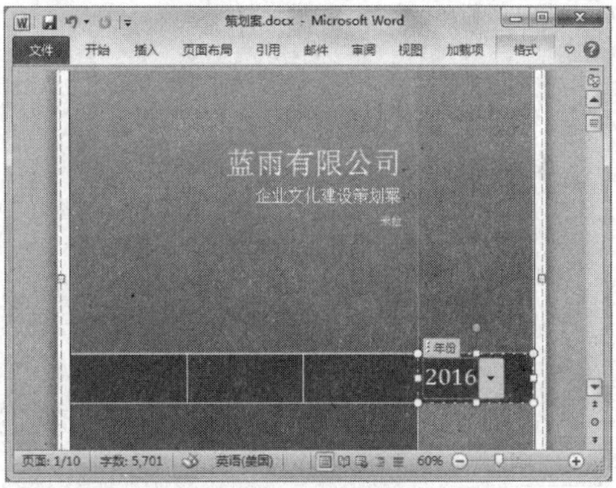
图 3-29 输入封面内容

知识提示

快速删除封面

若对文档中插入的封面效果不满意需要删除当前封面，可单击“插入”选项卡，在“页”组中单击“封面”按钮，在弹出的列表中选择“删除当前封面”选项。

3.2.2 应用主题与样式

在 Word 中分别提供了封面库、主题库和样式库，它们包含了预先设计的各种封面、主题和样式，这样使用起来非常方便。

1. 应用主题

微课视频
应用主题

当需要使文档中的颜色、字体、格式、整体效果保持某一主题标准时，可将所需的主题应用于整个文档。下面在“策划案 .docx”文档中应用“行云流水”主题，其具体操作如下。
（1）单击“页面布局”选项卡，在“主题”组中单击“主题”按钮，在弹出的列表框中选择“行云流水”选项，如图 3-30 所示。
（2）返回文档，文档中的封面的整体效果发生了改变，如图 3-31 所示。

知识提示

通过主题无法改变字体等格式的原因

由于本文档中的文字全部都是正文，没有设置其他格式或样式，所以无法通过主题的形式快速改变整个文档的文字。在下一小节中讲解样式的使用后，通过主题可快速改变文档字体。

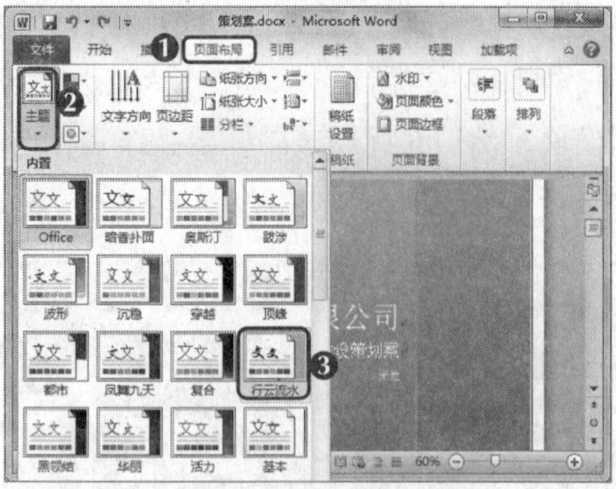

图 3-30　选择主题

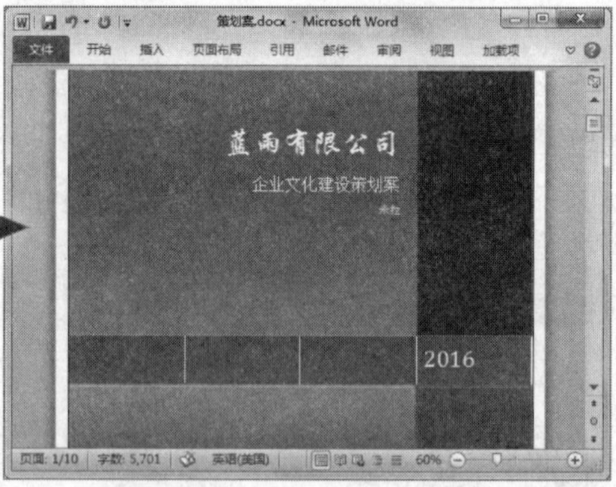

图 3-31　应用主题的效果

> **多学一招**
>
> **修改主题效果**
>
> 在“主题”组中单击“主题颜色”按钮、“主题字体”按钮、“主题效果”按钮，在弹出的列表框中选择所需的选项，还可分别更改当前主题的颜色、字体和效果。

2．应用并修改样式

微课视频

应用并修改样式

样式即文本字体格式和段落格式等特性的组合。在排版中应用样式可以提高工作效率，使用户不必反复设置相同的文本格式，而只需设置一次样式即可将其应用到其他相同格式的所有文本中。下面在“策划案 .docx”文档中应用“标题 1”样式、“标题 2”样式，然后修改“标题 1”的样式，其具体操作如下。

（1）选择第 2 页的标题文本“目录”，或将鼠标光标定位到该行，单击“开始”选项卡，在“样式”组的列表框中单击按钮，在弹出的列表框中选择“标题 1”样式，如图 3-32 所示。

（2）使用相同的方法在文档中为每一篇的篇标题、“总结”文本应用“标题 1”的样式，效果如图 3-33 所示。

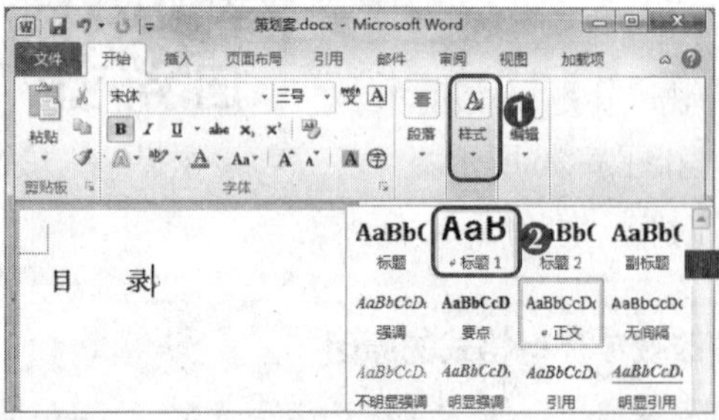

图 3-32　选择样式

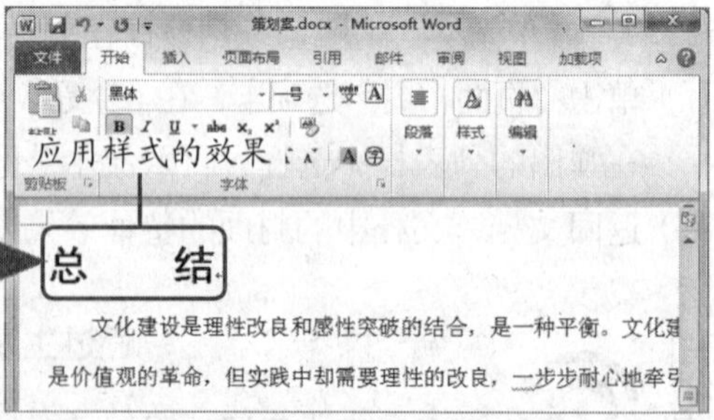

图 3-33　应用样式的效果

（3）使用相同的方法，为“标题 1”下的子标题，如“（一）指导思想”“（二）基本建设思路”等标题应用“标题 2”的样式，如图 3-34 所示。

（4）将鼠标光标定位到任意一个使用“标题 2”样式的段落中，系统自动选择“样式”组列表框中的“标题 2”选项，单击鼠标右键，在弹出的快捷菜单中选择“修改”命令，如图 3-35 所示。

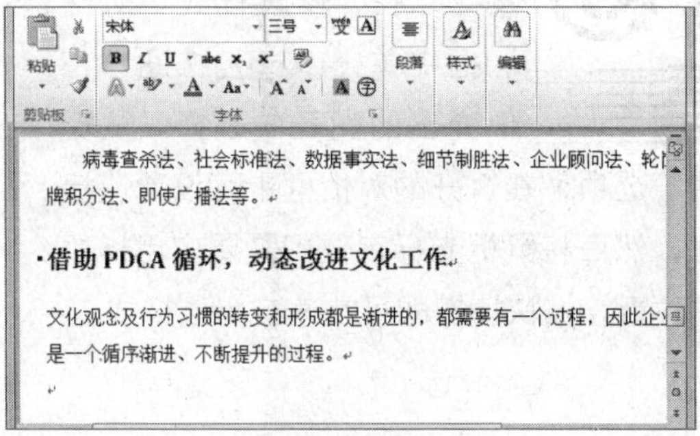

图 3-34　应用样式

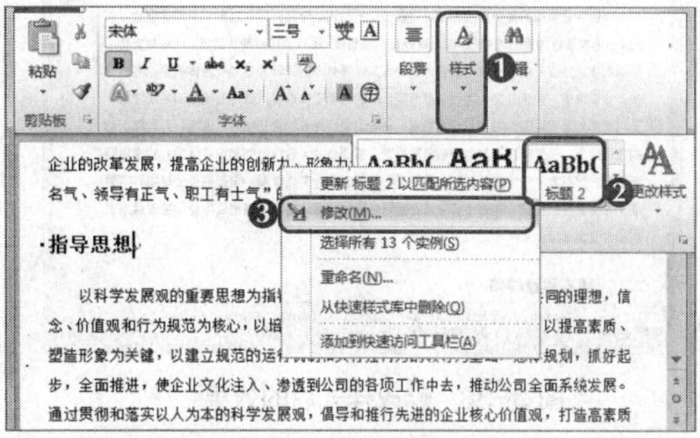

图 3-35　选择“修改”命令

多学一招　新建样式

如果在“样式”组的列表框中没有找到适合的样式，可以单击列表框右下方的按钮，在弹出的菜单中选择“将所选内容保存为新快捷样式”选项，在打开的对话框的“名称”文本框中输入样式名称，单击修改(M)...按钮，然后在打开的对话框中设置样式的参数。其中需要特别注意的是：在“样式基于”列表框中选择“标题 *”选项，即将该样式定义为标题样式。

（5）打开“修改样式”对话框，在“格式”列表框中选择“黑体”选项，设置字号为“小三”，取消加粗，单击格式(O)按钮，在弹出的列表中选择“编号”选项，如图 3-36 所示。

（6）打开“编号和项目符号”对话框，在“编号库”列表框中选择第 2 行第 1 个编号选项，单击确定按钮，如图 3-37 所示。

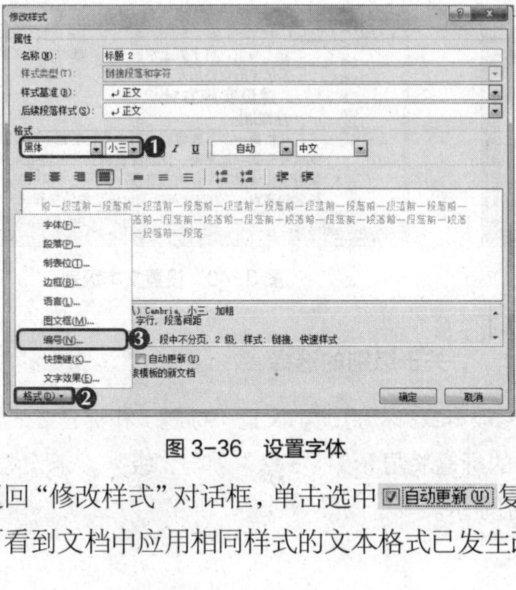

图 3-36　设置字体　　　　图 3-37　设置编号

（7）返回“修改样式”对话框，单击选中自动更新(U)复选框，然后单击确定按钮。返回文档，可看到文档中应用相同样式的文本格式已发生改变，如图 3-38 所示。然后使用相同的方法，将“标题 1”样式修改为居中显示。

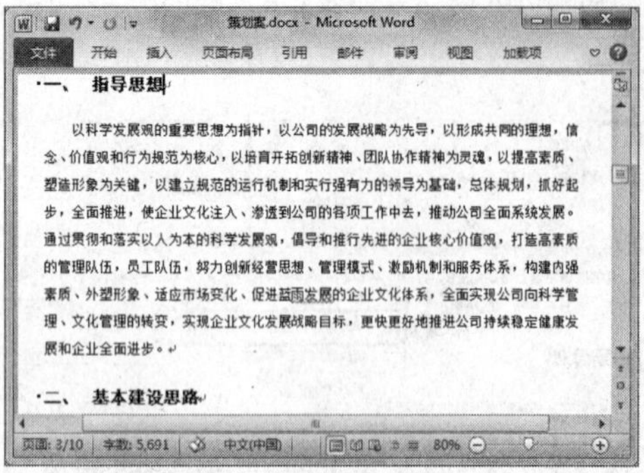

图 3-38 修改样式后的效果

知识提示

快捷键的使用

在“修改样式”对话框中单击 格式(O) 按钮，在弹出的列表中选择“快捷键”选项，在打开的对话框中可设置快捷键，然后将鼠标光标定位到需要应用样式的位置，按快捷键即可快速应用该样式。

3.2.3 使用大纲视图查看与编辑文档

微课视频

使用大纲视图查看与编辑文档

大纲视图就是将文档的标题进行缩进，以不同的级别展示标题在文档中的结构。当一篇文档过长时，可使用 Word 提供的大纲视图来帮助组织并管理长文档。下面在“策划案 .docx”文档中使用大纲视图查看并编辑文档，其具体操作如下。

（1）单击“视图”选项卡，在“文档视图”组中单击 大纲视图 按钮，如图 3-39 所示。

（2）将鼠标光标定位到“1、循序渐进”的标题文本处，单击“大纲”选项卡，在“大纲工具”组中单击“正文文本”右侧的 按钮，在弹出的列表中选择“3 级”选项，如图 3-40 所示，即可将该文本应用对应的样式。

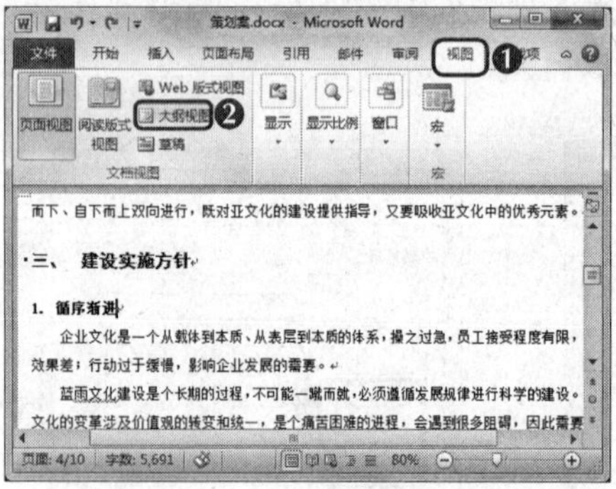

图 3-39 进入大纲视图

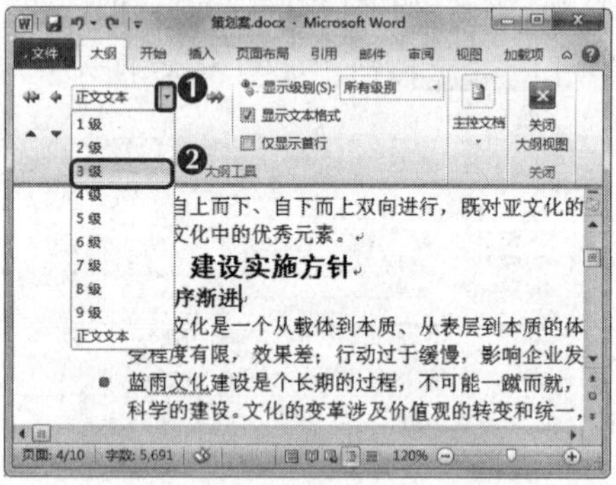

图 3-40 设置文本级别

知识提示

关于级别的选择

在前面介绍应用和修改样式知识点时，设置了标题 1 和标题 2 的样式，因此在大纲视图中对应的标题将显示为“1 级”和“2 级”，未设置样式的将以“正文文本”级别显示。

（3）单击“大纲”选项卡，在“大纲工具”组中单击“显示级别”右侧的按钮，在弹出的列表中选择“3级”选项，此时将显示所有级别的标题文本，如图 3–41 所示。

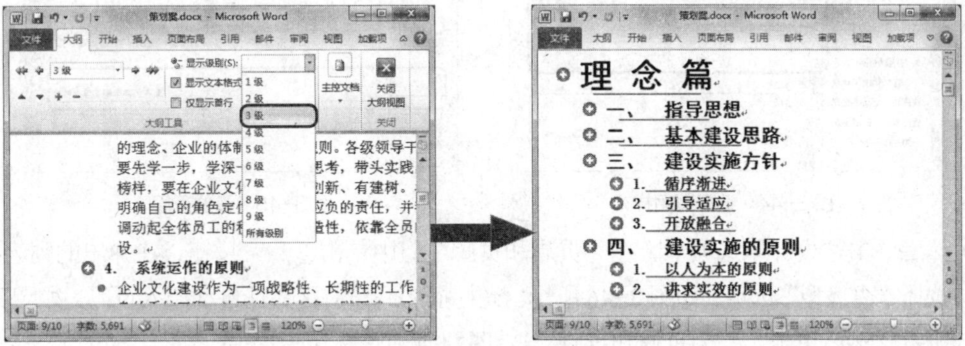

图 3–41　显示文档级别

（4）将鼠标指针移动到“二、基本建设思路”标题段落前的图标上，当其变成形状时，按住鼠标不放，根据指示线将其拖动到“四、建设实施的原则”段落前，如图 3–42 所示。

（5）双击“三、基本建设思路”标题段落前的图标，可展开段落查看标题下的正文内容，然后在“关闭”组中单击“关闭大纲视图”按钮，退出大纲视图，如图 3–43 所示。

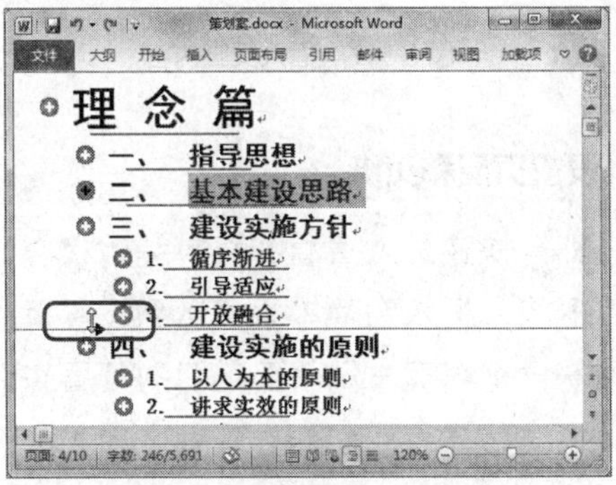

图 3–42　移动段落文本

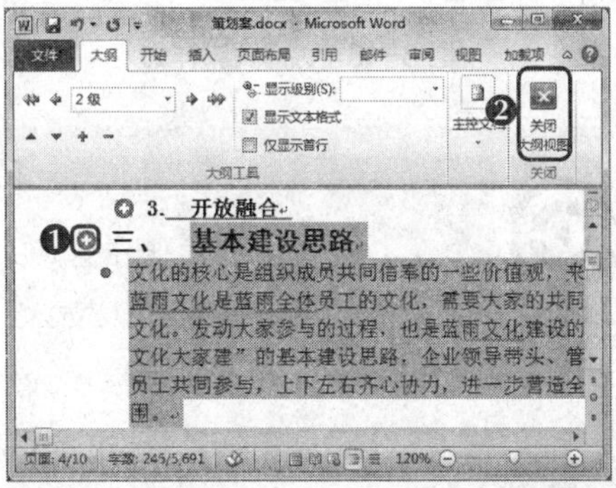

图 3–43　查看段落文本并退出大纲视图

3.2.4 设置页眉和页脚

微课视频

设置页眉和页脚

在一些较长的文档中，为了便于阅读，使文档传达更多的信息，将添加页眉和页脚。通过设置页眉和页脚，可快速在文档每个页面的顶部和底部区域添加固定的内容，如页码、公司徽标、文档名称、日期、作者名等。下面在“员工手册.docx”文档中插入页眉和页脚，其具体操作如下。

（1）单击“插入”选项卡，在“页眉和页脚”组中单击页眉按钮，在弹出的列表框中选择“边线型”选项，如图 3–44 所示。

（2）光标自动插入到页眉区，且自动输入文档标题，这里修改为所需文本，然后单击“开始”选项卡，在“段落”组中将其设置为右对齐，如图 3–45 所示。

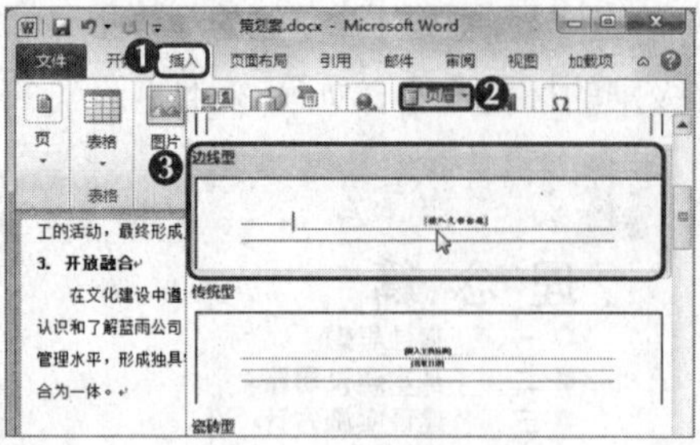

图 3-44　选择页眉样式

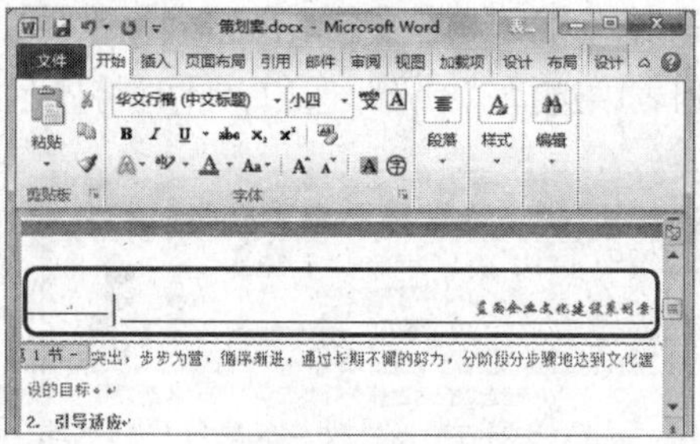

图 3-45　设置页眉

（3）然后单击“设计”选项卡，在“页眉和页脚”组中单击 页脚 按钮，在弹出的列表框中选择“边线型”选项，如图 3-46 所示。光标插入到页脚区，且自动插入页码，如图 3-47 所示，然后单击“关闭页眉和页脚”按钮退出页眉和页脚视图。

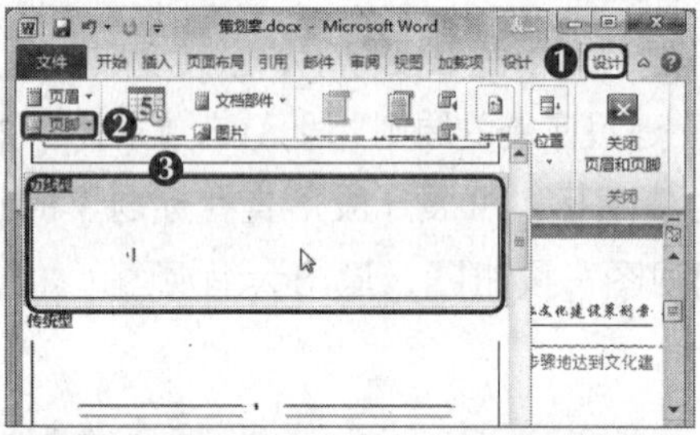

图 3-46　选择页脚样式

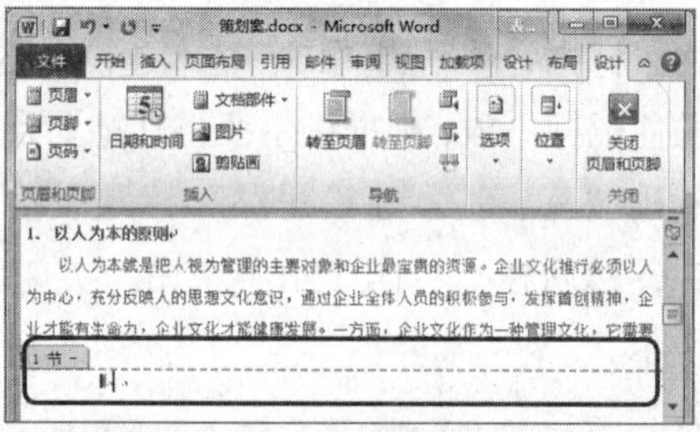

图 3-47　插入页脚内容

知识提示

自定义设置页眉和页脚

在页眉和页脚的区域，双击即可快速进入页眉和页脚编辑状态，在该状态下可通过输入文本、插入形状、插入图片等方式达到设置页眉、页脚的效果。如果需要设置图书一样奇数页与偶数页不同的页眉和页脚效果，可单击“设计”选项卡，单击选中 ☑ 奇偶页不同 复选框。然后在奇数页和偶数页中分别设置不同的效果。

3.2.5　添加目录

微课视频

添加目录

目录是一种常见的文档索引方式，一般包含标题和页码两个部分，通过目录，用户可快速知晓当前文档的主要内容，以及需要查询内容的页码位置。

Word 提供了添加目录的功能，无需用户手动输入内容和页码，只需要用户对对应内容设置相应样式，然后通过查找样式，从而提出内容及页码。因此，添加目录的前提是为标题设置相应的样式。下面在“员工手册 .docx”文档中添加目录，其具体操作如下。

（1）在第 2 页的“目录”文本下定位光标插入点，单击“引用”选项卡，在“目录”组中单击“目录”按钮，在弹出的列表中选择“插入目录”选项，如图 3-48 所示。

（2）打开“目录”对话框，在“常规”栏的“格式”列表框中选择“正式”选项，在“显示级别”数值框中输入“3”，单击 确定 按钮，如图 3-49 所示。

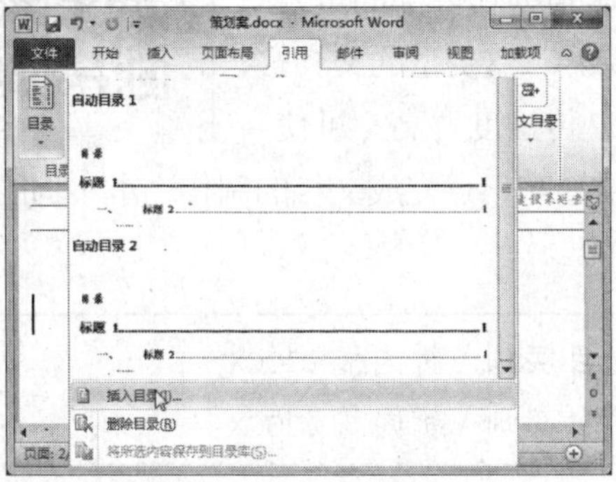

图 3-48　选择选项

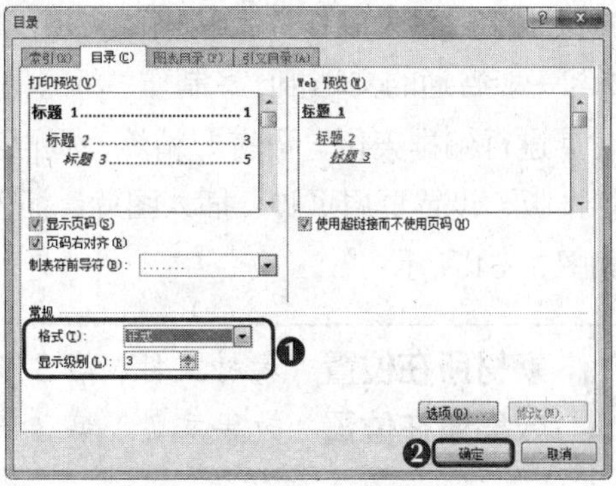

图 3-49　设置目录格式

（3）返回文档编辑区，可看到插入目录后的效果，如图 3-50 所示。

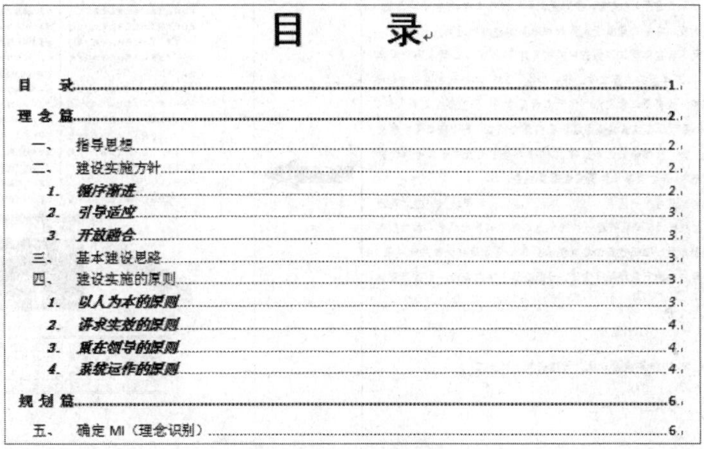

目　　录

目　录	1
理 念 篇	2
一、　指导思想	2
二、　建设实施方针	2
1.　循序渐进	2
2.　引导适应	3
3.　开放融合	3
三、　基本建设思路	3
四、　建设实施的原则	3
1.　以人为本的原则	3
2.　讲求实效的原则	4
3.　重在领导的原则	4
4.　系统运作的原则	4
规 划 篇	6
五、　确定 MI（理念识别）	6

图 3-50　目录效果

知识提示

双栏排版

当目录内容较多，一页无法显示时，为了文档的美观和便于查阅，可将其分栏排版，单击“页面布局”选项卡，在“页面设置”组中单击“分栏”按钮，在弹出的列表中选择“双栏”选项，将其双栏排版。

3.3 项目实训

本章通过美化“展会宣传单”文档、编排“策划案”文档两个课堂案例，讲解了美化和编排文档的操作，其中插入与编辑图片、应用艺术字、插入与编辑表格、插入封面、设置页眉和页脚、添加目录等，是日常办公中经常使用的知识点，应重点学习和把握。下面通过两个项目实训，将本章学习的知识灵活运用。

3.3.1 制作“新闻稿”文档

微课视频

制作“新闻稿”文档

1. 实训目标

本实训的目标是制作“新闻稿”文档，用于报道公司内部的重要事件。与一般普通的文档相比，制作“新闻稿”“杂志”这类型的文档，需要对其进行编排美化，语言要精炼，页面美观，传播度要高。可使用双栏排版、设置页眉页脚、插入图片、插入表格等知识点完成文档的制作。本实训的最终效果如图 3-51 所示。

素材所在位置 素材文件 \ 第 3 章 \ 项目实训 \ 新闻稿 .docx

效果所在位置 效果文件 \ 第 3 章 \ 项目实训 \ 新闻稿 .docx

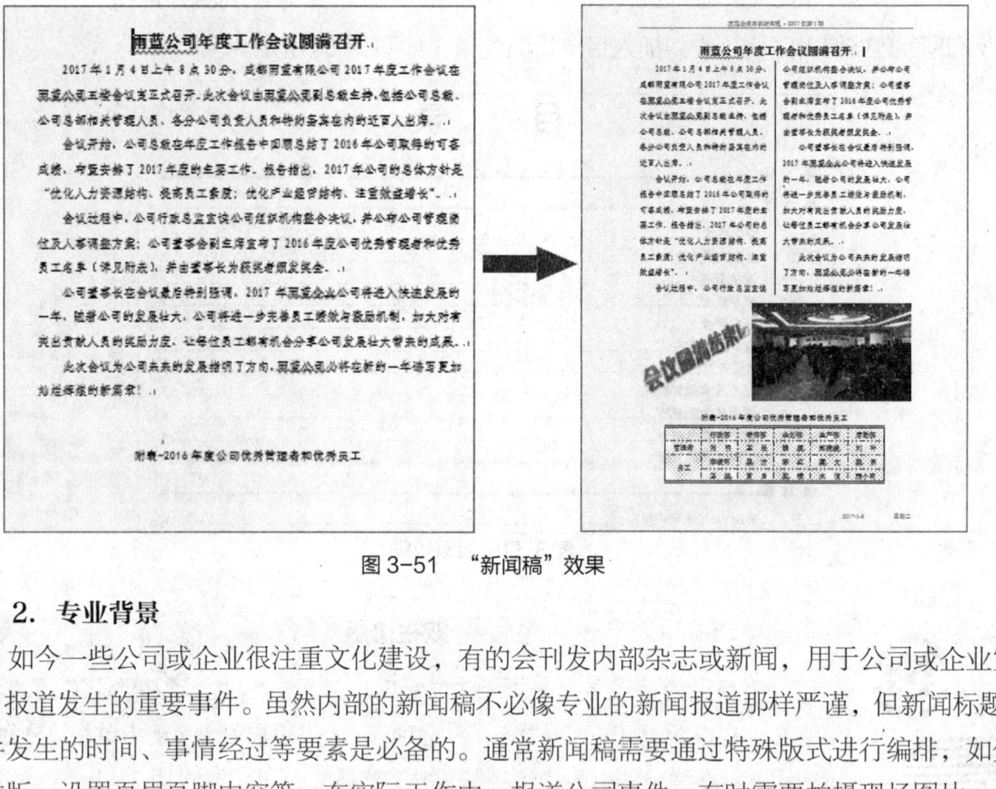

图 3-51 “新闻稿”效果

2. 专业背景

如今一些公司或企业很注重文化建设，有的会刊发内部杂志或新闻，用于公司或企业宣传、报道发生的重要事件。虽然内部的新闻稿不必像专业的新闻报道那样严谨，但新闻标题、事件发生的时间、事情经过等要素是必备的。通常新闻稿需要通过特殊版式进行编排，如分栏排版、设置页眉页脚内容等，在实际工作中，报道公司事件，有时需要拍摄现场图片，用于在文档中展示，写作时切忌偏离事实或内容空洞。一篇好的新闻稿还要把握主诉求，具有较高的可读性。

3. 操作思路

完成本实训需要先在文档中对正文进行分栏，再插入图片和剪贴画并进行编辑，然后插入表格并进行设置，最后设置页眉和页脚。

【步骤提示】

（1）打开“新闻稿 .docx”文档，将正文文本分为两栏。

（2）插入“会议.jpg”图片，设置为“右对齐”，并将其剪裁为合适大小。

（3）插入艺术字“会议圆满成功！”，设置样式为“填充 - 红色，强调文字颜色 2，暖色粗糙棱台”，设置格式为“方正粗倩简体、小初”。将效果设置为“右向对比透视”，并旋转一定角度。

（4）插入 4 行 6 列的表格，输入文本内容，设置单元格内容“水平居中”对齐。

（5）将表格上下边框线设置为“双线”线型，内侧框线设置为第 6 种线型，然后为表格添加“20%、玫瑰红”图案填充底纹。

（6）添加页眉“雨蓝公司内部新闻报 - 2017 年第 1 期”，页脚“2017-1-8　星期二”。

3.3.2 编排“岗位说明书”文档

微课视频

编排“岗位说明书”文档

1. 实训目标

本实训的目标是编排“岗位说明书”文档，通过实训可让用户理清文档的关系，为文档添加标题、修改样式、提取目录。本实训的最终效果如图 3-52 所示。

素材所在位置　素材文件\第 3 章\项目实训\岗位说明书.docx

效果所在位置　效果文件\第 3 章\项目实训\岗位说明书.docx

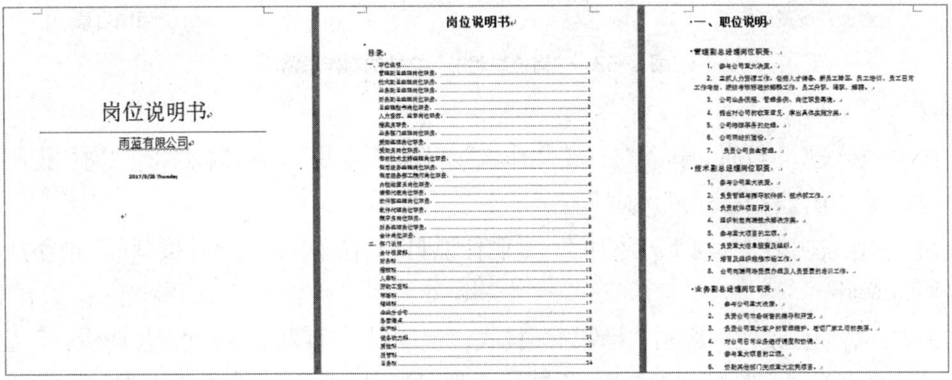

图 3-52　“岗位说明书”最终效果

2. 专业背景

岗位说明书，用于表明企业期望员工做些什么、规定员工应该做些什么、应该怎么做和在什么样的情况下履行职责。在编制岗位说明书时，要注意文字表述应简单明了，并使用浅显易懂的文字填写。岗位说明书应该包括以下主要内容。

- **岗位基本资料**：包括岗位名称、岗位工作编号、汇报关系、直属主管、所属部门、工资等级、工资标准、所辖人数、工作性质、工作地点、岗位分析日期等。
- **岗位工作概述**：简要说明岗位工作的内容，并逐项加以说明岗位工作活动的内容，以及各活动内容所占时间百分比，活动内容的权限，执行的依据等。

- **岗位工作责任**：包括直接责任与领导责任，要逐项列出任职者工作职责。
- **岗位工作资格**：即从事该项岗位工作所必须具备的基本资格条件，主要有学历、个性特点、体力要求以及其他方面的要求。
- **岗位发展方向**：根据需要可加入岗位发展方向的内容，明确企业内部不同岗位间的相互关系。岗位发展方向有利于员工明确发展目标，将自己的职业生涯规划与企业发展结合在一起。

3．操作思路

完成本实训首先要为文档添加两个标题，再依次为各个大标题、子标题设置样式，并通过修改样式达到需要的效果，最后提取目录。其操作思路如图 3-53 所示。

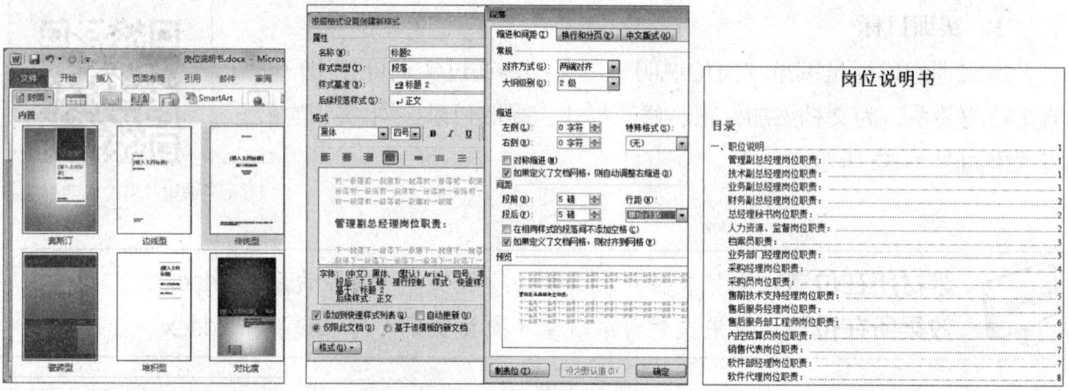

①添加并设置新样式　　②添加目录

图 3-53　“岗位说明书”文档的制作思路

【步骤提示】

（1）插入“传统型”封面，删除“公司”“作者”“摘要”模块，然后输入标题“岗位说明书”、副标题“雨蓝有限公司”和时间。

（2）在“岗位说明书”标题下方添加“一、职位说明”、在第 9 页“会计核算科”前添加“二、部门说明”。

（3）为“一、职位说明”应用“标题 1”样式，定位到“管理副总经理岗位职责：”位置新建一个名为“标题 2”的样式，设置样式类型为“段落”、样式基准“标题 2”、后续段落样式“正文”；设置文字格式为“黑体”“四号”；设置段前段后间距为“5 磅”、行距为“单倍行距”。

（4）依次为各个标题应用样式。

（5）在文档标题下方提取目录，应用“自动目录 1”样式。

3.4　课后练习

本章主要介绍了美化和编排文档的操作方法，下面通过两个练习的制作，使用户对各知识的应用方法及操作更熟悉。

练习 1：制作“公司简介”文档

微课视频

制作“公司简介”文档

“公司简介”用于介绍公司的现状、规模、经营和生产等信息，类似于公司的名片。在制作时，着重进行美化和页面布局，如插入艺术字和图片等对象，效果如图 3-54 所示。

×××有限责任公司 致力打造全国优秀绿色健康粮油品牌。

公司简介

◇ 公司规模

×××有限责任公司是一家集食品再加工、食品包装、食品销售于一体的现代化大型食品加工企业。公司自 1989 年创建之初起投资 1.2 亿元，兴建了园林化工厂，占地 67 亩，建筑面积达 11 万平方米，在职员工 578 人。厂区采用欧洲统一标准设计建成无死角、每 2 小时通风一次的生产车间，并从日本进口了先进的不锈钢加工设备。公司以“管理规范化、生产程序化、现场标准化”为原则，建立了 ISO9001:2000 质量体系，通过了 QS、HACCP 体系认证，先后荣获数十项荣誉，获得了良好的市场口碑和经济效益。

◇ 公司理念

公司秉承“卫生为先、质量为本、绿色健康、顾客满意”的经营理念，大胆开拓、锐意进取，开创了纯天然植物油系列、非转基因植物油系列、劲道面粉和粒粒香大米系列等产品，是四川省最大的食品再加工企业之一。

图 3-54 “公司简介”文档效果

素材所在位置 素材文件 \ 第 3 章 \ 课后练习 \ 公司简介 .docx
效果所在位置 效果文件 \ 第 3 章 \ 课后练习 \ 公司简介 .docx

要求操作如下。

- 在标题位置插入艺术字“公司简介”，设置字符格式为“汉仪哈哈体简、小初”，设置样式为“渐变填充 - 蓝色，强调文字颜色 1，轮廓 - 白色，发光，强调文字颜色 2”。
- 在“公司理念”第一段文字下插入“1.jpg”“2.jpg”“3.jpg”图片，在第二段文字下依次插入“4.jpg”“5.jpg”“6.jpg”图片，设置为“浮于文字上方”，裁剪不需要的图片部分，应用“简单框架，白色”图片样式。
- 添加页眉内容，设置字体格式为“黑体、9 号、居中”。

练习 2：编排“行业代理协议书”文档

微课视频

编排“行业代理协议书”文档

“行业代理协议书”是产品代理的协议规章，用于阐述代理的相关条款等事项，属于常见的长文档，本练习将在文档中编排相关内容，设置样式、提取目录等，完成后的效果如图 3-55 所示。

素材所在位置 素材文件 \ 第 3 章 \ 课后练习 \ 行业代理协议书 .docx
效果所在位置 效果文件 \ 第 3 章 \ 课后练习 \ 行业代理协议书 .docx

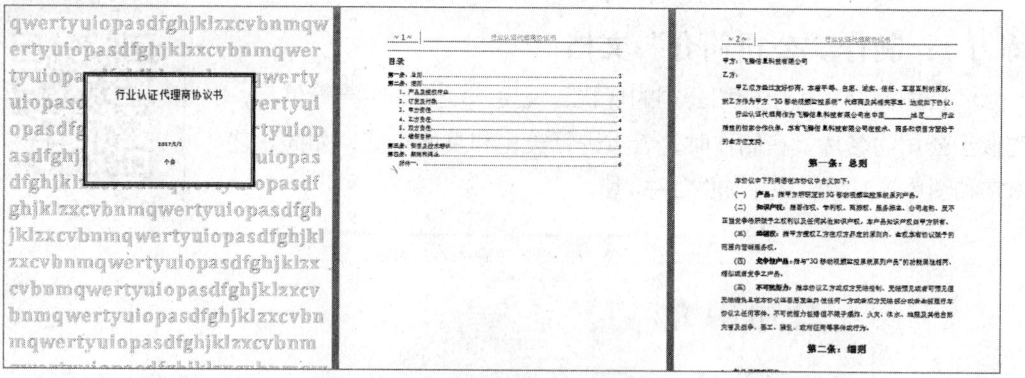

图 3-55 “行业代理协议书”文档效果

操作要求如下。

- 打开“行业代理协议书 .docx”文档，为相应的标题应用样式，并使用大纲视图设置文档 1 级、2 级级别，完成后插入封面。
- 插入“边线型”页眉，并自定义页脚的文本内容包含“地址”和“电话”，完成后再插入目录样式。
- 在“销售目标”文本下的第一段段末创建交叉引用标题“附件一：”，完成后在附件一的表格下插入题注。

3.5 技巧提升

1. 删除插入的对象

在文档中单击选择插入的图片等对象，若第一次单击只定位了文本插入点或选择了该元素的某部分，可再次单击该元素的边框选择，然后按【Delete】键将其从文档中删除。

2. 将设置的样式应用于其他文档

为一个文档设置样式后，如果希望这些样式应用到其他文档，除了可以将文档设置为模板文件之外，还有一种很简单而且容易操作的方法。即将文档另存为一个扩展名为“docx”的文档，名称可以为“空白模板”之类，然后删除其中的所有文字内容。再次打开这个文档，在里面输入自己需要的文字，然后就可以直接通过“样式”列表框选择已经设置过的样式。

3. 设置页面背景

除了插入图片作为文档的背景外，还可设置文档的背景来进行美化。单击“页面布局”选项卡，在“页面背景”组中单击“页面颜色”按钮，在弹出的列表中选择“主题颜色”或“标准色”选项，可设置文档的纯色背景；选择“填充效果”选项，打开“填充效果”对话框，可为文档设置“渐变”“文理”“图案”或“图片”背景。

CHAPTER 4

第 4 章 审校与打印文档

情景导入

公司对米拉下达了新任务，对公司近期的“招工协议书”进行审阅，并且公司更新了劳动合同，需要打印出来。审阅和打印是米拉不曾接触过的米拉对此不禁感叹，真是学无止境。

学习目标

- 掌握审校文档的操作。

  如拼写与语法检查、添加批注、修订文档、合并文档等审校操作。

- 掌握打印文档的方法。

  如设置打印页面、设置打印份数和范围、设置打印属性并打印等。

案例展示

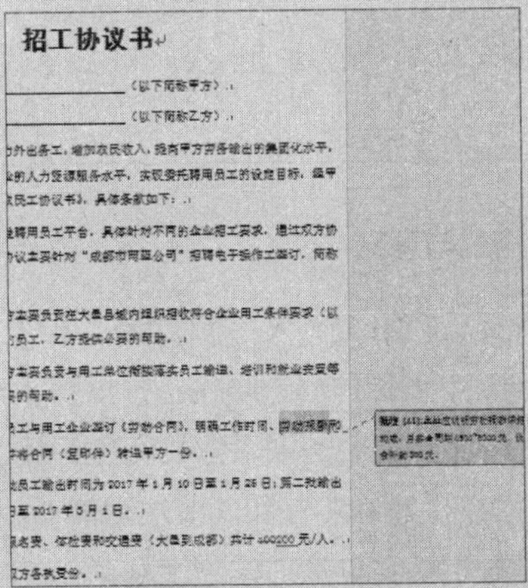

▲审阅和修订“招工协议书”文档

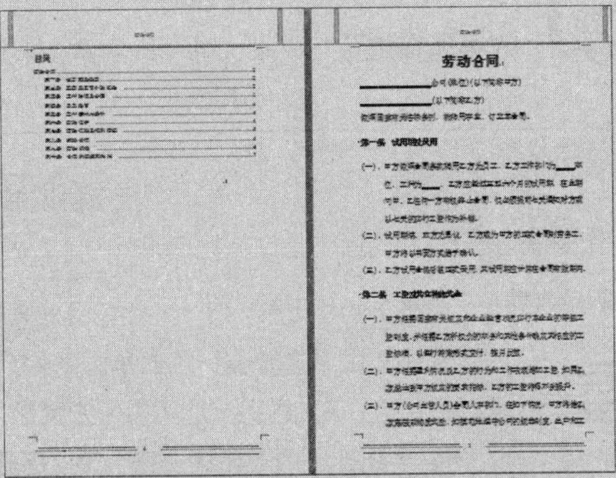

▲打印“劳动合同”文档

4.1 课堂案例：审阅和修订“招工协议书”文档

由于米拉工作能力表现突出，做事积极勤快，受到公司的器重。现在一些基本的工作米拉不用再亲力亲为，可以交给一些新员工完成，自己做一些统筹工作。在编辑完“招工协议书”这类较为正式的文档后，通常需要对其进行审阅，以免出现语法、排版和常识性错误，影响文档质量甚至公司形象。审阅文档时，若针对某些文本需要提出意见和建议，常会在文档中添加批注；使用修订功能可针对文档中错误的文本提出修改方法，然后交由其他人员完成修改。本例完成后的参考效果如图 4-1 所示。

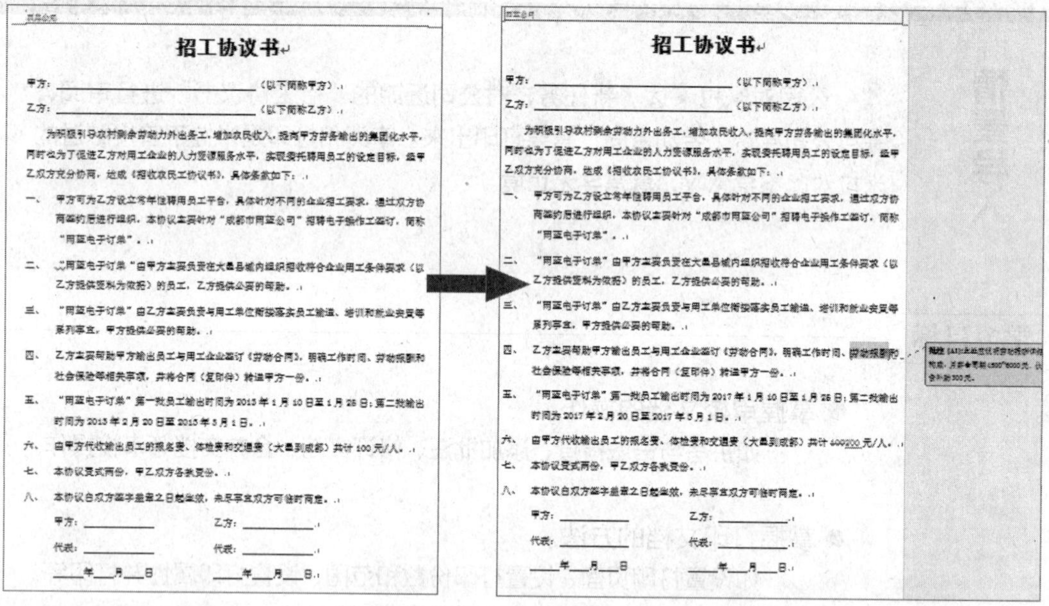

图 4-1　审阅和修订“招工协议书”文档的最终效果

素材所在位置　素材文件 \ 第 4 章 \ 课堂案例 \ 招工协议书 .docx、招工协议书 1.docx

效果所在位置　效果文件 \ 第 4 章 \ 课堂案例 \ 招工协议书 .docx、招工协议书 1.docx

职业素养

“招工协议书”的格式与意义

“协议书”类似于合同，具有法律意义。“招工协议书”文档，是招聘员工的协议书，即一方委托另一方招聘员工，也称作甲方委托乙方招聘。其格式由甲方单位、乙方单位名称，正文内容和署名、联系方式和签订日期组成，正文内容一般指明甲方责任、乙方责任、违约责任和其他注明事项。在写作时，语言要简练、内容明确、符合事实，通常协议书一式两份，经乙方代表与甲方签订后生效，甲、乙双方各执一份，具同等法律效力。

4.1.1 拼写与语法检查

微课视频

拼写与语法检查

在输入文字时，有时字符下方将出现红色或绿色的波浪线，表示Word认为这些字符出现了拼写或语法错误。在一定的语言范围内，能自动检测文字语言的拼写或语法错误，便于用户及时检查并纠正错误。下面在“招工协议书.docx”文档中进行拼写与语法检查，其具体操作如下。

（1）打开“招工协议书.docx”文档，将文本插入点定位到文档第一行行首，然后单击“审阅”选项卡，在“校对”组中单击“拼写和语法”按钮。

（2）在打开的“拼写和语法”对话框的文本框中可查看文档中的语法错误，当需要修改显示的拼写和语法错误时，可在文本框中将其修改为正确的内容，这里将在提示的标点符号错误的““”修改为“””，然后单击更改(C)按钮进行修改，如图4-2所示。

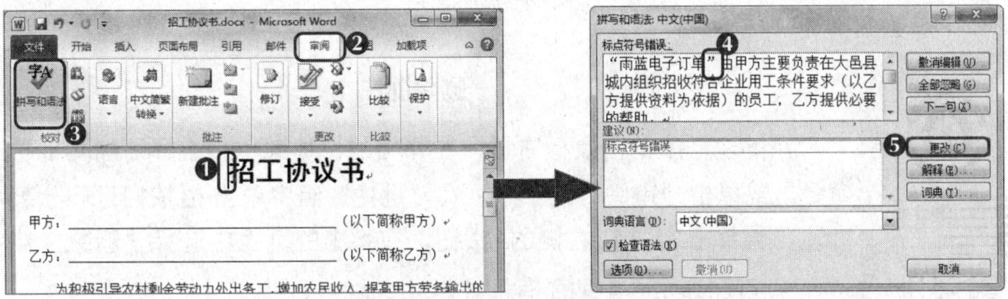

图4-2 查看拼写和语法检查结果修改拼写与语法错误

（3）自动显示下一个语法错误，若确定无需修改后可单击下一句(X)按钮，忽略上一个词法错误并检查下一个语法错误。

（4）当文档中没有错误后，将打开提示对话框提示拼写和语法检查已完成，然后单击确定按钮完成拼写与语法检查，如图4-3所示。

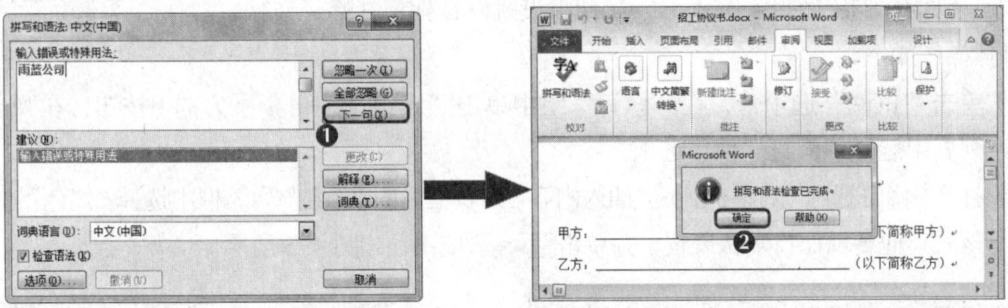

图4-3 完成拼写与语法错误检查

4.1.2 添加批注

微课视频

添加批注

在处理办公文档时，有时需要将文档交由上级部门进行审阅，在审阅过程中若针对某些文本需要提出意见和建议，可在文档中添加批注。下面在“招工协议书.docx”文档中添加批注，其具体操作如下。

（1）选择要添加批注的“劳动报酬”文本，单击“审阅”选项卡，在

"批注"组中单击"新建批注"按钮。

（2）在文档中插入批注框，然后在批注框中输入所需的内容，完成后的效果如图 4-4 所示。

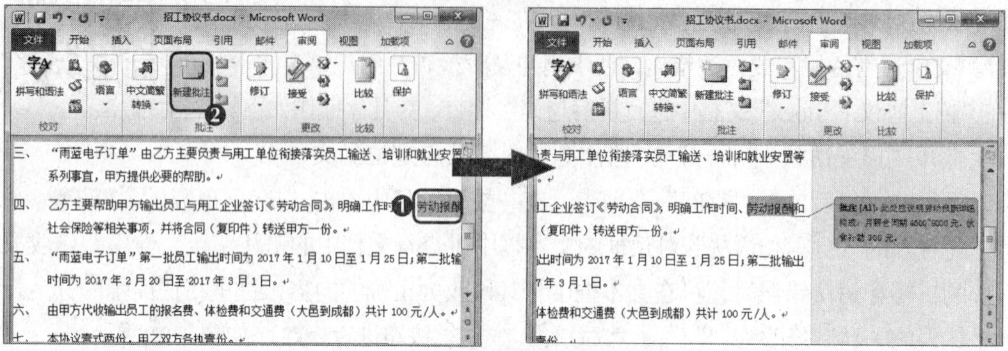

图 4-4　添加批注

删除批注

知识提示

在批注框中单击鼠标右键，在弹出的快捷菜单中选择"删除批注"命令，或单击"审阅"选项卡，在"批注"组中单击按钮可删除某个批注；若单击按钮右侧的按钮，在弹出的列表中选择"删除文档中所有的批注"选项，则可删除文档中的所有批注。

4.1.3 修订文档

微课视频

修订文档

在对 Word 文档进行修订时，为了方便其他用户或原作者知道文档所做的修改，可先设置修订标记来记录对文档的修改，然后再进入修订状态对文档进行编辑操作，完成后即可通过修订标记来显示所做的修改。下面在"招工协议书 .docx"文档中设置修订标记并修订文档，其具体操作如下。

（1）单击"审阅"选项卡，在"修订"组中单击"修订"按钮下方的按钮，在弹出的列表中选择"修订选项"选项。

（2）打开"修订选项"对话框，在"插入内容"列表框后的"颜色"列表框中选择"红色"选项，然后其他各项保持默认设置，并单击 确定 按钮，如图 4-5 所示。

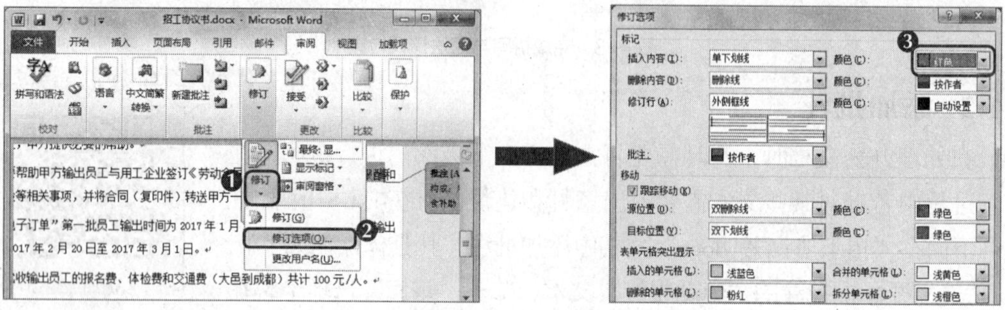

图 4-5　设置修订标记

（3）返回文档，在“修订”组中单击“修订”按钮。

（4）选择第6点内容的“100”，然后输入“200”，输入的内容将根据设置的修订标记样式进行显示，如图4-6所示，完成后再次单击“修订”按钮退出修订状态，然后将其保存到效果文件中。

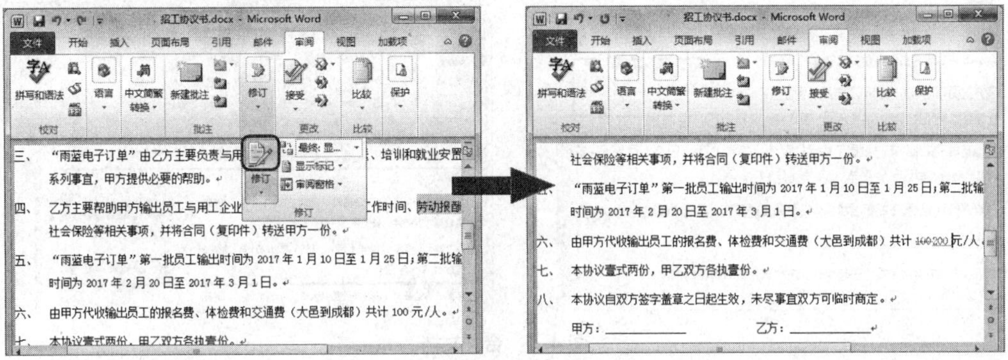

图4-6　修订文档

接受和拒绝文档修订

知识提示

单击“审阅”选项卡，在“更改”组中单击“接受”按钮或“拒绝”按钮，可接受或拒绝当前修订；若分别单击这两个按钮下方的按钮，在弹出的列表中选择“接受对文档的所有修订”选项或“拒绝对文档的所有修订”，可接受或拒绝全部修订。

4.1.4 合并文档

微课视频

合并文档

通常报告、总结类文档需要同时分送给经理、主管等各级领导审校，这样修订记录会分别保存在多篇文档中。整理时要想综合考虑所有领导意见势必得同时打开查看多篇文档，这样就显得很麻烦。此时，可利用Word提供的合并文档功能将多个文件的修订记录全部合并到同一文件中。下面将“招工协议书1.docx”文档和刚保存到效果文件中的“招工协议书”文档中所做的修订合并到一个文件中，其具体操作如下。

（1）单击“审阅”选项卡，在“比较”组中单击“比较”按钮，在弹出的列表中选择“合并”选项。

（2）打开“合并文档”对话框，在“原文档”列表框后单击“打开”图标，在打开的对话框中选择“招工协议书1.docx”文档，然后在“修订的文档”列表框后单击“打开”图标，在打开的对话框中选择效果文件中的“招工协议书.docx”文档，完成后单击确定按钮。

（3）系统将其他文档的修订记录逐一合并到新建的名为“合并结果1.docx”的文档，在其中用户可继续编辑并同时查看所有修改意见，如图4-7所示，完成后将该文档以“招工协议书 1”为名，另存到效果文件中。

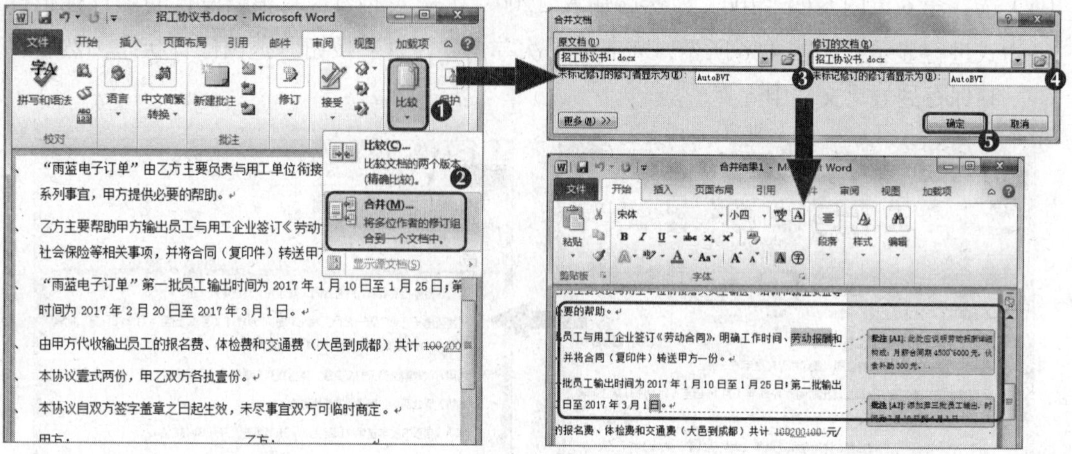

图 4-7　合并文档

4.2　课堂案例：打印“劳动合同”文档

公司最近来招聘了几名新员工，需要签订“劳动合同”，打印任务交给了米拉。米拉在实践工作中摸索出经验，文档编辑后，不是立即进行打印输出，而是首先需要对文档页面进行设置，如页边距、页面方向、纸张大小等，根据实际需求，还可对文档的打印范围、打印份数进行设置。待设置完成后，用户可在 Word 工作界面预览打印效果，该效果与实际在纸张上显示相同。米拉对文档进行打印设置并预览，效果如图 4-8 所示。

素材所在位置　素材文件 \ 第 4 章 \ 课堂案例 \ 劳动合同 .docx
效果所在位置　效果文件 \ 第 4 章 \ 课堂案例 \ 劳动合同 .docx

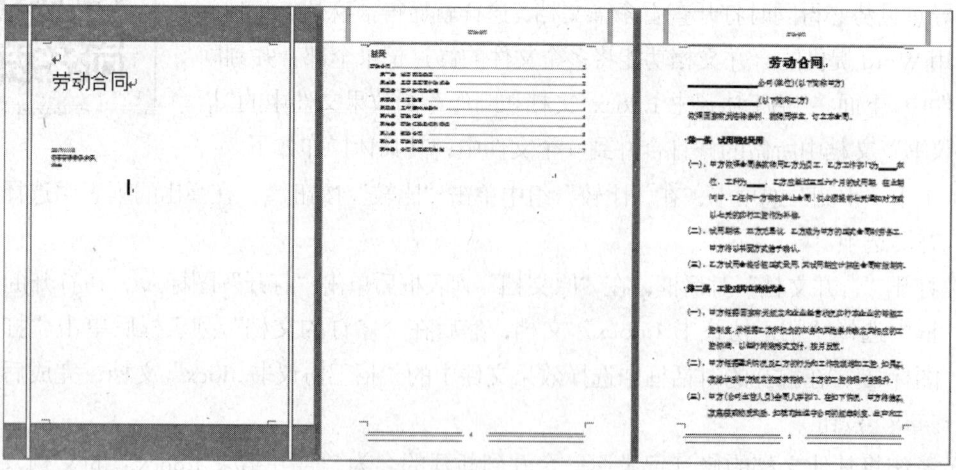

图 4-8　“劳动合同”打印预览效果

“劳动合同”的概念和原则

职业素养

劳动合同是劳动者与用工单位之间确立劳动关系，明确双方权利和义务的协议。订立劳动合同时应当遵守如下原则。合法原则：劳动合同必须依法以书面形式订立。协商一致原则：在合法的前提下，劳动合同的订立必须是劳动者与用人单位双方协商一致的结果。合同主体地位平等原则：在劳动合同的订立过程中，当事人双方的法律地位是平等的，严禁用人单位对劳动者横加限制或强迫命令的情况。等价有偿原则：劳动合同是一种双方有偿合同，劳动者承担和完成用人单位分配的劳动任务，用人单位付给劳动者一定的报酬，并负责劳动者的保险金额。

4.2.1 设置打印页面

微课视频

设置打印页面

制作完成的文档可将其打印输出到纸张上，打印输出首先需对文档页面进行打印前的设置，打印前的设置通常包括纸张大小、纸张方向以及页边距的设置。设置完成后，可在 Word 中预览打印效果。下面将设置打印“劳动合同 .docx”文档的页面显示并进行预览，其具体操作如下。

（1）打开“劳动合同 .docx”文档，单击“页面布局”选项卡，在“页面设置”组中单击“页边距”按钮，在弹出的列表框中显示了 Word 预置的页边距，这里选择“普通”选项，如图 4-9 所示。

（2）也可在“页面设置”组中单击右下角的“页面设置”按钮，打开“页面设置”对话框，单击“页边距”选项卡，在“页边距”栏中的“上”“下”“左”“右”数值框中输入文本到页面边缘的距离，自定义页边距大小，如图 4-10 所示。

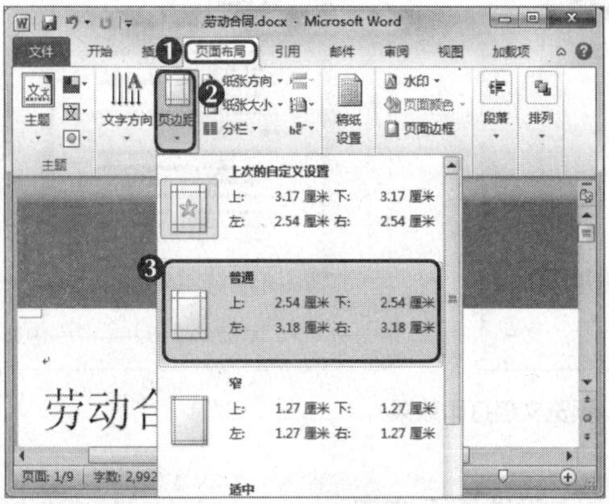

图 4-9　选择页边距

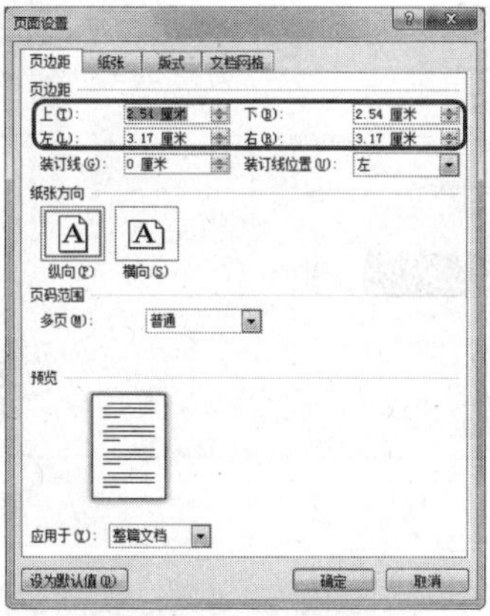

图 4-10　自定义页边距

（3）在“页面设置”组中单击纸张大小按钮，在弹出的列表框中选择纸张大小选项，如图 4-11 所示。

（4）也可在“页面设置”对话框中单击“纸张”选项卡，在“纸张大小”列表中选择纸张大小选项，如图 4-12 所示。

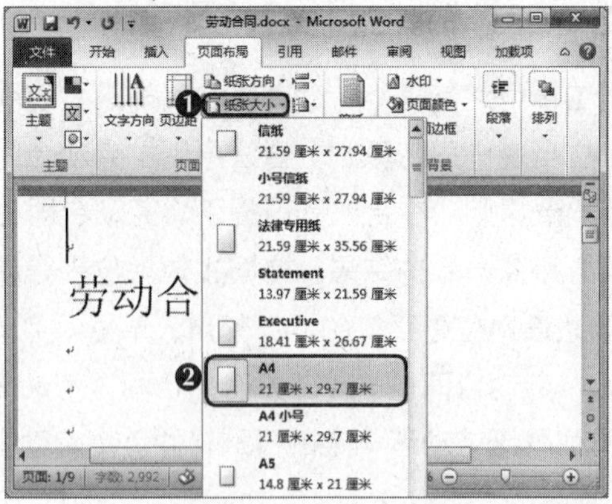

图 4-11　选择纸张大小

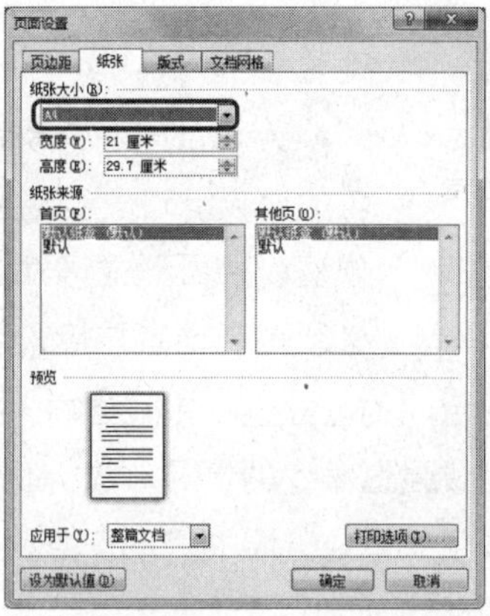

图 4-12　对话框中设置纸张大小

知识提示

纸张大小设置注意事项

纸张的大小一般是按照实际打印纸张大小进行设置，在选择纸张时，直接选择相应的纸张编号，无需重新设置纸张的高度和宽度，以防止打印出现偏差。

（5）选择【文件】/【打印】菜单命令，在“打印”界面的右侧列表框中可预览设置后的文档效果，在其下方显示了文档的页数，拖动显示比例的滑块可调整页面显示大小，单击▶按钮可预览下一页的打印效果，如图 4-13 所示。

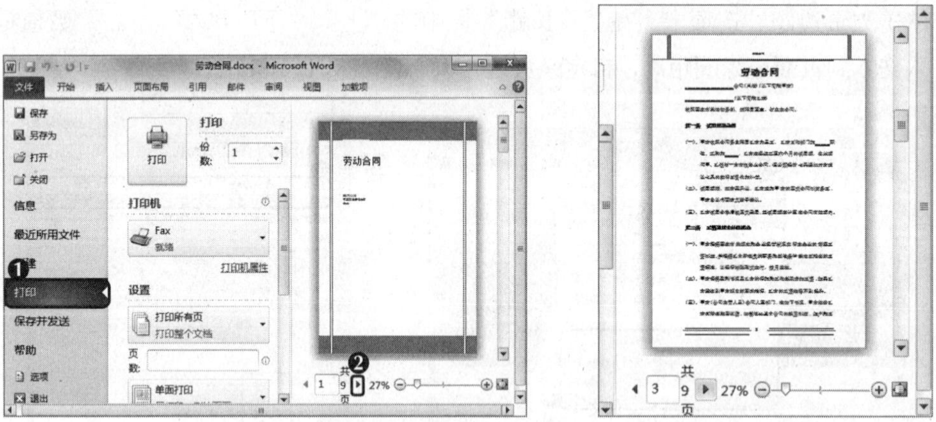

图 4-13　预览文档打印效果

多学一招

设置页面方向

文档默认页面纵向显示，单击“页面布局”选项卡，在“页面设置”组中单击“纸张方向”按钮，在弹出的列表框中选择“横向”选项，可将页面呈横向显示。

4.2.2 设置打印份数和范围

微课视频
设置打印份数和范围

在实际办公中，有的文档需要打印若干份，有的文档只打印它的部分内容，此时需要设置打印份数和范围。下面在“劳动合同.docx”文档中将打印份数设置为“6份”，打印范围为除封面外的其他页面，其具体操作如下。

（1）单击“文件”选项卡，在其中选择“打印”命令，在“打印”栏的“份数”数值框中输入“6”。

（2）在“设置”栏的列表中选择“打印自定义范围”选项，然后在下方的“页数”文本框中定义打印页面范围，输入“2-9”表示打印第2页至第9页的文档内容，如图4-14所示。

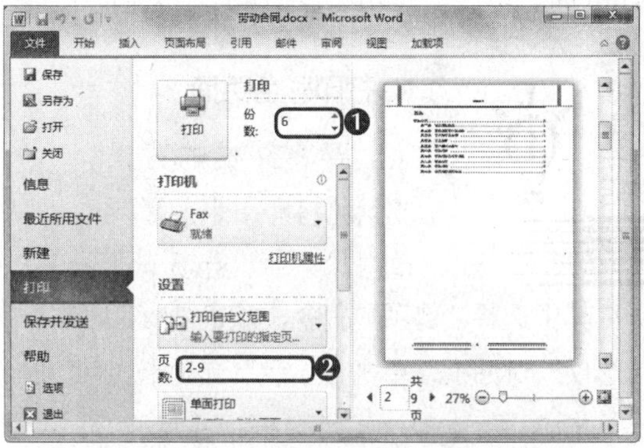

图4-14 设置打印份数和范围

多学一招

设置打印范围

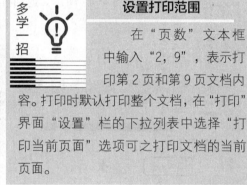

在“页数”文本框中输入“2，9”，表示打印第2页和第9页文档内容。打印时默认打印整个文档，在“打印”界面“设置”栏的下拉列表中选择“打印当前页面”选项可之打印文档的当前页面。

4.2.3 设置打印机属性并打印

微课视频
设置打印属性并打印

设置打印页面、打印份数以及打印范围后，还需选择打印文档的打印机，并对打印机属性进行对应设置，然后打印输出文档。下面在“劳动合同.docx”文档中设置打印机属性并打印输出文档，其具体操作如下。

（1）在“打印机”列表框中选择打印机，然后单击其下方的“打印机属性”超链接，如图4-15所示。

（2）在打开的属性对话框中单击“布局”选项卡，在“方向”列表中选择“纵向”选项，如图4-16所示。

多学一招

打印界面中设置页面效果

单击“文件”选项卡，在其中选择“打印”命令，在弹出的“打印”界面下方可直接设置打印的方向、打印纸张大小和打印页边距。

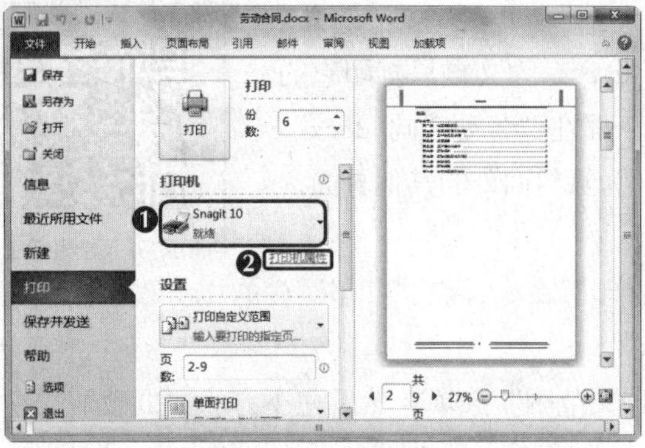

图 4-15　打印机属性对话框

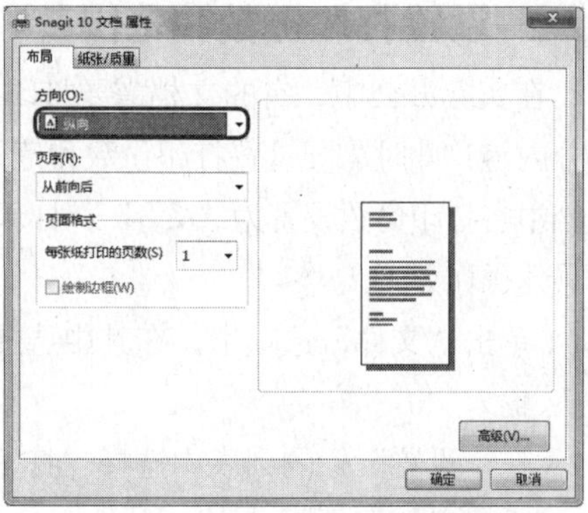

图 4-16　设置方向属性

（3）单击“纸张 / 质量”选项卡，在“颜色”栏中单击选中 黑白(C) 单选项，然后单击 确定 按钮确认设置，如图 4-17 所示。返回打印界面，单击“打印”按钮打印文档。

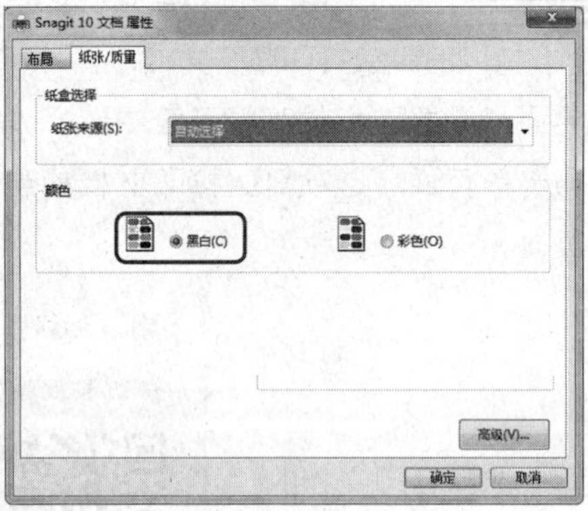

图 4-17　选择页眉样式

多学一招　打印彩色页面

要将文档的背景或颜色打印出来，需要单击“文件”选项卡，在其中选择“选项”命令，打开“Word 选项”对话框，单击“显示”选项卡，单击选中 打印背景色和图像(B) 复选框，并且打印机需要有彩色打印功能，此时在打印机属性对话框的“纸张 / 质量”选项卡中单击选中 彩色(O) 单选项。

4.3 项目实训

本章通过审阅和修订“招工协议书”文档、打印“劳动合同”文档两个课堂案例，讲解了审校和打印文档的操作，其中拼写和语法检查、添加批注、设置打印页面、设置打印份数和打印范围等，是日常办公中实用的知识点，应重点学习和把握。下面通过两个项目实训，将本章学习的知识灵活运用。

4.3.1 审校“产品代理协议”文档

微课视频
审校“产品代理协议”文档

1. 实训目标

本实训的目标是使用 Word 自带的功能完成对“产品代理协议”文档的审校工作，不仅实现实际办公中自动化操作，而且能减少其错误几率。本例将通过拼写和语法检查、添加批注以及修订文档、合并文档等实现文档的审校。最终效果如图 4-18 所示。

素材所在位置	素材文件\第 4 章\课堂案例\产品代理协议 .docx、产品代理协议 1.docx
效果所在位置	效果文件\第 4 章\课堂案例\产品代理协议 .docx、产品代理协议 1.docx

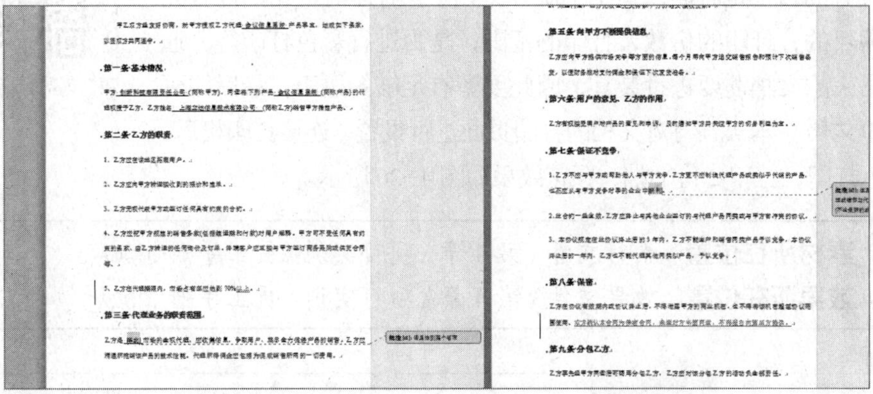

图 4-18 审阅“产品代理协议”最终效果

2. 专业背景

协议书是合作双方（或多方）为保障各自的合法权益，经共同协商达成一致意见后签订的书面材料。签署后将具有法律效力。因此制作这类文档时，必须明确双方单位名称、事由，以及详细的条款内容等，并经过双方的严格审校满意后方可签字盖章生效。

3. 操作思路

完成本实训首先进行拼写和语法检查，然后插入和编辑批注和修订内容，最后合并文档，其操作思路如图 4-19 所示。

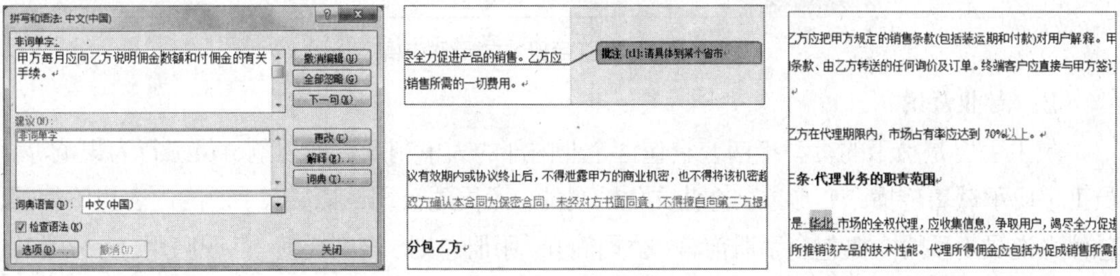

①拼写和语法检查　　②插入批注和修订　　③合并文档

图 4-19 “产品代理协议”文档的审校思路

【步骤提示】

（1）打开“产品代理协议 .docx”文档，进行拼写和语法检查，将“佣”修改为“佣金”。

（2）选择第二条条款下的“华北”文本，插入批注，将文本插入点定位到“第七条 保证不竞争”文本的下一段的段末，插入批注。

（3）将“修订”的“插入内容”颜色设置为“红色”，然后将文本插入点定位到“第八条 保密”文本的下一段段末，在其后输入相应的修订内容。

（4）将“产品代理协议 1.docx”文档与审校后的“产品代理协议 .docx”文档合并，将其以“产品代理协议 1.docx”为名保存到效果文件中。

4.3.2 打印“员工手册”文档

微课视频

打印“员工手册”文档

1. 实训目标

本实训的目标是打印“员工手册”文档。在打印时，用户需要先清楚打印目的，打印的份数，打印的范围，是否进行彩色打印等，通常打印出来的文档需要进行装订，因此要留有足够的边距，最后即可设置打印文档。本实训将对文档的打印页面进行设置，连接打印机后，使用彩色打印，打印 2 份文档，预览效果如图 4-20 所示。

素材所在位置 素材文件 \ 第 4 章 \ 项目实训 \ 员工手册 .docx

效果所在位置 效果文件 \ 第 4 章 \ 项目实训 \ 员工手册 .docx

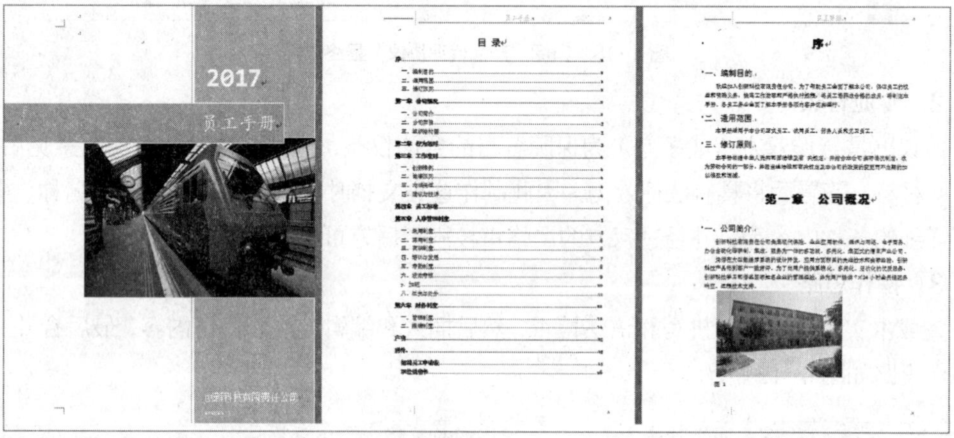

图 4-20 “员工手册”文档预览效果

2. 专业背景

员工手册是员工的行动指南，它包含企业内部的人事制度管理规范、员工行为规范等。员工手册承载着传播企业形象，企业文化的功能。不同的公司，其员工手册的内容也不相同，总体来说员工手册大概包含手册前言、公司简介、手册总则、培训开发、任职聘用、考核晋升、员工薪酬、员工福利、工作时间、行政管理等内容。

3. 操作思路

完成本实训首先要设置打印页面，再将打印属性设置为彩色打印，然后将打印份数设置为“2 份”，设置后预览打印效果。

【步骤提示】

（1）打开“员工手册 .docx”文档，将纸张大小设置为“A4”，在“页面设置”对话框中单击“页边距”选项卡，将左侧边距设置为“4.17”厘米，其他保持不变。

（2）在打印界面中预览效果，然后设置打印“2 份”，打印范围为除封面的其他页面。

（3）将打印机属性纸张属性设置为“A4”，彩色打印。然后返回打印界面打印文档。

4.4 课后练习

本章主要介绍了审校和打印文档的操作方法。下面通过两个练习的制作，用户将对各知识的应用方法及操作更熟悉。

微课视频

审校“调查报告”文档

练习 1：审校“调查报告”文档

调查报告是对公司的生产、经营或管理进行调查后，所做的报告文档，进行总结，叙述调查结果并提出相关建议。本练习主要练习拼写与语法检查和插入批注以及修订文档，效果如图 4-21 所示。

素材所在位置 素材文件\第 4 章\课后练习\调查报告 .docx

效果所在位置 效果文件\第 4 章\课后练习\调查报告 .docx

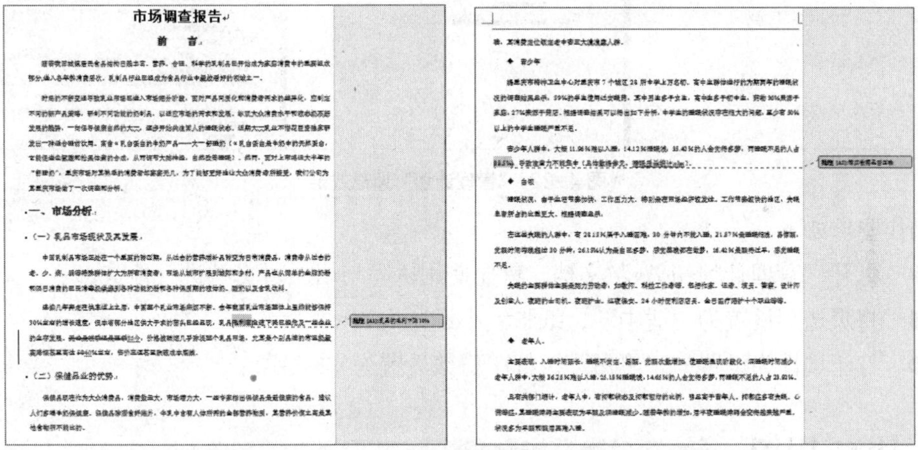

图 4-21 “调查报告”审校效果

操作要求如下。

- 打开“调查报告 .docx”文档，使用拼写与语法检查功能检查文档，将“二、消费者分析”下的多余的“消”字删除。
- 在“（一）乳品市场现状及其发展”下的“毛利率”，“二、消费者分析”中的“38.5% ”，“三、产品分析”中的“20% ”的位置插入批注。
- 进入修订状态，将标记的“插入内容”颜色设置为“红色”，将“删除内容”的颜色设置为“蓝色”。将“一、市场分析”中的“无论是淡季还是旺季”修订为“如今”，将“50%”修订为“40%”。

练习 2：打印“管理计划”文档

微课视频

打印“管理计划”文档

下面将打印“管理计划”文档，本练习的管理计划是人力资源管理中重要的组成部分，用于人员管理，包括人员招聘、绩效考核、培训等内容。本练习先进行拼写和语法检查，然后打印文档，预览效果如图 4-22 所示。

素材所在位置 素材文件 \ 第 4 章 \ 课后练习 \ 管理计划 .docx
效果所在位置 效果文件 \ 第 4 章 \ 课后练习 \ 管理计划 .docx

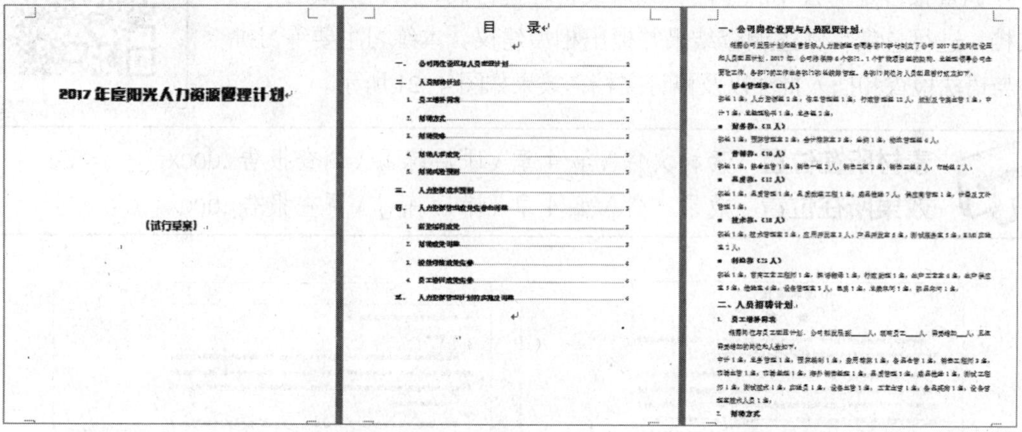
2017 年度阳光人力资源管理计划

（试行草案）

目 录

一、公司岗位设置与人员配置计划

二、人员招聘计划

图 4-22 “管理计划”预览效果

操作要求如下。

- 打开“管理计划 .docx”文档，首先使用拼写与语法对文档进行检查。
- 将页边距设置为“适中”，纸张大小设置为 A4。
- 打印属性为设置为“黑白”，打印份数设置为“5 份”。

4.5 技巧提升

1. 插入题注

Word 提供的标题题注可以为文档中插入的图片、表格、图表等统一进行编号，其具体操作如下。

（1）将文本插入点定位到第一个对象的下方，然后单击“引用”选项卡，在“题注”组中单击“插入题注”按钮。

（2）打开“题注”对话框，在“标签”列表框中选择能恰当地描述该对象的标签，如图、图表、表格等，也可单击 新建标签(N)... 按钮。

（3）在打开的“新建标签”对话框的文本框中输入标签，如输入“图”，然后单击 确定 按钮。

（4）返回“题注”对话框，在“题注”文本框中自动显示为“图 1”进行编号，然后单击 确定 按钮插入题注，如图 4-23 所示。使用相同的方法，在其他图形对象下定位，打开“题注”对话框，此时“题注”文本框中的内容将根据上一次编号的内容，自动向后编号。

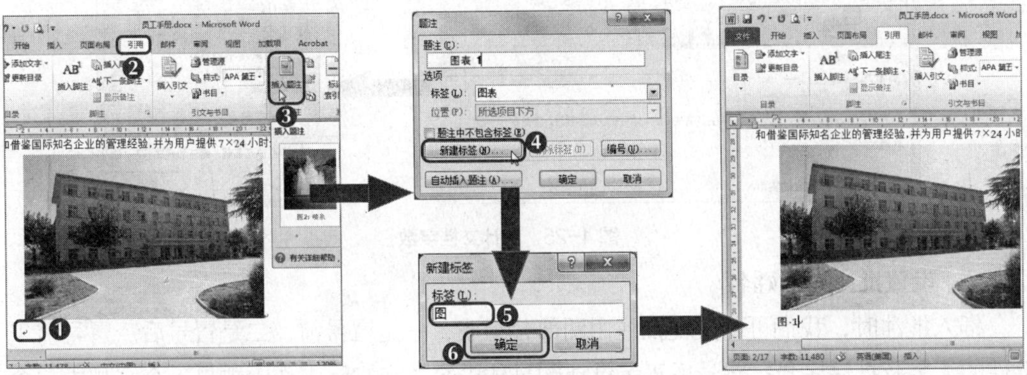

图 4-23　为组织结构图编号

2. 使用文档结构图查看文档

在 Word 2010 中，文档结构图即导航窗格，它是一个完全独立的窗格，由文档各个不同等级标题组成，显示整个文档的层次结构，可以对整个文档进行快速浏览和定位，在审校文档时能够提高查阅速度，其具体操作如下。

（1）在文档中单击“视图”选项卡，在“显示”组中单击选中 ☑ 导航窗格 复选框。

（2）在打开的导航窗格的“浏览您的文档中的标题”选项卡中可以查看文档结构图，从而通览文档的标题结构，在其中单击某个文档标题快速定位到相应的标题查看文档内容，如图 4-24 所示。

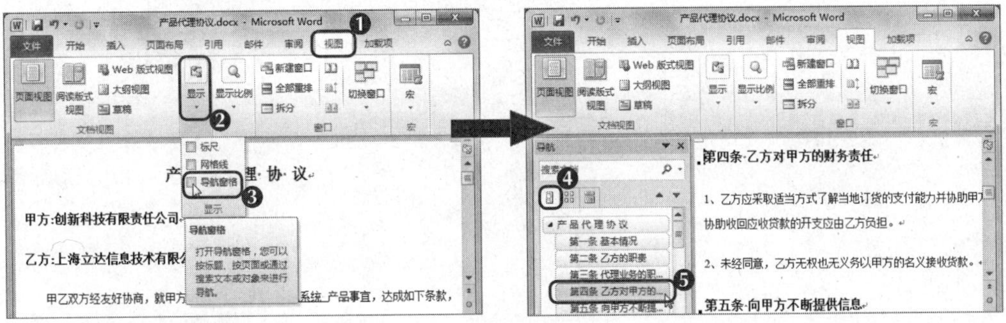

图 4-24　使用文档结构图查看文档标题

3. 统计文档字数

在做论文或写报告时常常有字数要求，或在制作一些文档时，要求统计当前文档的行数，可是这类文档一般都很长，要手动统计显得非常麻烦。此时可利用 Word 提供的字数统计功能使用户方便地对文章、某一页、某一段进行字数和行数统计。其方法是，在文档中单击“审阅”选项卡，在“校对”组中单击“字数统计”按钮 。在打开的“字数统计”对话框中可以看到文档的统计信息，如页数、字数、字符数、行数等，完成后单击 关闭 按钮，如图 4-25 所示。

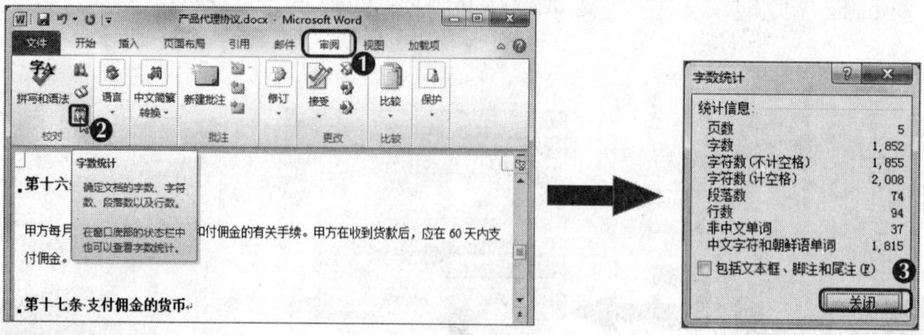

图 4-25 统计文档字数

4. 设置批注人的姓名

插入批注时，我们可以发现批注由两部分组成，一是冒号前，二是冒号后。冒号前表示批注的人名及批注序号；冒号后表示批注的具体内容。在实际工作中如果一个文档中包含多个人批注，该如何知晓这个批注是谁的呢？其实批注的人名可以进行设置，在 Word 文档中，选择【文件】/【选项】菜单命令，打开“Word 选项”对话框，默认选择左侧的“常规”选项卡，在“对 Microsoft Office 进行个性化设置”栏的“用户名”和“缩写”文本框中输入个人的姓名。单击 确定 按钮。此后批注时，冒号前将显示设置的缩写的人名。

CHAPTER 5

第 5 章 制作与编辑表格的基本操作

情景导入

米拉的公司最近充满欢声笑语，因为公司招聘了几位新员工，注入了新鲜的血液。为此，米拉又要开始忙碌，要通过 Excel 制作一份“通讯录”。

学习目标

- 掌握制作表格的操作。
  如新建与保存工作簿、输入数据、编辑数据、工作表的基本操作。
- 掌握美化表格的方法。
  如设置字体格式、设置数据类型、设置对齐方式、设置边框和底纹。
- 掌握打印表格的方法。
  如设置打印页面、打印标题、设置打印范围、设置打印属性。

案例展示

雨蓝家具公司总销售额统计表

日期	业务员姓名	产品名称	单价（元）	销售数量（[illegible]）	总销售额（元）
2017/3/2	陈诗雨	1.8米实木双人床	¥4,900.00	2	¥9,800.0
2017/3/3	董杰	1.8米皮艺双人床	¥1,900.00	1	¥1,900.0
2017/3/4	胡泉	沙发床	¥4,900.00	2	¥9,800.0
2017/3/5	吴江	橡皮电视柜	¥2,500.00	2	¥5,000.0
2017/3/6	李明浩	白色板木茶几	¥2,400.00	1	¥2,400.0
2017/3/7	向芸	1.8米实木双人床	¥4,900.00	1	¥4,900.0
2017/3/8	肖明明	儿童房家具套餐	¥6,800.00	1	¥6,800.0
2017/3/9	向芸	黑色板木电视柜	¥2,300.00	3	¥6,900.0
2017/3/10	肖明明	1.8米皮艺双人床	¥1,900.00	3	¥5,700.0
2017/3/11	吴江	沙发床	¥4,900.00	2	¥9,800.0
2017/3/12	胡泉	橡皮电视柜	¥2,500.00	2	¥5,000.0
2017/3/13	董杰	白色板木茶几	¥2,400.00	2	¥4,800.0
2017/3/14	陈诗雨	1.8米实木双人床	¥4,900.00	1	¥4,900.0
2017/3/15	陈诗雨	儿童房家具套餐	¥6,800.00	1	¥6,800.0
2017/3/16	庞宇	黑色板木电视柜	¥2,300.00	2	¥4,600.0
2017/3/17	陈诗雨	1.8米实木双人床	¥4,900.00	1	¥4,900.0
2017/3/18	董杰	儿童房家具套餐	¥6,800.00	1	¥6,800.0
2017/3/19	胡泉	黑色板木电视柜	¥2,300.00	2	¥4,600.0
2017/3/20	吴江	1.8米皮艺双人床	¥1,900.00	2	¥3,800.0
2017/3/21	李明浩	沙发床	¥4,900.00	3	¥14,700.0
2017/3/22	向芸	橡皮电视柜	¥2,500.00	1	¥2,500.0
2017/3/23	肖明明	沙发床	¥4,900.00	2	¥9,800.0
2017/3/24	吴江	橡皮电视柜	¥2,500.00	3	¥7,500.0
2017/3/25	胡泉	白色板木茶几	¥2,400.00	3	¥7,200.0
2017/3/26	董杰	1.8米实木双人床	¥4,900.00	2	¥9,800.0
2017/3/27	陈诗雨	儿童房家具套餐	¥6,800.00	2	¥13,600.0
2017/3/28	陈诗雨	黑色板木电视柜	¥2,300.00	2	¥4,600.0
2017/3/29	陈诗雨	黑色板木电视柜	¥2,300.00	5	¥11,500.0

▲“销售额统计表”美化效果

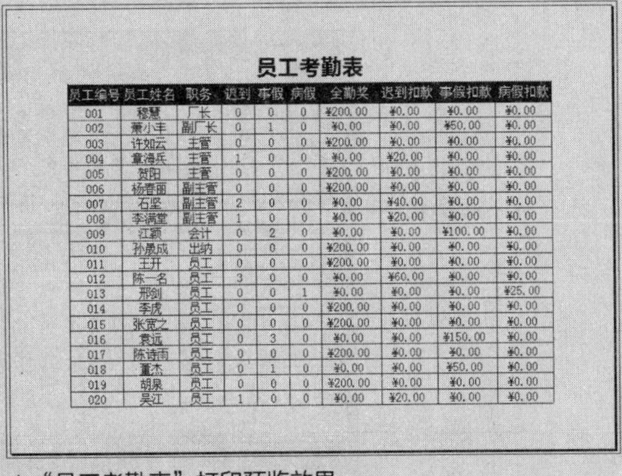

员工考勤表

员工编号	员工姓名	职务	迟到	事假	病假	全勤奖	迟到扣款	事假扣款	病假扣款
001	穆慧	厂长	0	0	0	¥200.00	¥0.00	¥0.00	¥0.00
002	萧小丰	副厂长	0	1	0	¥0.00	¥0.00	¥50.00	¥0.00
003	许如云	主管	0	0	0	¥200.00	¥0.00	¥0.00	¥0.00
004	章海兵	主管	1	0	0	¥0.00	¥20.00	¥0.00	¥0.00
005	贺阳	主管	0	0	0	¥200.00	¥0.00	¥0.00	¥0.00
006	杨春丽	副主管	0	0	0	¥200.00	¥0.00	¥0.00	¥0.00
007	石坚	副主管	2	0	0	¥0.00	¥40.00	¥0.00	¥0.00
008	李满堂	副主管	1	0	0	¥0.00	¥20.00	¥0.00	¥0.00
009	江颖	会计	0	2	0	¥0.00	¥0.00	¥100.00	¥0.00
010	孙晟成	出纳	0	0	0	¥200.00	¥0.00	¥0.00	¥0.00
011	王开	员工	0	0	0	¥200.00	¥0.00	¥0.00	¥0.00
012	陈一名	员工	3	0	0	¥0.00	¥60.00	¥0.00	¥0.00
013	邢剑	员工	0	0	1	¥0.00	¥0.00	¥0.00	¥25.00
014	李虎	员工	0	0	0	¥200.00	¥0.00	¥0.00	¥0.00
015	张宽之	员工	0	0	0	¥200.00	¥0.00	¥0.00	¥0.00
016	袁远	员工	0	3	0	¥0.00	¥0.00	¥150.00	¥0.00
017	陈诗雨	员工	0	0	0	¥200.00	¥0.00	¥0.00	¥0.00
018	董杰	员工	0	1	0	¥0.00	¥0.00	¥50.00	¥0.00
019	胡泉	员工	0	0	0	¥200.00	¥0.00	¥0.00	¥0.00
020	吴江	员工	1	0	0	¥0.00	¥20.00	¥0.00	¥0.00

▲“员工考勤表”打印预览效果

5.1 课堂案例：制作“通讯录”表格

“通讯录”是公司行政人员需要制作的基本表格之一。米拉知道通讯录要记载员工的家庭住址和联系电话等，首先她收集了相关人员的基本信息，然后只需将这些数据信息录入到 Excel 表格中。本实例的重点在于在表格中输入数据，并对表格进行简单地调整，完成后的参考效果如图 5-1 所示。

效果所在位置 效果文件 \ 第 5 章 \ 课堂案例 \ 通讯录 .xlsx

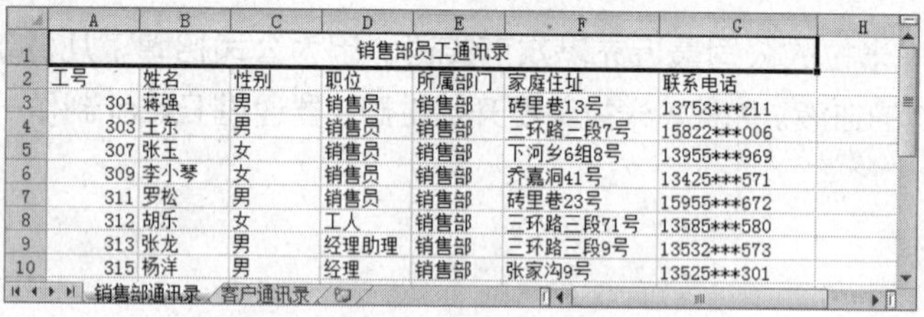

销售部员工通讯录						
工号	姓名	性别	职位	所属部门	家庭住址	联系电话
301	蒋强	男	销售员	销售部	砖里巷13号	13753***211
303	王东	男	销售员	销售部	三环路三段7号	15822***006
307	张玉	女	销售员	销售部	下河乡6组8号	13955***969
309	李小琴	女	销售员	销售部	乔嘉洞41号	13425***571
311	罗松	男	销售员	销售部	砖里巷23号	15955***672
312	胡东	女	工人	销售部	三环路三段71号	13585***580
313	张龙	男	经理助理	销售部	三环路三段9号	13532***573
315	杨洋	男	经理	销售部	张家沟9号	13525***301

销售部通讯录 / 客户通讯录

图 5-1 “通讯录”表格最终效果

“通讯录”的作用

职业素养

“通讯录”是公司最常制作的一类表格，用于记录员工的联系方式等基本信息。方便员工与员工之间的了解和进行工作中各项事宜的沟通和交流。在实际工作中，常将通讯录打印出来，发给每个员工。

5.1.1 Excel 2010 工作界面

Excel 2010 的工作界面与 Word 2010 工作界面相比，快速访问工具栏、标题栏、“文件”选项卡、功能选项卡、功能区等部分的功能和操作方法大致相同，不同的是编辑区变为了一个一个的单元格，增加了编辑栏、行号、列标和工作表标签等，如图 5-2 所示。

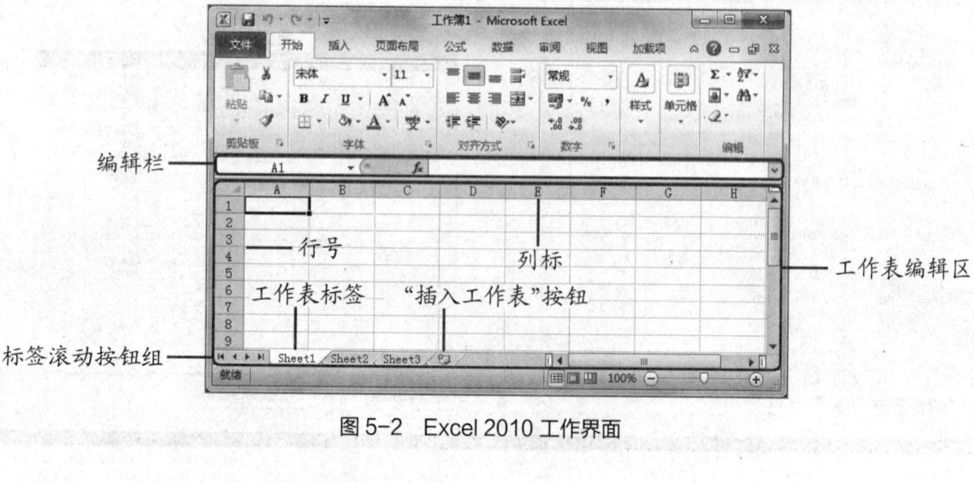

图 5-2 Excel 2010 工作界面

1. 编辑栏

编辑栏由名称框、编辑按钮区和编辑区组成，其作用分别介绍如下。

- **名称框**：主要用于显示当前单元格或单元格区域的名称，还可用于定位单元格或单元格区域。
- **编辑区**：用于输入或显示各种数据。
- **编辑按钮区**：单击“插入函数”按钮将打开“插入函数”对话框；此时激活“取消”按钮和“确认”按钮。单击“取消”按钮可以取消编辑区中输入的数据；单击“确认”按钮可确认输入的数据。

2. 工作表

工作表是Excel最重要的组成部分，主要由单元格、行号、列标、工作表标签和标签滚动按钮组等组成。

- **单元格**：存储数据最小的单位，可以在其中输入数据或公式等。
- **行号**：位于工作表区的最左侧，主要用于定位单元格的位置，它用数字显示，总共65536行。
- **列标**：位于工作表区的最上方，主要用于定位单元格的位置，它用英文字母显示，总共256列，如“A1”表示A列第1行单元格。
- **工作表标签**：Excel 2016默认包含3张工作表，其名称分别为“Sheet1”“Sheet2”和“Sheet3”，显示这些工作表名称的区域叫做工作表标签。
- **标签滚动按钮组**：位于工作表标签的左侧，由4个按钮组成，主要用于切换工作表。单击按钮可以切换到第一张工作表；单击按钮可以切换到当前工作表的上一张工作表；单击按钮可以切换到当前工作表的下一张工作表；单击按钮可以切换到最后一张工作表。
- **“插入工作表”按钮**：工作表中默认显示3张工作表，单击该按钮可插入新的工作表。

知识提示

单元格、工作表和工作簿的关系

Excel工作表区的矩形小方格称为单元格，是Excel表格存储数据的最小单位，Excel中的所有数据都将存储和显示在单元格内。所有单元格组合在一起就构成了一个工作表，而多张工作表又构成了工作簿。

5.1.2 新建和保存工作簿

微课视频

新建和保存工作簿

要使用Excel制作各类表格，首先需要掌握新建和保存工作簿的操作。下面新建空白工作簿并将其以“通讯录.xlsx”为名进行保存，其具体操作如下。

（1）选择【文件】/【新建】菜单命令，在窗口中间的“可用模板”

列表框中选择“空白工作簿”选项，在右下角单击“创建”按钮。

（2）系统将新建一篇名为“工作簿 2”的空白工作簿，如图 5-3 所示。

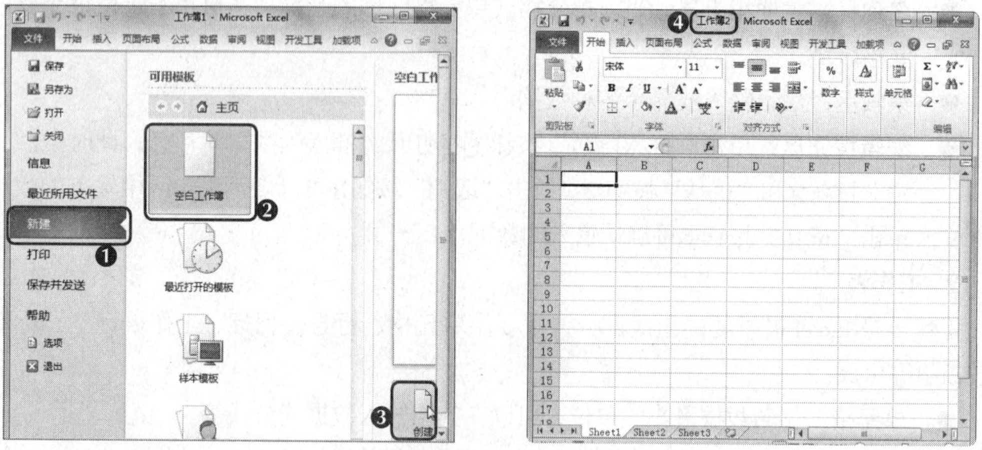

图 5-3　新建空白工作簿

（3）单击“文件”选项卡，在其中选择“保存”选项，在打开的“另存为”对话框的“保存位置”列表框中选择文件保存的位置，在“文件名”列表框中输入“通讯录 .xlsx”，然后单击 保存(S) 按钮。

（4）在工作簿的标题栏上可看到文档名变成“通讯录 .xlsx”，如图 5-4 所示，且在计算机的保存位置也可找到保存的工作簿文件。

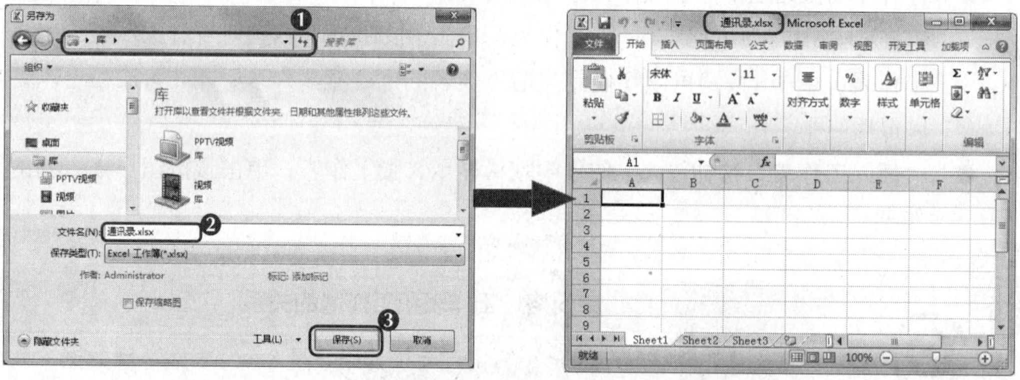

图 5-4　保存工作簿

> **知识提示**
>
> **工作簿的新建、打开、保存和关闭**
>
> 工作簿的新建、打开、保存和关闭等基本操作与Word文档的新建、打开、保存和关闭的操作方法相同。

5.1.3　输入数据

工作簿进行保存后，便可将收集整理的数据内容输入到工作表中，输入过程中除了采用直接输入的方式输入数据，也可以通过填充功能快速输入数据。

微课视频

直接输入数据

1. 直接输入数据

在表格中输入数据时，可双击激活单元格后输入，也可选择单元格直接输入。对于长数据可在编辑栏中输入。下面在“通讯录”工作簿中直接输入数据内容，其具体操作如下。

（1）在 A1 单元格上双击鼠标，将鼠标插入点定位到单元格中，切换到中文输入法输入文本“销售部员工通讯录”，然后按【Enter】键确认输入，如图 5–5 所示。

（2）此时自动向下选择 A2 单元格，直接输入文本“工号”，然后按【Enter】键确认，如图 5–6 所示。

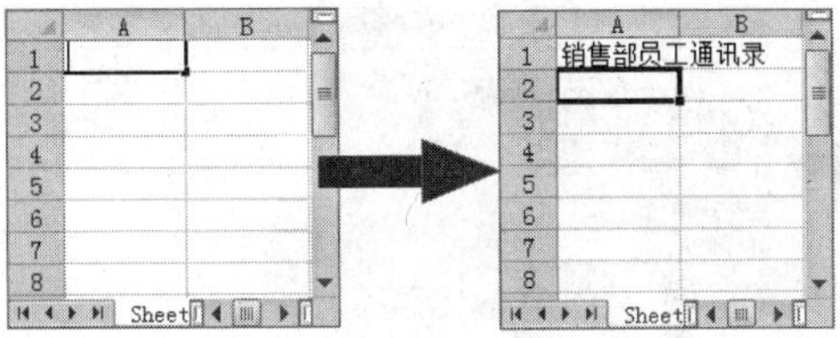

图 5–5 输入标题

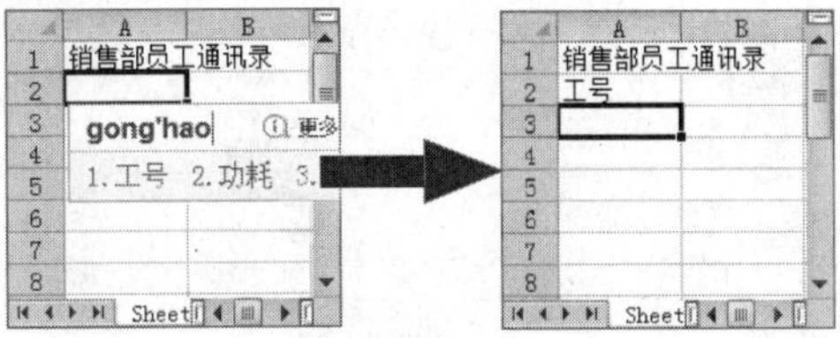

图 5–6 输入“工号”

（3）在 B2:G2 单元格区域中分别输入文本“姓名”“性别”“职位”“所属科室”“家庭住址”和“联系电话”表头内容。

（4）将鼠标指针移动到 A1 单元格上，当其变成✚形状时，拖动鼠标选择 A1:G1 单元格区域，然后在“开始”选项卡的“对齐方式”组中单击“合并后居中”按钮▦，使表格标题居中显示，如图 5–7 所示。

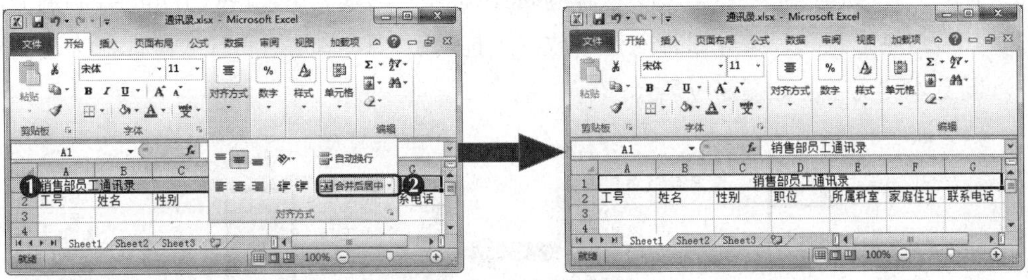

图 5–7 合并标题单元格

（5）分别在“姓名”“家庭住址”和“联系电话”列中输入对应的数据。

> **多学一招**
>
> **拆分单元格**
>
> 将相邻的单元格合并为一个单元格后，若表格内容或样式发生更改后，可将合并的单元格进行拆分，其方法是，选择合并的单元格，再次单击“合并后居中”按钮▦。

2. 填充数据

在表格中要快速并准确地输入一些相同或有规律的数据，可使用 Excel 提供的快速填充数据功能实现。下面在“通讯录”中使用“系列”对话框填充、左键拖动鼠标以及右键拖动鼠标填充方式快速输入“工号”“性别”“职位”“所属科室”数据内容，其具体操作如下。

微课视频

填充数据

（1）选择 A3:A10 单元格区域，在“开始”选项卡的“编辑”组中单击“填充”按钮，在弹出的列表中选择“系列”选项。

（2）打开“序列”对话框，在“序列产生在”栏中单击选中“列”单选项，在“类型”栏中单击选中“等差序列”单选项，在“步长值”文本框中设置序列之间的差值，这里输入“2”，单击“确定”按钮。

（3）返回工作簿中可看到填充的序列数据效果如图 5-8 所示。

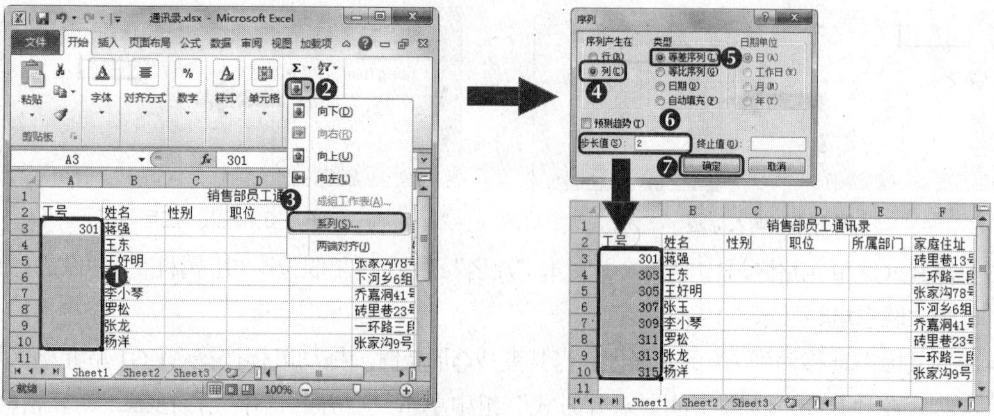

图 5-8 使用“系列”对话框填充数据

（4）在 C3 单元格中输入文本“男”，然后将鼠标指针移动到单元格右下角的控制柄上，当其变成+形状时，按住鼠标左键不放向下拖动至 C10 单元格后释放鼠标，快速填充相同文本“男”，如图 5-9 所示。

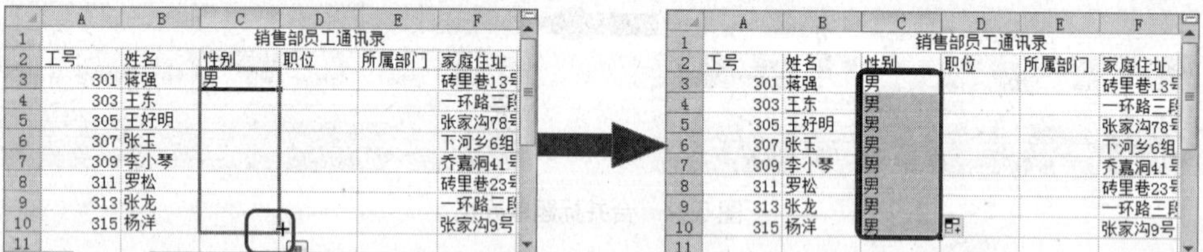

图 5-9 使用鼠标左键拖动填充数据

（5）在 D3 单元格中输入文本“销售员”，然后将鼠标指针移动到单元格右下角的控制柄上，当其变成+形状时，按住鼠标右键不放向下拖动至 D10 单元格后释放鼠标，在弹出的快捷菜单中选择“复制单元格”命令，即可在拖动经过的单元格区域中填充序列数据，如图 5-10 所示。

（6）在“所属部门”列中输入对应的数据。

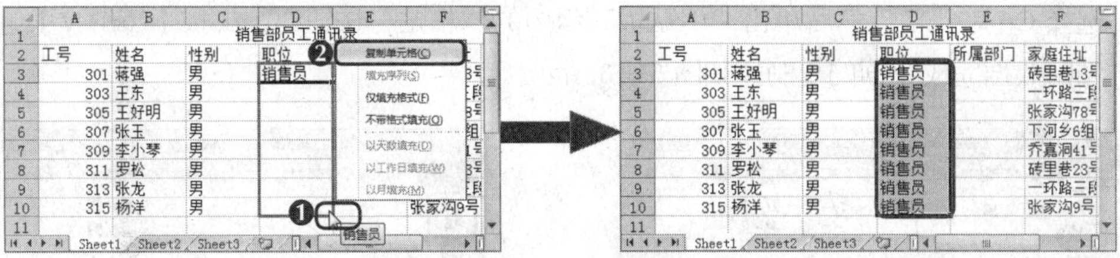

图 5-10　使用鼠标右键拖动填充数据

> **多学一招**
>
> **以“1”为递增单位进行快速填充**
>
> 在首个单元格位置输入“1”或其他数字，然后将鼠标指针移动到单元格右下角的控制柄上，当其变成+形状时，按住【Ctrl】键的同时向下拖动拖动鼠标左键，将以“1”为递增单位进行快速填充。

5.1.4 编辑数据

输入数据时难免出现输入错误或遗漏等情况，此时需要对数据进行编辑，包括修改数据、删除与添加数据等操作。

1. 修改数据

微课视频　修改数据

修改数据是编辑数据中较为频繁的操作，实现数据的修改，通常在单元格中选择需要修改的内容，然后重新输入正确的数据，或先清除单元格中的数据，再输入正确数据。下面将修改“通讯录.xlsx”工作簿中“职位”单元格列中的数据，其具体操作如下。

（1）双击 D9 单元格，将鼠标光标插入单元格，拖动鼠标选择“销售员”文本内容，然后输入“经理助理”，如图 5-11 所示。

（2）选择 D10 单元格，按【Delete】键清除数据，然后输入“经理”，按【Enter】键确认输入，如图 5-12 所示。

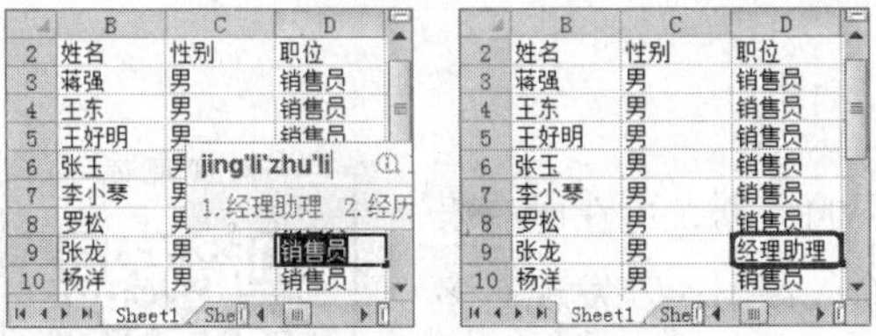

图 5-11　重新输入

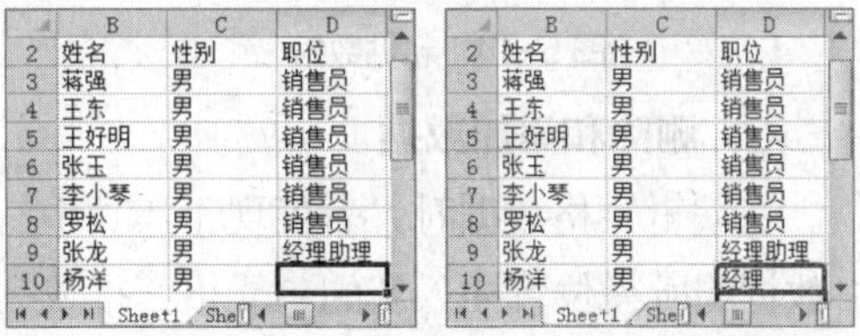

图 5-12　清除后输入

2. 复制数据

微课视频　复制数据

在其他单元格中输入相同的数据时，可利用 Excel 提供的复制功能快速修改数据，以提高工作效率。下面在“通讯录.xlsx”工作簿中复制“性别”列中的数据内容，其具体操作如下。

（1）选择 C5 单元格，将性别数据修改为“女”，然后单击“开始”选项卡，在“剪贴板”组中单击“复制”按钮，或按【Ctrl+C】组合键复制数据。

（2）选择 C6 单元格，然后单击“剪贴板”组中的“粘贴”按钮，或按【Ctrl+V】组合键粘贴数据完成数据的复制，如图 5-13 所示。

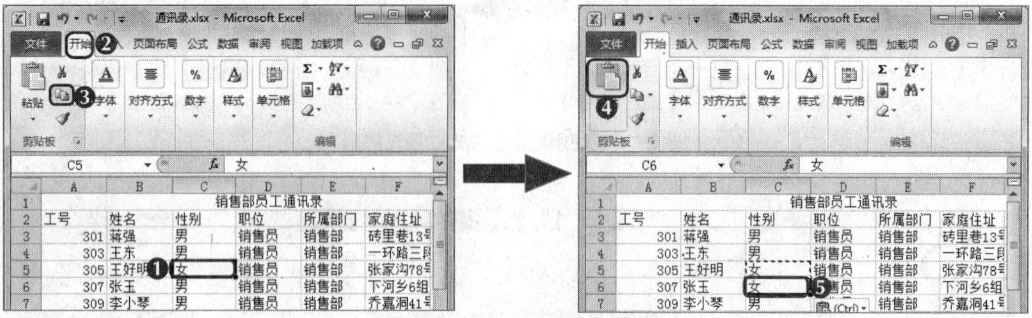

图 5-13 复制数据

知识提示

不同的复制方式

完成数据的复制后，目标单元格的右下角将出现“粘贴选项”按钮(Ctrl)▾，单击该按钮，在弹出列表中可选择，以不同的方式复制数据，如粘贴源格式、粘贴数值，以及其他粘贴选项等。

（3）选择 C7 单元格，然后按【Ctrl+V】组合键粘贴数据，如图 5-14 所示。

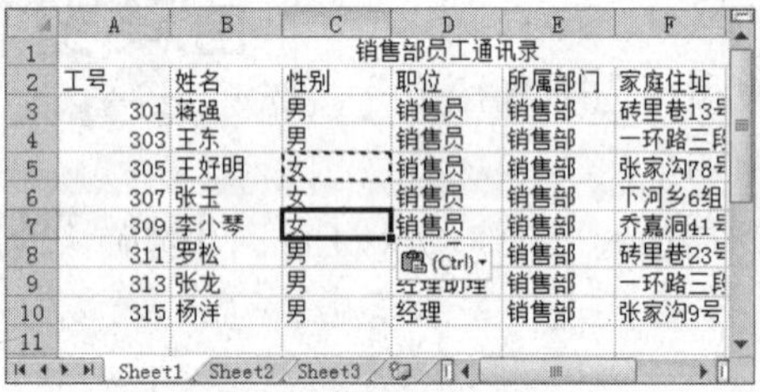

图 5-14 粘贴数据

多学一招

移动数据

在“剪贴板”组中单击“剪切”按钮，或按【Ctrl+X】组合键剪切数据，然后粘贴到目标单元格，可移动数据内容，源数据将被删除。

3. 删除和添加数据

微课视频

删除和添加数据

在编辑表格数据时，若发现工作表中有遗漏的数据，可在已有表格数据的所需位置插入新的单元格、行或列并输入数据；若发现有多余的数据单元格、行或列时，则可将其删除。下面在“通讯录 .xlsx”工作簿中删除第 5 行单元格数据，然后在第 8 行单元格上方插入单元格添加新的数据，其具体操作如下。

（1）选择第 5 行单元格区域任意单元格，单击“开始”选项卡，在“单元格”组中单击“删除”按钮下方的▾按钮，在弹出的列表中选择“删除单元格”选项。

（2）在打开的“删除”对话框中单击选中◉整行(R)单选项，单击确定按钮即可删除第 5 行单元格区域，如图 5-15 所示。

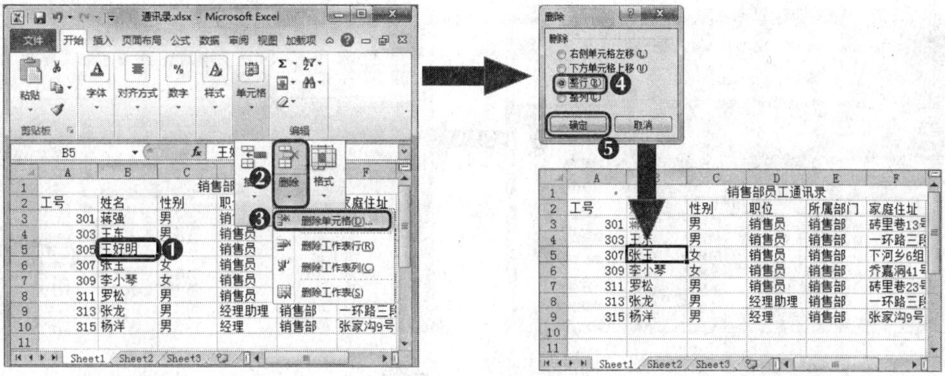

图 5-15 删除单元格数据内容

（3）选择第 8 行单元格区域任意单元格，单击鼠标右键，在弹出的快捷菜单中选择“插入”命令。

（4）在打开的“插入”对话框中单击选中“整行(R)”单选项，单击“确定”按钮，在第 8 行单元格上方插入整行单元格，然后输入数据，如图 5-16 所示。

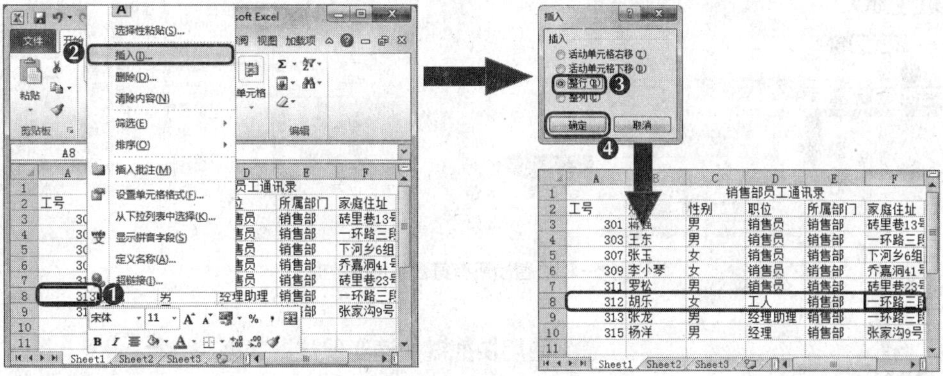

图 5-16 插入单元格输入数据

4. 查找和替换数据

微课视频

查找和替换数据

在编辑单元格中的数据时，有时需要在大量的数据中进行查找和替换操作，如果还是利用逐行逐列地的方式进行查找和替换将非常麻烦，此时可利用 Excel 的查找和替换功能快速定位到满足查找条件的单元格，迅速将单元格中的数据替换为需要的数据。下面在“通讯录 .xlsx”工作簿中查找“一环路”文本，并将其替换为“三环路”，其具体操作如下。

（1）选择 A1 单元格，单击“开始”选项卡，在“编辑”组中单击 按钮，在弹出的列表中选择“查找”选项。

（2）打开“查找和替换”对话框，单击“查找”选项卡，在“查找内容”文本框中输入“一环路”，然后单击“查找下一个(F)”按钮，在工作表中将查找到第一个符合的数据所在的单元格，并选择该单元格，如图 5-17 所示。单击“查找全部(I)”按钮，在“查找和替换”对话框的下方区域将显示所有符合条件数据的具体信息。

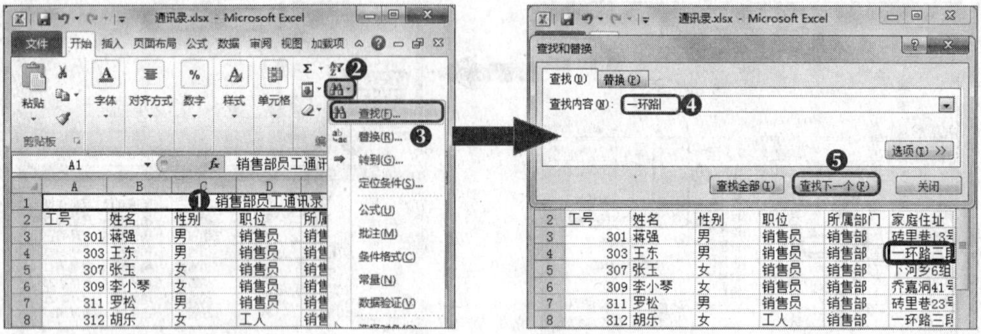

图 5-17　查找数据

（3）单击“替换”选项卡，在“替换为”文本框中输入“三环路”，单击全部替换(A)按钮，在工作表中替换所有符合条件的单元格数据，且打开提示对话框，单击确定按钮，然后单击关闭按钮关闭“查找和替换”对话框，返回工作表中可看到查找与替换数据后的效果如图 5-18 所示。

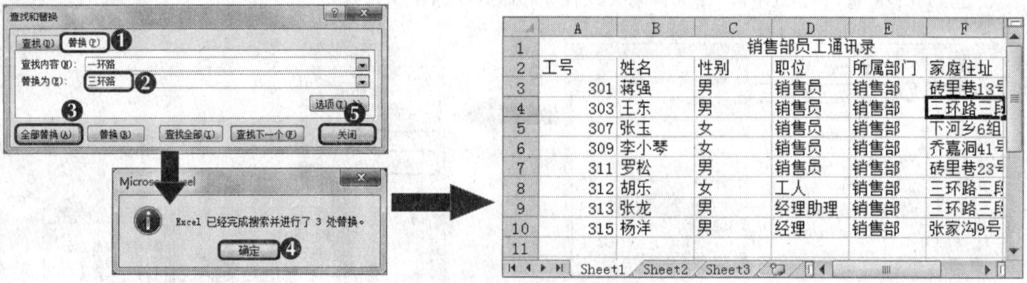

图 5-18　替换所有符合条件的数据

多学一招

使用快捷键快速实现数据替换

在表格中按【Ctrl+H】组合键可快速打开“查找和替换”对话框，分别在“查找内容”和“替换为”文本框中输入查找内容和替换为的数据内容，单击全部替换(A)按钮快速实现数据替换操作。

5．调整数据显示

微课视频

调整数据显示

默认状态下，单元格的行高和列宽是固定不变的，但是当单元格中的数据太多而不能完全显示其内容时，则需要调整单元格的行高或列宽使数据内容完全显示。下面在“通讯录 .xlsx”工作簿中调整单元格行高与列宽，其具体操作如下。

（1）选择 F 列，单击“开始”选项卡，在“单元格”组中单击“格式”按钮，在弹出的列表中选择“自动调整列宽”选项，如图 5-19 所示，返回工作表中可看到 F 列变宽且其中的数据完整显示出来。

（2）将鼠标光标移动到第 1 行行号间的间隔线上，且鼠标光标变为✢形状，按住鼠标左键不放向下拖动，此时鼠标光标右侧将显示具体的数据，待拖动至适合的距离后释放鼠标，如图 5-20 所示。

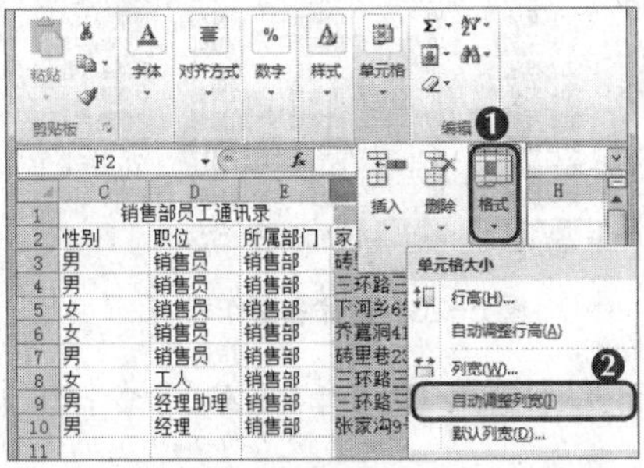

图 5-19　自动调整列宽

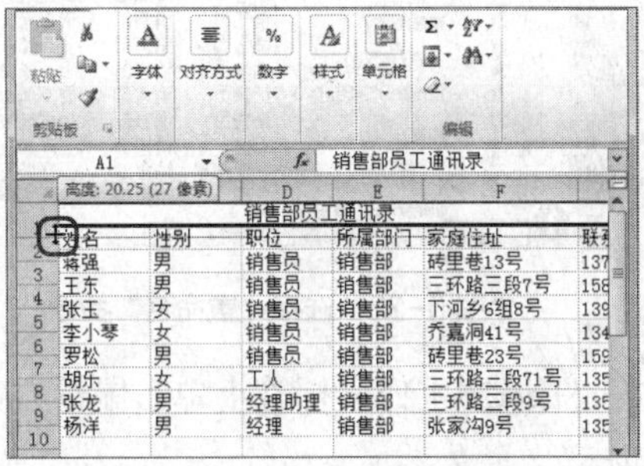

图 5-20　使用鼠标拖动调整行高

（3）选择 G 列单元格，单击“开始”选项卡，在“单元格”组中单击“格式”按钮，在弹出的列表中选择“列宽”选项。

（4）在打开的“列宽”对话框的数值框中输入“15”后单击确定按钮，在工作表中可看到设置后的效果，如图 5-21 所示。

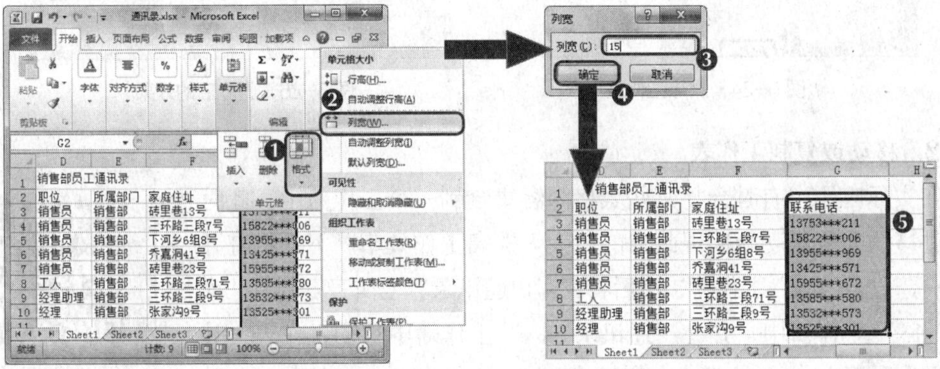

图 5-21　通过对话框调整单元格行高

5.1.5 工作表的基本操作

工作表就是表格内容的载体，熟练掌握各项操作以便轻松输入、编辑和管理数据，下面将分别介绍选择和插入、移动和复制以及为工作表重命名等知识点。

1. 重命名与删除工作表

为了保持界面整洁，可将未使用的工作表删除。而为了方便记忆和管理，通常会将工作表命名为与展示内容相关联的名称。下面在“通讯录 .xlsx”工作簿中重命名和删除工作表，其具体操作如下。

微课视频

重命名与删除工作表

（1）在输入数据的“Sheet1”工作表标签上单击鼠标右键，在弹出的快捷菜单中选择“重命名”命令，如图 5-22 所示。

（2）此时工作表标签呈黑底可编辑状态，在其中输入工作表名称即可，如输入“销售部通讯录”，如图 5-23 所示。按【Enter】键，完成工作表的重命名。

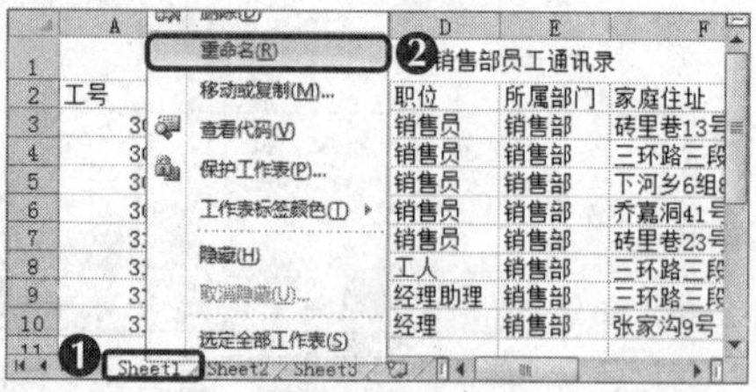

图 5-22 选择“重命名”命令

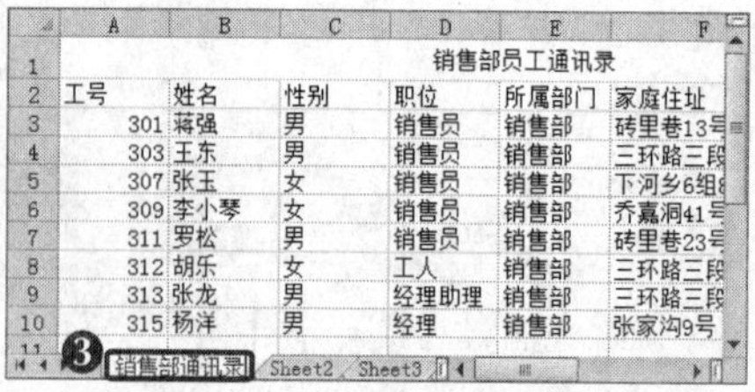

图 5-23 重命名工作表

（3）在“Sheet2”工作表标签上单击鼠标右键，在弹出的快捷菜单中选择“删除”命令，如图 5-24 所示。

（4）利用相同的方法删除“Sheet3”工作表，删除后的效果如图 5-25 所示。

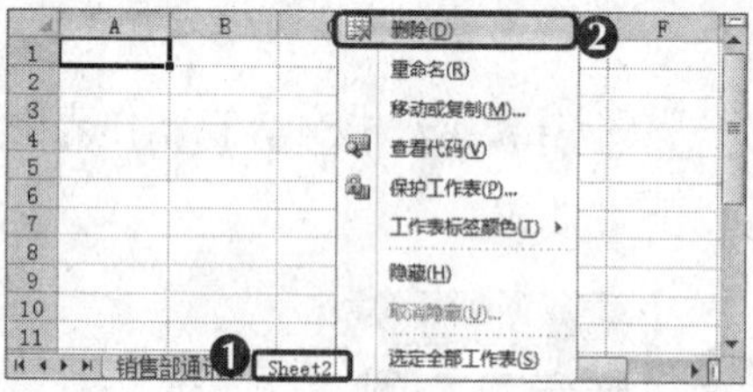

图 5-24 删除工作表

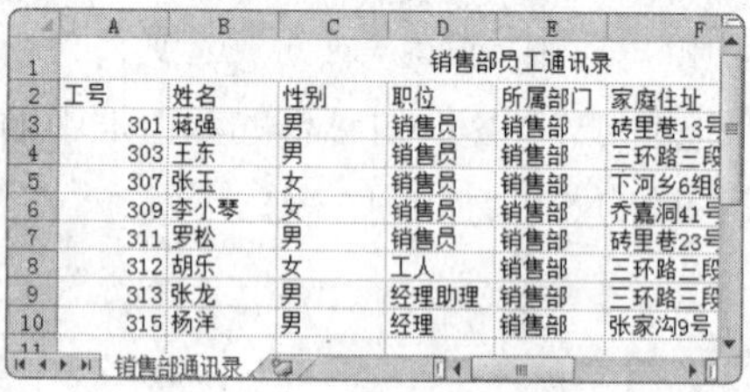

图 5-25 删除后的效果

2. 移动或复制工作表

在实际应用中有时会将某些表格内容集合到一个工作簿中，此时可通过移动或复制功能实现此目的，大大提高工作效率。下面将打开“客户登记表.xlsx”工作簿，然后将“客户通讯录”工作表复制到“通讯录.xlsx”工作簿中，并在“通讯录.xlsx”工作簿中移动工作表，其具体操作如下。

微课视频
移动与复制工作表

（1）打开“客户登记表”工作簿，在“客户通讯录”工作表标签上单击鼠标右键，在弹出的快捷菜单中选择“移动或复制”命令，如图 5-26 所示。

（2）打开“移动和复制工作簿”对话框，在“工作簿”列表框中选择要移动或复制到的工作簿选项，这里选择“通讯录.xlsx”选项，在“下列选定工作表之前”列表框中保持默认选择，设置工作表移动位置，单击选中 ☑建立副本(C) 复选框，复制工作表，单击 确定 按钮，如图 5-27 所示。

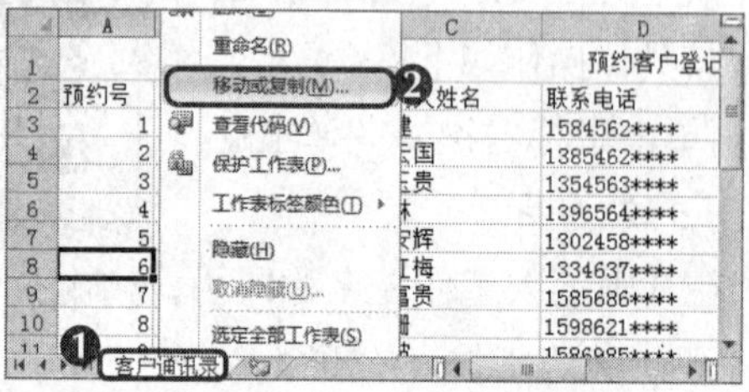

图 5-26 选择“移动或复制”命令

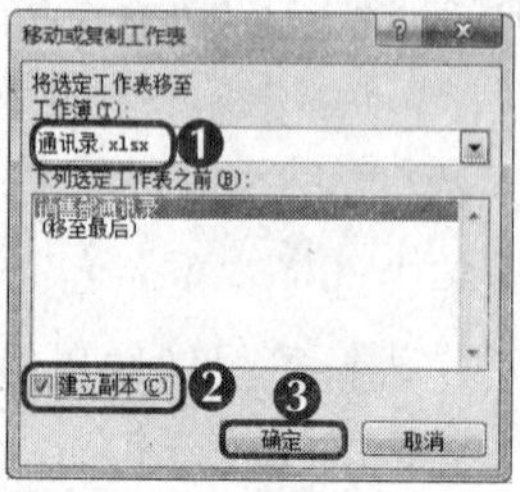

图 5-27 复制工作表

知识提示

同一工作簿中移动或复制

本例中在“工作簿”下拉列表框中选择“客户登记表 .xlsx”选项，表示在同一个工作簿中移动或复制。在“移动和复制工作簿”对话框撤销选中□建立副本(C)复选框，表示移动工作表。

（3）此时，自动切换到“通讯录”工作簿 .xlsx，可查看到复制的“客户通讯录”工作表，用鼠标单击工作表标签选择“客户通讯录”工作表，然后按住鼠标左键，拖动鼠标，当鼠标指针在“销售部通讯录”工作表后方显示为▯形状时，释放鼠标，如图 5-28 所示。

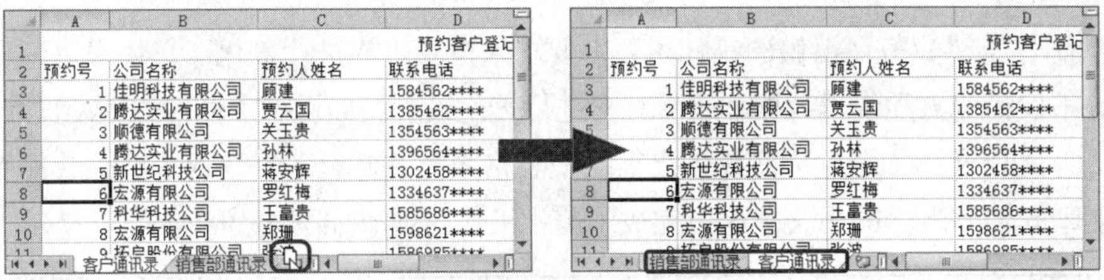

图 5-28 移动工作表

多学一招

鼠标拖动复制工作表

用鼠标单击工作表标签选择工作表，按住【Ctrl】键的同时，按住鼠标左键不放，拖动鼠标到目标位置释放鼠标，可将工作表复制到目标位置。

3. 设置工作表标签颜色

Excel 中默认的工作表标签颜色是相同的，为了区别工作簿中的各个工作表，除了对工作表进行重命名外，还可以为工作表标签设置不同的颜色加以区分。下面在“通讯录 .xlsx”工作簿中将“销售部通讯录”工作表标签的颜色设置为“红色”，其具体操作如下。

微课视频

设置工作表标签颜色

（1）选择“销售部通讯录”工作表，单击鼠标右键，在弹出的快捷菜单中选择“工作表标签颜色”命令，在弹出的子菜单中任意选择一种颜色，这里选择“红色”命令。

（2）此时“销售部通讯录”工作表标签显示为红色，如图 5-29 所示。

多学一招

更多颜色选择和取消颜色设置

单击鼠标右键，在弹出的快捷菜单中选择“其他颜色”命令，在打开的“颜色”对话框可选择更多的颜色。要取消工作表标签的颜色设置，只需在鼠标右键子菜单中选择“无颜色”命令。

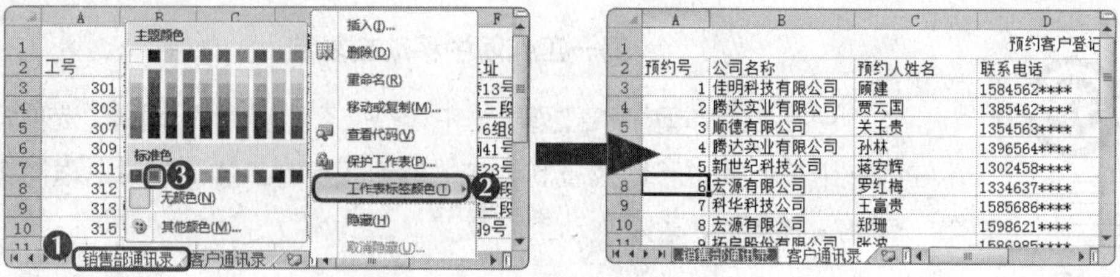

图 5-29　设置工作表标签颜色

5.2 课堂案例：美化“业务员销售额统计表”

老洪制作了“业务员销售额统计表”，要求米拉对表格进行美化。总体来讲，一个完整的表格，不仅需输入和编辑数据，还需对它进行美化设置，如设置字体格式、设置数据类型、设置对齐方式以及添加边框和底纹效果等，使表格数据井井有条、一目了然、更加专业，数据更加明晰。沿着老洪的思路，米拉完成了美化工作，效果如图 5-30 所示。

素材所在位置　素材文件 \ 第 5 章 \ 课堂案例 \ 业务员销售额统计表 .xlsx
效果所在位置　效果文件 \ 第 5 章 \ 课堂案例 \ 业务员销售额统计表 .xlsx

雨蓝家具公司总销售额统计表

日期	业务员姓名	产品名称	单价（元）	销售数量（瓶）	总销售额（元）
2017/3/2	陈诗雨	1.8米实木双人床	¥4,900.00	2	¥9,800.0
2017/3/3	董杰	1.8米皮艺双人床	¥1,900.00	1	¥1,900.0
2017/3/4	胡泉	沙发床	¥4,900.00	2	¥9,800.0
2017/3/5	吴江	橡皮电视柜	¥2,500.00	2	¥5,000.0
2017/3/6	李明浩	白色板木茶几	¥2,400.00	1	¥2,400.0
2017/3/7	向芸	1.8米实木双人床	¥4,900.00	1	¥4,900.0
2017/3/8	肖明明	儿童房家具套餐	¥6,800.00	1	¥6,800.0
2017/3/9	向芸	黑色板木电视柜	¥2,300.00	3	¥6,900.0
2017/3/10	肖明明	1.8米皮艺双人床	¥1,900.00	3	¥5,700.0
2017/3/11	吴江	沙发床	¥4,900.00	2	¥9,800.0
2017/3/12	胡泉	橡皮电视柜	¥2,500.00	2	¥5,000.0
2017/3/13	董杰	白色板木茶几	¥2,400.00	2	¥4,800.0
2017/3/14	陈诗雨	1.8米实木双人床	¥4,900.00	1	¥4,900.0
2017/3/15	陈诗雨	儿童房家具套餐	¥6,800.00	1	¥6,800.0
2017/3/16	庞宇	黑色板木电视柜	¥2,300.00	2	¥4,600.0
2017/3/17	陈诗雨	1.8米实木双人床	¥4,900.00	1	¥4,900.0
2017/3/18	董杰	儿童房家具套餐	¥6,800.00	1	¥6,800.0
2017/3/19	胡泉	黑色板木电视柜	¥2,300.00	2	¥4,600.0
2017/3/20	吴江	1.8米皮艺双人床	¥1,900.00	2	¥3,800.0
2017/3/21	李明浩	沙发床	¥4,900.00	3	¥14,700.0
2017/3/22	向芸	橡皮电视柜	¥2,500.00	1	¥2,500.0
2017/3/23	肖明明	沙发床	¥4,900.00	2	¥9,800.0
2017/3/24	吴江	橡皮电视柜	¥2,500.00	3	¥7,500.0
2017/3/25	胡泉	白色板木茶几	¥2,400.00	3	¥7,200.0
2017/3/26	董杰	1.8米实木双人床	¥4,900.00	2	¥9,800.0
2017/3/27	陈诗雨	儿童房家具套餐	¥6,800.00	2	¥13,600.0
2017/3/28	陈诗雨	黑色板木电视柜	¥2,300.00	2	¥4,600.0
2017/3/29	陈诗雨	黑色板木电视柜	¥2,300.00	5	¥11,500.0

3月员工销售额

图 5-30　“业务员销售额统计表”最终效果

职业素养

“销售额统计表”的意义

“业务员销售额统计表”主要为了帮助公司领导对员工销售情况进行了解，对营销情况有所把握。通常，业务员销售额统计表的内容包括日期、业务员姓名、产品名称、单价、销售数量和总销售额等。在制作时要突出这些重点内容，使用不同格式区分。

5.2.1 设置字体格式

微课视频
设置字体格式

在单元格中输入的数据都是 Excel 默认的字体格式，这让制作完成后的表格看起来没有主次之分，为了让表格内容表现更加直观，利于以后对表格数据的进一步查看与分析，可对单元格中的字体格式进行设置。下面在“业务员销售额统计表 .xlsx”工作簿中设置标题和表头内容的字体格式，其具体操作步骤如下。

（1）打开“业务员销售额统计表 .xlsx”工作簿，选择合并后的 A1 单元格，然后单击鼠标右键，在弹出的快捷菜单中选择“设置单元格格式”命令。

（2）打开“设置单元格格式”对话框，单击“字体”选项卡，在“字体”列表框中选择“方正大黑简体”选项，在“字形”列表框中选择“加粗”选项，在“字号”列表框中选择“20”选项，单击 确定 按钮，如图 5-31 所示。

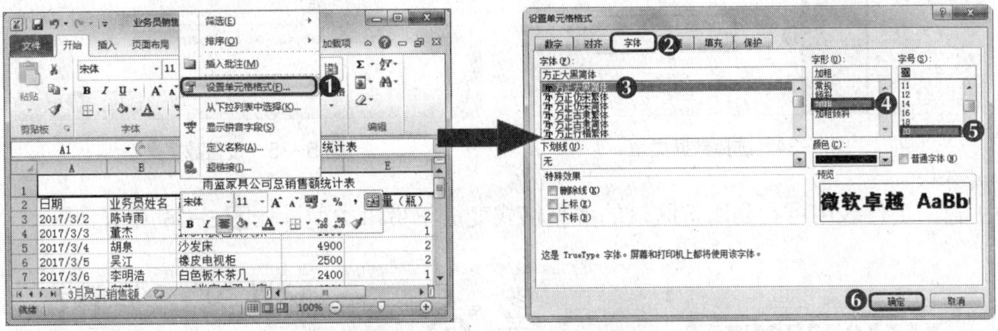

图 5-31 通过对话框设置字体

（3）选择 A2:F2 单元格区域，在“字体格式”列表框中选择“黑体”选项，在“字体大小”列表框中选择“12”选项，设置字号大小，单击“加粗”按钮 **B**，如图 5-32 所示。

（4）利用相同的方法将 A3:F30 单元格区域内容字号设置为“12”，效果如图 5-33 所示。

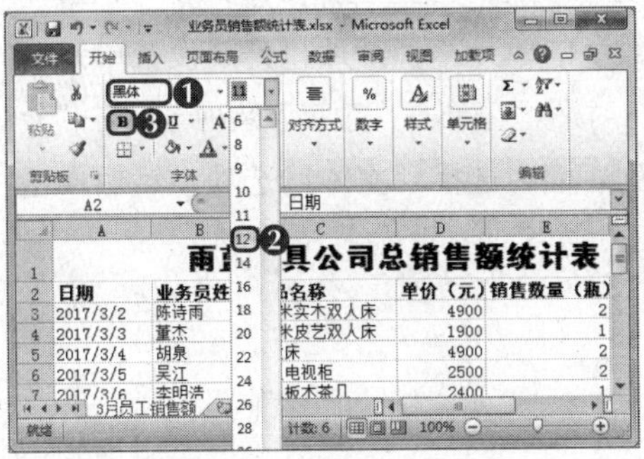

图 5-32 功能区中设置字体

图 5-33 设置字体后的效果

5.2.2 设置数据类型

不同领域对单元格中数字的类型有不同的需求，因此，Excel 提供了多种数字类型，如数值、货币、日期等，或进行便于区别的设置要在其中设置合适的数字格式。下面在“业务员销售额统计表 .xlsx”工作簿中设置数据格式，其具体操作如下。

（1）选择 D3:D30 单元格区域，单击“开始”选项卡，在“数字”组的“常规”列表框中选择“货币”选项，如图 5-34 所示。

（2）选择 F3:F30 单元格区域，单击“开始”选项卡，在“数字”组右下角单击“对话框扩展”按钮。在打开的“设置单元格格式”对话框中单击“数字”选项卡，在“分类”列表框中选择“货币”选项，在“小数位数”数值框中输入“1”，单击确定按钮，如图 5-35 所示。

微课视频

设置数据类型

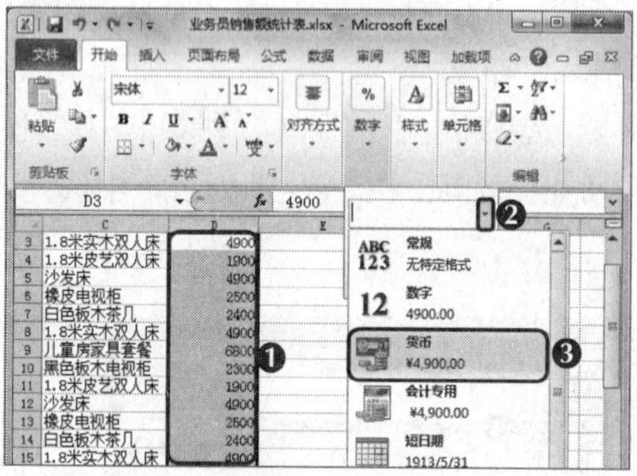

图 5-34 选择数据类型

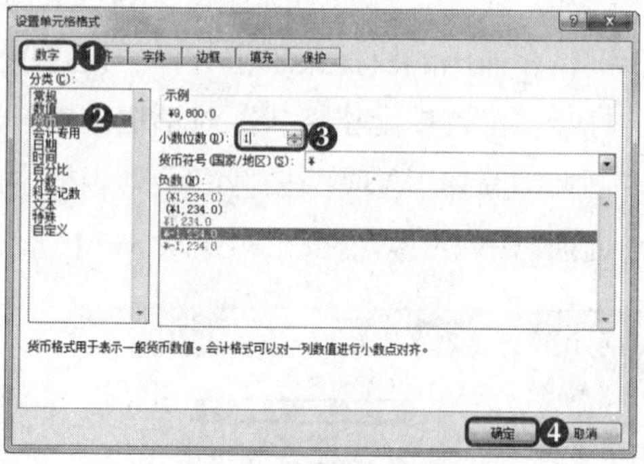

图 5-35 设置数据类型

（3）返回工作表中可看到所选区域的数据格式变成了货币类型，如图 5-36 所示。

雨蓝家具公司总销售额统计表

业务员姓名	产品名称	单价（元）	销售数量（瓶）	总销售额（元）
陈诗雨	1.8米实木双人床	¥4,900.00	2	¥9,800.0
董杰	1.8米皮艺双人床	¥1,900.00	1	¥1,900.0
胡泉	沙发床	¥4,900.00	2	¥9,800.0
吴江	橡皮电视柜	¥2,500.00	2	¥5,000.0
李明浩	白色板木茶几	¥2,400.00	1	¥2,400.0
向芸	1.8米实木双人床	¥4,900.00	1	¥4,900.0
肖明明	儿童房家具套餐	¥6,800.00	1	¥6,800.0
向芸	黑色板木电视柜	¥2,300.00	3	¥6,900.0
肖明明	1.8米皮艺双人床	¥1,900.00	3	¥5,700.0
吴江	沙发床	¥4,900.00	2	¥9,800.0
胡泉	橡皮电视柜	¥2,500.00	2	¥5,000.0
董杰	白色板木茶几	¥2,400.00	2	¥4,800.0
陈诗雨	1.8米实木双人床	¥4,900.00	1	¥4,900.0
陈诗雨	儿童房家具套餐	¥6,800.00	1	¥6,800.0
庞宇	黑色板木电视柜	¥2,300.00	2	¥4,600.0
陈诗雨	1.8米实木双人床	¥4,900.00	1	¥4,900.0
董杰	儿童房家具套餐	¥6,800.00	1	¥6,800.0
胡泉	黑色板木电视柜	¥2,300.00	2	¥4,600.0
吴江	1.8米皮艺双人床	¥1,900.00	2	¥3,800.0
李明浩	沙发床	¥4,900.00	3	¥14,700.0
向芸	橡皮电视柜	¥2,500.00	1	¥2,500.0
肖明明	沙发床	¥4,900.00	2	¥9,800.0
吴江	橡皮电视柜	¥2,500.00	3	¥7,500.0
胡泉	白色板木茶几	¥2,400.00	3	¥7,200.0
董杰	1.8米实木双人床	¥4,900.00	2	¥9,800.0
陈诗雨	儿童房家具套餐	¥6,800.00	2	¥13,600.0
陈诗雨	黑色板木电视柜	¥2,300.00	2	¥4,600.0

3月员工销售额

图 5-36 查看设置数据类型的效果

多学一招 **输入以“0”开头的数字**

默认状态下，以“0”开始的数据，在单元格中输入后却不能正确显示，此时可以通过相应的设置避免出现这种情况发生。其方法是，首先选择要输入如“0101”类型数字的单元格，然后打开“设置单元格格式”对话框，单击“数字”选项卡，在“分类”列表框中选择“文本”选项，然后单击确定按钮。

5.2.3 设置对齐方式

在 Excel 中不同的数据默认有不同的对齐方式，为了更方便地查阅表格，使表格更加美观，不至于杂乱无章，可设置单元格中数据的对齐方式。下面将“业务员销售额统计表 .xlsx”工作簿的表头设置为居中对齐，“日期”设置为“右对齐”，其具体操作如下。

微课视频

设置对齐方式

（1）选择 A2:F2 单元格区域，单击“开始”选项卡，在“对齐方式”

组中单击“居中对齐”按钮≡，设置表头居中对齐，如图 5-37 所示。

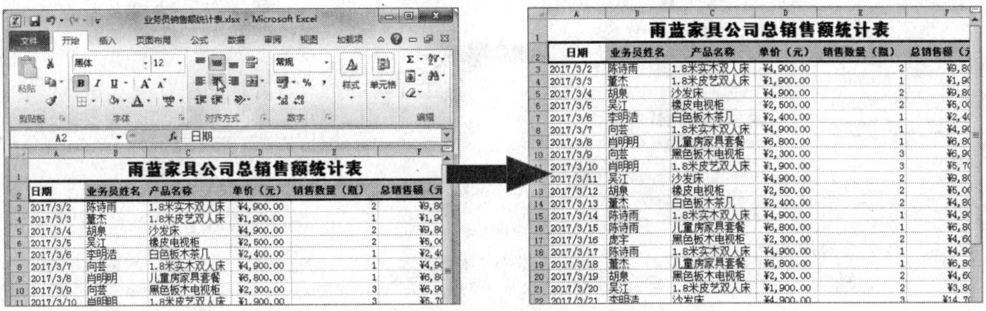

图 5-37 设置表头居中对齐

（2）选择 A3:A30 单元格区域，在“对齐方式”组中单击“文本右对齐”按钮≡，将“日期”设置为右对齐，如图 5-38 所示。

（3）使用相同方法，将“业务员姓名”“单价”“销售数量”和“总销售额”数据列设置为居中对齐，如图 5-39 所示。

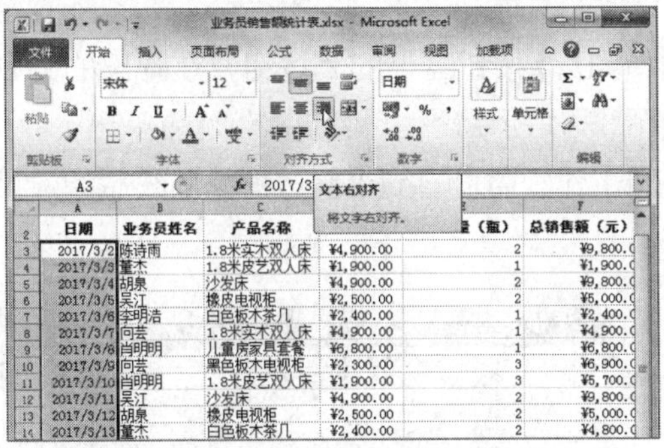

图 5-38 设置日期右对齐

图 5-39 设置数据对齐方式后的效果

5.2.4 设置边框和底纹

微课视频

设置边框和底纹

Excel 表格的边线默认情况下是不能被打印输出的，有时为了适应办公的需要常常要求打印出表格的边框，此时可通过为表格添加边框来实现。为了突出显示内容，还可为某些单元格区域设置底纹颜色。下面在“业务员销售额统计表 .xlsx”工作簿中设置边框与底纹，其具体操作如下。

（1）选择 A2:F30 单元格区域，在“字体”组中单击⊞按钮右侧的▾按钮，在弹出的列表中选择“其他边框”选项。

（2）打开“设置单元格格式”对话框，单击“边框”选项卡，在“样式”列表框中选择“━━”选项，在“预置”栏中单击“外边框”按钮⊡，继续在“样式”列表框中选择“┈┈”选项，在“预置”栏中单击“内部”按钮⊞，完成后单击 确定 按钮，如图 5-40 所示。

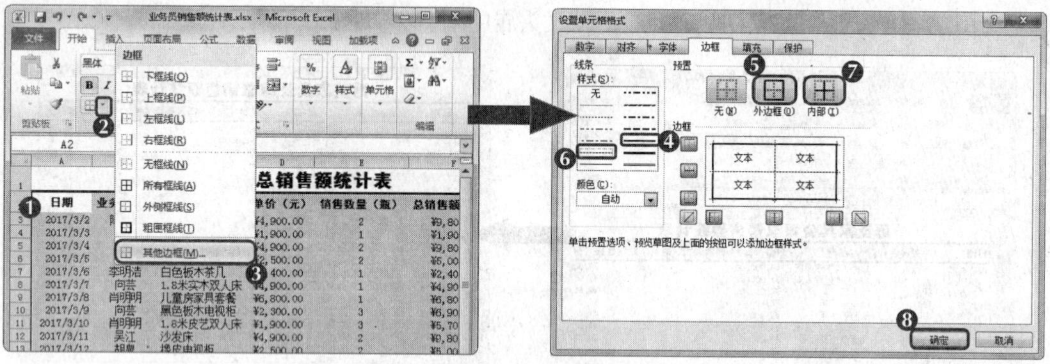

图 5-40　设置边框

多学一招

在功能区中快速添加边框样式

选择目标单元格区域后，在“字体”组中单击田按钮右侧的▾按钮，在弹出的列表中选择“上框线”“下框线”等选项可快速添加相应的边框样式，选择“无边框”则可取消边框设置。

（3）选择 A2:F2 单元格区域，在“字体”组中单击按钮右侧的▾按钮，在弹出的列表中选择“红色，强调文字颜色 2”选项，如图 5-41 所示。

（4）将字体颜色设置为“白色，背景 1”，返回工作表中可看到设置边框与底纹后的效果，如图 5-42 所示。

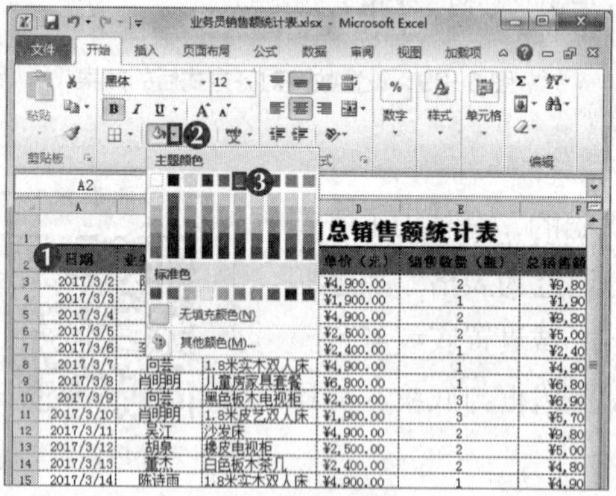

图 5-41　设置底纹

图 5-42　查看边框和底纹效果

多学一招

快速应用边框和底纹效果

选择目标单元格区域后，在“开始”组的“样式”对话框中单击“套用表格样式”按钮，在弹出的列表中选择样式选项，可快速为相应表格区域添加边框和底纹效果。

5.3 课堂案例：打印“员工考勤表”

对于实际办公来说，编辑美化后的表格通常需要通过纸张将其打印出来，让公司人员或客户查看。而在打印中为了在纸张中完美呈现表格内容，此时就需要对工作表的页面、打印范围等进行设置，完成设置后，可进行预览查看打印效果。接下来，米拉就要将编辑美化的考勤表打印出来，以便公司领导和员工查看，打印预览效果如图 5-43 所示。

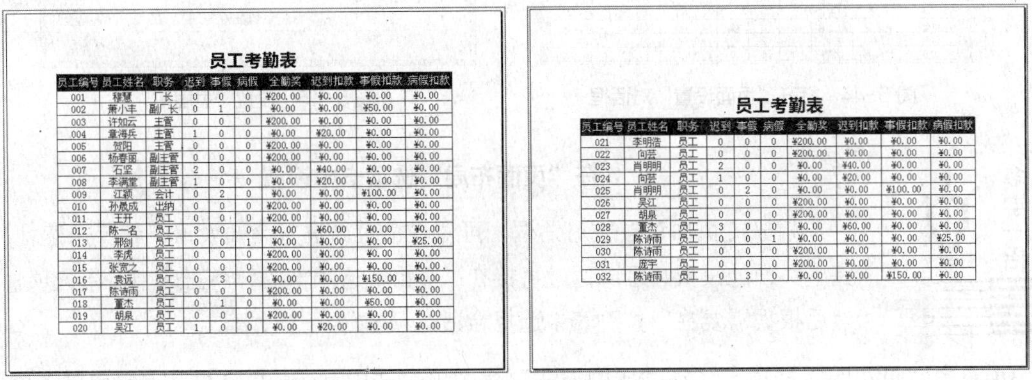

员工考勤表

员工编号	员工姓名	职务	迟到	事假	病假	全勤奖	迟到扣款	事假扣款	病假扣款
001	穆慧	厂长	0	0	0	¥200.00	¥0.00	¥0.00	¥0.00
002	萧小丰	副厂长	0	1	0	¥0.00	¥0.00	¥50.00	¥0.00
003	许如云	主管	0	0	0	¥200.00	¥0.00	¥0.00	¥0.00
004	章海兵	主管	1	0	0	¥0.00	¥20.00	¥0.00	¥0.00
005	贺阳	主管	0	0	0	¥200.00	¥0.00	¥0.00	¥0.00
006	杨春丽	副主管	0	0	0	¥200.00	¥0.00	¥0.00	¥0.00
007	石坚	副主管	2	0	0	¥0.00	¥40.00	¥0.00	¥0.00
008	李满堂	副主管	1	0	0	¥0.00	¥20.00	¥0.00	¥0.00
009	江颖	会计	0	2	0	¥0.00	¥0.00	¥100.00	¥0.00
010	孙晟成	出纳	0	0	0	¥200.00	¥0.00	¥0.00	¥0.00
011	王开	员工	0	0	0	¥200.00	¥0.00	¥0.00	¥0.00
012	陈一名	员工	3	0	0	¥0.00	¥60.00	¥0.00	¥0.00
013	邢剑	员工	0	0	1	¥0.00	¥0.00	¥0.00	¥25.00
014	李虎	员工	0	0	0	¥200.00	¥0.00	¥0.00	¥0.00
015	张宽之	员工	0	0	0	¥200.00	¥0.00	¥0.00	¥0.00
016	袁远	员工	0	3	0	¥0.00	¥0.00	¥150.00	¥0.00
017	陈诗雨	员工	0	0	0	¥200.00	¥0.00	¥0.00	¥0.00
018	董杰	员工	0	1	0	¥0.00	¥0.00	¥50.00	¥0.00
019	胡泉	员工	0	0	0	¥200.00	¥0.00	¥0.00	¥0.00
020	吴江	员工	1	0	0	¥0.00	¥20.00	¥0.00	¥0.00

员工考勤表

员工编号	员工姓名	职务	迟到	事假	病假	全勤奖	迟到扣款	事假扣款	病假扣款
021	李明浩	员工	0	0	0	¥200.00	¥0.00	¥0.00	¥0.00
022	向芸	员工	0	0	0	¥200.00	¥0.00	¥0.00	¥0.00
023	肖明明	员工	2	0	0	¥0.00	¥40.00	¥0.00	¥0.00
024	向芸	员工	1	0	0	¥0.00	¥20.00	¥0.00	¥0.00
025	肖明明	员工	0	2	0	¥0.00	¥0.00	¥100.00	¥0.00
026	吴江	员工	0	0	0	¥200.00	¥0.00	¥0.00	¥0.00
027	胡泉	员工	0	0	0	¥200.00	¥0.00	¥0.00	¥0.00
028	董杰	员工	3	0	0	¥0.00	¥60.00	¥0.00	¥0.00
029	陈诗雨	员工	0	0	1	¥0.00	¥0.00	¥0.00	¥25.00
030	陈诗雨	员工	0	0	0	¥200.00	¥0.00	¥0.00	¥0.00
031	庞宇	员工	0	0	0	¥200.00	¥0.00	¥0.00	¥0.00
032	陈诗雨	员工	0	3	0	¥0.00	¥0.00	¥150.00	¥0.00

图 5-43 “考勤表”打印预览效果

职业素养

“员工考勤表”的主体内容和作用

“员工考勤表”是大多数公司需要制作的，这类表格通常需要打印到纸张上公布和查看。它往往会与员工的工资相关。通常“员工考勤表”用于记录员工在上班期间的迟到、请假以及迟到和请假承受扣除工资的处罚情况。

5.3.1 设置页面布局

设置页面的布局方式主要包括打印纸张的方向、缩放比例、纸张大小等方面的内容，这些都可通过“页面设置”对话框中进行。下面将在“员工考勤表.xlsx”工作簿中，设置打印方向为“横向”，缩放比例为“150”，纸张大小为“A4”，表格内容居中，并进行打印预览，其具体操作如下。

微课视频

设置页面布局

（1）单击“页面布局”选项卡，选择“页面设置”组，单击右下角的“页面设置”按钮，如图 5-44 所示。

（2）打开“页面设置”对话框，单击“页面”选项卡，在“方向”栏中单击选中 ◉横向(L) 单选项，在“缩放比例”文本框中输入“150%”，在“纸张大小”栏中选择“A4”选项，如图 5-45 所示。

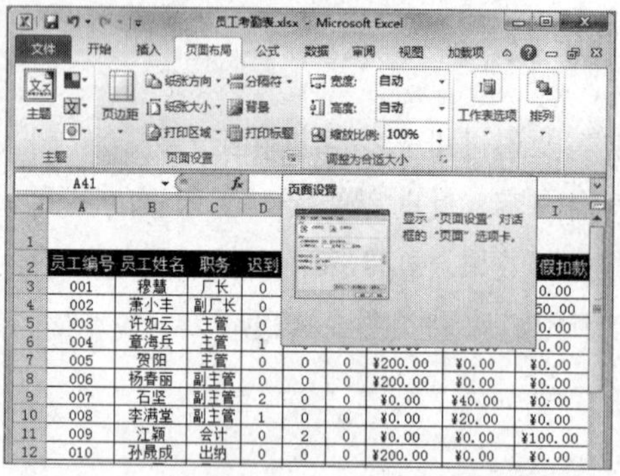

图 5-44　打开“页面设置”对话框

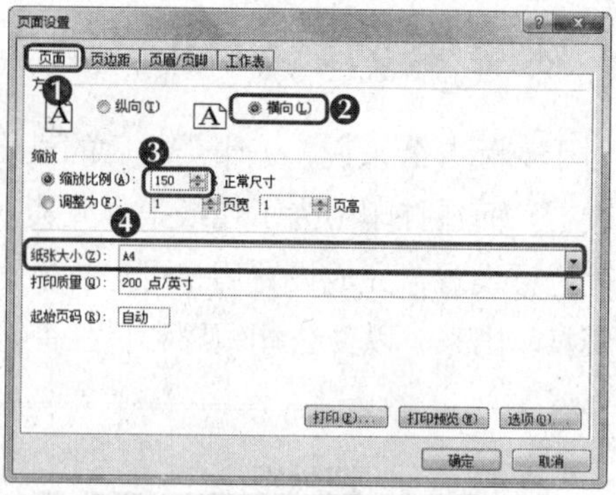

图 5-45　设置“页面”

多学一招

在“页面布局”选项卡中设置

打开“页面设置”对话框，可对表格页面进行全面设置，若要快速地完成页面的设置，可以通过直接在“页面”选项卡中，单击选中各单选项，然后根据需要在下拉列表中选择合适选项或做相应设置。

（3）单击“页边距”选项卡，在“居中方式”栏中单击选中“水平(Z)”复选框和“垂直(V)”复选框，单击“打印预览(W)”按钮，如图 5-46 所示，在“打印”界面右侧查看设置后的表格打印效果，如图 5-47 所示。

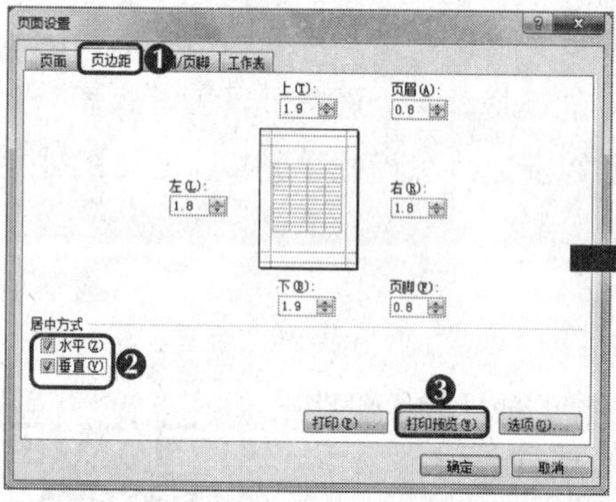

图 5-46　设置页边距

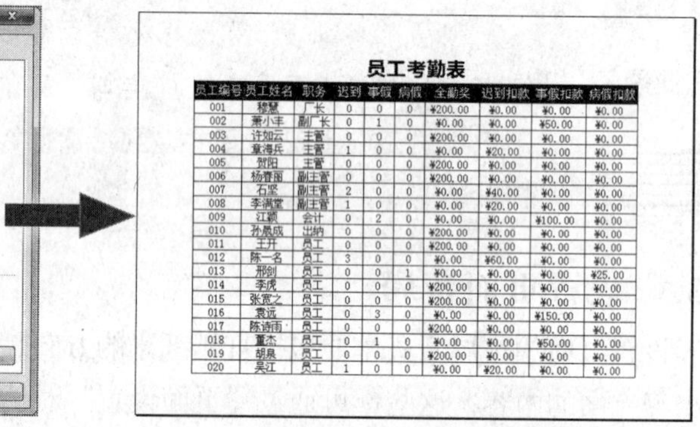

图 5-47　预览打印效果

多学一招

在“页面布局”模式中预览

除了通过在“打印”界面进行预览外，还可以通过在“页面布局”模式中预览表格打印效果。单击“视图”选项卡，选择“工作簿视图”组，单击“页面布局”按钮，进入“页面布局”预览模式，在该预览模式下，可对页面设置进行调整，如拖动鼠标调整页边距等。

5.3.2 打印标题

当表格数据内容较多时，默认的第一张打印页面将显示标题和表头，后面的其他表格页面则只有数据内容，为了保持表格的完整性，使表格数据指示明确，说明内容表示考勤，可为每张打印页面添加标题和表头。下面将在“员工考勤表.xlsx”工作簿中设置打印标题，其具体操作如下。

微课视频
打印标题

（1）在“页面设置”组中单击打印标题按钮，如图5-48所示。

（2）打开“页面设置”对话框，单击“工作表”选项卡，将鼠标光标定位到“打印标题”栏的“顶端标题行”文本框中，然后在表格中选择标题区域“$1:$2”，单击打印预览(W)按钮，如图5-49所示。

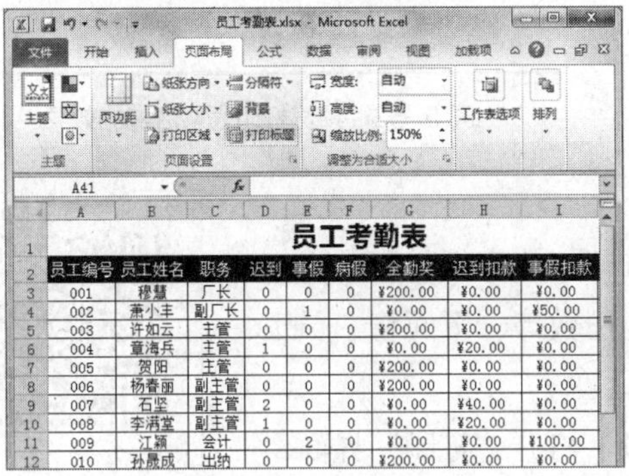

图5-48　打开“工作表”选项卡

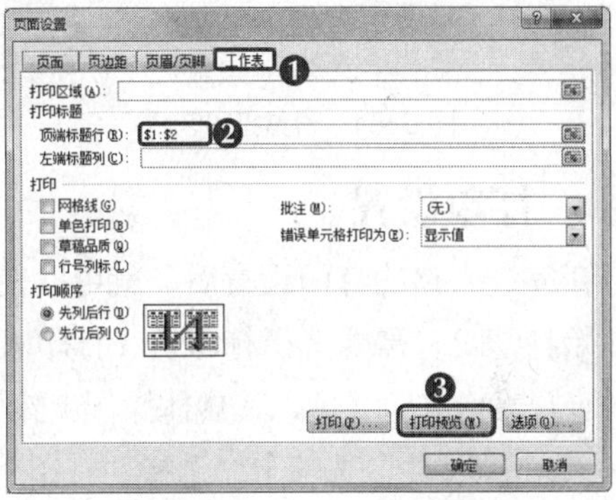

图5-49　设置打印标题区域

（3）在“打印”界面右侧预览打印效果，单击“下一页”按钮▶，切换到第2页，可看到打印区域包括了标题和表头，如图5-50所示。

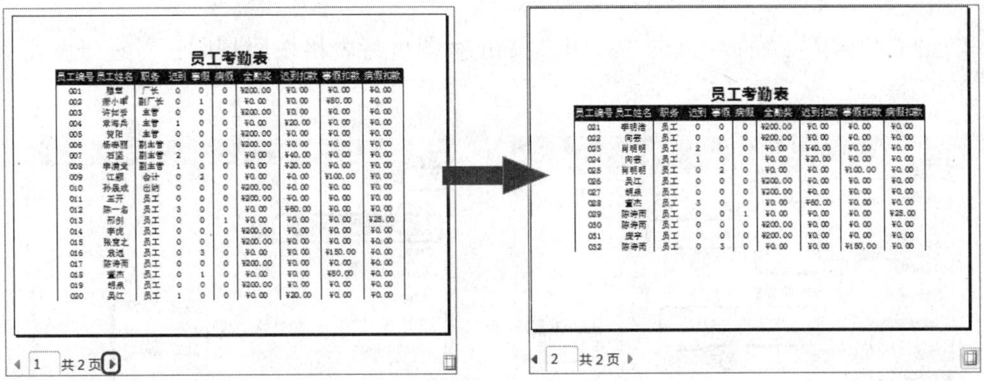

图5-50　打印标题预览效果

5.3.3　设置打印区域

微课视频
设置打印区域

工作簿中涉及的信息会比较多，如果只需要其中的部分数据信息时，打印整个工作簿就会浪费不必要的资源。那么，在实际打印中可根据需要设置打印范围，只打印需要的部分。下面将“员工考勤表.xlsx”工作簿的A1:J8单元格区域设置为打印区域，其具体操作如下。

（1）在工作表中选择要A1:J8单元格区域，单击“页面布局”选项卡，选择“页面设置”组，单击打印区域按钮，在弹出的列表中选择“设置打印区域”选项，如图5-51所示。

（2）单击“文件”选项卡，在其中选择“打印”选项，查看打印预览效果，如图 5-52 所示。

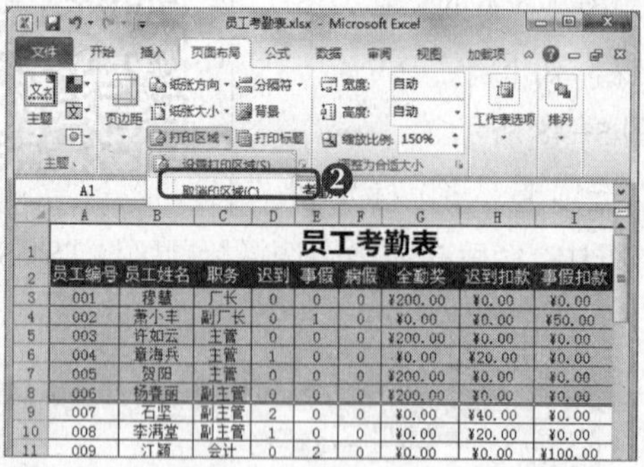

图 5-51　设置打印区域

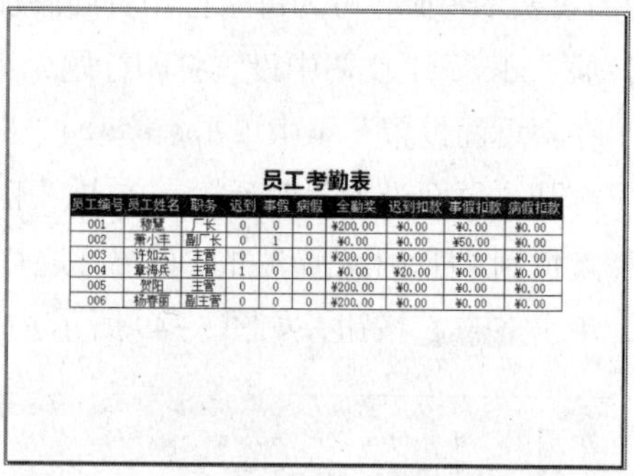

图 5-52　预览打印表格区域的效果

5.3.4 打印设置

微课视频

打印设置

在完成表格的打印设置后，就可以使用打印机将表格打印出来，在开始打印时，需要选择打印机、打印表格的份数等。下面将“员工考勤表”表格打印 2 份，其具体操作步骤如下。

（1）单击“文件”选项卡，选择“打印”选项，打开“打印”界面，在“份数”文本框中输入“2”，在“打印机”栏中选择计算机连接的打印机，单击“打印机”栏中的“打印机属性”超链接，如图 5-53 所示。

（2）打开打印机的属性对话框，单击“布局”选项卡，在“方向”列表框中选择“横向”选项，单击确定按钮，如图 5-54 所示。

（3）返回“打印”界面，单击“打印”按钮即可将表格按照打印设置在纸张上打印输出。

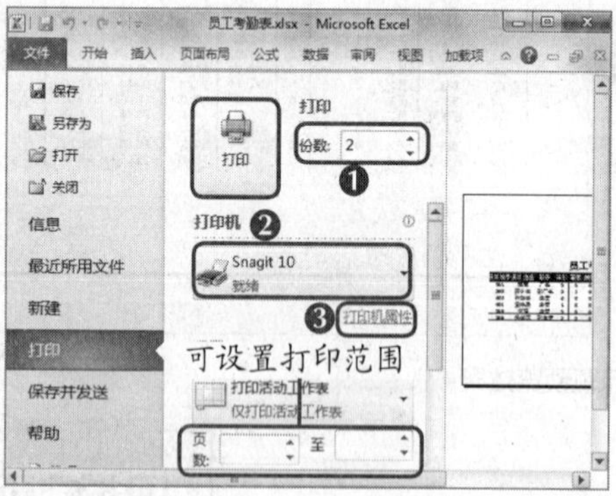

图 5-53　打印设置

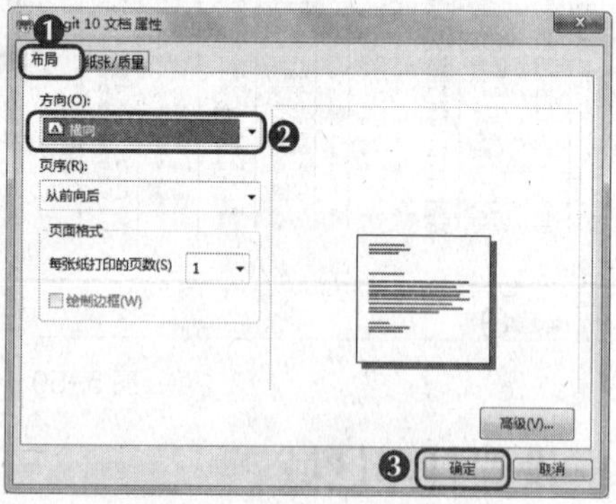

图 5-54　打印方向设置

多学一招

设置打印页数范围

打开“打印”界面，在“设置”栏中可设置打印区域，在“页数”栏中可设置打印表格的页码，如打印第 1 ~ 第 3 页，输入“1-3”，打印第 1 页和第 3 页，则输入“1,3”。

5.4 项目实训

本章通过制作“通讯录”表格、美化“业务员销售额统计表”、打印“员工考勤表”3个课堂案例，讲解了制作与编辑表格的基本操作，其中输入数据、编辑数据、设置字体格式、设置数据类型、设置边框和底纹、设置页面布局、设置打印标题、设置范围等，是日常办公中经常使用的知识点，应重点学习和把握。下面通过两个项目实训，将本章学习的知识灵活运用。

5.4.1 制作“采购记录表”

1. 实训目标

微课视频

制作“采购记录表”

本实训的目标是制作“采购记录表”，由于采购记录表的项目较多，有各项数据分类，因此在制作时要让表格内容井井有条，并通过设置使重点内容突出显示。本实训将新建“采购记录表”工作簿，输入数据并对表格进行美化设置等。最终效果如图 5-55 所示。

效果所在位置 效果文件 \ 第 5 章 \ 项目实训 \ 采购记录表 .xlsx

采购记录表

采购事项					请购事项			验收事项			
采购日期	采购单号	产品名称	供应商代码	单价(元)	请购日期	请购数量	请购单位	验收日期	验收单号	交货数量	交货批次
1/7	S001-548	电剪	ME-22	361	1/5	1	车缝部	1/9	C06-0711	1	1
1/7	S001-549	内箱\外箱\贴纸	MA-10	2\2\0.5	1/6	100	包装部	1/9	C06-0712	100	1
1/8	S001-550	电\蒸气熨斗	ME-13	130\220	1/6	4	熨烫部	1/9	C06-0713	4	1
1/9	S001-551	锅炉	ME-33	950	1/7	1	生产部	1/10	C06-0714	1	1
1/10	S001-552	润滑油	MA-24	12	1/8	50	生产部	1/11	C06-0715	50	1
1/11	S001-553	枪针\橡筋	MA-02	8\0.3	1/10	300	成品部	1/12	C06-0716	180	2
1/13	S001-554	拉链\拉链头	MA-02	0.2\0.2	1/11	300	成品部	1/14	C06-0717	300	1
1/13	S001-555	链条车	ME-11	87	1/12	2	成品部	1/15	C06-0718	2	1

图 5-55 “采购记录表”最终效果

2. 专业背景

采购记录表是记录公司采购信息的表格，主要记录了物品请购时间、请购部门、采购时间和验收时间等项目。公司采购部门向原材料、燃料、零部件和办公用品等供应者发出采购单，收到供应商提供的货物后，公司采购部门进行验收，即可完成采购流程。这种表格一般由多张表格组成，以月份进行划分。

3. 操作思路

完成本实训首先应新建保存表格，对工作表分别进行重命名，然后输入和编辑数据内容，最后对表格进行美化设置，其操作思路如图 5-56 所示。

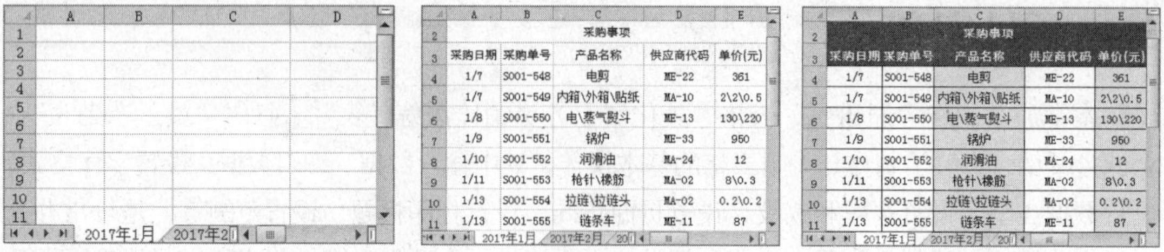

①新建并重命名工作表　②输入数据　③美化表格

图 5-56　“采购记录表”的制作思路

【步骤提示】

（1）新建并保存“采购记录表.xlsx”工作簿，单击“插入工作表”按钮插入工作表，将工作表分别命名为“2017 年 1 月”“2017 年 2 月”“2017 年 3 月”“2017 年 4 月”。

（2）分别输入对应的数据，可使用填充功能输入数据，再修改数据。在 A2 单元格输入“采购事项”，在 F2 单元格输入“请购事项”，在 I2 单元格输入“验收事项”，分别合并 A2:E2、F2:H2、I2:L2 单元格。

（3）将标题设置为“华文琥珀、24”，将表头设置为“华文细黑、12”，其他数据字号为“12”。

（4）为 A4:L16 单元格区域添加边框，为表头内容设置“深红”底纹，为 C4:C16、E4:E16、G4:G16、K4:K16 单元格区域设置“橄榄色，强调文字颜色 3，淡色 80%”底纹。

5.4.2 美化并打印“加班记录表”

1．实训目标

微课视频

美化并打印“加班记录表”

本实训的目标是美化并打印“加班记录表”。打开表格后，首先查看数据是否出错，是否显示完整等，然后明确美化方向，再进行操作。本实训将对表格进行美化设置，然后将打印表格，预览效果如图 5-57 所示。

素材所在位置　素材文件\第 5 章\项目实训\加班记录表.xlsx

效果所在位置　效果文件\第 5 章\项目实训\加班记录表.xlsx

加班记录表

编号	姓名	部门	加班事由	日期	开始时间	结束时间	用时	负责人
B15	王一泓	技术部	现场监控	2017/7/18	20:00:00	23:45:00	3:45:00	冯刚
B16	章艺	质量部	检验建材质量	2017/7/18	19:00:00	22:30:00	3:30:00	冯刚
B17	毕福家	技术部	现场监控	2017/7/19	19:30:00	23:50:00	4:20:00	冯刚
B18	舒影	质量部	检验建材质量	2017/7/19	20:45:00	22:55:00	2:10:00	冯刚
B19	齐海军	技术部	现场监控	2017/7/20	19:30:00	22:55:00	3:25:00	冯刚
B20	康居	技术部	检验建材质量	2017/7/20	19:00:00	23:30:00	4:30:00	冯刚
B21	周畅	技术部	现场监控	2017/7/21	20:30:00	23:50:00	3:20:00	冯刚
B22	刘栋	技术部	检验建材质量	2017/7/21	20:00:00	23:45:00	3:45:00	冯刚
B23	张杰	质量部	现场监控	2017/7/22	20:30:00	23:00:00	2:30:00	冯刚
B24	宋康昊	技术部	拟制质量体系	2017/7/22	20:00:00	22:55:00	2:55:00	冯刚
B25	钱嘉	技术部	现场监控	2017/7/23	20:00:00	23:00:00	3:00:00	冯刚
B26	刘明	质量部	检验建材质量	2017/7/23	21:00:00	23:00:00	2:00:00	冯刚
B27	胡畅	技术部	现场监控	2017/7/24	20:00:00	23:50:00	3:50:00	冯刚
B28	刘惠嘉	技术部	检验建材质量	2017/7/24	20:10:00	23:45:00	3:35:00	冯刚
					项目负责人签字：			

图 5-57　“加班记录表”预览效果

2. 专业背景

加班记录表是公司经常涉及到的表格类型，用于记录员工的加班情况，它将决定员工的工资。加班记录表通常包括以下几个内容。

- **加班事项**：加班事项是指员工加班做的具体事情。
- **加班日期**：加班日期是记录加班的日期，即什么时候加的班，是一项重要的凭据。
- **加班时间**：加班时间是指加班用时，加班涉及的工资通常以单价乘以用时计算。

3. 操作思路

完成本实训首先进行字体格式、对齐方式、边框和底纹等美化设置，然后将设置打印页面等，预览打印效果后打印表格。

【步骤提示】

（1）打开“加班记录表.xlsx”工作簿，调整“加班事由”数据列的列宽，然后合并标题，将其设置为“黑体、20、加粗”。

（2）合并A17:E17、F17:G17、H17:I17单元格，然后设置数据内容居中显示，将表头数据格式设置为“加粗、白色”，并设置“黑色”底纹。

（3）为A2:I17单元格区域添加“所有边框”边框样式。

（4）将打印方向设置为“横向”“缩放比例”设置为“120%”，页边距设置为“居中”，然后打印2份表格。

5.5 课后练习

本章主要介绍了制作与编辑表格的操作方法，下面通过两个练习的制作，使读者对各知识的应用方法及操作更熟悉。

微课视频

制作“出差登记表”

练习1：制作“出差登记表”

下面将制作“出差登记表.xlsx”，本次主要练习输入数据、编辑数据、美化表格等操作，完成后的效果如图5-58所示。

效果所在位置 效果文件\第5章\课后练习\出差登记表.xlsx

员工出差登记表

姓名	部门	出差地	出差日期	返回日期	预计天数	实际天数	出差原因	是否按时返回	备注
邓兴全	技术部	北京通县	2016/8/3	2016/8/5	3	2	维修设备	是	
王宏	营销部	北京大兴	2016/8/3	2016/8/6	3	3	新产品宣传	否	
毛戈	技术部	上海松江	2016/8/4	2016/8/7	3	3	提供技术支持	是	
王南	技术部	上海青浦	2016/8/4	2016/8/8	4	4	新产品开发研讨会	是	
刘惠	营销部	山西太原	2016/8/4	2016/8/9	4	5	新产品宣传	是	
孙祥礼	技术部	山西大同	2016/8/5	2016/8/9	4	4	维修设备	否	
刘栋	技术部	山西临汾	2016/8/7	2016/8/9	4	2	维修设备	是	
李锋	技术部	四川青川	2016/8/7	2016/8/9	2	2	提供技术支持	是	
周畅	技术部	四川自贡	2016/8/7	2016/8/9	3	2	维修设备	是	
刘煌	营销部	河北石家庄	2016/8/7	2016/8/9	2	2	新产品宣传	否	
钱嘉	技术部	河北承德	2016/8/9	2016/8/9	1	2	提供技术支持	否	

出差登记表

图5-58 “员工出差登记表”最终效果

操作要求如下。

- 新建“出差登记表.xlsx”工作簿，将“Sheet2”“Sheet3”工作表删除，将“Sheet1”工作表重命名为“出差登记表”。
- 分别在对应的单元格中输入相应的数据内容，并调整表格使数据完全显示。
- 设置标题和表头数据的字体格式，设置数据居中对齐，然后为表头设置“橄榄色，强调文字颜色 3，深色 50%”底纹样式，最后添加边框。

练习 2：打印“员工信息表”

微课视频
打印“员工信息表”

下面将打印“员工信息表”，在实际工作中，打印表格首先需要明确打印表格的范围和打印表格的份数。本练习首先进行打印前的设置，然后打印表格，预览效果如图 5-59 所示。

素材所在位置　素材文件 \ 第 5 章 \ 课后练习 \ 员工信息表 .xlsx
效果所在位置　效果文件 \ 第 5 章 \ 课后练习 \ 员工信息表 .xlsx

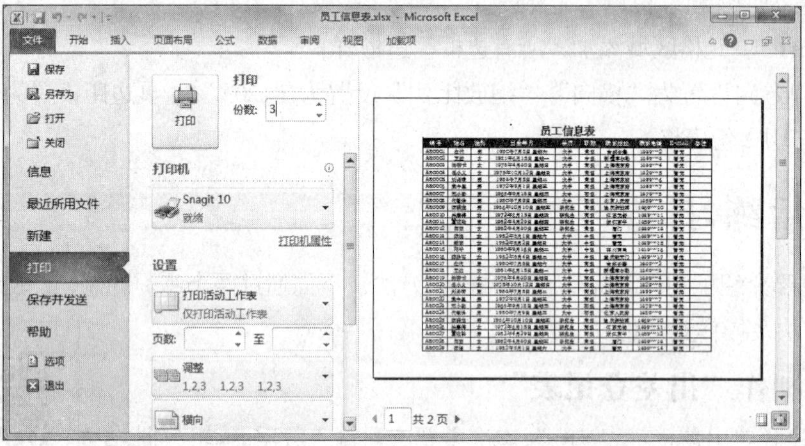

图 5-59 “员工信息表”预览效果

操作要求如下。

- 打开“员工信息表.xlsx”工作簿，打开“页面设置”对话框，设置打印方向为“横向”、纸张大小为“A4”，设置打印标题为“$1:$2”。
- 单击“文件”选项卡，选择“打印”命令，将打印份数设置为“3”，选择打印机后打印表格。

5.6 技巧提升

1. 设置默认工作表数量

默认情况下，新建工作簿中有 3 张工作表，如果在实际办公中经常制作大量工作表包含在一个工作簿中，除了在工作簿中插入所需的工作表外，还可修改新工作簿内的工作表数量，使每次启动 Excel 2010 后在工作簿中都有多张工作表备用。设置工作表数量的具体操作如下。

（1）启动 Excel 2010，选择【文件】/【选项】菜单命令，打开“Excel 选项”对话框，单击“常规”选项卡，在“包含的工作表数”数值框中输入所需的工作表数量，这里输入数值“6”，完成后单击 确定 按钮，并关闭当前工作簿。

（2）再次启动 Excel 后，工作簿中将包含所设置数量的工作表，如图 5-60 所示。

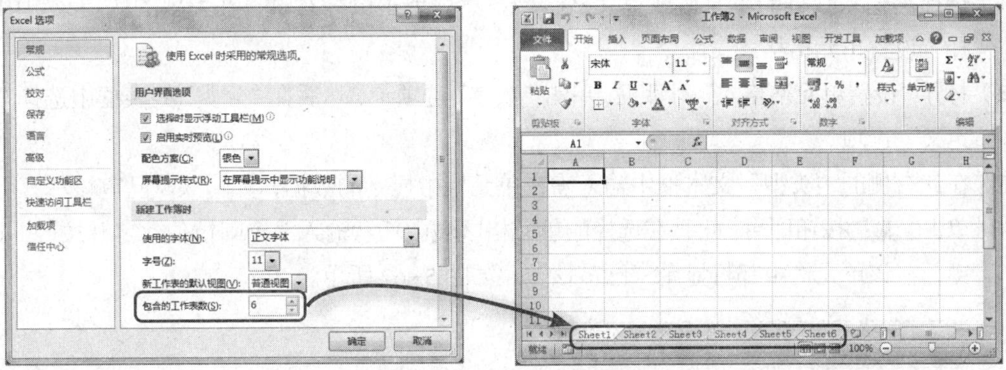

图 5-60　设置工作表数量

2. 在多个单元格中同时输入数据

如果多个单元格中需要输入同一数据时，采用直接输入的方法将耗时费力，此时可以采用批量输入的方法：首先选择需要输入数据的单元格或单元格区域，如果需输入数据的单元格中有不相邻的，可以按住【Ctrl】键逐一进行选择。然后单击编辑栏在其中输入数据，完成输入后按【Ctrl+Enter】组合键，数据就会被填充到所有选择的单元格中。

3. 输入 11 位以上的数据

在 Excel 表格中输入 11 位以上的数字时，单元格中将显示如“1.23457E+11”的格式，因此要输入 11 位以上的数字，如身份证号码，并使其完整显示除了在“设置单元格格式”对话框中单击“数字”选项卡，在“分类”列表框中选择“文本”选项，然后单击 确定 按钮应用设置，并在相应的单元格中输入 11 位以上的数字外，还可直接在数字前面先输入一个英文符号“'”将其转换成文本类型的数据，然后再输入 11 位以上的数字即可。如图 5-61 所示为输入 11 位以上的身份证号码（18 位数字）并正确显示。

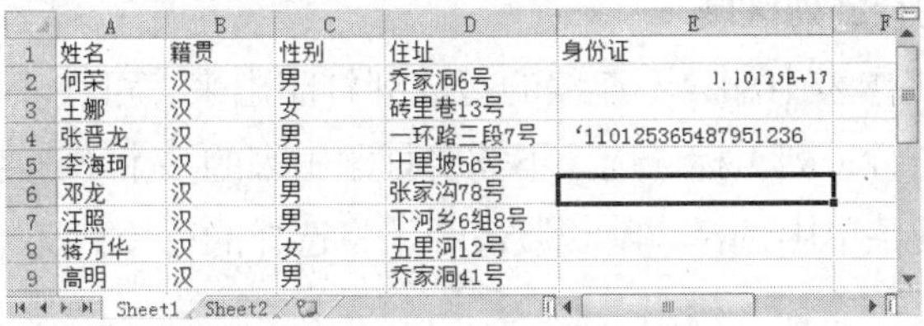

	A	B	C	D	E
1	姓名	籍贯	性别	住址	身份证
2	何荣	汉	男	乔家洞6号	1.10125E+17
3	王娜	汉	女	砖里巷13号	
4	张晋龙	汉	男	一环路三段7号	'110125365487951236
5	李海珂	汉	男	十里坡56号	
6	邓龙	汉	男	张家沟78号	
7	汪照	汉	男	下河乡6组8号	
8	蒋万华	汉	女	五里河12号	
9	高明	汉	男	乔家洞41号	

图 5-61　正确输入身份证号码

4. 在多个工作表中查找或替换数据

方法是按住【Shift】键或【Ctrl】键选择工作簿中的多个相邻或不相邻的工作表，然后打开“查找或替换”对话框进行查找或替换数据的操作。

5. 自定义数据类型

利用自定义数据类型功能能够快速输入一些较长的而且又是常用的数据，对于制作一些常用表格时非常实用。如某公司的员工工资表中，有一列要求输入经理备注“已审核”的数据，若利用自定义数据类型功能只需输入任意一个阿拉伯数字就可完成。其具体操作如下。

（1）选择需输入数据的单元格或单元格区域，然后单击鼠标右键，在弹出的快捷菜单中选择“设置单元格格式”命令。

（2）打开“设置单元格格式”对话框，单击“数字”选项卡，然后在“分类”列表框中选择“自定义”选项。

（3）在其右侧的“类型”文本框中输入需在单元格中显示的数据，如输入“已审核”。

（4）单击确定按钮即可。此时在选择的单元格区域中任意输入一个阿拉伯数字并按【Enter】键，在该单元格中都将显示“已审核”，如图 5-62 所示。

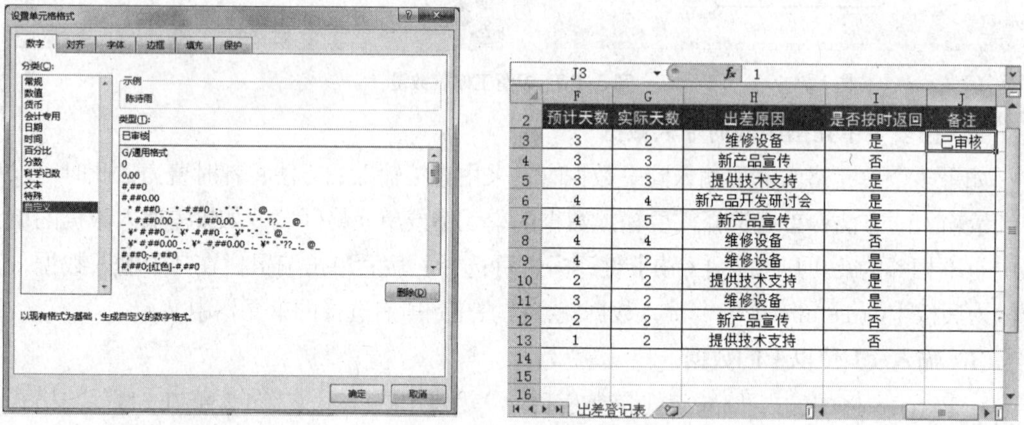

图 5-62　自定义数据类型

6. 打印显示网格线

默认情况下，表格打印输出不显示网格线，为了省去设置边框的操作，可通过设置在打印时输出显示网格线，其作用与边框类似，方法是，打开“页面设置”对话框，单击“工作表”选项卡，在“打印”栏中单击选中☑网格线(G)复选框，然后单击确定按钮即可。

7. 打印不连续的行或列区域

如果需要将一张工作表中部分不连续的行或列打印出来，可在表格中按住【Ctrl】键的同时，用鼠标左键单击行（列）标，选择不需要打印出来的多个不连续的行（列），单击鼠标右键，在弹出的快捷菜单中选择“隐藏”命令，将选择的行（列）隐藏起来，然后再执行打印操作即可。

CHAPTER 6

第 6 章 Excel 数据计算与分析

情景导入

月终会议结束后，老张吩咐米拉计算员工工资，制作工资表，然后拿给他过目。以往都是老张自己制作工资表，这次交给米拉来进行，米拉自然不敢怠慢，回到办公桌前开始查阅资料。

学习目标

- 掌握计算表格数据的方法。
  如使用公式计算数据、引用单元格、使用函数计算数据。
- 掌握统计数据的操作。
  如数据排序、筛选数据、数据分类汇总。
- 掌握图表分析数据的操作。
  如创建图表、编辑和美化图表。

案例展示

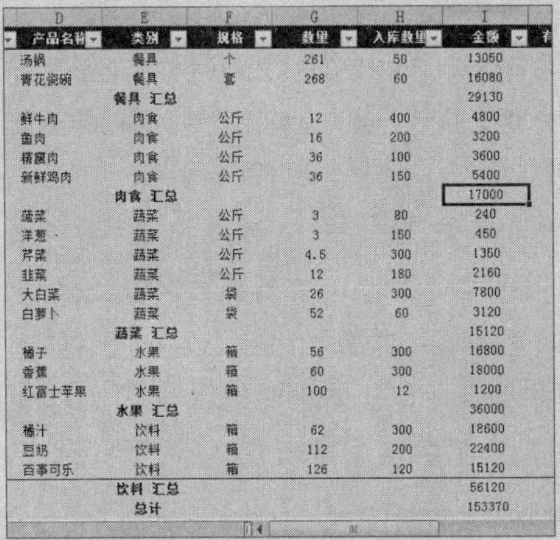

产品名称	类别	规格	数量	入库数量	金额
汤锅	餐具	个	261	50	13050
青花瓷碗	餐具	套	268	60	16080
	餐具 汇总				29130
鲜牛肉	肉食	公斤	12	400	4800
鱼肉	肉食	公斤	16	200	3200
精瘦肉	肉食	公斤	36	100	3600
新鲜鸡肉	肉食	公斤	36	150	5400
	肉食 汇总				17000
菠菜	蔬菜	公斤	3	80	240
洋葱	蔬菜	公斤	3	150	450
芹菜	蔬菜	公斤	4.5	300	1350
韭菜	蔬菜	公斤	12	180	2160
大白菜	蔬菜	袋	26	300	7800
白萝卜	蔬菜	袋	52	60	3120
	蔬菜 汇总				15120
橘子	水果	箱	56	300	16800
香蕉	水果	箱	60	300	18000
红富士苹果	水果	箱	100	12	1200
	水果 汇总				36000
橘汁	饮料	箱	62	300	18600
豆奶	饮料	箱	112	200	22400
百事可乐	饮料	箱	126	120	15120
	饮料 汇总				56120
	总计				153370

▲ “产品入库明细表”统计效果

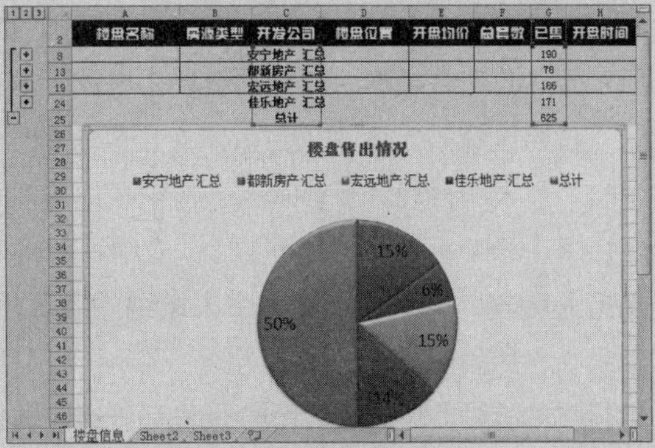

▲ “楼盘销售记录表”图表分析效果

6.1 课堂案例：计算“员工工资表”

米拉打开计算机，开始查阅相关资料，查看工资都由哪些部分组成，涉及哪些知识。然后找到以前的工资表，查看表格的组成，将员工工资表的基本信息进行录入，准备工作完成后，便开始计算相关工资数据。本实例的重点在于使用公式和函数计算工资的代扣社保和公积金金额以及代扣个人所得税，完成后的参考效果如图 6-1 所示。

素材所在位置 素材文件\第 6 章\课堂案例\员工工资表.xlsx
效果所在位置 效果文件\第 6 章\课堂案例\员工工资表.xlsx

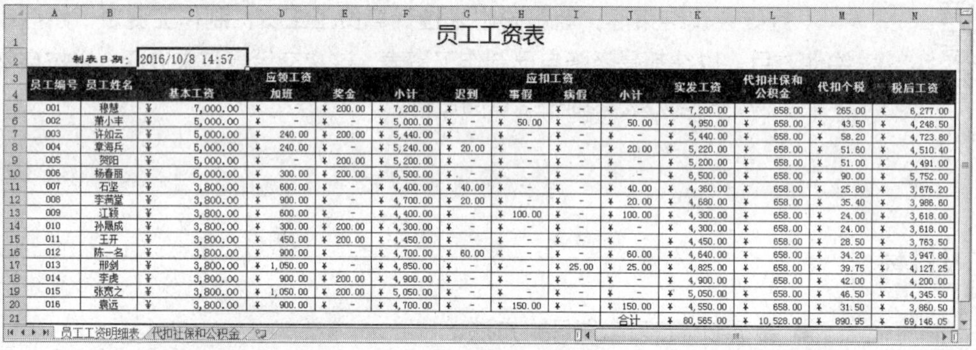

员工工资表

制表日期：2016/10/8 14:57

员工编号	员工姓名	基本工资	应领工资 加班	应领工资 奖金	应领工资 小计	应扣工资 迟到	应扣工资 事假	应扣工资 病假	应扣工资 小计	实发工资	代扣社保和公积金	代扣个税	税后工资
001	穆慧	¥ 7,000.00	¥ -	¥ 200.00	¥ 7,200.00	¥ -	¥ -	¥ -	¥ -	¥ 7,200.00	¥ 658.00	¥ 265.00	¥ 6,277.00
002	萧小丰	¥ 5,000.00	¥ -	¥ -	¥ 5,000.00	¥ -	¥ 50.00	¥ -	¥ 50.00	¥ 4,950.00	¥ 658.00	¥ 43.50	¥ 4,248.50
003	许如云	¥ 5,000.00	¥ 240.00	¥ 200.00	¥ 5,440.00	¥ -	¥ -	¥ -	¥ -	¥ 5,440.00	¥ 658.00	¥ 58.20	¥ 4,723.80
004	章海兵	¥ 5,000.00	¥ 240.00	¥ -	¥ 5,240.00	¥ 20.00	¥ -	¥ -	¥ 20.00	¥ 5,220.00	¥ 658.00	¥ 51.60	¥ 4,510.40
005	贺阳	¥ 5,000.00	¥ -	¥ 200.00	¥ 5,200.00	¥ -	¥ -	¥ -	¥ -	¥ 5,200.00	¥ 658.00	¥ 51.00	¥ 4,491.00
006	杨春丽	¥ 6,000.00	¥ 300.00	¥ 200.00	¥ 6,500.00	¥ -	¥ -	¥ -	¥ -	¥ 6,500.00	¥ 658.00	¥ 90.00	¥ 5,752.00
007	石坚	¥ 3,800.00	¥ 600.00	¥ -	¥ 4,400.00	¥ 40.00	¥ -	¥ -	¥ 40.00	¥ 4,360.00	¥ 658.00	¥ 25.80	¥ 3,676.20
008	李满堂	¥ 3,800.00	¥ 900.00	¥ -	¥ 4,700.00	¥ 20.00	¥ -	¥ -	¥ 20.00	¥ 4,680.00	¥ 658.00	¥ 35.40	¥ 3,986.60
009	江颖	¥ 3,800.00	¥ 600.00	¥ -	¥ 4,400.00	¥ -	¥ 100.00	¥ -	¥ 100.00	¥ 4,300.00	¥ 658.00	¥ 24.00	¥ 3,618.00
010	孙晟成	¥ 3,800.00	¥ 300.00	¥ 200.00	¥ 4,300.00	¥ -	¥ -	¥ -	¥ -	¥ 4,300.00	¥ 658.00	¥ 24.00	¥ 3,618.00
011	王开	¥ 3,800.00	¥ 450.00	¥ 200.00	¥ 4,450.00	¥ -	¥ -	¥ -	¥ -	¥ 4,450.00	¥ 658.00	¥ 28.50	¥ 3,763.50
012	陈一名	¥ 3,800.00	¥ 900.00	¥ -	¥ 4,700.00	¥ 60.00	¥ -	¥ -	¥ 60.00	¥ 4,640.00	¥ 658.00	¥ 34.20	¥ 3,947.80
013	邢剑	¥ 3,800.00	¥ 1,050.00	¥ -	¥ 4,850.00	¥ -	¥ -	¥ 25.00	¥ 25.00	¥ 4,825.00	¥ 658.00	¥ 39.75	¥ 4,127.25
014	李虎	¥ 3,800.00	¥ 900.00	¥ 200.00	¥ 4,900.00	¥ -	¥ -	¥ -	¥ -	¥ 4,900.00	¥ 658.00	¥ 42.00	¥ 4,200.00
015	张宽之	¥ 3,800.00	¥ 1,050.00	¥ 200.00	¥ 5,050.00	¥ -	¥ -	¥ -	¥ -	¥ 5,050.00	¥ 658.00	¥ 46.50	¥ 4,345.50
016	袁远	¥ 3,800.00	¥ 900.00	¥ -	¥ 4,700.00	¥ -	¥ 150.00	¥ -	¥ 150.00	¥ 4,550.00	¥ 658.00	¥ 31.50	¥ 3,860.50
									合计	¥ 80,565.00	¥ 10,528.00	¥ 890.95	¥ 69,146.05

图 6-1 “员工工资表”最终效果

职业素养

社保和公积金以及个人所得税的计算

员工工资通常分为固定工资、浮动工资、福利 3 部分，其中固定工资是不变的，而浮动工资和福利会随着时间或员工的表现而改变。不同的公司制定的员工工资管理制度不同，员工工资项目也不相同，因此应结合实际情况计算员工工资。

为了保障员工的利益，按照相关规定，企业和员工都需要购买社会劳动保障金和公积金。社会劳动保障金包括“五险一金”，即养老保险、医疗保险、生育保险、失业保险、工伤保险以及住房公积金，由企业和员工共同承担，各自分摊一定比例的费用。表 6-1 所示为某公司各项缴费标准占缴费工资的百分比。

按照国家规定，个人月收入超出规定的金额后，应依法缴纳一定数量的个人收入所得税，个人所得税计算公式为：应纳税所得额 = 工资收入金额 − 各项社会保险费 − 起征点（3500 元）；应纳税额 = 应纳税所得额 × 税率 − 速算扣除数。但不同的城市根据人均收入水平的不同，个人缴纳的收入所得税也不相同。本例假设以 3500 元作为个人收入所得税的起征点，超过 3500 元的则根据超出额的多少按表 6-2 所示的现行工资和薪金所得适用的个人所得税税率进行计算。

表 6-1　社保与公积金缴费比例

险种	养老保险	医疗保险	生育保险	失业保险	工伤保险	住房公积金
单位缴费比例	20%	8%	0.7%	2%	0.5%、1% 或 2%	6% ~ 15%
个人缴费比例	8%	2%		1%		6% ~ 15%
合计	28%	10%	0.7%	3%		个人与单位所缴比例相同

其中各项险种的月缴费基数如下。

- 基本养老保险应按上一年该省社会月平均工资为标准进行缴纳。
- 医疗保险、失业保险和工伤保险应按上一年本市社会月平均工资为标准进行缴纳。
- 计算社保和住房公积金月缴费的工资一般位于社会月平均工资的 60% ~300%。

表 6-2　7 级超额累进税率表

级数	全月应纳税所得额	税率	速算扣除数（元）
1	全月应纳税额不超过 1500 元部分	3%	0
2	全月应纳税额超过 1500~4500 元部分	10%	105
3	全月应纳税额超过 4500~9000 元部分	20%	555
4	全月应纳税额超过 9000~35000 元部分	25%	1005
5	全月应纳税额超过 35000~55000 元部分	30%	2755
6	全月应纳税额超过 55000~80000 元部分	35%	5505
7	全月应纳税额超过 80000 元	45%	13505

6.1.1　认识公式和函数

公式和函数是使用 Excel 进行计算的基础，公式是 Excel 中进行计算的表达式，而函数则是系统预定义的一些公式，通过使用公式和函数，可对日期时间、数据的加减乘除等进行分析与计算，实现数据的自动化处理。公式和函数也具备一般数据的添加、修改和删除等属性，同时具有其特殊格式。表 6-3 详细介绍了公式与函数的结构。

表 6-3　公式与函数的结构

	公式	函数
书写格式	=B2+6*B3−A1	=SUM(A1:A6)
结构	由等号、运算符和参数构成	由等号、函数名、括号和括号里的参数构成
参数范围	常量数值、单元格、引用的单元格区域、名称或工作表函数	常量数值、单元格、引用的单元格区域、名称或工作表函数

1．认识公式

Excel 中的公式是对工作表中的数据进行计算的等式，如现实中的“加减乘除”，它以等号“=”开始，其后是公式的表达式，其包含的各项目如下。

- **单元格引用**：是指需要引用数据的单元格所在的位置，如公式“=B1+D9”中的“B1”表示引用第 B 列和第 1 行单元格中的数据。
- **单元格区域引用**：是指需要引用数据的单元格区域所在的位置。
- **运算符**：是 Excel 公式中的基本元素，它是指对公式中的元素进行特定类型的运算。不同的运算符进行不同的运算，如 +（加）、=（等号）、&（文本连接符）和 ,（逗号）等。
- **函数**：是指预设的通过使用一些称为参数的特定数值来按特定的顺序或结构执行计算的公式。其中的参数可以是常量数值、单元格引用和单元格区域引用等。
- **常量数值**：包括数字或文本等各类数据，如“0.5647”“客户信息”“Tom Vision”和“A001”等。

2．认识函数

Excel 中将一组特定功能的公式组合在一起，形成了函数。利用公式可以计算一些简单的数据，而利用函数则可以轻松完成各种复杂数据的处理工作，并简化公式的使用。

函数是一种在需要时可以直接调用的表达式，通过使用一些称为参数的特定数值来按特定的顺序或结构进行计算。函数的格式为：= 函数名（参数 1, 参数 2,…），其中各部分的含义介绍如下。

- **函数名**：即函数的名称，每个函数都有唯一的函数名，如 PMT 和 SUMIF 等。
- **参数**：指函数中用来执行操作或计算的值，参数的类型与函数有关。

6.1.2 使用公式计算数据

在 Excel 中使用公式，只需在要放入公式的单元格中输入引用数据所在的单元格地址和运算符即可。下面将详细介绍使用公式计算数据的方法。

1．输入公式

微课视频
输入公式

公式用于简单数据的计算，通常通过在单元格中输入公式实现计算功能。下面在“员工工资表 .xlsx”工作簿中的“代扣社保和公积金”工作表中计算代扣社保和公积金的金额，本例假设企业所在地的上一年省平均工资为 2600，市平均工资为 2500，下面将以这两个数据为标准来计算员工应缴纳的社会劳动保障金和住房公积金金额。

（1）打开“员工工资表 .xlsx”工作簿，选择“代扣社保和公积金”工作表，选择 C3 单元格，先输入等号“=”，然后输入公式其他部分“2600*8%”。

（2）按【Ctrl+Enter】组合键，在 C3 单元格中将显示公式的计算结果，在编辑栏中将显示公式的表达式，如图 6-2 所示。

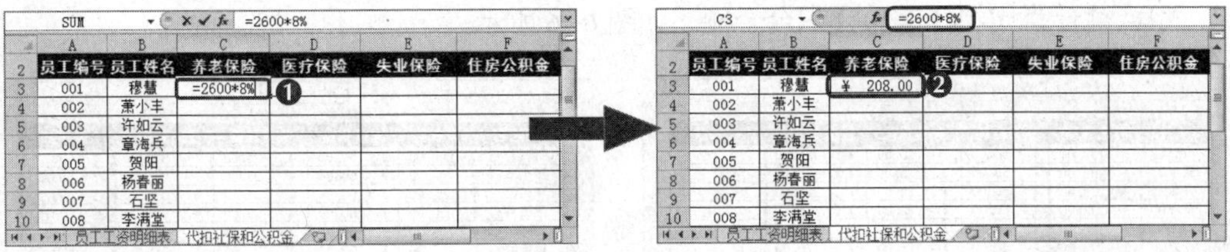

图 6-2　输入公式计算出结果

微课视频

复制与填充公式

2. 复制与填充公式

复制与填充公式是快速计算同类数据的最佳方法，因为在复制填充公式的过程中，Excel 会自动改变引用单元格的地址，可避免手动输入公式内容的麻烦，提高工作效率。下面在“代扣社保和公积金”工作表中复制填充相应的公式计算数据，其具体操作如下。

（1）选择 C3 单元格，按【Ctrl+C】组合键复制公式，选择目标单元格，如选择 C4 单元格，按【Ctrl+V】组合键粘贴公式，将在 C4 单元格中计算出结果，如图 6-3 所示。

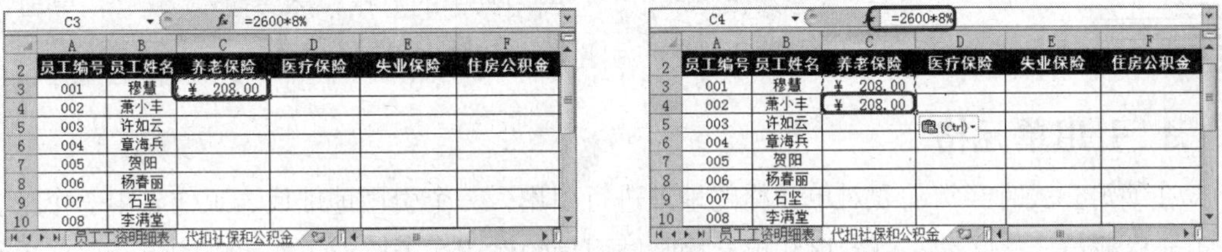

图 6-3　复制公式计算出结果

（2）选择 C4 单元格，将鼠标指针移动到该单元格右下角的控制柄上，当鼠标指针变成+形状时，按住鼠标左键不放，将其拖动到 C18 单元格。

（3）释放鼠标，在 C5:C18 单元格区域中将计算出结果，如图 6-4 所示。

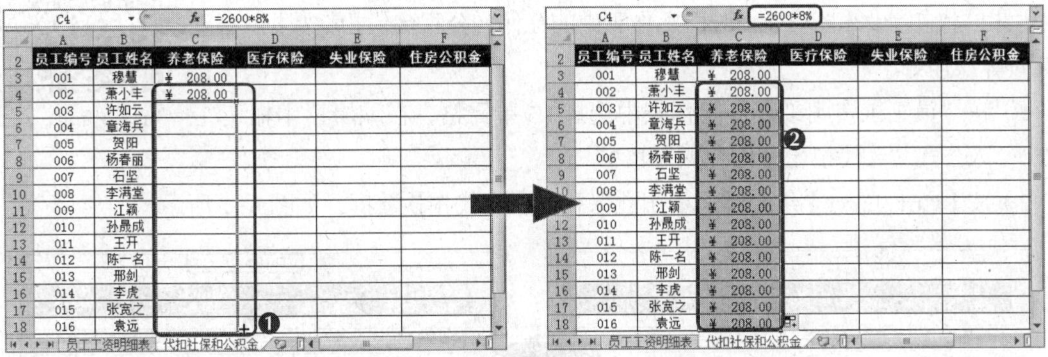

图 6-4　通过拖动控制柄填充公式

（4）使用相同的方法，在 D3 单元格中输入公式“=2500*2%”、在 E3 单元格输入公式“=2500*1%”、在 F3 单元格输入公式“=2500*15%”，分别计算医疗保险、失业保险和住房公积金金额，如图 6-5 所示。

（5）选择 G3:G18 单元格区域，在编辑栏中输入公式“=C3+D3+E3+F3”，按【Ctrl+Enter】

组合键计算代扣社保和公积金金额，如图 6-6 所示。

图 6-5　计算医疗保险和失业保险

图 6-6　计算住房公积金

多学一招

结合鼠标输入公式

本例中，输入“=C3+D3+E3+F3”类似公式，可先输入等号“=”，然后单击选择 C3 单元格输入“C3”引用其中的数据，然后输入“+”，单击选择 D3 单元格，输入“D3”引用其中的数据，以此类推。

6.1.3　引用单元格

在编辑公式时经常需要对单元格的地址进行引用，一个引用地址代表工作表中一个或多个单元格或单元格区域。单元格和单元格区域引用的作用在于标识工作表上的单元格或单元格区域，并指明公式中所使用的数据地址。引用单元格可分为按位置引用和按方式引用。

1.　按位置引用

按位置引用是指在计算数据时引用不同工作表中或不同工作簿中的数据。下面在“员工工资表”工作簿的“员工工资明细表”工作表中引用“代扣社保和公积金.xlsx”工作表中的社保和公积金代扣款数据，其具体操作如下。

微课视频

按位置引用

（1）在“员工工资明细表”工作表中选择 L5 单元格，在编辑栏中输入公式“= 代扣社保和公积金 !G3”。

（2）按【Ctrl+Enter】组合键，引用社保和公积金代扣款数据，如图 6-7 所示。

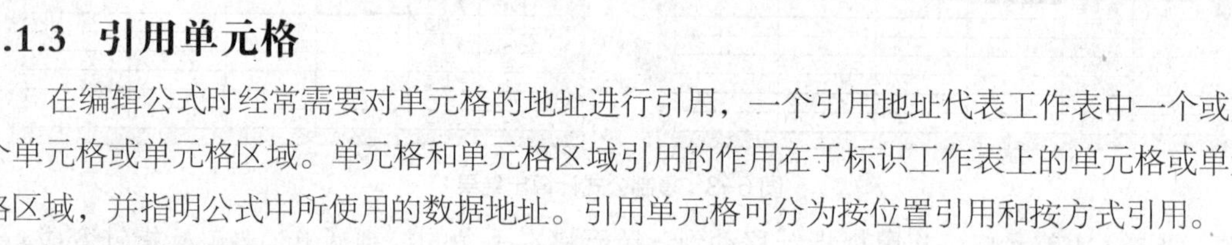

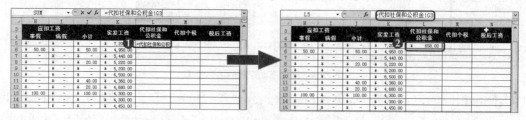

图 6-7　引用不同工作表的单元格数据

（3）填充公式至 L20 单元格引用其他单元格数据。

多学一招

引用不同工作簿中的单元格

从本例可知，引用不同工作表的单元格的方法是输入“工作表名称！单元格地址”，对不同工作簿中的单元格进行引用，可使用“‘工作簿存储地址[工作簿名称]工作表名称’!单元格地址”的方法来进行引用。如“=SUM(‘E:\My works\[员工工资表.xlsx]员工工资明细表:代扣社保和公积金’!E5)”，表示计算E盘中“My works”文件夹中的“员工工资表.xlsx”工作簿中“员工工资明细表”和“代扣社保和公积金”工作表中所有E5单元格数值的总和。

2. 按方式引用

引用单元格按方式引用分为相对引用、绝对引用和混合引用，其应用方法分别介绍如下。

- **相对引用**：指相对于公式单元格位于某一位置处的单元格引用。在相对引用中，当复制相对引用的公式时，被粘贴公式中的引用将被更新，并指向与当前公式位置相对应的其他单元格。
- **绝对引用**：指把公式复制或移动到新位置后，公式中的单元格地址保持不变。利用绝对引用时引用单元格的列标和行号之前分别加入了“$”符号。如果在复制公式时不希望引用的地址发生改变，则应使用绝对引用。如将案例中的“代扣社保和公积金”工作表中输入绝对引用公式，如图6-8所示，在E2单元格输入省平均工资“2 600”，计算养老保险时公式为“2 600*8%”，在C2:C19单元格中引用单元格时需要使用绝对引用E2单元格，即公式“=$E$2*8%”计算，如图6-9所示。

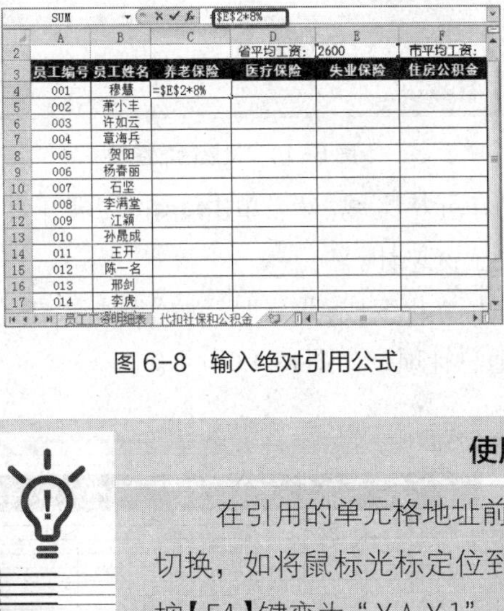

图6-8　输入绝对引用公式

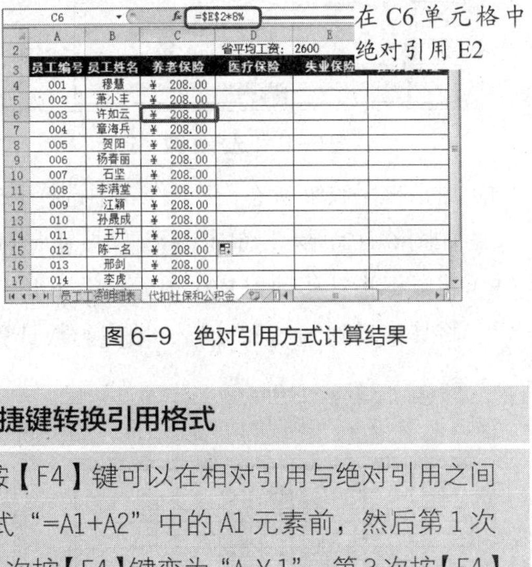

图6-9　绝对引用方式计算结果

多学一招

使用快捷键转换引用格式

在引用的单元格地址前后按【F4】键可以在相对引用与绝对引用之间切换，如将鼠标光标定位到公式“=A1+A2”中的A1元素前，然后第1次按【F4】键变为“￥A￥1”；第2次按【F4】键变为“A￥1”；第3次按【F4】键变为“￥A1”；第4次按【F4】键变为“A1”。

- **混合引用**：指在一个单元格地址引用中，既有绝对引用，又有相对引用。如果公式所在单元格的位置发生改变，则绝对引用不变相对引用改变。

6.1.4 使用函数计算数据

函数是 Excel 预定义的特殊公式，它是一种在需要时直接调用的表达式，通过使用一些称为参数的特定数值来按特定的顺序或结构进行计算。

1. 输入函数

微课视频

输入函数

在工作表中当对所使用的函数和参数类型都很熟悉时，可直接输入函数；当需要了解所需函数和参数的详细信息时，可通过“插入函数”对话框选择并插入所需函数。下面在“员工工资明细表”工作表中通过“插入函数”对话框插入 SUM 求和函数计算数据总计项，然后使用 NOW 函数获取制表时间，其具体操作如下。

（1）在“员工工资明细表”工作表中选择 K21 单元格，在编辑栏中单击“插入函数”按钮 f_x。

（2）打开“插入函数”对话框，在“选择类别”列表框中选择“常用函数”选项，在“选择函数”列表框中选择“SUM”选项，单击 确定 按钮，如图 6-10 所示。

（3）打开“函数参数”对话框，单击“Number1”参数框右侧的按钮，如图 6-11 所示。

图 6-10 选择函数

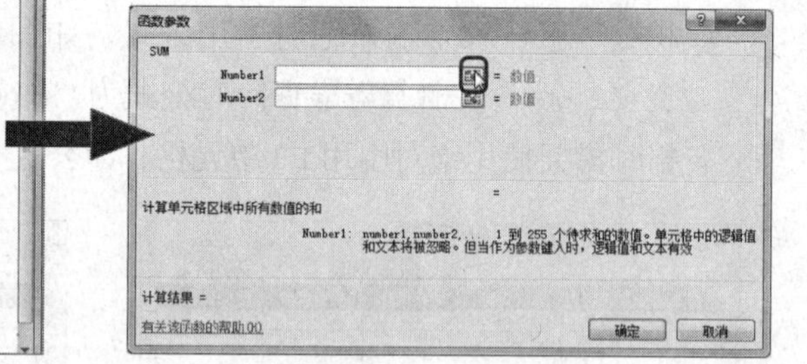

图 6-11 设置函数函数

（4）对话框呈收缩状态，在工作表中选择 K5:K20 单元格区域，然后单击按钮展开对话框，如图 6-12 所示，单击 确定 按钮计算实发工资总计。

（5）将鼠标指针移动到 K21 单元格右下角，当鼠标光标变成+形状时，按住鼠标左键不放，将其拖动到 N21 单元格，填充函数计算其他总计项，如图 6-13 所示。

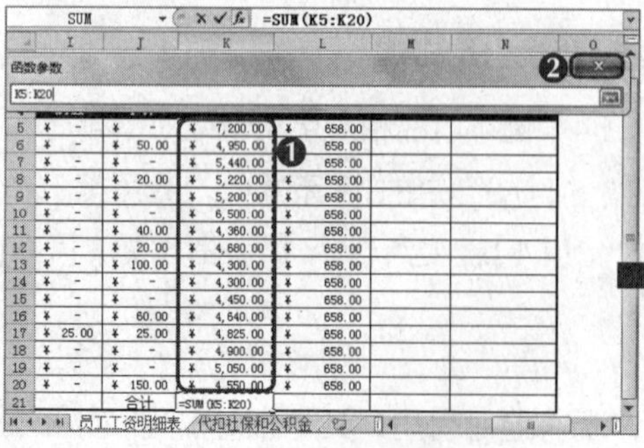

图 6-12 选择求和单元格区域

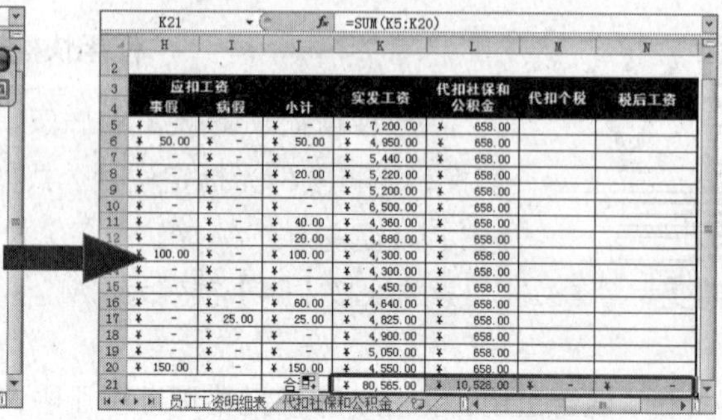

图 6-13 使用函数计算结果

（6）选择 C2 单元格，输入函数“=NOW()”，按【Ctrl+Enter】组合键获取当前日期和时间，如图 6-14 所示。

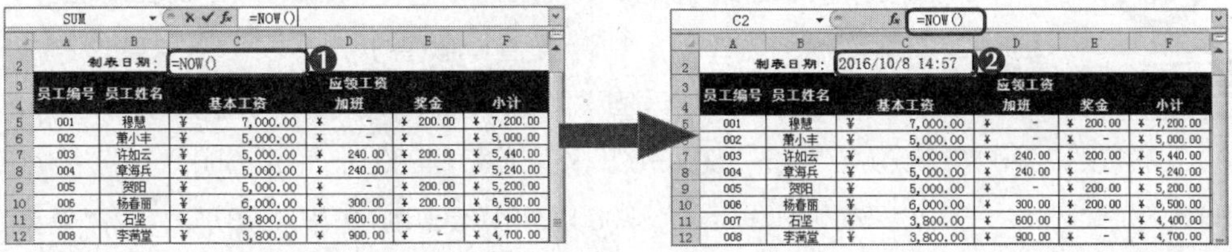

图 6-14　获取制表时间

SUM、NOW 函数的使用

知识提示

求和函数 SUM 是 Excel 中最基本和使用最频繁的函数。本例中计算时总销售量时输入“=SUM(E3:E17)”表示计算 E3:E17 单元格区域中数值相加的和，即在 SUM 函数后输入单元格区域即可计算该区域数值的和。NOW 函数是获取计算机系统内部时钟的当前日期和时间。其语法结构为：NOW()，没有参数，如果包含公式的单元格格式设置不同，则返回的日期和时间的格式也不相同。

2．嵌套函数

微课视频

嵌套函数

除了使用单个的函数进行简单计算外，在 Excel 中还可使用函数嵌套进行复杂的数据运算。函数嵌套的方法是将某一函数或公式作为另一个函数的参数来使用。下面在“员工工资明细表”工作表中使用逻辑函数“IF”并结合嵌套应用计算“代扣个税”，其具体操作如下。

（1）选择 M5:M20 单元格区域，在编辑栏中输入嵌套函数“=IF(K5-3500<0,0,IF(K5-3500<3500,0.03*(K5-3500)-0,IF(K5-3500<4500,0.1*(K5-3500)-105,IF(K5-3500<9000,0.2*(K5-3500)-555,IF(K5-3500<35000,0.25*(K5-3500)-1005)))))”。

（2）按【Ctrl+Enter】组合键计算出员工的个人所得税代扣金额，如图 6-15 所示。

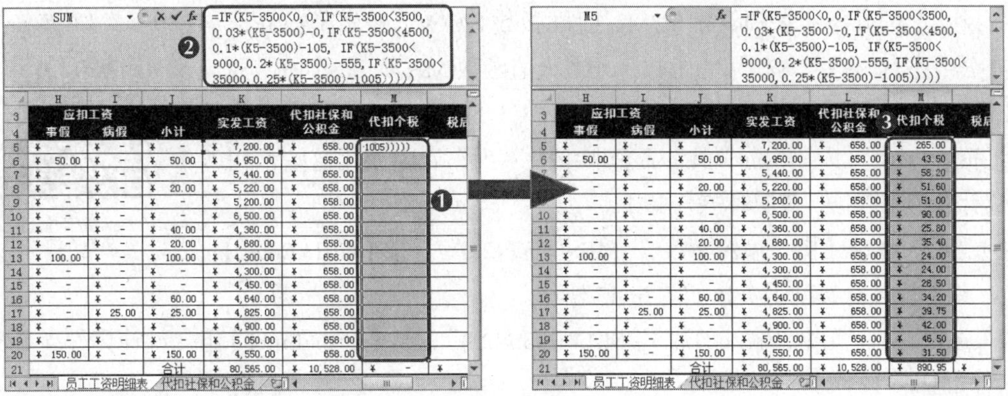

图 6-15　使用 IF 嵌套函数代扣个税

知识提示

IF 函数使用

IF 函数的语法结构为：IF (logical_test,value_if_true,value_if_false)，可理解为“IF (条件，真值，假值)”，表示当“条件”成立时，返回“真值”，否则返回“假值”。本例中 IF 嵌套函数“=IF(K5-3500<0,0,IF(K5-3500<3500,0.03*(K5-3500)-0,IF(K5-3500<4500,0.1*(K5-3500)-105, IF(K5-3500<9000,0.2*(K5-3500)-555,IF(K5-3500<35000,0.25*(K5-3500)-1005)))))”，看似复杂，其实很容易理解，其与 7 级税率表相结合，个人所得税，即 M5:M20 单元格区域中的数值等于“全月应纳所得税额 × 税率 - 速算扣除数”，这里用 M5:M20 单元格区域的实发工资数值减去税收起征点 3500 得到全月应纳所得税额，判断其属于哪个缴纳等级，然后乘以对应的税率，再减去速算扣除数，得到的个人所得税数值返回 M5:M20 单元格区域。如当“K5-3500<4500”时，返回“0.1*(K5-3500)-105”的数值。

（3）选择 N5:N20 单元格区域，输入公式“=K5-L5-M5”（实发工资 - 代扣社保和公积金 - 代扣个税），按【Ctrl+Enter】组合键计算税后工资，如图 6-16 所示。

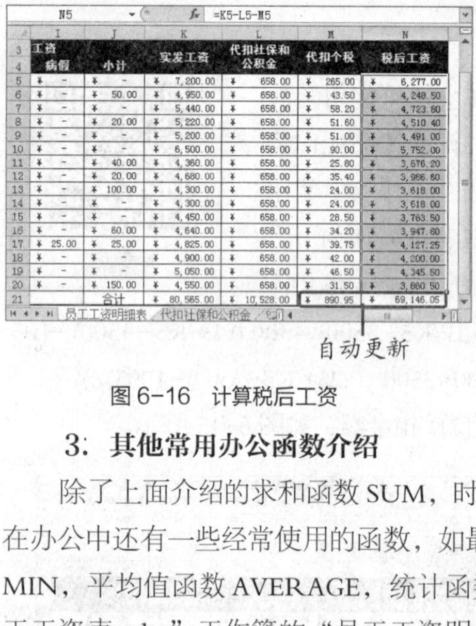

	工资 病假	小计	实发工资	代扣社保和公积金	代扣个税	税后工资
5	¥ -	¥ -	¥ 7,200.00	¥ 658.00	¥ 265.00	¥ 6,277.00
6	¥ -	¥ 50.00	¥ 4,950.00	¥ 658.00	¥ 43.50	¥ 4,248.50
7	¥ -	¥ -	¥ 5,440.00	¥ 658.00	¥ 58.20	¥ 4,723.80
8	¥ -	¥ 20.00	¥ 5,220.00	¥ 658.00	¥ 51.60	¥ 4,510.40
9	¥ -	¥ -	¥ 5,200.00	¥ 658.00	¥ 51.00	¥ 4,491.00
10	¥ -	¥ -	¥ 6,500.00	¥ 658.00	¥ 90.00	¥ 5,752.00
11	¥ -	¥ 40.00	¥ 4,360.00	¥ 658.00	¥ 25.80	¥ 3,676.20
12	¥ -	¥ 20.00	¥ 4,680.00	¥ 658.00	¥ 35.40	¥ 3,986.60
13	¥ -	¥ 100.00	¥ 4,300.00	¥ 658.00	¥ 24.00	¥ 3,618.00
14	¥ -	¥ -	¥ 4,300.00	¥ 658.00	¥ 24.00	¥ 3,618.00
15	¥ -	¥ -	¥ 4,450.00	¥ 658.00	¥ 28.50	¥ 3,763.50
16	¥ -	¥ 60.00	¥ 4,640.00	¥ 658.00	¥ 34.20	¥ 3,947.80
17	¥ 25.00	¥ 25.00	¥ 4,825.00	¥ 658.00	¥ 39.75	¥ 4,127.25
18	¥ -	¥ -	¥ 4,900.00	¥ 658.00	¥ 42.00	¥ 4,200.00
19	¥ -	¥ -	¥ 5,050.00	¥ 658.00	¥ 46.50	¥ 4,345.50
20	¥ -	¥ 150.00	¥ 4,550.00	¥ 658.00	¥ 31.50	¥ 3,860.50
21		合计	¥ 80,565.00	¥ 10,528.00	¥ 890.95	¥ 69,146.05

图 6-16　计算税后工资

知识提示

公式数据更新

本例在计算实发工资总计，填充函数计算了代扣个税和税后工资的总计数额，当没有输入数据时，单元格中只填充了公式其结果不显示，输入每个员工的代扣个税和税后工资数据后，其总计结果将自动更新。

3. 其他常用办公函数介绍

除了上面介绍的求和函数 SUM，时间函数 NOW，逻辑函数 IF，在办公中还有一些经常使用的函数，如最大值函数 MAX、最小值函数 MIN，平均值函数 AVERAGE，统计函数 COUNTIF 等，下面在“员工工资表 .xlsx”工作簿的“员工工资明细表”工作表中使用这些常用函数计算相应数据，其具体操作如下。

微课视频

其他常用办公函数介绍

（1）选择 Q3 单元格，输入函数“=MIN(N5:N20)”，按【Ctrl+Enter】组合键计算最低工资，如图 6-17 所示。

（2）选择 Q5 单元格，输入函数“=MAX(N5:N20)”，按【Ctrl+Enter】组合键计算最高工资，如图 6-18 所示。

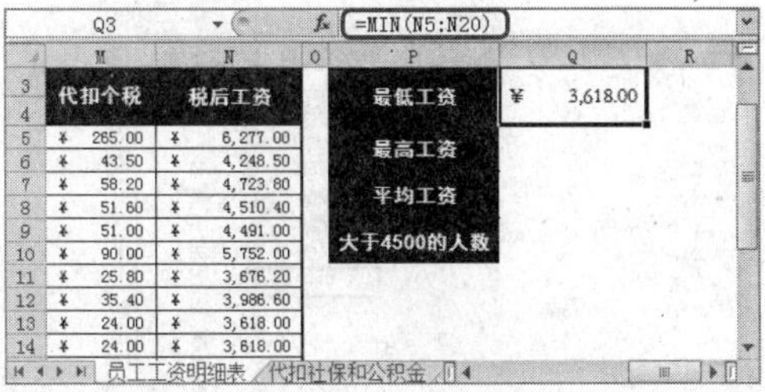

图 6-17　计算最低工资

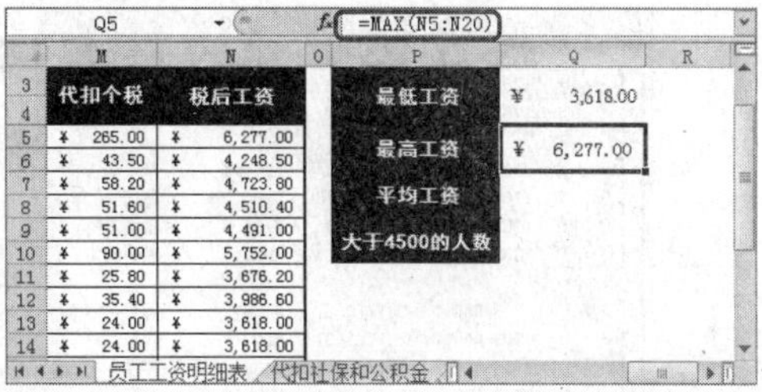

图 6-18　计算最高工资

（3）选择 Q7 单元格，输入函数“=AVERAGE(N5:N20)”，按【Ctrl+Enter】组合键计算平均工资，如图 6-19 所示。

（4）选择 Q9 单元格，输入函数“=COUNTIF(N5:N20,">4500")”，按【Ctrl+Enter】组合键计算工资大于 4500 的人数，如图 6-20 所示。

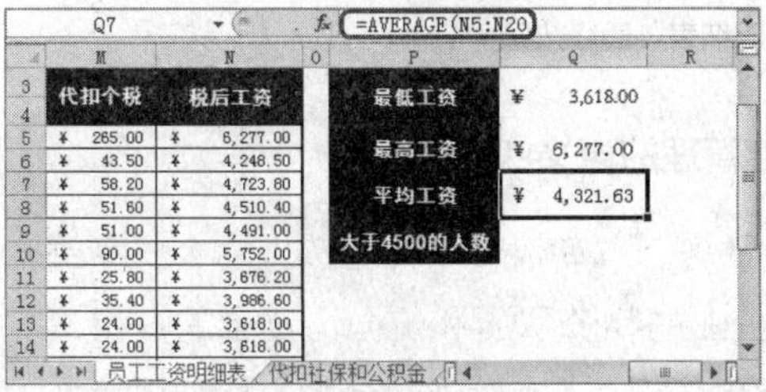

图 6-19　计算平均工资

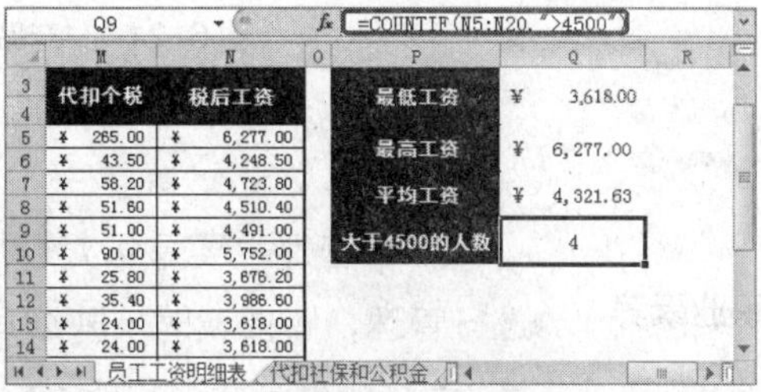

图 6-20　计算工资大于 4500 的员工人数

知识提示

MAX、MIN、AVERAGE、COUNTIF 的使用

最大值函数 MAX、最小值函数 MIN、平均值函数 AVERAGE 的使用较为简单，与 SUM 相似，分别计算单元格区域的最大值、最小值和平均值，COUNTIF 函数用于计算区域中满足给定条件的单元格的个数。其语法结构为：COUNTIF(range，criteria)，本例中“=COUNTIF(B3:B17,">35000")”函数表示 N5:N20 单元格区域中满足 >4500 数值的个数。

6.2　课堂案例：统计“产品入库明细表”

公司业务蒸蒸日上，新开了一家酒楼，因为库管请假，由于米拉的工作做得非常出色，决定让米拉代班几天时间。酒楼新入库了一批货物，希望米拉录入数据后，对数据情况进行管理分析，统计入库明细，随后做出报告。米拉请教老洪并查阅资料，最后不负众望，完成工作，最终效果如图 6-21 所示。

素材所在位置　素材文件 \ 第 6 章 \ 课堂案例 \ 产品入库明细表 .xlsx
效果所在位置　效果文件 \ 第 6 章 \ 课堂案例 \ 产品入库明细表 .xlsx

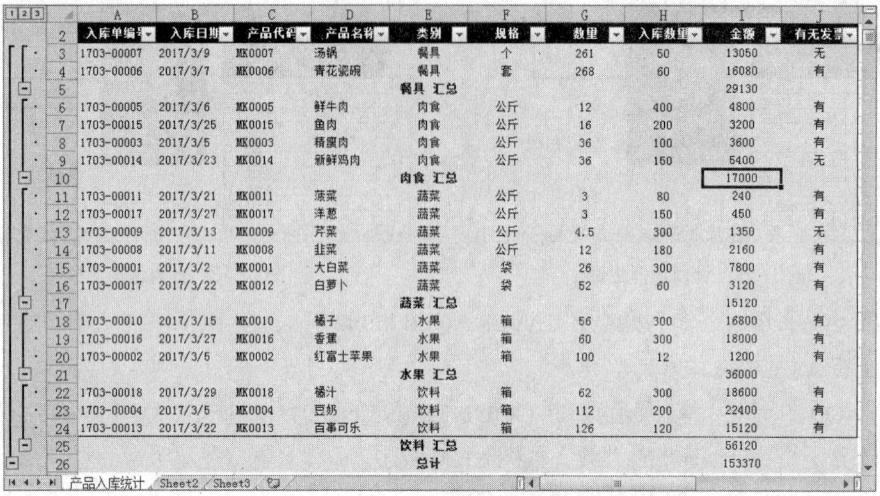

	A	B	C	D	E	F	G	H	I	J
2	入库单编号	入库日期	产品代码	产品名称	类别	规格	数量	入库数量	金额	有无发票
3	1703-00007	2017/3/9	MK0007	汤锅	餐具	个	261	50	13050	无
4	1703-00006	2017/3/7	MK0006	青花瓷碗	餐具	套	268	60	16080	有
5					餐具 汇总				29130	
6	1703-00005	2017/3/6	MK0005	鲜牛肉	肉食	公斤	12	400	4800	有
7	1703-00015	2017/3/25	MK0015	鱼肉	肉食	公斤	16	200	3200	有
8	1703-00003	2017/3/5	MK0003	精瘦肉	肉食	公斤	36	100	3600	有
9	1703-00014	2017/3/23	MK0014	新鲜鸡肉	肉食	公斤	36	150	5400	无
10					肉食 汇总				17000	
11	1703-00011	2017/3/21	MK0011	菠菜	蔬菜	公斤	3	80	240	有
12	1703-00017	2017/3/27	MK0017	洋葱	蔬菜	公斤	3	150	450	有
13	1703-00009	2017/3/13	MK0009	芹菜	蔬菜	公斤	4.5	300	1350	无
14	1703-00008	2017/3/11	MK0008	韭菜	蔬菜	公斤	12	180	2160	有
15	1703-00001	2017/3/2	MK0001	大白菜	蔬菜	袋	26	300	7800	有
16	1703-00017	2017/3/22	MK0012	白萝卜	蔬菜	袋	52	60	3120	有
17					蔬菜 汇总				15120	
18	1703-00010	2017/3/15	MK0010	橘子	水果	箱	56	300	16800	有
19	1703-00016	2017/3/27	MK0016	香蕉	水果	箱	60	300	18000	有
20	1703-00002	2017/3/5	MK0002	红富士苹果	水果	箱	100	12	1200	有
21					水果 汇总				36000	
22	1703-00018	2017/3/29	MK0018	橘汁	饮料	箱	62	300	18600	有
23	1703-00004	2017/3/5	MK0004	豆奶	饮料	箱	112	200	22400	有
24	1703-00013	2017/3/22	MK0013	百事可乐	饮料	箱	126	120	15120	有
25					饮料 汇总				56120	
26					总计				153370	

图 6-21 “产品入库明细表”最终效果

职业素养

库存管理的含义

库存管理主要是指对仓库、账务、入库 / 出库类型、入库 / 出库单据进行管理，以便及时反映公司或企业的物资积压和流向、资金的占用情况等，为企业生产管理和成本核算提供依据。库存管理包含的表格种类较多，如采购单、送货单、退货单、收料单、发料单、领料单、退料单、入库单、出库单和库存汇总表等。分析产品入库明细表中的数据前需要先根据各部门的采购申请单来输入产品入库的基本信息，然后对其进行核对，确保信息的准确性。

6.2.1 数据排序

数据排序常用于统计工作中，在 Excel 中数据排序是指根据存储在表格中的数据种类，将其按一定的方式进行重新排列。它有助于快速直观地显示数据并更好地理解数据、组织并查找所需数据。数据排序的常用方法有自动排序和按关键字排序。

微课视频

自动排序

1. 自动排序

自动排序是数据排序管理中最基本的一种排序方式，选择自动排序方式系统将自动对数据进行识别并进行排序。下面在“产品入库明细表 .xlsx”工作簿中以“类别”列为依据进行排序，其具体操作如下。

（1）打开“产品入库明细表 .xlsx”工作表，在“产品入库统计”工作表中选择需排序列“类别”列下对应的任意单元格，这里选择 E3 单元格，然后单击“数据”选项卡，在“排序和筛选”组中单击“升序”按钮 A↓Z。

（2）在 E3:E20 单元格区域中的数据将按首个字母的先后顺序进行排列，且其他与之对应的数据将自动进行排列，如图 6-22 所示。

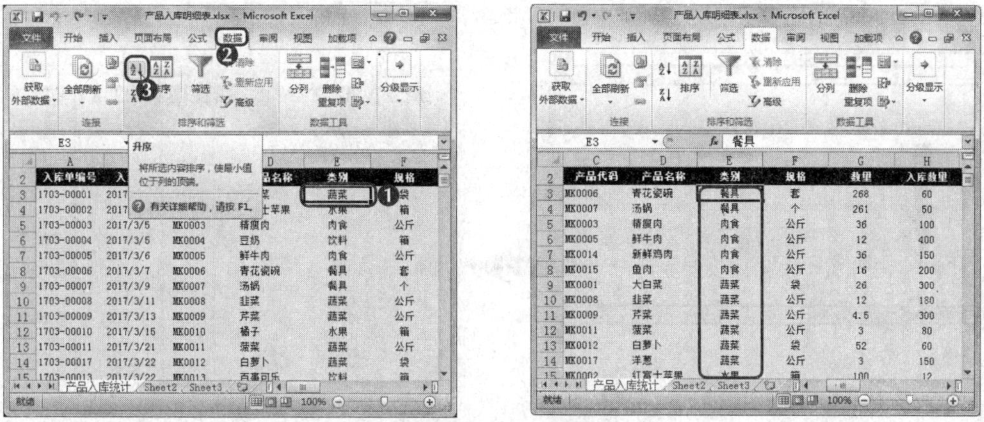

图 6-22 自动排序

多学一招

汉字按笔画顺序排列

Excel 中对中文姓名排序，字母顺序即是按姓的首写字母在 26 个英文字母的顺序排列，对于相同的姓，依次计算姓名中的第二、三个字的字母顺序。如果要按照笔划顺序排列，可在"排序"对话框中单击 选项(O)... 按钮，在打开的"排序选项"对话框中单击选中 ◉笔划排序(R) 单选项，单击 确定 按钮，排序规则主要依据笔划多少，相同笔划则按起笔顺序排列（横、竖、撇、捺、折）。

2. 按关键字排序

微课视频

按关键字排序

按关键字的方式排序，可根据指定的关键字对某个字段（列单元格）或多个字段对数据进行排序，通常可将该方式分为按单个关键字排序与按多个关键字排序。按单个关键字排序可以理解为某个字段（单列内容）进行排序，与自动排序方式较为相似，如需同时对多列内容进行排序，可以按多个条件排序功能实现排序，此时若第一个关键字的数据相同，就按第二个关键字的数据进行排序。下面在"产品入库明细表.xlsx"工作簿中按"日期"与"金额"2 个关键字进行升序排列，其具体操作如下。

（1）选择需排序的 A3:J20 单元格区域，然后单击"数据"选项卡，在"排序和筛选"组中单击"排序"按钮。

（2）打开"排序"对话框，在"主要关键字"列表框中选择"类别"选项，在"排序依据"下拉列表框中保持默认设置，在"次序"下拉列表框中选择"升序"选项，然后单击 添加条件(A) 按钮，在"次要关键字"下拉列表框中选择"数量"选项，将"次序"设置为"升序"，完成后单击 确定 按钮。

（3）返回工作表中可看到首先以"类别"列的数据按降序排列，然后在日期降序排列的基础上，再按"数量"数据按升序进行排列，如图 6-23 所示。

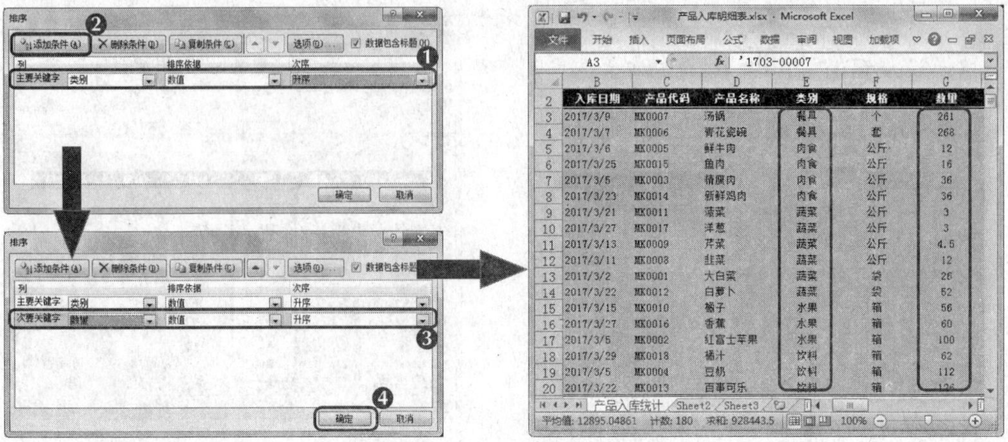

图 6-23　多个关键字排序

6.2.2 数据筛选

在数据量较多的表格中查看具有特定条件的数据时，如只显示金额在 5000 元以上的产品名称等，单个查找筛选将十分麻烦，此时可使用数据筛选功能快速将符合条件的数据显示出来，并隐藏表格中的其他数据。数据筛选的方法有 3 种：自动筛选、高级筛选、自定义筛选。

1．自动筛选

微课视频

自动筛选

自动筛选数据是根据用户设定的筛选条件，自动将表格中符合条件的数据显示出来，而将表格中的其他数据隐藏。下面在“产品入库明细表”工作簿中自动筛选出“蔬菜”的记录数据，其具体操作如下。

（1）在工作表中选择任意一个有数据的单元格，这里选择 D5 单元格，然后单击“数据”选项卡，在“排序和筛选”组中单击“筛选”按钮。

（2）在工作表中每个表头数据对应的单元格右侧将出现按钮，在需要筛选数据列的“类别”字段名右侧单击按钮，在弹出的列表中单击选中☑蔬菜复选框，撤销选中其他复选框，完成后单击 确定 按钮，如图 6-24 所示。

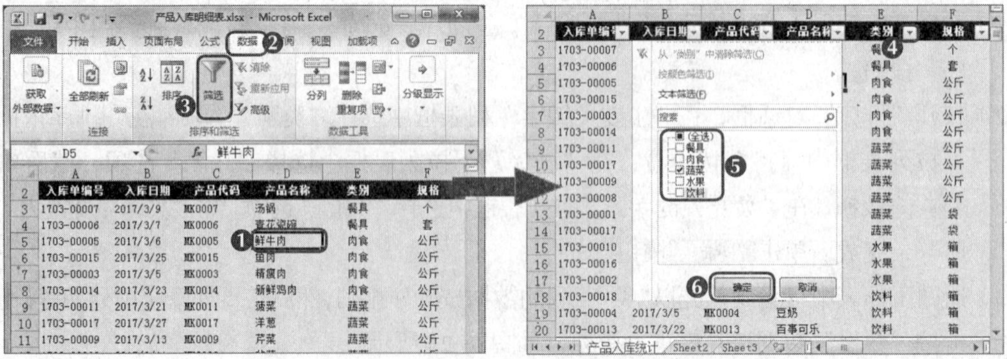

图 6-24　设置筛选条件

（3）返回工作表中可看到只筛选出“蔬菜”的相关记录信息，如图 6-25 所示。

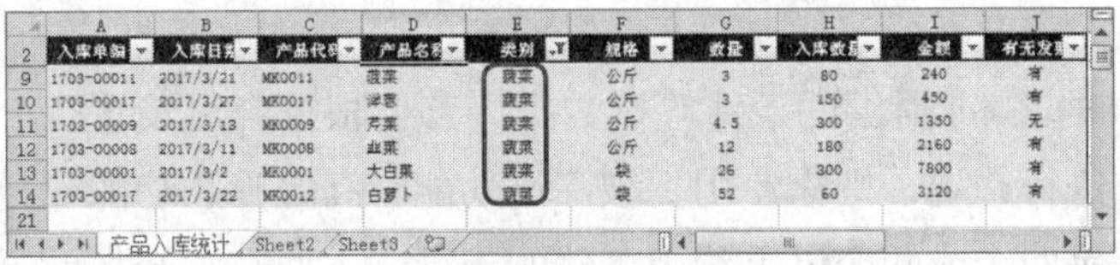

图 6-25　显示筛选结果

2. 自定义筛选

微课视频

自定义筛选

自定义筛选即在自动筛选后需自定义的字段名右侧单击按钮，在弹出的列表中选择相应的选项，确定筛选条件后在打开的“自定义自动筛选方式”对话框中进行相应的设置。下面在“产品入库明细表 .xlsx”工作簿中清除筛选的“蔬菜”记录数据，然后重新自定义筛选生产日期在“2017/3/11”与“2017/3/21”中旬的入库记录，其具体操作如下。

（1）在“类别”字段名右侧单击按钮，在弹出的列表中选择“从‘类别’中清除筛选”选项，清除筛选的记录数据，如图 6-26 所示。

（2）在“入库日期”字段名右侧单击按钮，在弹出的列表中选择“日期筛选”选项，在子列表中选择“自定义筛选”选项，如图 6-27 所示。

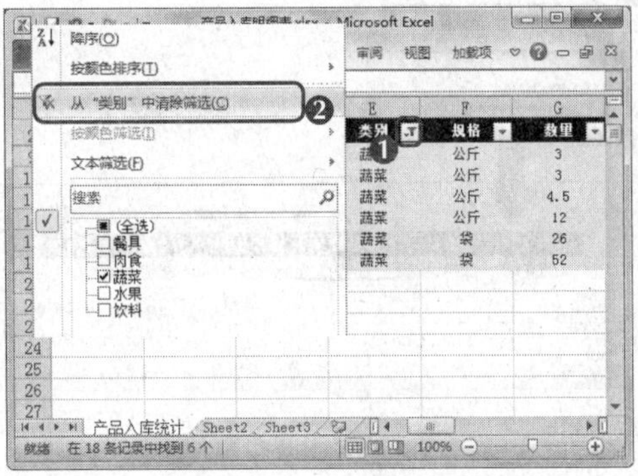

图 6-26　清除筛选结果

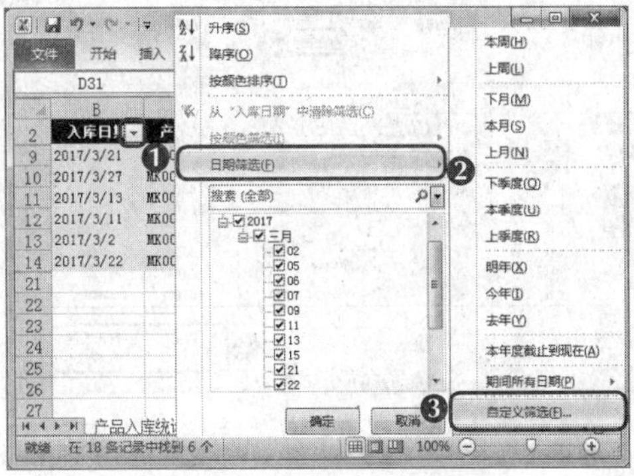

图 6-27　选择自定义筛选命令

（3）打开“自定义自动筛选方式”对话框，在“入库日期”栏下左侧的列表框中选择“在以下日期之后或与之相同”选项，在右侧列表框中选择“2017/3/11”选项，在其下左侧下方的列表框中选择“在以下日期之前或与之相同”选项，在右侧下拉列表框中选择“2017/3/21”选项，单击 确定 按钮，如图 6-28 所示。

（4）返回工作表中可看到筛选出生产日期在“2017/3/11”与“2017/3/21”之间的记录，如图 6-29 所示。

图 6-28　设置自定义筛选条件

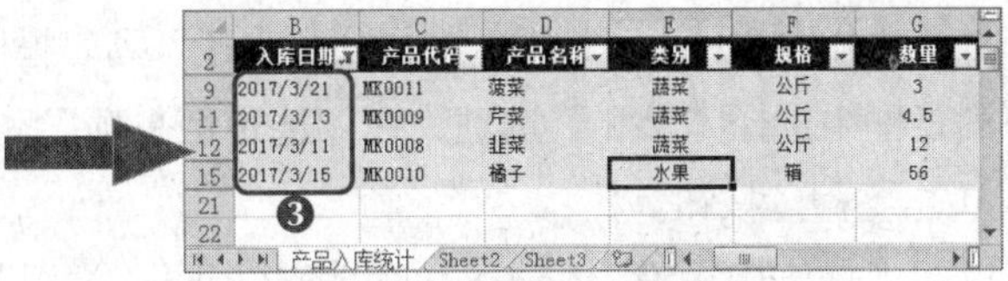

图 6-29　显示筛选结果

3. 高级筛选

微课视频
高级筛选

自动筛选是根据 Excel 提供的条件筛选数据，若要根据自己设置的筛选条件对数据进行筛选，则需使用高级筛选功能。高级筛选功能可以筛选出同时满足两个或两个以上约束条件的记录。下面在“产品入库明细表 .xlsx”工作簿中高级筛选出类别为“蔬菜”，没有发票的入库记录，其具体操作如下。

（1）清除筛选“入库日期”的记录数据，然后在 I22:I23 单元格区域中分别输入筛选条件类别为“蔬菜”，有无发票为“无”。

（2）选择任意一个有数据的单元格，单击“数据”选项卡，在“排序和筛选”组中单击 高级 按钮。

（3）打开“高级筛选”对话框，在“列表区域”参数框中将自动选择参与筛选的单元格区域，然后将鼠标光标定位到“条件区域”参数框中，并在工作表中选择 I22:J23 单元格区域，完成后单击 确定 按钮，如图 6-30 所示。

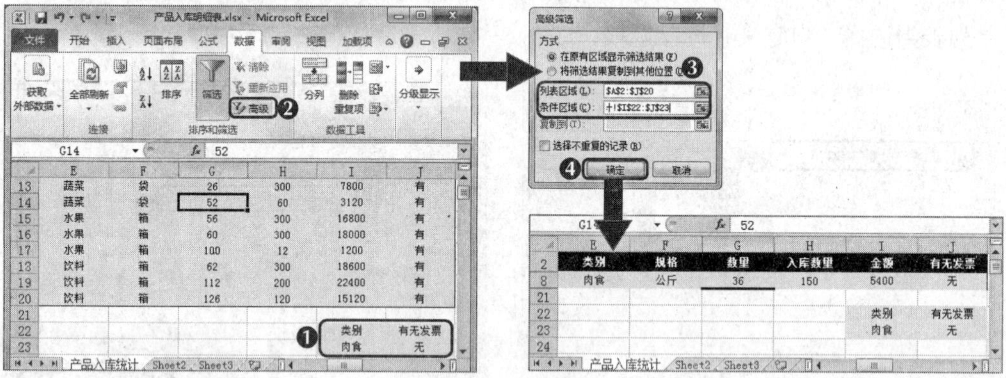

图 6-30 高级筛选

6.2.3 分类汇总

微课视频
分类汇总

Excel 的数据分类汇总功能是用于将性质相同的数据汇总到一块，以便使表格的结构更清晰，使用户能更好地掌握表格中重要的信息，如本例中将“餐具”“肉食”“蔬菜”等归类。下面在“产品入库明细表 .xlsx”工作簿中根据“类别”数据进行分类汇总，其具体操作如下。

（1）在“产品入库统计”工作表中单击“筛选”按钮撤销高级筛选，选择任意数据单元格，然后单击“数据”选项卡，在“分级显示”组中单击“分类汇总”按钮。

（2）打开“分类汇总”对话框，在“分类字段”列表框中选择“类别”选项，在“汇总方式”列表框中选择“求和”选项，在“选定汇总项”列表框中单击选中 金额 复选框，然后单击 确定 按钮。

（3）返回工作表中可看到分类汇总后将对相同“类别”列的数据的“金额”进行求和，其结果显示在相应的类别数据下方，如图 6-31 所示。

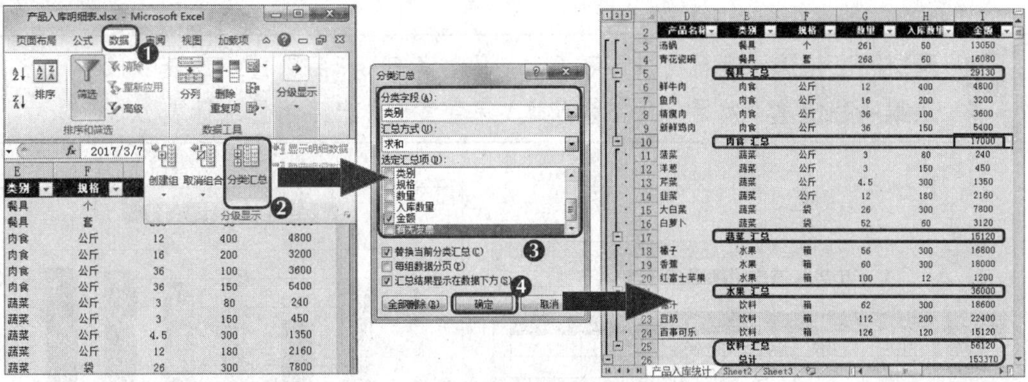

图 6-31　分类汇总

多学一招　设置多重汇总与汇总方式

如果要设置多重筛选，在“选定汇总项”列表框中单击选中☑金额复选框，再单击选中☑入库数量复选框，可对金额和入库数量进行求和。在“汇总方式”列表框中可选择“最大值”“最小值”“平均值”等选项，可更改汇总方式，显示数据汇总的“最大值”“最小值”“平均值”。

（4）在分类汇总后的工作表编辑区的左上角单击1按钮，工作表中的所有分类数据将被隐藏，只显示出分类汇总后的总计数记录。

（5）单击2按钮，在工作表中将显示分类汇总后各项目的汇总项，如图 6-32 所示。

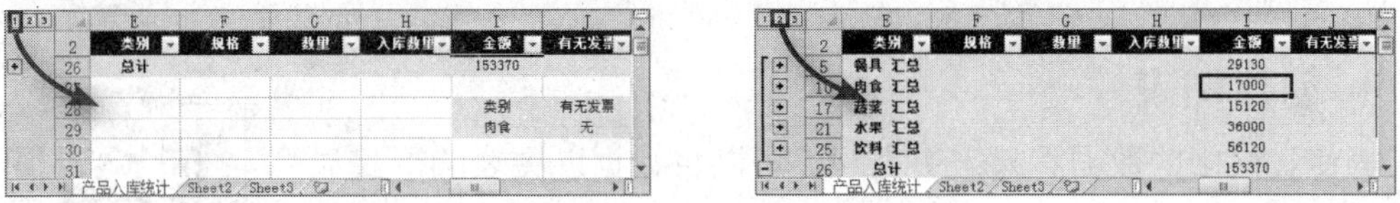

图 6-32　分级显示分类汇总数据

知识提示　分类汇总显示明细

在工作表编辑区的左侧单击+或-按钮可以显示或隐藏单个分类汇总的明细行，若需再次显示所有分类汇总项目，可在工作表编辑区的左上角单击分类汇总的显示级别3按钮。

6.3　课堂案例：图表分析“产品销量统计表”

米拉代班后，又回到公司本部工作。在短暂休息后，老洪又给米拉安排了工作，让她用图表分析公司上半年产品销量走向，米拉现在听到诸如“图表”这类词汇，不再惊讶和害怕，而是充满信心，在询问和摸索中完成了图表的制作，效果如图 6-33 所示。

素材所在位置 素材文件\第 6 章\课堂案例\产品销量统计表 .xlsx
效果所在位置 效果文件\第 6 章\课堂案例\产品销量统计表 .xlsx

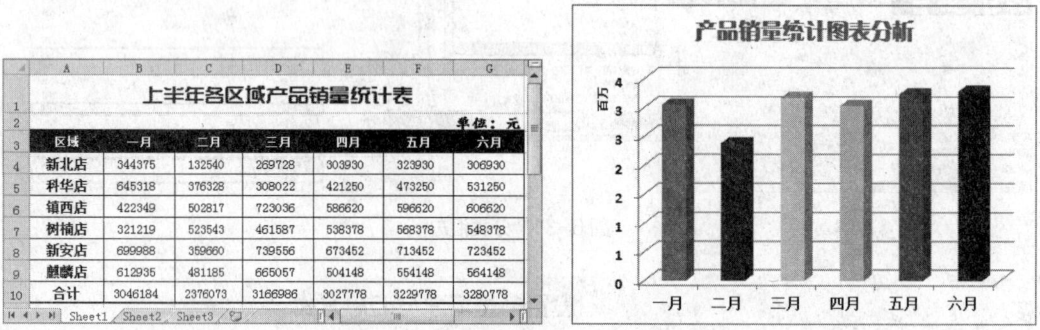

	A	B	C	D	E	F	G
1	上半年各区域产品销量统计表						
2							单位：元
3	区域	一月	二月	三月	四月	五月	六月
4	新北店	344375	132540	269728	303930	323930	306930
5	科华店	645318	376328	308022	421250	473250	531250
6	锦西店	422349	502817	723036	586620	596620	606620
7	树楠店	321219	523543	461587	538378	568378	548378
8	新安店	699988	359660	739556	673452	713452	723452
9	麒麟店	612935	481185	665057	504148	554148	564148
10	合计	3046184	2376073	3166986	3027778	3229778	3280778

图 6-33 “产品销量统计表”图表分析效果

职业素养

使用图表分析销售量的意义

“产品销量统计表”主要用于统计公司产品的销售情况，如统计各地区的销售量、各年度、各月份的销售量等。使用图表分析产品销售情况，可以直观地查看最近几年、最近几月产品的销售趋势，以及哪个店或哪个地区的销售量最高，通过分析结果，可以对未来产品的销售重点做出安排，如是否扩大生产规模，哪里可以存放更多的产品进行售卖等。

6.3.1 创建图表

微课视频

创建图表

为使表格中的数据看起来更直观，可以将数据以图表的形式显示，这是图表最明显的优势。使用它可以清楚地显示数据的大小和变化情况，帮助用户分析数据，查看数据的差异、走势、预测发展趋势。

在 Excel 中提供了多种图表类型，不同的图表类型所使用的场合不相同，如柱形图常用于进行多个项目之间数据的对比；折线图用于显示时间间隔数据的变化趋势。用户应根据实际需要选择适合的图表类型创建所需的图表。下面在“产品销量统计表 .xlsx”工作簿中根据相应的数据创建柱形图，其具体操作如下。

（1）选择需创建图表的数据区域，这里同时选择 B3:G3 和 B10:G10 单元格区域（B10:G10 单元格区域数据将作为横坐标轴，B3:G3 单元格区域将形成绘图区，即对销售量统计），单击“插入”选项卡，在“图表”组中单击“柱形图”按钮，在弹出的列表中选择“三维簇状柱形图”选项。

（2）返回工作表中可看到创建的柱形图，且激活图表工具的“设计”“布局”“格式”选项卡，如图 6-34 所示。

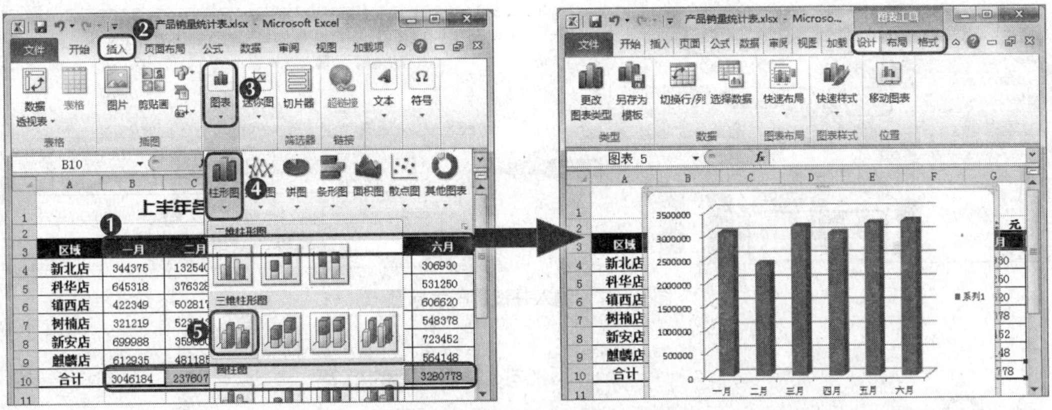

图 6-34 创建图表

多学一招

通过“创建图表”对话框创建图表

单击“插入”选项卡，在“图表”组中单击“创建图表”按钮，将打开“插入图表”对话框，在其中可选择更多的图表类型和图表样式进行创建。

微课视频

编辑与美化图表

6.3.2 编辑与美化图表

为了在工作表中创建出满意的图表效果，可对图表的位置、大小、图表类型以及图表中的数据根据需要进行编辑与美化。下面在“产品销量统计表.xlsx”工作簿中编辑并美化创建的柱形图，其具体操作如下。

（1）将鼠标指针移动到图表区上，当鼠标指针变成✥形状时，按住鼠标左键不放，拖动图表到所需的位置，这里将其拖动到数据区域的下方，到合适位置后释放鼠标，图表区和图表区中各部分的位置即可移动到相应的目标位置，如图 6-35 所示。

（2）在图例区上选择图例，然后单击鼠标右键，在弹出的快捷菜单中选择“删除”命令，将图例删除，如图 6-36 所示。

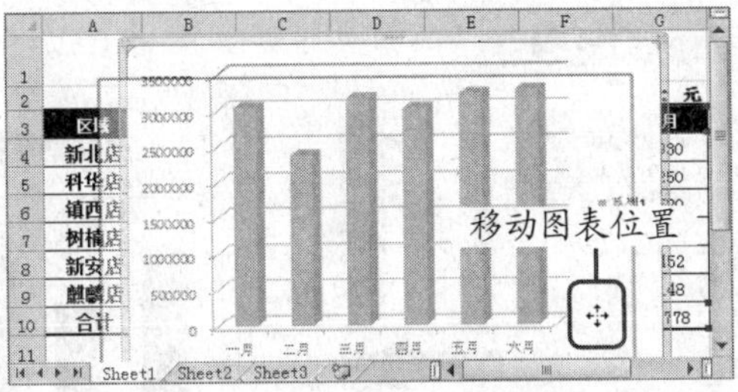

图 6-35 移动图表位置

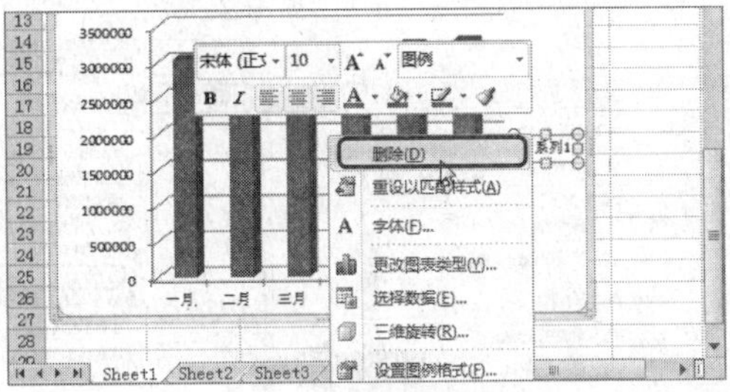

图 6-36 删除图例

（3）保持图表选择状态，单击“布局”选项卡，在“标签”组中单击“图表标题”按钮，在弹出的列表中选择“图表上方”选项。

（4）此时在图表上方插入“图表标题”文本框，在其中输入“产品销量统计图表分析”，单击“开始”选项卡，选择“字体”组，将字体设置为“方正粗倩简体、深红、加粗”，如图 6-37 所示。

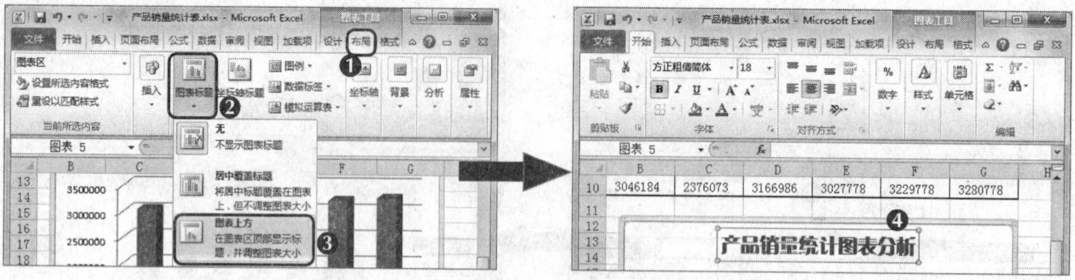

图 6-37 输入并设置图表标题

多学一招

添加或隐藏图表的标签

单击“布局”选项卡，在“标签”组中除了能设置图表标题，单击其他相应按钮，还可添加或隐藏坐标轴标题、图例、数据标签等标签元素，并设置其显示位置。

（5）将鼠标指针移动到图表区右下角上，当鼠标指针变成↘形状时按住鼠标左键不放，拖动鼠标将图表放大，此时鼠标指针变为+形状，至合适大小后释放鼠标，如图 6-38 所示。

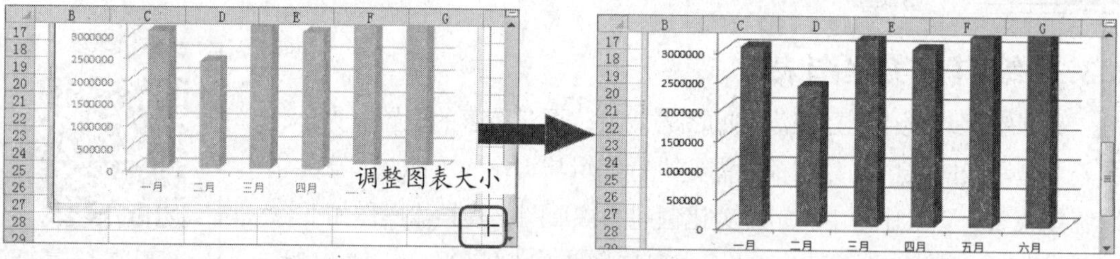

图 6-38 调整图表大小

（6）在纵坐标轴上单击鼠标右键，在弹出的快捷菜单中选择“设置坐标轴格式”命令，打开“设置坐标轴格式”对话框，单击“坐标轴选项”选项卡，然后在右侧的“显示单位”列表框中选择“百万”选项，然后单击 关闭 按钮关闭对话框，完成坐标轴单位的设置，如图 6-39 所示。

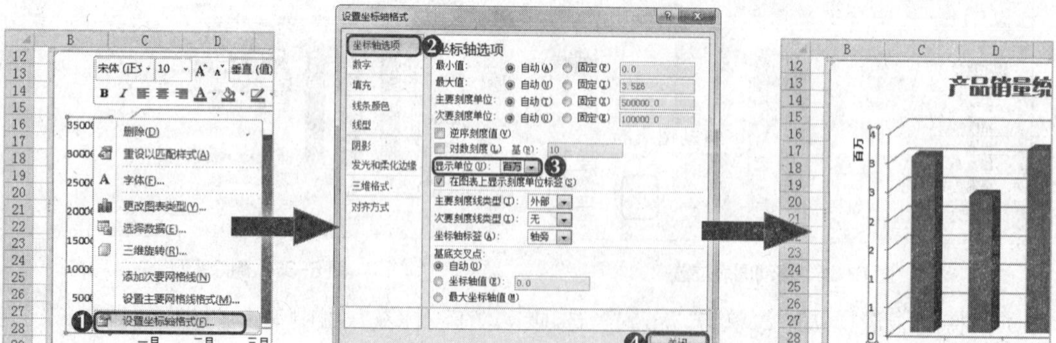

图 6-39 设置纵坐标轴显示格式

多学一招

设置图像组成元素格式

在图表的组成元素，如绘图区、图表区等上单击鼠标右键，在弹出的快捷菜单中选择对应的设置格式命令，可打开其格式设置对话框，可设置其格式，方法类似。

（7）在纵坐标轴上单击鼠标右键，在弹出的快捷菜单中选择“字体”命令，打开“字体”对话框，单击“字体”选项卡，在“字体样式”列表框中选择“加粗”选项，在“大小”列表框中选择“12”选项，然后单击 确定 按钮关闭对话框，确定坐标轴字体设置，然后使用相同的方法设置横坐标轴的字体，效果如图 6-40 所示。

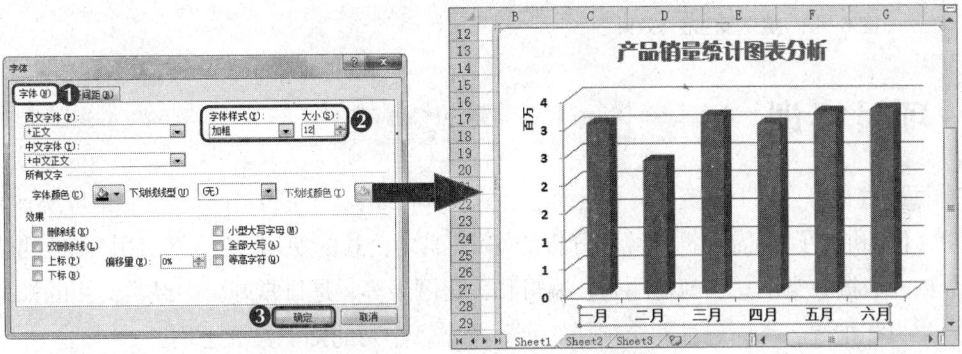

图 6-40　设置坐标轴的字体格式

（8）在绘图区的形状上单击鼠标，选择形状系列，再次单击鼠标选择单个形状，然后选择“格式”选项卡，在“形状样式”组中单击“形状填充”按钮，在弹出的列表中选择“橙色，强调文字颜色 6，深色，25%”图标，填充绘图区形状的颜色，如图 6-41 所示。

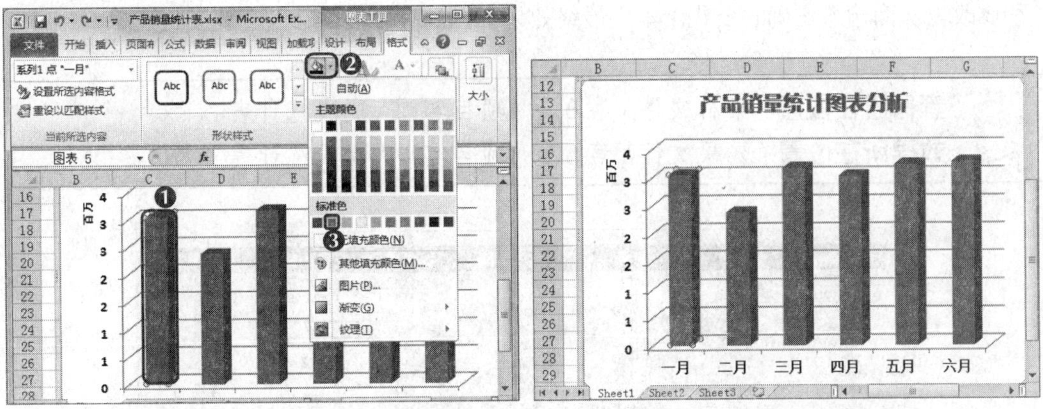

图 6-41　设置绘图区中形状的填充颜色

（9）使用相同的方法，依次将其他绘图区中的形状设置为“深蓝”“红色”和“橄榄色，强调文字颜色 3，深色 50%”填充颜色，效果如图 6-42 所示。

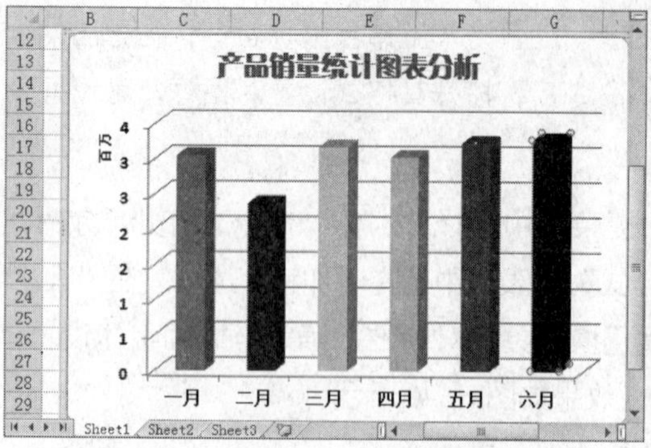

图 6-42　填充颜色最终效果

知识提示

应用快速样式

选择图表的绘图区或绘图区中的形状，单击“格式”选项卡，在“形状样式”的列表框中提供了预置的样式选项，选择对应的选项将快速应用形状样式效果，包括形状填充颜色、形状轮廓颜色和形状效果。

6.4 项目实训

本章通过计算“员工工资表”、统计“产品入库明细表”、图表分析“产品销量统计表”3个课堂案例，讲解了Excel数据计算和分析的知识。其中公式的使用、单元格引用、函数的使用、筛选数据、数据分类汇总、创建图表、编辑和美化图表等，是日常办公中经常使用的知识点，应重点学习和把握。下面通过两个项目实训，将本章学习的知识灵活运用。

6.4.1 处理“提成统计表”数据

1．实训目标

微课视频

处理“提成统计表”数据

本实训的目标是处理“提成统计表”数据，包括两部分，一是计算数据，二是排序数据。在计算数据时，首先观察数据，确定使用什么样的公式或函数对数据进行计算，对于函数的使用，可进行反复尝试和修改，从而输入正确的公式。本例最终效果如图 6-43 所示。

素材所在位置　素材文件 \ 第 6 章 \ 项目实训 \ 提成统计表 .xlsx

效果所在位置　效果文件 \ 第 6 章 \ 项目实训 \ 提成统计表 .xlsx

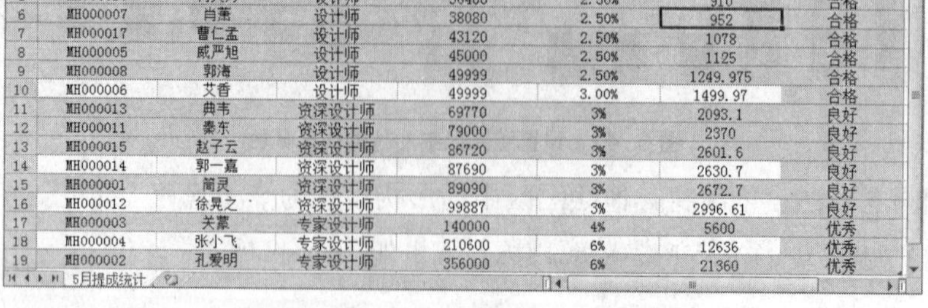

设计师编号	姓名	职务	签单总金额	提成率	获得的提成	业绩评定
MH000009	南思蓉	设计师	24011	2.50%	600.275	不合格
MH000016	黄效忠	设计师	32010	2.50%	800.25	合格
MH000010	何久芳	设计师	36400	2.50%	910	合格
MH000007	肖萧	设计师	38080	2.50%	952	合格
MH000017	曹仁孟	设计师	43120	2.50%	1078	合格
MH000005	戚严旭	设计师	45000	2.50%	1125	合格
MH000008	郭海	设计师	49999	2.50%	1249.975	合格
MH000006	艾香	设计师	49999	3.00%	1499.97	合格
MH000013	典韦	资深设计师	69770	3%	2093.1	良好
MH000011	秦东	资深设计师	79000	3%	2370	良好
MH000015	赵子云	资深设计师	86720	3%	2601.6	良好
MH000014	郭一嘉	资深设计师	87690	3%	2630.7	良好
MH000001	简灵	资深设计师	89090	3%	2672.7	良好
MH000012	徐晃之	资深设计师	99887	3%	2996.61	良好
MH000003	关蓁	专家设计师	140000	4%	5600	优秀
MH000004	张小飞	专家设计师	210600	6%	12636	优秀
MH000002	孔爱明	专家设计师	356000	6%	21360	优秀

图 6-43　“提成统计表”最终效果

2. 专业背景

如今，很多公司其工资都包括销售或业绩提成部分，因此常需要对员工的提成金额进行计算。提成统计表是对公司业务员的业绩提成的统计情况，业务提成一般通过业绩签单乘以提成率获得，由于业务员的职务不同，其业绩签单和提成率也不同，在管理数据时，可利用Excel的数据排序对数据大小进行依次排列，以便对业绩数据一目了然。

3. 操作思路

完成本实训首先使用公式计算获得的提成金额，然后使用函数判断业绩评定，最后按关键字对数据进行排序。

【步骤提示】

（1）打开“提成统计表.xlsx”工作簿，在“获得的提成”数据列输入“=D3*E3”公式，计算提成金额。

（2）本例中“签单总金额”在100000以上评定为优秀，50000-100000为良好，30000-50000为合格，小于30000的不合格。在“业绩评定”数据列输入“=IF(D3>100000,"优秀",IF(D3>50000,"良好",IF(D3>30000,"合格","不合格")))”，计算业绩等级。

（3）将“提成率”作为主要关键字，“获得的提成”作为次要关键字，按升序排列。

6.4.2 分析“部门开销统计表”

微课视频

分析“部门开销统计表”

1. 实训目标

本实训的目标是分析“部门开销统计表”，对支出项目进行求和汇总，通过图表查看各部门支出费用所占比例。本实训主要练习数据排序、数据汇总和使用图表分析数据的方法，最终效果如图6-44所示。

素材所在位置 素材文件\第6章\项目实训\部门开销统计表.xlsx
效果所在位置 效果文件\第6章\项目实训\部门开销统计表.xlsx

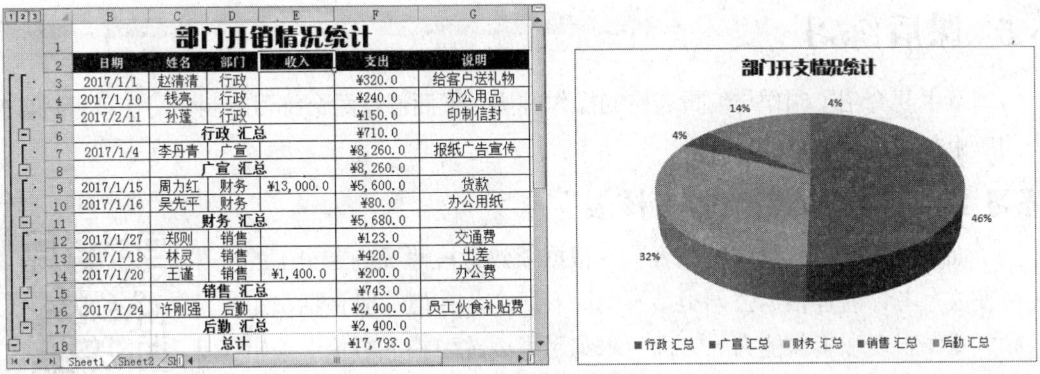

图6-44 “部门开销统计表”分析效果

2. 专业背景

统计表是表现统计资料的常见方式。统计表能将大量统计数字资料加以综合组织安排，使资料更加系统化、标准化，更加紧凑、简明、醒目和有条理，便于人们阅读、对照比较和说明问题，从而更加容易发现现象之间的规律性。利用统计表还便于资料的汇总和审查，便于计算和分析。

3. 操作思路

完成本实训首先按编号进行升序排列，然后对支出费用进行分类汇总，最后创建图表并进行设置。其操作思路如图 6-45 所示。

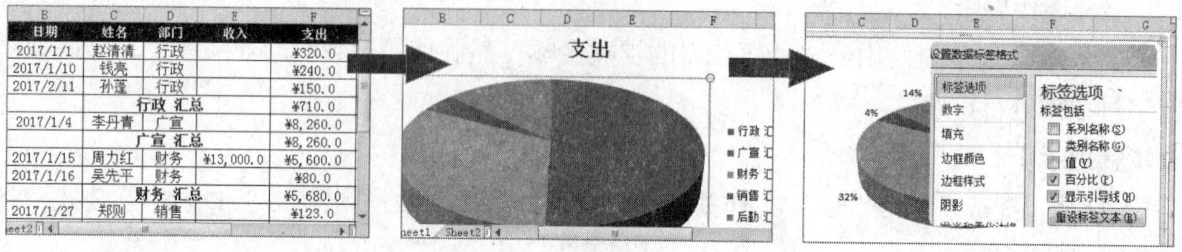

①数据排序和汇总　　②创建图表　　③设置数据标签

图 6-45　“部门开销统计表”操作思路

【步骤提示】

（1）打开“部门开销统计表 .xls”工作簿，对 A2:G12 单元格区域进行升序排序。

（2）以“部门”为分类字段，“求和”为汇总方式，“支出”为汇总项，对 A2:G12 单元格区域进行分类汇总。

（3）显示第 2 级汇总，然后选择 D2:D17 和 F2:F17 单元格区域，创建三维饼图，选择图例，单击“布局”选项卡，在“标签”组中将其设置于图表下方，并显示“百分比”形式的数据标志。

（4）在“标签”组中设置绘图区的标签显示在外部，单击鼠标右键，在弹出的快捷菜单中选择“设置数据系列格式”命令，在打开的对话框单击选中☑百分比(P)复选框，显示“百分比”形式的数据标志。

（5）移动图表位置，然后添加图表标题并设置为“方正粗倩简体、字号 14”。

6.5 课后练习

本章主要介绍了制作与编辑表格的操作方法，下面通过两个练习的制作，使读者对各知识的应用方法及操作更熟悉。

练习 1：计算“员工绩效考核表”

下面将计算“员工绩效考核表”，根据绩效考核情况确定员工的奖金发放。考评内容根据公司类型不同而有所变化，但一般包括员工假勤、工作表现和工作能力等方面。本练习主要练习输入数据、编辑数据、美化表格等操作，完成后的效果如图 6-46 所示。

微课视频

计算“员工绩效考核表”

素材所在位置　素材文件 \ 第 6 章 \ 课后练习 \ 员工绩效考核表 .xlsx

效果所在位置　效果文件 \ 第 6 章 \ 课后练习 \ 员工绩效考核表 .xlsx

5	员工编号	员工姓名	假勤考评	工作表现	工作能力	奖惩记录	绩效总分	优良评定	年终奖金（元）	考核人
6	JM010	刘宇	29.32	33.88	32.56	8	103.76	A	15000	刘伟
7	JM011	王丹	28.98	35.68	33.60	7	105.26	A	15000	刘伟
8	JM012	刘丽	29.35	32.30	33.48	6	101.13	B	10000	刘伟
9	JM013	肖燕	26.36	32.88	35.40	4	98.64	C	5000	刘伟
10	JM014	杨慧	25.1	33.75	34.80	7	100.65	B	10000	刘伟
11	JM015	佟玲	29.25	34.90	33.83	8	105.98	A	15000	刘伟
12	JM016	向兰	28.69	34.30	33.60	6	102.59	A	15000	刘伟
13	JM017	侯佳	28.74	32.56	34.85	-3	93.15	C	5000	刘伟
14	JM018	赵铭	29.63	34.45	33.75	-3	94.83	C	5000	刘伟

年度员工绩效考核表

图 6-46 “员工绩效考核表”最终效果

操作要求如下。

- 打开“员工绩效考核表 .xlsx”工作簿，使用“=SUM(C6:F6)”函数计算绩效总分。
- 使用函数“=IF(G6>=102,"A",IF(G6>=100,"B","C"))”计算考核的优良评定。
- 使用函数“=IF(H6="A",15000,IF(H6="B",10000,5000))”根据优良评定计算年终奖。

练习 2：分析“楼盘销售记录表”

下面将分析“楼盘销售记录表”，通过创建图表分析楼盘售出情况。本练习首先排序数据，然后汇总数据，最后根据汇总数据创建图表，最终效果如图 6-47 所示。

微课视频

分析“楼盘销售记录表”

素材所在位置 素材文件 \ 第 6 章 \ 课后练习 \ 楼盘销售记录表 .xlsx

效果所在位置 效果文件 \ 第 6 章 \ 课后练习 \ 楼盘销售记录表 .xlsx

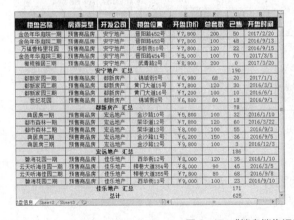

楼盘名称	房源类型	开发公司	楼盘位置	开盘均价	总套数	已售	开盘时间
金色年华庭院一期	预售商品房	安宁地产	晋阳路452号	￥7,800	200	50	2017/2/20
金色年华庭院二期	预售商品房	安宁地产	晋阳路453号	￥7,800	100	48	2016/9/13
万福香格里花园	预售商品房	安宁地产	华新街10号	￥7,800	120	22	2016/9/15
金色年华庭院三期	预售商品房	安宁地产	晋阳路454号	￥5,000	100	70	2017/3/5
橄榄雅居三期	预售商品房	安宁地产	武青路2号	￥8,800	200	0	2017/3/20
	安宁地产 汇总					190	
都新家园一期	预售商品房	都新房产	锦城街5号	￥6,980	68	20	2017/1/1
都新家园二期	预售商品房	都新房产	黄门大道15号	￥7,800	120	30	2016/3/1
都新家园三期	预售商品房	都新房产	黄门大道16号	￥7,200	100	10	2016/6/1
世纪花园	预售商品房	都新房产	锦城街8号	￥6,800	80	18	2016/9/1
	都新房产 汇总					78	
典居房一期	预售商品房	宏远地产	金沙路10号	￥5,800	100	32	2016/1/10
都市森林一期	预售商品房	宏远地产	荣华道12号	￥7,800	120	60	2016/3/22
都市森林二期	预售商品房	宏远地产	荣华道13号	￥8,000	100	55	2016/9/3
典居房二期	预售商品房	宏远地产	金沙路11号	￥6,200	150	36	2016/9/5
典居房三期	预售商品房	宏远地产	金沙路12号	￥9,800	100	3	2016/12/3
	宏远地产 汇总					186	
碧海花园一期	预售商品房	佳乐地产	西华街12号	￥8,000	120	35	2016/1/10
云天听海佳园一期	预售商品房	佳乐地产	柳巷大道354号	￥8,000	90	45	2016/3/5
云天听海佳园二期	预售商品房	佳乐地产	柳巷大道355号	￥7,800	80	68	2016/9/8
碧海花园二期	预售商品房	佳乐地产	西华街13号	￥9,000	100	23	2016/9/10
	佳乐地产 汇总					171	
	总计					625	

楼盘信息 Sheet2 Sheet3

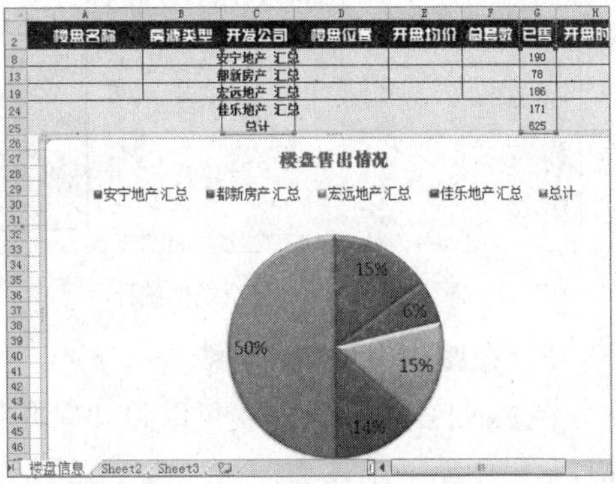

图 6-47 “楼盘销售记录表”分析效果

操作要求如下。

- 对“开发公司”数据列按升序排列，然后以“开发公司”为分类字段，“求和”为汇总方式，“已售”为汇总项，进行分类汇总。
- 显示第 2 级汇总等级，然后选择 C2:C25 和 G2:G25 单元格区域，创建饼图，设置图表样式为“样式 26”，并显示“百分比”形式的数据标志。

- 将图例字号设置为“12”，数据标签字号“18”，输入图表标题，设置字体为“方正大标宋简体、16”。

6.6 技巧提升

1. 用 COUNTIFS 函数按多条件进行统计

COUNTIFS 用于计算区域中满足多个条件的单元格数目。其语法结构为 COUNTIFS(range1,criteria1,range2,criteria2……)，其中 range1,range2……, 是计算关联条件的 1~127 个区域，每个区域中的单元格必须是数字或包含数字的名称、数组或引用，空值和文本值会被忽略；“Criteria1, criteria2……”是数字、表达式、单元格引用或文本形式的 1~127 个条件，用于定义要对哪些单元格进行计算。

图 6-48 所示为使用 COUNTIFS 函数统计每个班级参赛选手分数大于 8.5，小于 10 分的人数，在表格中选择 H3 单元格，输入函数“=COUNTIFS(B3:G3,">=8.5",B3:G3,"<10")”，按【Enter】键便可求出一班成绩分数大于等于 8.5 分，小于 10 分的人数，然后复制函数到 H12 单元格中。

2. 使用 RANK. AVG 函数排名

RANK.AVG 函数用于返回一个数字在数字列表中的排位，如果多个值相同，则返回平均值排位。数字的排位是其大小与列表中其他值的比值。其语法结构为：RANK.AVG(number,ref,order)。如图 6-49 所示，使用 RANK.AVG 函数进行排名，函数“=RANK.AVG(H6,$H$6:$H$14,0)”表示 H6 单元格数值在 $H$6:$H$14 数据列中的排列名次。

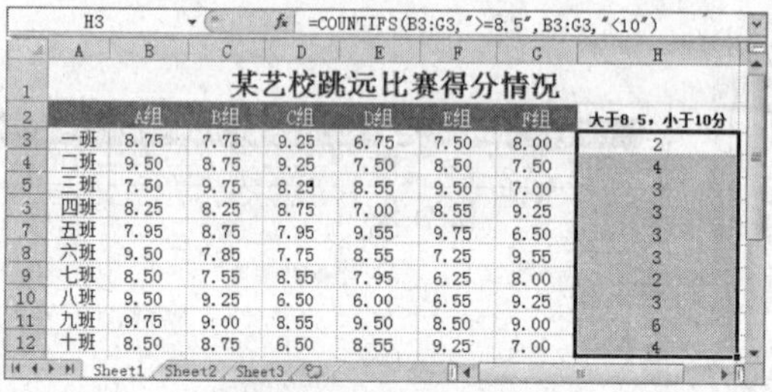

H3 =COUNTIFS(B3:G3,">=8.5",B3:G3,"<10")

某艺校跳远比赛得分情况

	A组	B组	C组	D组	E组	F组	大于8.5，小于10分
一班	8.75	7.75	9.25	6.75	7.50	8.00	2
二班	9.50	8.75	9.25	7.50	8.50	7.50	4
三班	7.50	9.75	8.25	8.55	9.50	7.00	3
四班	8.25	8.25	8.75	7.00	8.55	9.25	3
五班	7.95	8.75	7.95	9.55	9.75	6.50	3
六班	9.50	7.85	7.75	8.55	7.25	9.55	3
七班	8.50	7.55	8.55	7.95	6.25	8.00	2
八班	9.50	9.25	6.50	6.00	6.55	9.25	3
九班	9.75	9.00	8.55	9.50	8.50	9.00	6
十班	8.50	8.75	6.50	8.55	9.25	7.00	4

图 6-48　多个条件统计

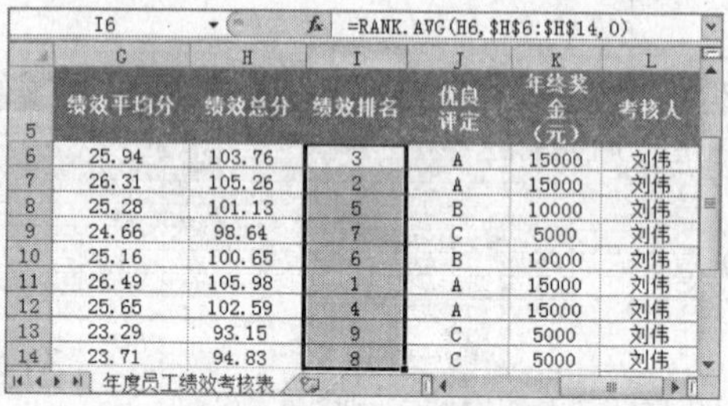

I6 =RANK.AVG(H6,$H$6:$H$14,0)

绩效平均分	绩效总分	绩效排名	优良评定	年终奖金（元）	考核人
25.94	103.76	3	A	15000	刘伟
26.31	105.26	2	A	15000	刘伟
25.28	101.13	5	B	10000	刘伟
24.66	98.64	7	C	5000	刘伟
25.16	100.65	6	B	10000	刘伟
26.49	105.98	1	A	15000	刘伟
25.65	102.59	4	A	15000	刘伟
23.29	93.15	9	C	5000	刘伟
23.71	94.83	8	C	5000	刘伟

图 6-49　使用 RANK.AVG 函数排名

3. 在图表中添加趋势线

在 Excel 中制作的图表可以将其保存为图片文件，随时取用，将其应用到其他场合中，其具体操作如下。

（1）单击“文件”选项卡，在其中选择“另存为”命令，打开“另存为”对话框，在“保存类型”列表框中选择“网页（*.htm，*.html）”选项，单击 保存(S) 按钮。在打开的对话框中单击 是(Y) 按钮。

（2）在保存位置打开工作簿生成的文件夹，打开该文件夹（后缀名为 .files），在其中便可找到图表对应的图片（后缀名为 .png）。

CHAPTER 7

第7章 制作与编辑演示文稿

情景导入

由于公司新来的员工整体表现一般，专业能力不强，老洪决定做一次入职培训演讲，他让米拉制作入职培训的演示文稿。

学习目标

- 掌握制作演示文稿的流程和基本操作。

  如搭建演示文稿结构、幻灯片的基本操作、输入与设置文本、插入与编辑图片、插入与编辑 SmartArt 图形、绘制与编辑形状等操作。

- 掌握设置演示文稿的操作方法。

  如使用母版设置幻灯片、设置幻灯片切换效果、设置对象动画效果等操作。

案例展示

▲“入职培训”演示文稿效果

▲“公司形象宣传”演示文稿效果

7.1 课堂案例：制作“入职培训”演示文稿

米拉在知晓老洪安排的工作后，首先询问了老洪演示文稿包含的主要内容和表达意图。然后根据老洪提供的制作思路和流程开始制作“入职培训”演示文稿，首先搜集演示文稿所需的图片等资料，然后搭建演示文稿的整体框架，再依次录入演示文稿所需内容。制作后的最终效果如图 7-1 所示。

素材所在位置 素材文件 \ 第 7 章 \ 课堂案例 \ 入职培训

效果所在位置 效果文件 \ 第 7 章 \ 课堂案例 \ 入职培训 .pptx

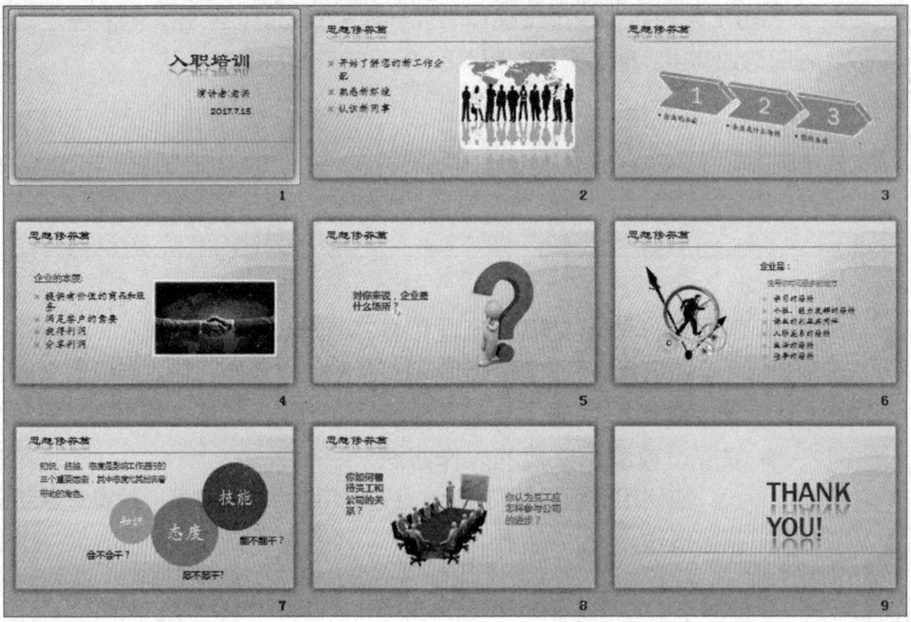

图 7-1 “入职培训”演示文稿最终效果

职业素养

“入职培训”的培训内容

入职培训主要用于对公司新进职员的工作态度、思想修养等进行培训，以端正员工的工作思想和工作态度。不同的公司，对员工培训的重点和内容都有所不同，其目的也会有所区别。

7.1.1 认识 PowerPoint 2010 工作界面

启动 PowerPoint 2010 后，即可看到 PowerPoint 的工作窗口，其主要由快速访问工具栏、标题栏、“文件”选项卡、功能选项卡、功能区、“大纲 / 幻灯片”区域、幻灯片编辑区和备注区等部分组成。其中多个组成部分与 Word 2010 和 Excel 2010 相应部分的作用相同，下面仅介绍 PowerPoint 2010 特有的组成部分，如图 7-2 所示。

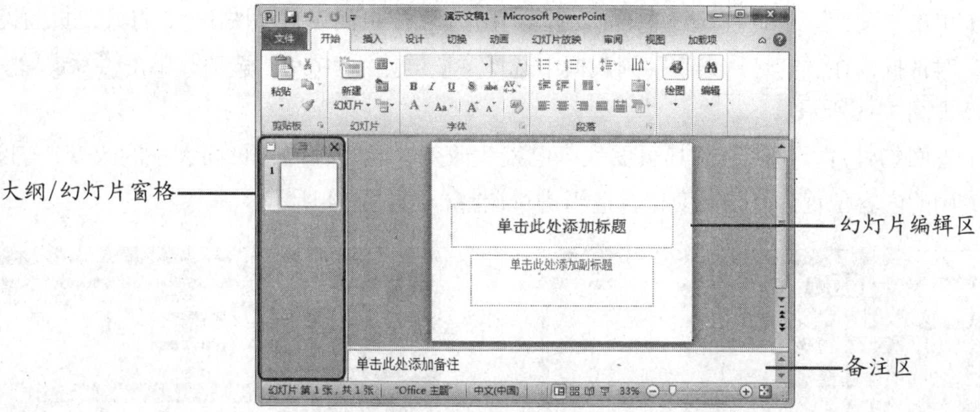

图 7-2　PowerPoint 2010 工作界面

- **"大纲 / 幻灯片"窗格**：包括"大纲"和"幻灯片"选项卡。"大纲"模式下列出了当前演示文稿中各张幻灯片的文本内容，在其中可以对幻灯片进行切换和文本编辑操作。"幻灯片"模式下列出了组成当前演示文稿所有幻灯片的缩略图，在其中可以对幻灯片进行选择、移动和复制等操作，但不能对文本进行编辑。
- **幻灯片编辑区**：它是演示文稿的核心部分，可将幻灯片的整体效果形象地呈现出来，在其中可对幻灯片进行文本编辑，插入图片、声音、视频和图表等操作。
- **备注区**：位于 PowerPoint 2010 工作窗口的底部，其功能是显示幻灯片的相关信息，以及在播放演示文稿时对幻灯片添加说明和注释，一般不使用该区域。

知识提示

演示文稿的新建、打开、保存和关闭

演示文稿的新建、打开、保存和关闭等基本操作与 Word 文档、Excel 表格的新建、打开、保存和关闭的操作方法相同，这里不再赘述。

7.1.2　搭建演示文稿结构

在制作演示文稿时，根据制作的内容可先确定演示文稿的结构，然后再对幻灯片进行内容输入和编辑，搭建演示文稿结构的结构，这里主要通过设置演示文稿页面大小和设置演示文稿的主题实现，下面分别进行详细介绍。

1. 设置页面大小

微课视频
设置页面大小

设置页面大小是指设置幻灯片的页面大小，默认状态下 PowerPoint 2010 幻灯片的页面大小为"全屏显示 (4:3)"，而现今制作的演示文稿页面一般为"全屏显示 (16:9)"，这样看起来更美观和大气。下面将新建"入职培训 .pptx"演示文稿，将其幻灯片页面大小设置为"全屏显示 (16:9)"，其具体操作如下。

（1）启动 PowerPoint 2010，在"演示文稿 1"中单击"文件"选项卡，选择"保存"选项，将演示文稿保存为"入职培训 .pptx"。

（2）单击“设计”选项卡，在“页面设置”组中单击“页面设置”按钮，打开“页面设置”对话框，在“幻灯片大小”列表框中选择“全屏显示(16:9)”选项，单击 确定 按钮，如图 7-3 所示。

（3）返回幻灯片，可查看到其页面大小已发生改变，此时，因为页面大小的改变，幻灯片中的内容位置等有略微变化，适当进行调整，如图 7-4 所示。

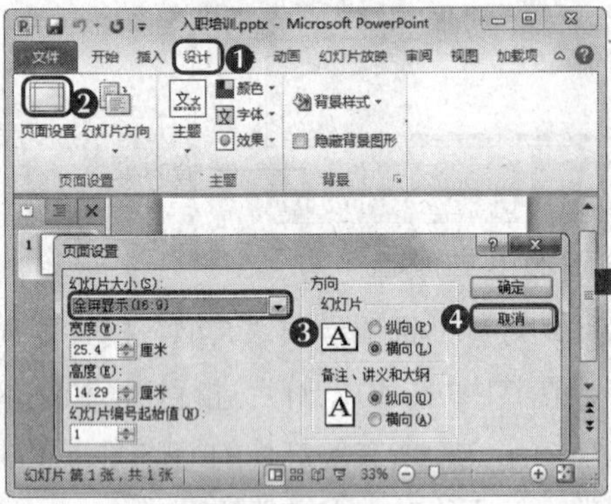

图 7-3 设置页面大小

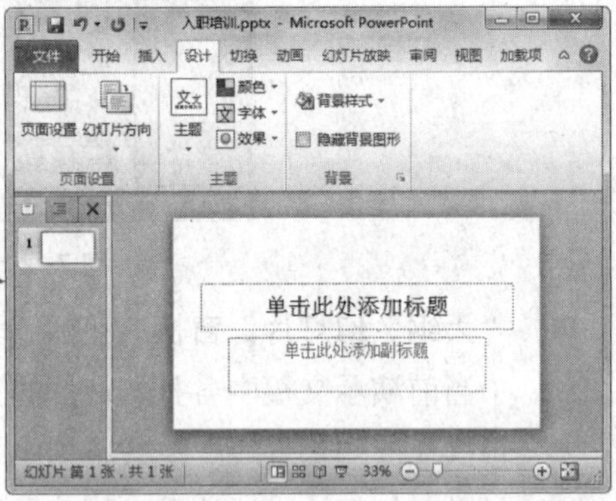

图 7-4 查看效果

2. 应用主题

微课视频

应用主题

幻灯片主题和 Word 软件中提供的样式类似，需要将颜色、字体、格式、整体效果保持某一主题标准时，可将所需的主题应用于整个演示文稿。下面在“入职培训.pptx”演示文稿中应用“跋涉”主题，其具体操作如下。

（1）单击“设计”选项卡，在“主题”组中单击“主题”按钮，在弹出的列表框中选择“跋涉”图标。

（2）返回演示文稿，演示文稿的整体效果发生了改变，如图 7-5 所示。

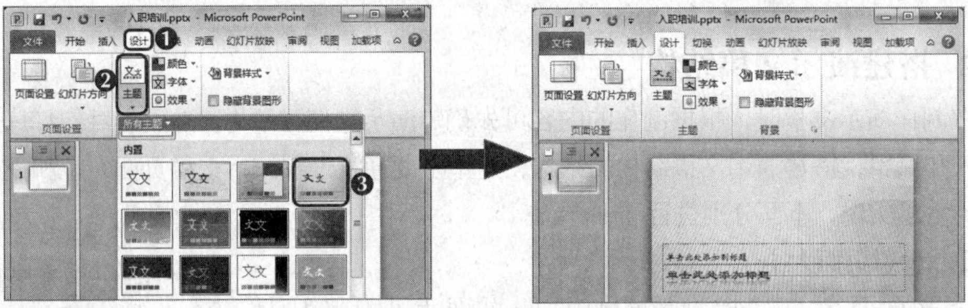

图 7-5 应用主题

多学一招

修改主题效果

与 Word 的操作相同，在“主题”组中单击“主题颜色”按钮、“主题字体”按钮、“主题效果”按钮，在弹出的列表框中选择所需的选项还可分别更改当前主题的颜色、字体和效果。

7.1.3 幻灯片的基本操作

演示文稿和幻灯片是一种包含与被包含的关系，单独的一张张内容就是幻灯片，它们的集合就是一个完整的演示文稿。要完成演示文稿的制作，必须掌握幻灯片的各项操作。

1. 新建幻灯片

演示文稿通常都由多张幻灯片组成，而新建的空白演示文稿只有一张幻灯片，因此在制作演示文稿的过程中，需要新建多张幻灯片，新建幻灯片的方法如下。

- **新建普通幻灯片**：在第 1 张幻灯片上单击鼠标右键，在弹出的快捷菜单中选择“新建幻灯片”命令，或按【Enter】键可新建默认的“标题和内容”幻灯片，如图 7-6 所示。
- **新建版式幻灯片**：单击“开始”选项卡，在“幻灯片”组中单击“新建幻灯片”按钮下方的·按钮，在弹出的列表框中选择一种幻灯片版式即可新建应用版式的幻灯片，如图 7-7 所示。

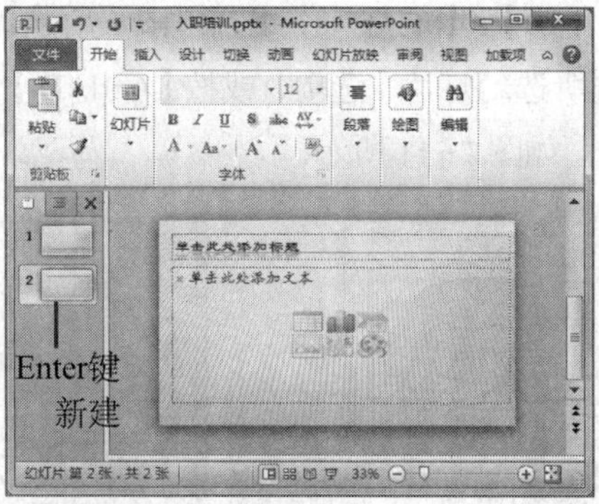

图 7-6　新建普通幻灯片

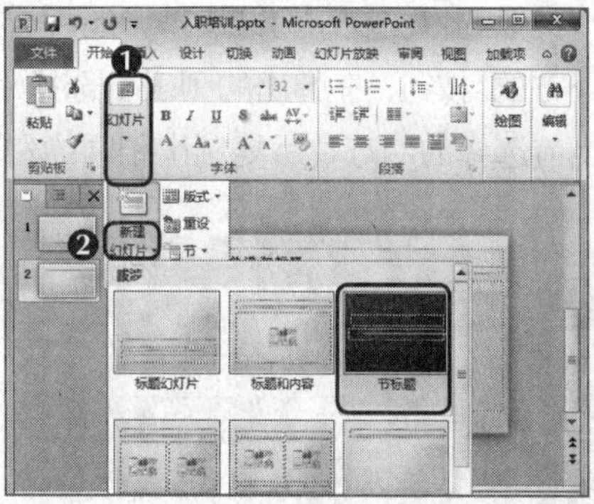

图 7-7　新建版式幻灯片

2. 移动幻灯片

在制作幻灯片的过程中，若发现某张幻灯片安排不合理，可通过移动幻灯片的方法，将幻灯片移动至需要的位置即可，下面介绍移动幻灯片的 3 种方法。

- **通过快捷菜单移动**：在“幻灯片”窗格中选择需移动的幻灯片，单击鼠标右键，在弹出的快捷菜单中选择“剪切”命令，如图 7-8 所示。选择某张幻灯片，在其上方单击鼠标右键，在弹出的快捷菜单中选择“粘贴”命令，即可将剪切的幻灯片移动至当前选择的幻灯片后。
- **通过功能组移动**：在“幻灯片”窗格中选择要移动的幻灯片，单击“开始”选项卡，在“剪贴板”组中单击“剪切”按钮。选择要剪贴幻灯片相邻的某张幻灯片，在“剪贴板”组中单击“粘贴”按钮，即可将剪切的幻灯片移动至当前选择的幻灯片后。
- **通过拖动方法移动**：在“幻灯片”窗格中，在要移动的幻灯片上按住鼠标并拖动至目标位置处释放即可，在拖动过程中，鼠标光标变为形状，如图 7-9 所示。

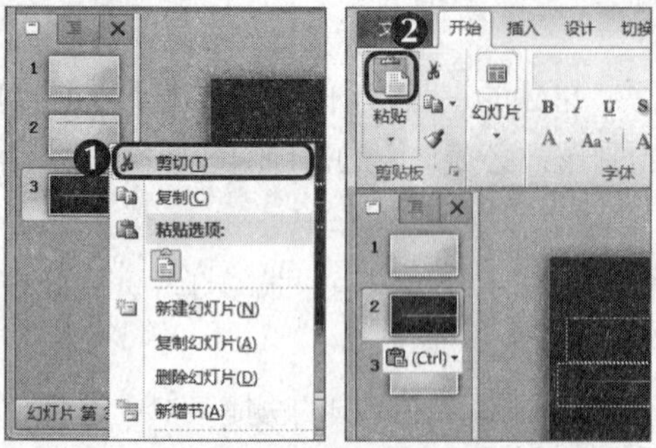

图 7-8　使用快菜单和功能区移动

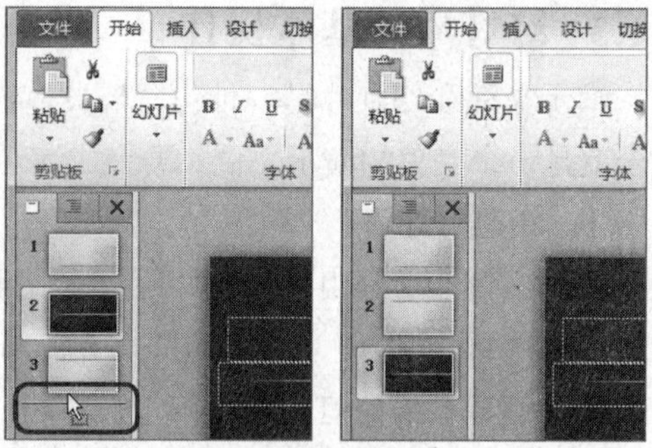

图 7-9　使用鼠标拖动移动

3. 复制幻灯片

复制幻灯片的方法与移动幻灯片的方法类似，在移动幻灯片时选择“剪切”命令，而在复制幻灯片时选择“复制”命令即可，也可通过拖动的方法复制幻灯片，拖动到目标位置后按【Ctrl】键，当鼠标变为形状时释放鼠标，如图 7-10 所示。除了可通过与前面讲解的移动幻灯片类似的方法复制幻灯片外，还可选择【开始】/【幻灯片】组，单击“新建幻灯片”按钮下方的按钮，在弹出的列表中选择“复制所选幻灯片”选项，或按【Ctrl+D】组合键，即可在当前选择的幻灯片后复制出相同的幻灯片，如图 7-11 所示。

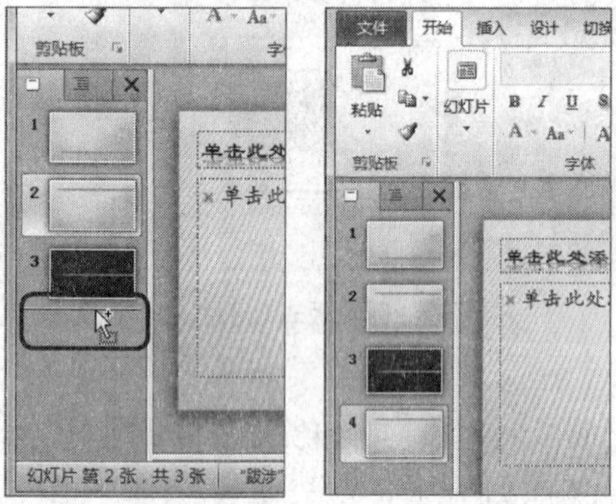

图 7-10　鼠标拖动复制幻灯片

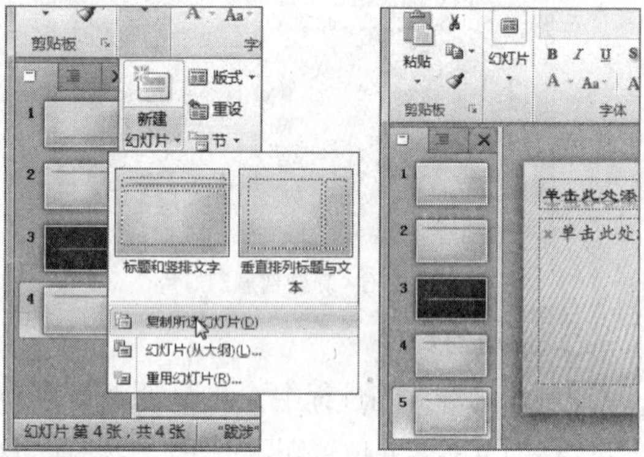

图 7-11　选择“复制所选幻灯片”选项复制

4. 删除幻灯片

当演示文稿中有多余的幻灯片时可将其删除。下面分别介绍各种删除幻灯片方法。

- **删除某张幻灯片**：在“大纲 / 幻灯片”窗格中选择要删除的幻灯片，按【Delete】键，或单击鼠标右键，在弹出的快捷菜单中选择“删除幻灯片”命令，即可删除幻灯片。
- **删除多张幻灯片**：“大纲 / 幻灯片”窗格中选择第一张幻灯片，按住【Shift】键选择另一张幻灯片，按【Delete】可删除这两张幻灯片之间的所有幻灯片。按住【Ctrl】键选择幻灯片则可选择不连续的幻灯片。
- **删除全部幻灯片**：在“大纲 / 幻灯片”窗格中按【Ctrl+A】组合键可选择全部幻灯片，按【Delete】键即可将删除。

7.1.4 输入与设置文本

微课视频

输入与设置文本

创建演示文稿只是搭建了演示文稿的框架，必须通过文本、图片和图形等内容对演示文稿进行完善。文本是演示文稿最基本的内容，也是不可或缺的一部分，它既可以通过在幻灯片中默认的占位符中输入，也可以在幻灯片的任意位置绘制文本框并在其中输入，然后设置其格式，设置方法与在 Word 和 Excel 中设置相似。下面在“入职培训 .pptx”演示文稿的标题幻灯片中输入文本并进行设置，其具体操作如下。

（1）将文本插入点定位到副标题文本框输入副标题文本“演讲者：老洪”，然后输入标题文本“入职培训”，如图 7-12 所示。

（2）选择标题和副标题文本框，将其移动到幻灯片的右上角位置，单击“开始”选项卡，在“字体”组中将标题文本字号设置为“54”，副标题文本字号设置为“28”，如图 7-13 所示。

（3）单击“插入”选项卡，在“文本”组中单击“文本框”按钮下方的 - 按钮，在弹出的列表中选择“横排文本框”选项，然后在幻灯片中绘制文本框，输入制作时间文本，如图 7-14 所示。

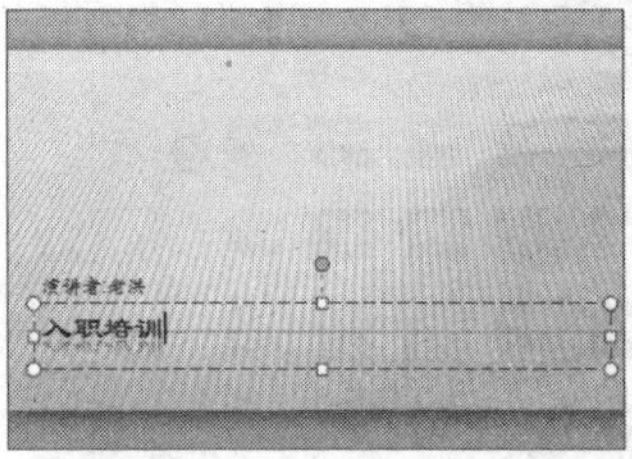

图 7-12　输入标题文本

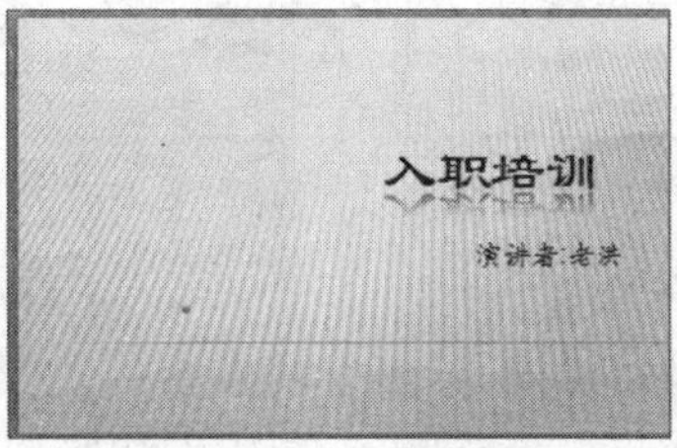

图 7-13　设置文本

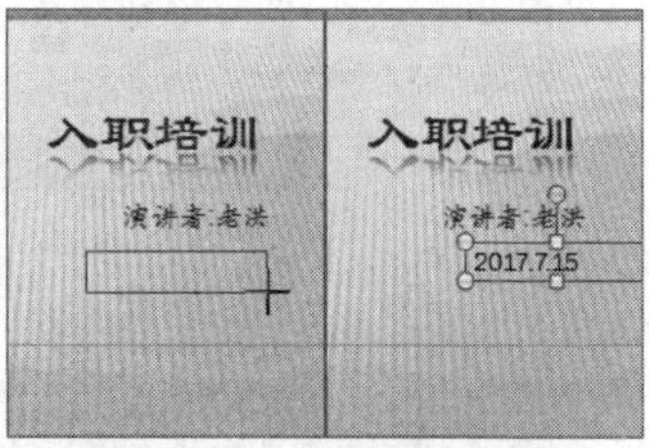

图 7-14　使用文本框输入文本

多学一招

插入艺术字

在 PowerPoint 中插入艺术字的方法与在 Word 中插入艺术字的方法相同，单击“插入”选项卡，在“文本”组中单击“艺术字”按钮，在弹出的列表框中选择艺术字样式，再进行文本输入和样式设置等。

7.1.5 插入与编辑图片

微课视频

插入与编辑图片

为了使幻灯片内容更丰富，通常需在幻灯片中插入相应的图片。下面在“入职培训 .pptx”演示文稿中插入并编辑图片，其具体操作如下。

（1）新建“两栏内容”版式幻灯片，在标题文本框中输入标题，在左侧的正文文本占位符中输入文本，在右侧的占位符中单击“插入来自文件的图片”按钮，如图 7-15 所示，或单击“插入”选项卡，在“图像”组中单击“图片”按钮。

（2）在打开的“插入图片”对话框中选择需插入的“1.jpg”图片，单击 插入(S) 按钮，如图 7-16 所示。

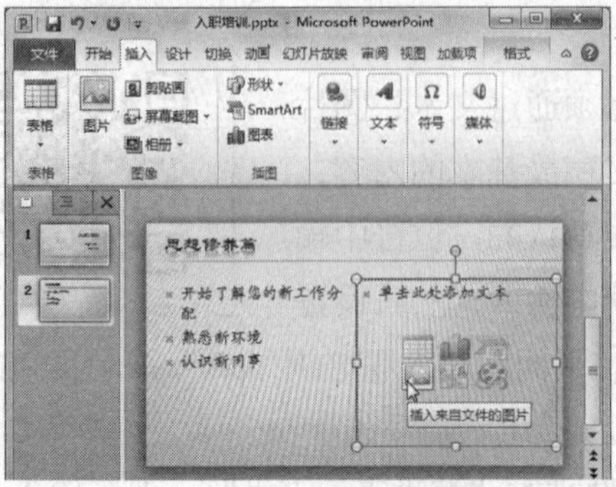

图 7-15　打开插入图片对话框

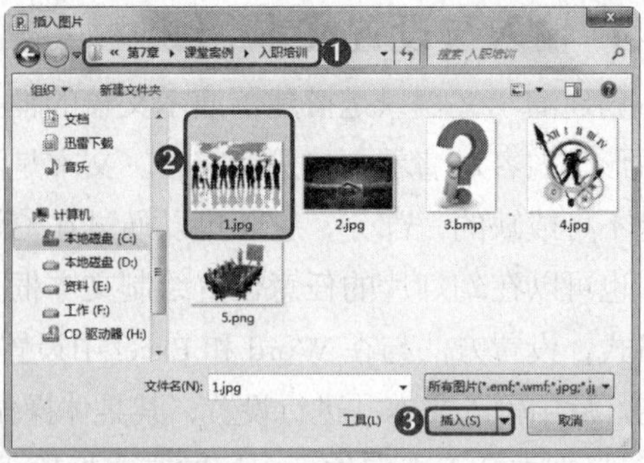

图 7-16　插入图片

（3）插入图片的四周有 8 个控制点，将鼠标指针移动到右下角的控制点上，按住鼠标左键不放向右下角拖动，调整图片大小，如图 7-17 所示。

（4）选择幻灯片中的图片，单击“格式”选项卡，在“图片样式”组中单击“快速样式”按钮，在弹出的列表框中选择“映像圆角矩形”选项，如图 7-18 所示。

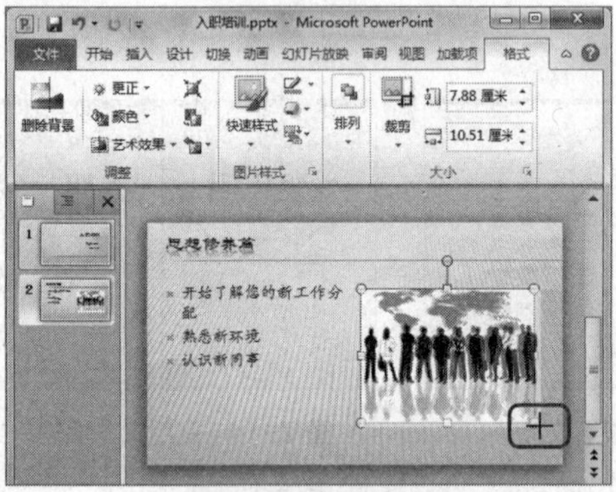

图 7-17　调整图片大小

图 7-18　设置图片样式

（5）制作第 3、4、5 张幻灯片，为其添加并设置文本，以及插入并编辑图片，如图 7-19 所示。

图 7-19　制作第 3、4、5 张幻灯片

（6）选择第 4 张幻灯片中的图片，单击“格式”选项卡，在“调整”组中单击“删除背景”按钮，进入“删除背景”编辑状态，调整图片选框的大小，保留需要的图片内容，然后在“关闭”组中单击“保留更改”按钮。

（7）返回幻灯片，图片原来的白色底纹背景被清除，效果如图 7-20 所示。然后使用相同的方法，清除第 5 张幻灯片中图片的白色底纹背景。

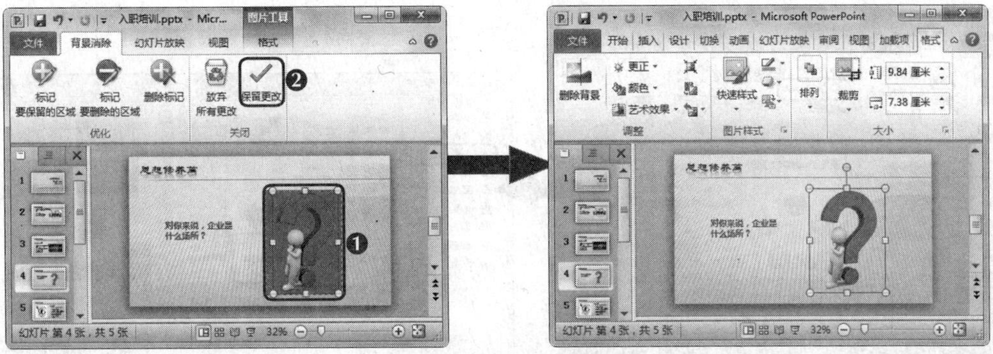

图 7-20 清除图片背景

文本框和图片等对象的操作

知识提示

通过实例操作可发现，在 PowerPoint 中插入和编辑文本框、图片等对象的方法与 Word 文档的编辑的方法相同。同样，在 PowerPoint 中也可插入表格和图表等对象，插入与编辑方法与在 Word 文档中的操作方法相似。

7.1.6 插入与编辑 SmartArt 图形

微课视频

插入与编辑 SmartArt 图形

在幻灯片中可以插入各种形状图形，可改变其内容结构和流程等，并通过“格式”选项卡对形状大小、线条样式、颜色以及填充效果等进行设置。下面在“入职培训 .pptx”演示文稿中插入并编辑 SmartArt 图形，其具体操作如下。

（1）选择第 2 张幻灯片，按【Ctrl+D】组合键，复制幻灯片，拖动鼠标框选除标题外的正文内容，按【Delete】键删除，然后再选择正文占位符文本框，按【Delete】键删除，如图 7-21 所示。

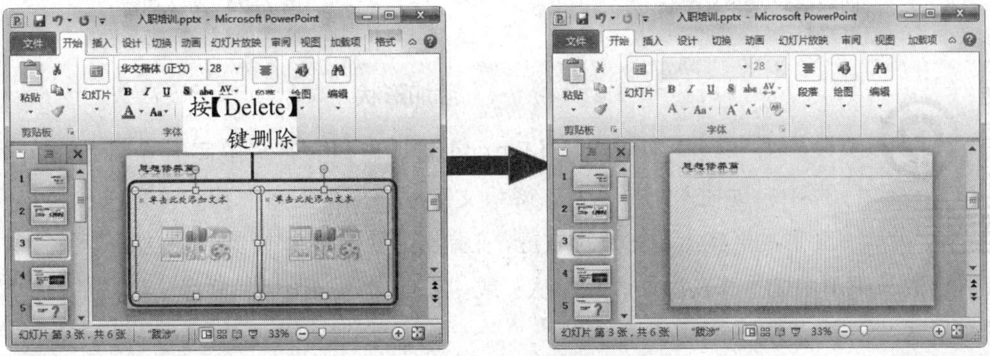

图 7-21 清除内容和占位符

（2）单击“插入”选项卡，在“插图”组中单击“SmartArt”按钮，打开“选择 SmartArt 图形”对话框，单击“流程”选项卡，在中间的列表框中选择“基本 V 形流程”选项，然后单击【确定】按钮，如图 7-22 所示。

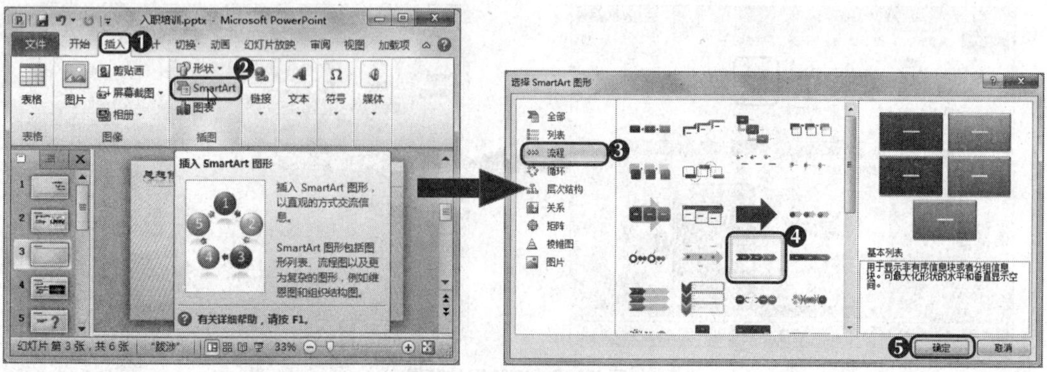

图 7-22　插入 SmartArt 图形

（3）在 SmartArt 图形左侧单击按钮展开“在此处键入文字”窗格，在第一个文字框中输入“1”，按【Enter】键新建文字框，然后单击鼠标右键，在弹出的快捷菜单中选择“降级”选项，如图 7-23 所示。

（4）在降级的文字框中输入相应文字，如图 7-24 所示。

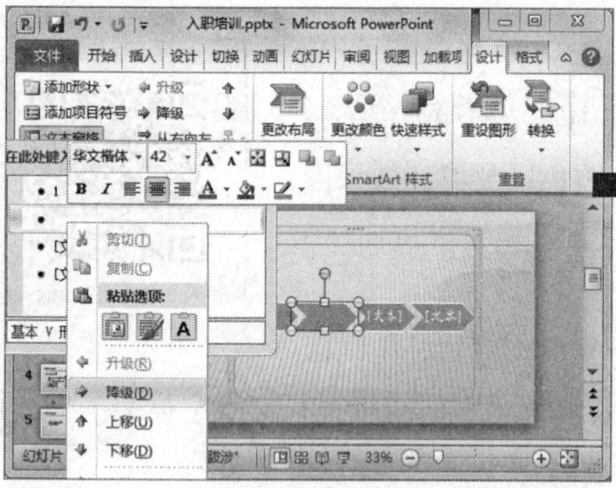

图 7-23　降级文字框

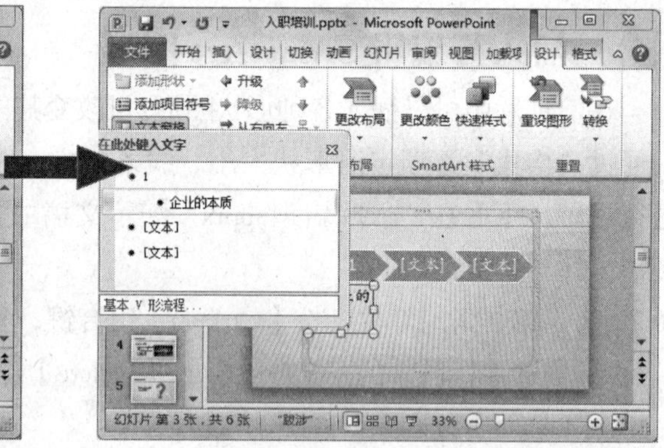

图 7-24　输入内容

知识提示

添加形状

在一级文字框中按【Enter】键，新建文字框的同时在 SmartArt 图形中自动插入一个形状，降级文字框将取消插入形状。也可在 SmartArt 图形的形状上单击鼠标右键，在弹出的快捷菜单中选择“添加形状”命令，在弹出的子菜单中选择“在后面添加形状”或“在前面添加形状”命令，可在相应位置添加形状。

（5）使用相同的方法，输入其他文字内容，如图 7-25 所示。

（6）选择 SmartArt 图形中形状下方的文字内容，将字号设置为“20”，然后将鼠标指针移动到 SmartArt 图形边框上调整其位置和大小，如图 7-26 所示。

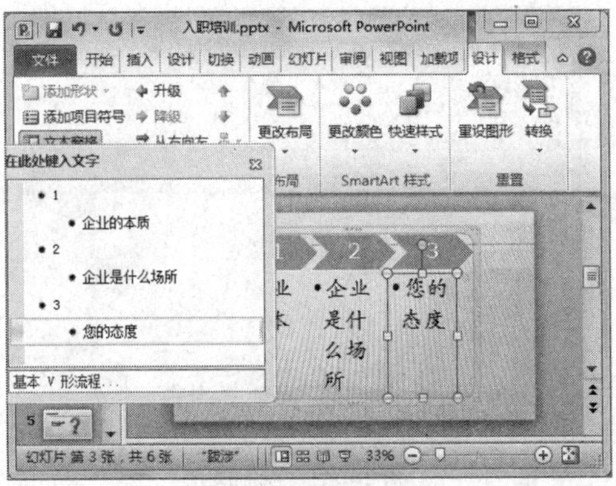

图 7-25 输入其他文本

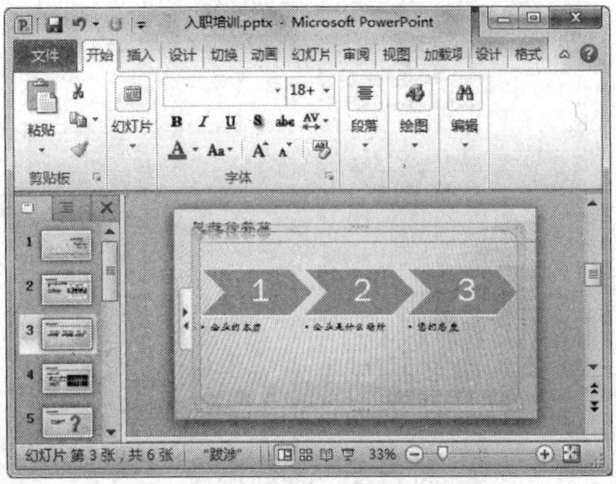

图 7-26 设置字号并调整位置和大小

（7）在“SmartArt 样式”组中单击“快速样式”按钮，在弹出的列表框中选择“砖块场景”选项，如图 7-27 所示。

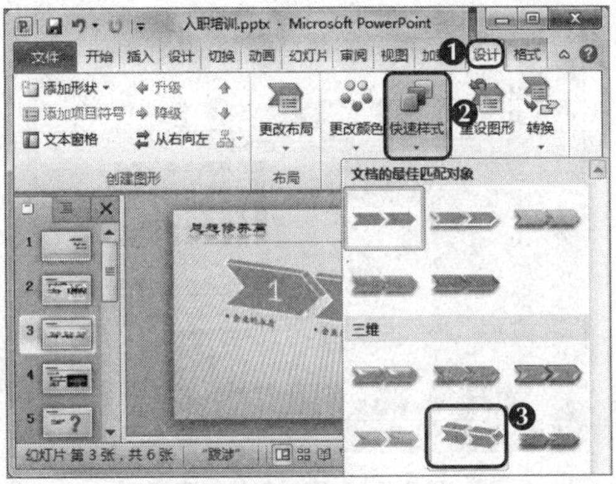

图 7-27 设置 SmartArt 图形样式

多学一招

更改布局

选择 SmartArt 图形，单击“设计”选项卡，在“布局”组的列表框中可重新选择 SmartArt 图形的类型，其布局结构发生改变，但是将保留原来的文字内容和格式设置。

多学一招

重设图形

与 Word 的操作相同，在“主题”组中单击“主题颜色”按钮、“主题字体”按钮、“主题效果”按钮，在弹出的列表框中选择所需的选项可分别更改当前主题的颜色、字体和效果。

7.1.7 绘制与编辑形状

微课视频
绘制与编辑形状

使用 PowerPoint 中的图形配合幻灯片的演示内容，不仅能突出表达重点内容，同时具备美化幻灯片的效果。下面在“入职培训 .pptx”演示文稿中绘制并编辑图形，其具体操作如下。

（1）新建“仅标题”幻灯片，在其中输入相应的文本，然后单击“插入”选项卡，在“插图”组中单击 形状 按钮，在弹出的列表框中选择“基本形状”栏中的“椭圆”形状，如图 7-28 所示。

（2）按住【Shift】键，在幻灯片的右下方绘制一个圆形，如图 7-29 所示。

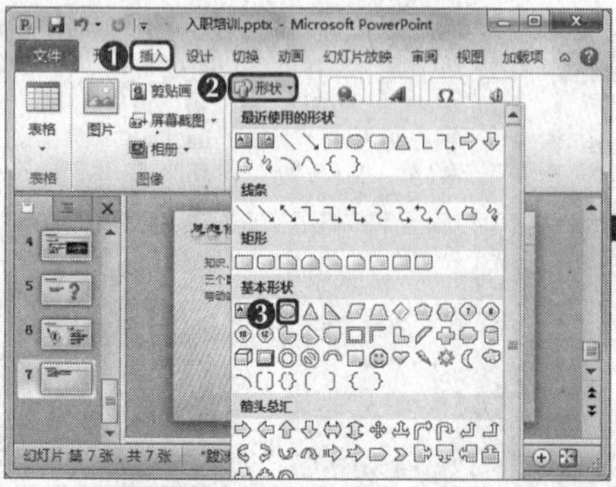

图 7-28　选择形状

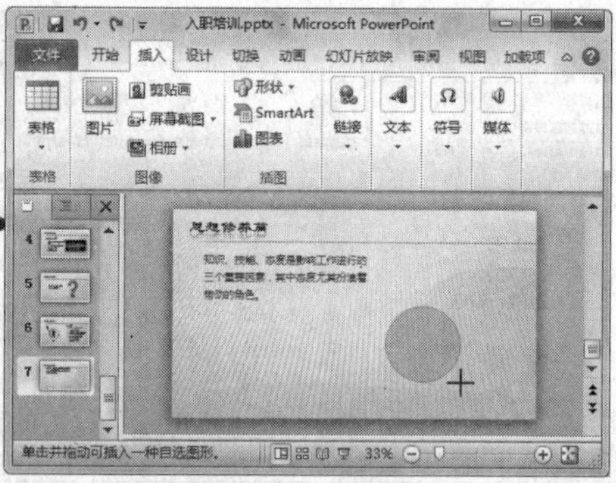

图 7-29　绘制圆形

（3）单击“格式”选项卡，在“形状样式”组中单击“形状填充”按钮，在弹出的列表中选择“标准色”栏中的“浅蓝”选项，如图 7-30 所示。单击“形状轮廓”按钮，在弹出的列表中选择“无轮廓”选项，如图 7-31 所示。

图 7-30　设置形状填充颜色

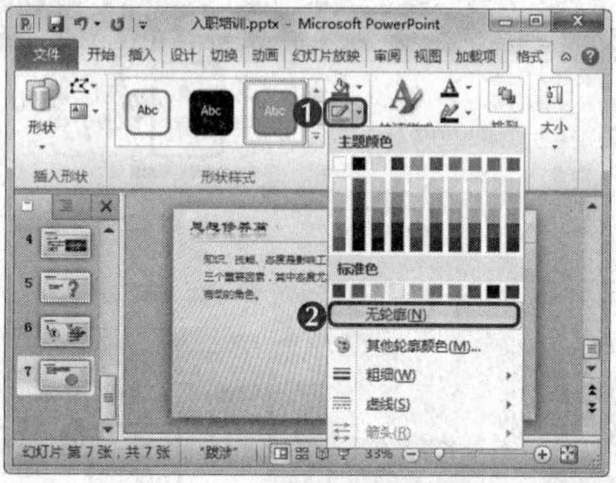

图 7-31　取消形状轮廓颜色

（4）在圆形上单击鼠标右键，在弹出的快捷菜单中选择“编辑文字”命令，然后在其中输入“态度”，将字号设置为“48”，如图 7-32 所示。

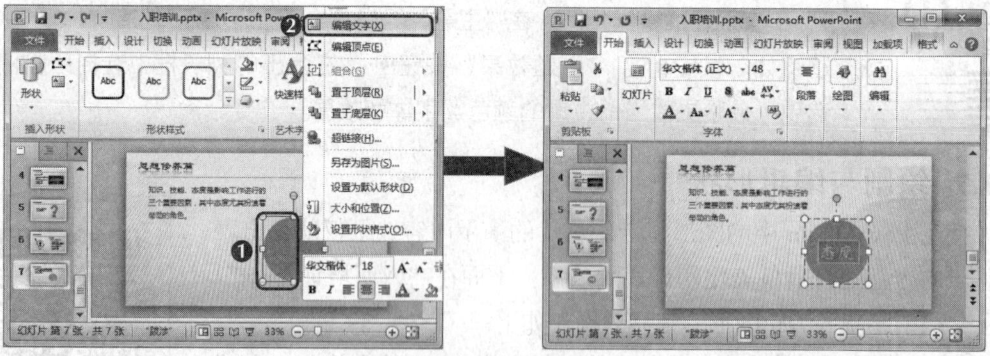

图 7-32　输入文字

（5）复制两个正圆，将其分别调整到合适的位置和大小，并取消轮廓，分别设置填充色为“浅绿”和“深红”，再对正圆中的文本进行修改，然后在圆下方绘制 3 个文本框，并在其中输入相应的文本，效果如图 7-33 所示。

（6）使用插入文本和图片的方法制作第8张幻灯片，然后复制第1张幻灯片，修改并设置标题文本，效果如图7-34所示。

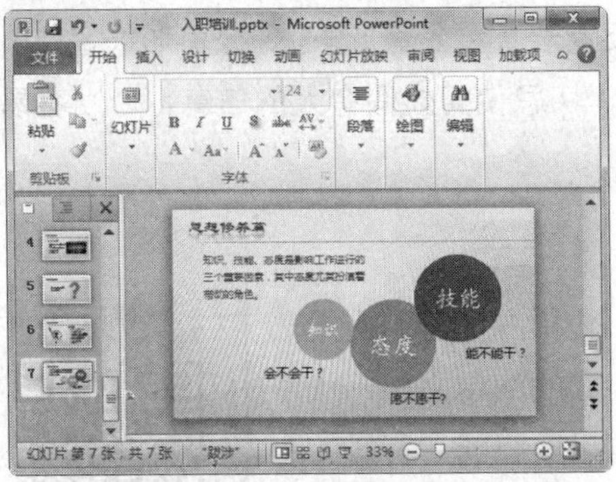

图7-33　绘制和编辑其他圆形

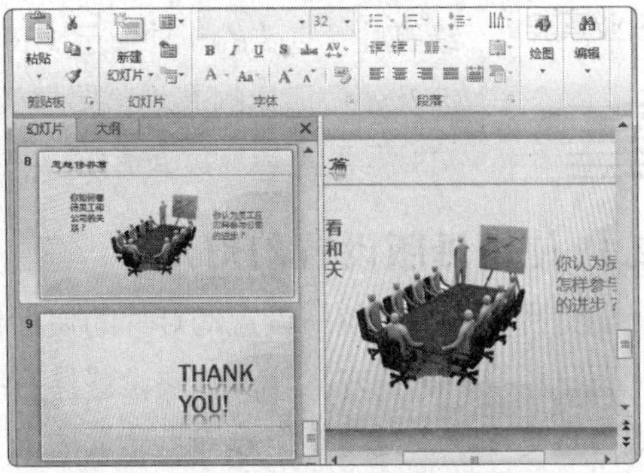

图7-34　完成其他幻灯片制作

7.2　课堂案例：设置“公司形象宣传”演示文稿

老洪来到米拉的办公桌前，笑着说“对公司的形象宣传演示文稿进行设置，让它放映时产生动态效果，页面要大气美观”，米拉兴奋的接受这次任务，老洪离开的时候特地嘱咐米拉，可以增加艺术效果，但是切记不能有夸大的成分，要实事求是。米拉在老洪的帮助下，完成了演示文稿的设置，效果如图7-35所示。

素材所在位置　素材文件\第7章\课堂案例\公司形象宣传.pptx

效果所在位置　效果文件\第7章\课堂案例\公司形象宣传.pptx

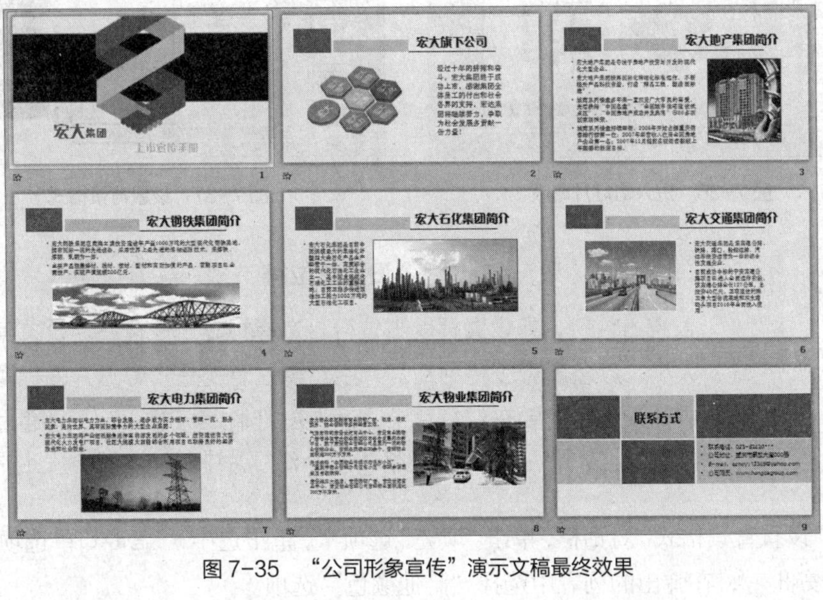

图7-35　“公司形象宣传”演示文稿最终效果

职业素养

“公司形象宣传”的影响和注意

公司形象宣传演示文稿是对公司概况、公司发展、公司文化、公司业绩等进行宣传的一种演示文稿，主要用于宣传公司形象。“公司形象宣传”涉及公司形象的展示，要真实可靠，切忌使用虚假夸大的信息，否则容易对公司形象造成负面影响。

7.2.1 使用母版设置幻灯片

幻灯片母版用于统一设置幻灯片的模板信息，包括占位符的格式和位置，背景和配色方案等，方便设置具有统一格式的演示文稿，从而减少重复输入，提高工作效率。通常情况下，如果要将同一背景、标志、标题文本及主要文本格式运用到整篇文稿的每张幻灯片中，就可以使用 PowerPoint 的幻灯片母版功能。下面在“公司形象宣传.pptx”演示文稿中设置幻灯片母版，其具体操作如下。

微课视频

使用母版设置幻灯片

（1）打开“公司形象宣传.pptx”演示文稿，单击“视图”选项卡，在“母版视图”组中单击 幻灯片母版 按钮，如图 7-36 所示。

（2）进入幻灯片母版编辑状态，选择第 1 张幻灯片，单击“幻灯片母版”选项卡，在“背景”组中单击 背景样式 按钮，在弹出的列表中选择“设置背景格式”选项，如图 7-37 所示。

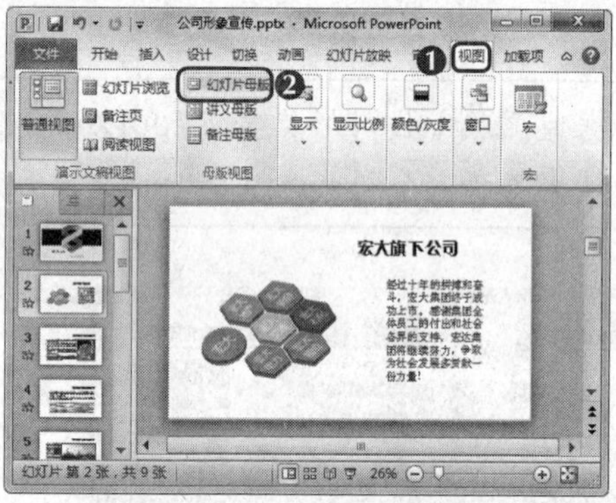

图 7-36　进入幻灯片母版

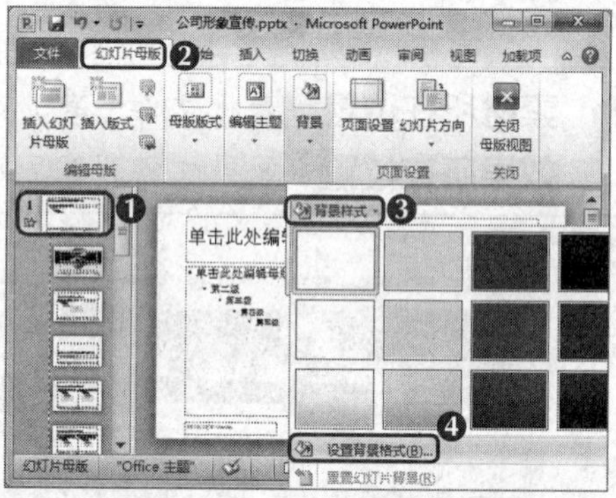

图 7-37　设置背景格式

多学一招

设置占位符

设置占位符，如设置标题占位符，选择标题占位符后，设置其字体格式、大小、颜色即可应用到幻灯片中。需注意的是，幻灯片的标题要应用母版中的设置，需要在幻灯片中通过占位符输入标题，而不是通过文本框的方式输入标题文本，否则在母版中设置标题格式后，幻灯片中的文本不会发生更改。

（3）打开“设置背景格式”对话框，单击“填充”选项卡，单击选中 纯色填充(S) 单选项，单击“颜色”按钮，在弹出的列表中选择“其他颜色”选项。

（4）打开“颜色”对话框，单击“自定义”选项卡，在“红色 R”“绿色 G”“蓝色 B”数值框中分别输入“246、243、223”，单击 确定 按钮，然后关闭“设置背景格式”对话框，此时所有幻灯片将应用该背景颜色，如图 7-38 所示。

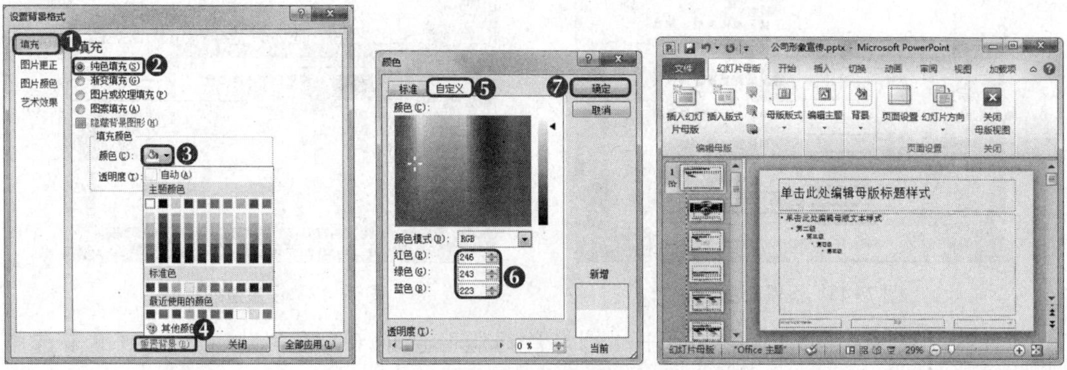

图 7-38　设置母版背景

知识提示　自定义颜色

PowerPoint 中的颜色是由“红色（R）”“绿色（G）”“蓝色（B）”3 种颜色混合而成，设置不同的 RGB 数值将调和出不同的颜色，实际设置时，可在右下角预览颜色效果，然后调整数值，得到理想的颜色。

（5）在第1张幻灯片左上角绘制两个矩形，分别填充为“深青”和“橙色”，取消轮廓，如图 7-39 所示。

（6）此时，绘制的形状遮挡住了幻灯片的标题，因此单击“格式”选项卡，在“排列”组中单击“下移一层”按钮下方的按钮，在弹出的列表中选择“置于底层”选项，将形状置于底层，如图 7-40 所示。

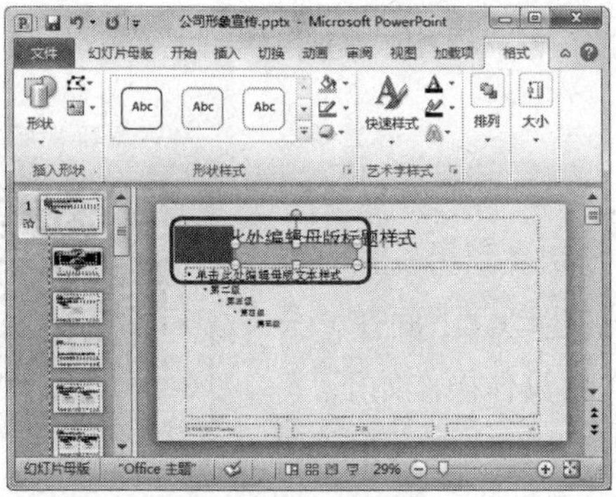

图 7-39　绘制矩形

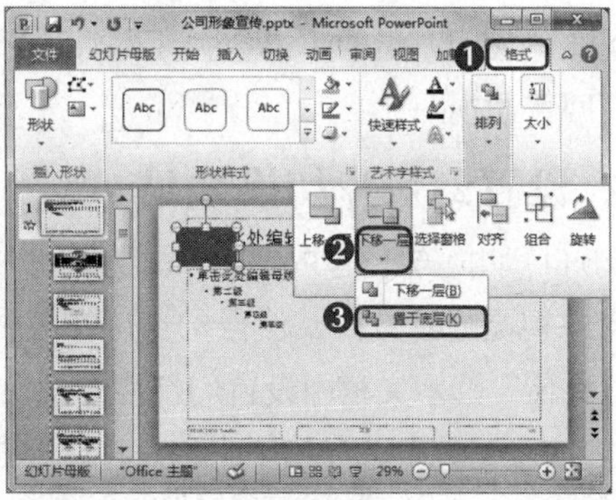

图 7-40　将形状置于底层

（7）在矩形右侧绘制直线，单击“格式”选项卡，在“形状样式”组中单击“形状轮廓”按钮，在弹出的列表中选择“粗细”选项，在子列表中选择“2.25 磅”选项，如图 7-41 所示。

（8）在“大小”组的“宽度”文本框中将直线的宽度设置为“14.29 厘米”，如图 7-42 所示。

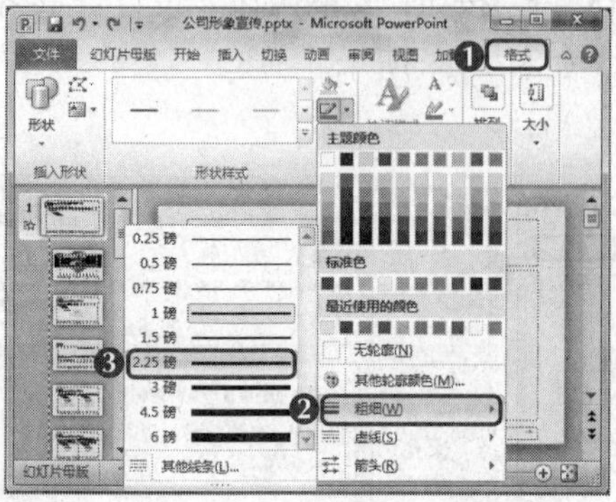

图 7-41　设置直线粗细

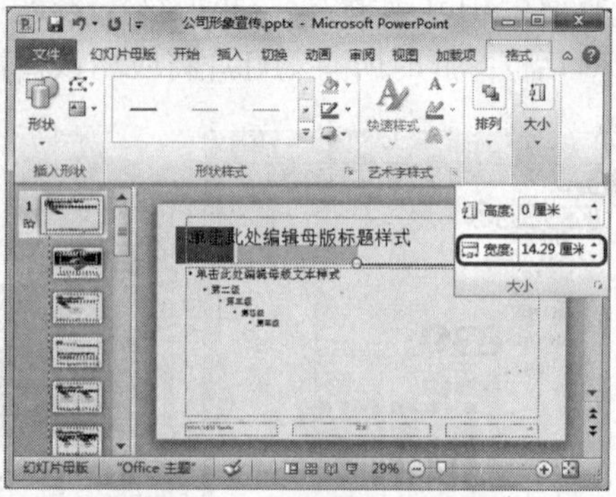

图 7-42　设置直线宽度

（9）选择第 2 张标题幻灯片，单击“幻灯片母版”选项卡，在“背景”组中单击选中 ☑ 隐藏背景图形 复选框，将背景图形隐藏，如图 7-43 所示。

（10）选择结束幻灯片，在“背景”组中单击选中 ☑ 隐藏背景图形 复选框，将背景图形隐藏，然后绘制如图 7-44 所示的矩形。

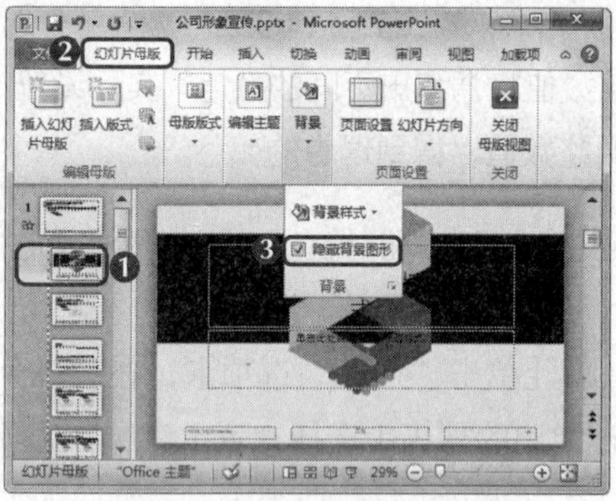

图 7-43　隐藏标题幻灯片中的图形

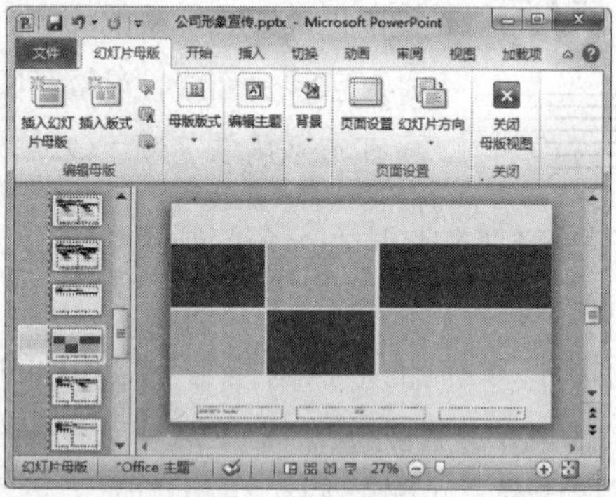

图 7-44　绘制矩形

（11）在“关闭”组中单击“关闭幻灯片母版”按钮，退出“幻灯片母版”编辑状态，返回普通视图。

7.2.2　设置幻灯片切换效果

微课视频

设置幻灯片切换效果

幻灯片切换方案是 PowerPoint 为幻灯片从一张切换到另一张时提供的动态视觉显示方式，使得幻灯片在放映时更加生动。下面在“公司形象宣传”演示文稿中设置幻灯片的切换动画，其具体操作如下。

（1）在演示文稿中选择第 1 张幻灯片，单击“切换”选项卡，在“切换到此幻灯片”组中单击“切换方案”按钮，在弹出的列表中选择“华丽型”栏中的“涟漪”选项，如图 7-45 所示。

（2）在“切换到此幻灯片”组中单击“效果选项”按钮，在弹出的列表框中选择“从左下部”选项，为幻灯片设置切换的效果，如图 7-46 所示。

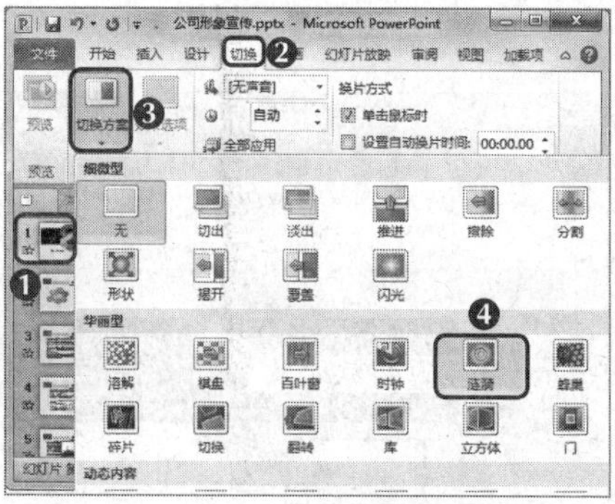

图 7-45　选择切换选项

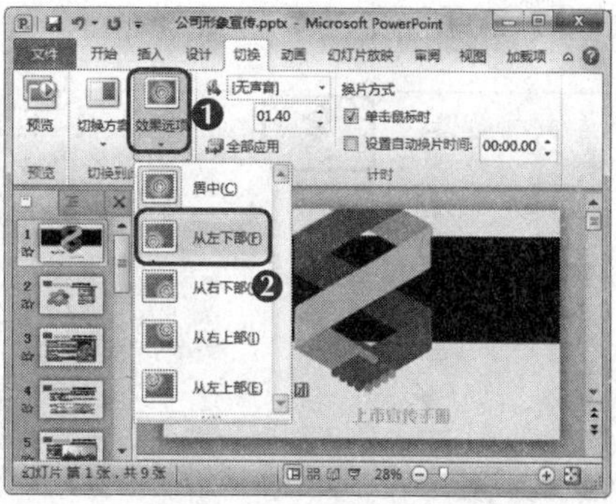

图 7-46　设置切换效果的方式

（3）在“计时”组中的“声音”列表框中选择“收款机”选项，为幻灯片设置切换时的声音，如图 7-47 所示。

（4）在“持续时间”数值框中输入“02:30”秒，单击 全部应用 按钮，如图 7-48 所示。为所有的幻灯片应用相同的切换效果，单击“预览”按钮可预览放映时的切换效果。

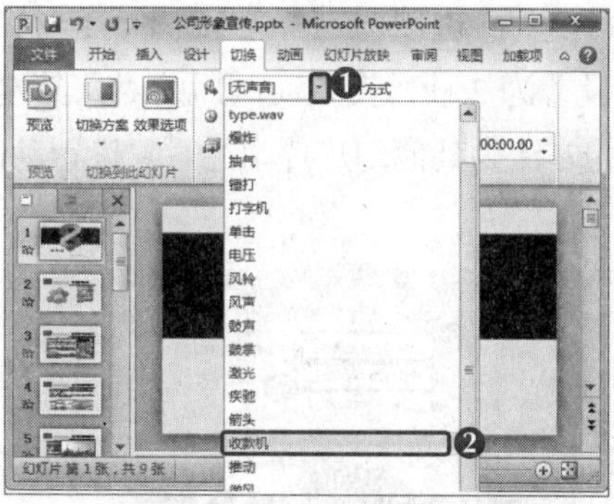

图 7-47　设置切换效果的声音

图 7-48　设置切换时间并预览

7.2.3　设置对象动画效果

为了使演示文稿中某些需要强调或关键的对象，如文字或图片，在放映过程中能生动地展示在观众面前，可以为这些对象添加合适的动画效果，使幻灯片内容更加生动、活泼。下面主要介绍设置幻灯片中对象的动画效果以及编辑动画的操作。

1．添加动画效果

微课视频

添加动画效果

为了使制作的演示文稿更加生动，用户可为幻灯片中不同的对象设置不同的动画，使幻灯片中的对象以不同的方式出现在幻灯片中。为了操作简便，在 PowerPoint 中提供了丰富的内置动画样式，用户可以根据需要进行添加。下面在“公司形象宣传.pptx”演示文稿中通过“动画”组和“动画”对话框为幻灯片中的标题添加动画效果，其具体操作如下。

（1）选择第1张幻灯片的标题文本框中，单击“动画”选项卡，在“动画”组中单击“动画样式”按钮★，在弹出的列表框中选择“进入”栏中的“轮子”选项，如图 7-49 所示。

（2）选择动画的同时将播放标题的动画效果，或单击“预览”组中的★按钮，预览动画效果，如图 7–50 所示。

图 7–49　设置标题动画

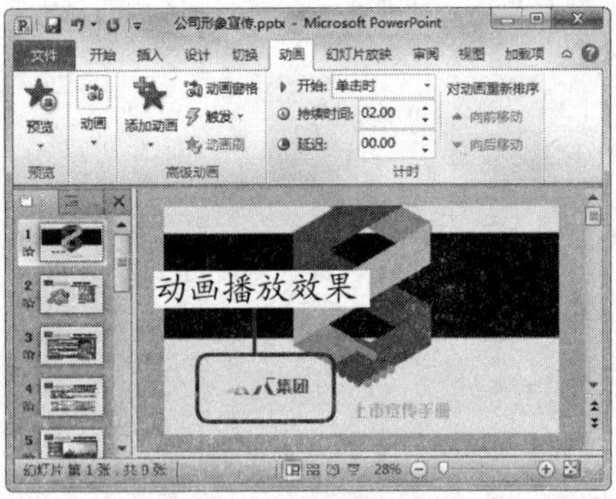

图 7–50　预览效果

（3）选择副标题文本框，单击“动画”选项卡，在“动画”组中单击“动画样式”按钮★，在弹出的列表中选择“更多进入效果”选项，打开“更改进入效果”对话框，选择“飞旋”选项，单击 确定 按钮，如图 7–51 所示。

（4）添加动画后，在“开始”列表中选择“上一动画之后”选项，设置动画顺序，在“持续时间”数值框中输入“02:00”，将动画持续时间设置为 2 秒，设置动画后的对象其左上角将显示编号，如图 7–52 所示。然后按照相同的方法为其他幻灯片中的对象设置动画效果。

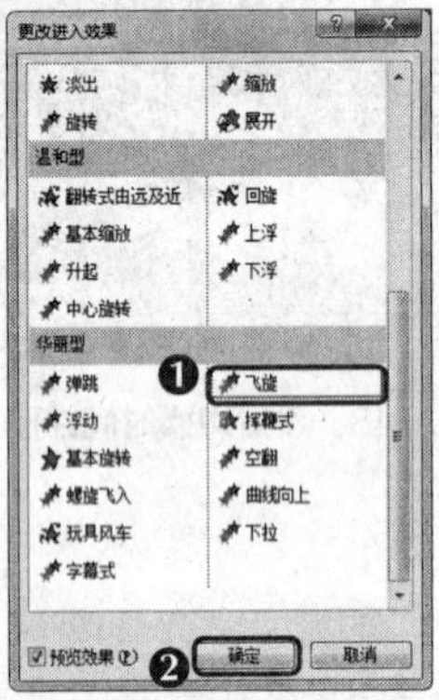

图 7–51　选择退出动画效果

图 7–52　设置播放顺序和持续时间

2. 更改动画效果选项与播放顺序

为对象添加动画效果，其动画效果选项是默认的，用户可自行更改，如更改进入方向等，而播放顺序是按照设置动画的先后顺序进行播放的，用户完成后，同样可对先前的动画播放顺序进行更改。下面在“公司形象宣传 .pptx”演示文稿中更改动画效果选项与播放顺序，其具体操作如下。

微课视频

更改动画效果选项与播放顺序

（1）选择第 2 张幻灯片中的正文内容占位符，在“动画”组中单击“效果选项”按钮，在弹出的列表中选择“自底部”选项，如图 7–53 所示，更改标题“切入”动画的进入方向。

（2）在“高级动画”组中单击 动画窗格 按钮，打开动画窗格，将鼠标指针移动到标题对应的动画选项上，按住鼠标左键不放，向下拖动鼠标，将图形组合移动到内容占位符的下方，如图 7–54 所示。

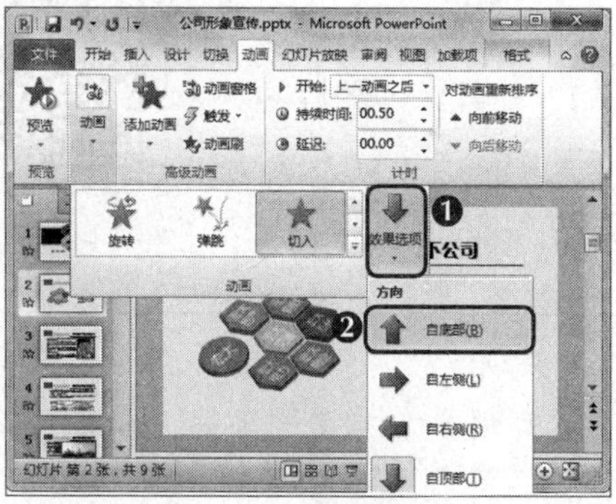

图 7–53　更改动画选项

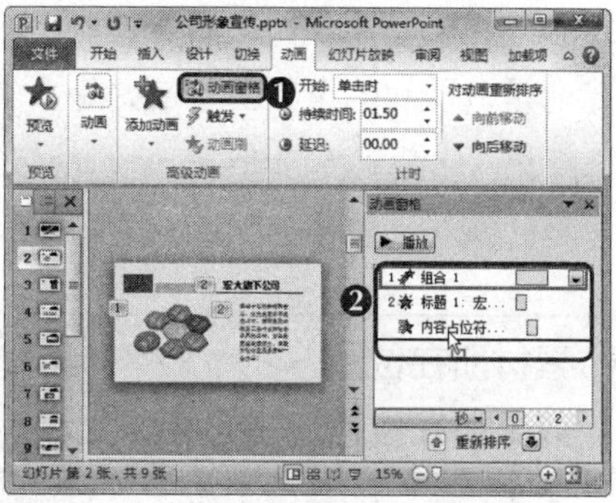

图 7–54　移动动画顺序

（3）返回幻灯片中，可看到对象的动画编号已发生变化，此时标题文本框显示为“1”，组合图形的编号显示为“2”，如图 7–55 所示。

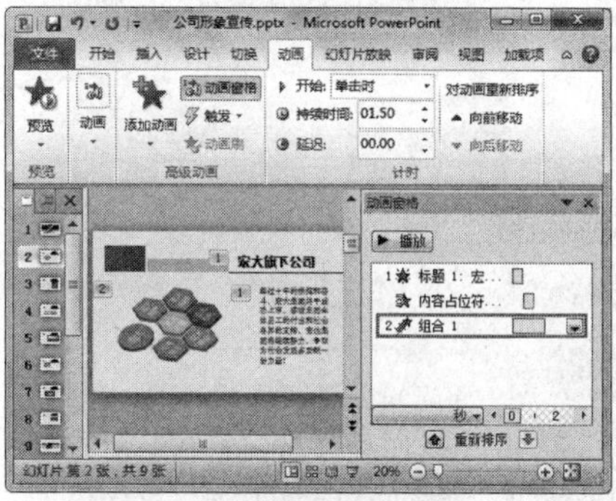

图 7–55　调整动画顺序后的效果

知识提示

添加多个动画

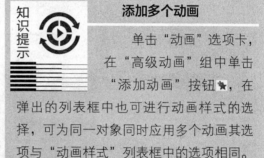

单击“动画”选项卡，在“高级动画”组中单击“添加动画”按钮，在弹出的列表框中也可进行动画样式的选择，可为同一对象同时应用多个动画其选项与“动画样式”列表框中的选项相同。

多学一招

动画的更多编辑操作

在动画窗格的动画选项上单击鼠标右键，在弹出的快捷菜单中选择“效果选项”或“计时”命令，在打开的动画对话框中同样可设置效果选项和动画顺序、持续时间和延迟时间等。

7.3 项目实训

本章通过制作“入职培训”演示文稿、设置“公司形象宣传”演示文稿两个课堂案例，讲解了制作与编辑演示文稿的方法，其中搭建演示文稿的结构、添加与设置文本、插入与编辑图片、插入与编辑 SmartArt 图形、绘制与编辑形状、使用母版设置幻灯片、设置切换效果、添加对象动画效果等，是日常办公中经常使用的操作，应重点学习和把握。下面通过两个项目实训，将本章学习的知识灵活运用。

7.3.1 制作“旅游宣传画册”演示文稿

微课视频

制作“旅游宣传画册”演示文稿

1．实训目标

本实训的目标是制作“旅游宣传画册”演示文稿，制作旅游宣传册需注意的是，使用的风景图片最好是真实拍摄的，并且保证图片的美观性。打开“旅游宣传画册.pptx”演示文稿，在其中插入风景图片，并使用文本框输入风景描述内容，完成后的效果如图 7-56 所示。

素材所在位置 素材文件 \ 第 7 章 \ 项目实训 \ 旅游宣传画册 .pptx、风景图片
效果所在位置 效果文件 \ 第 7 章 \ 项目实训 \ 旅游宣传画册 .pptx

图 7-56 “旅游宣传画册”演示文稿最终效果

2．专业背景

旅游宣传画册演示文稿是一种用于旅游景点宣传的演示文稿，所以其中图片的运用较多。由于其目的是向旅游者宣传，该类演示文稿要求制作精美，版式新颖简洁，让人过目不忘，产生旅游的向往和冲动。

3．操作思路

完成本实训非常简单，新建幻灯片，依次在幻灯片中插入并编辑图片，然后使用文本框输入对应图片的描述内容。

【步骤提示】

（1）打开“旅游宣传画册.pptx”演示文稿，新建 8 张幻灯片。

（2）在幻灯片中插入风景图片，并对图片进行编辑裁剪。

（3）在幻灯片中插入文本框，输入风景图片的描述内容，并编辑其字体格式。

7.3.2 制作“楼盘投资策划书”演示文稿

微课视频

制作“楼盘投资策划书”演示文稿

1. 实训目标

本实训的目标是制作“楼盘投资策划书”演示文稿，制作策划书需要明确其目的，对实际情况进行分析。该目标要求掌握幻灯片母版的设计、幻灯片切换方案的设置、动画的设置等知识。效果如图 7-57 所示。

素材所在位置 素材文件 \ 第 7 章 \ 项目实训 \ 楼盘投资策划书

效果所在位置 效果文件 \ 第 7 章 \ 项目实训 \ 楼盘投资策划书 .pptx

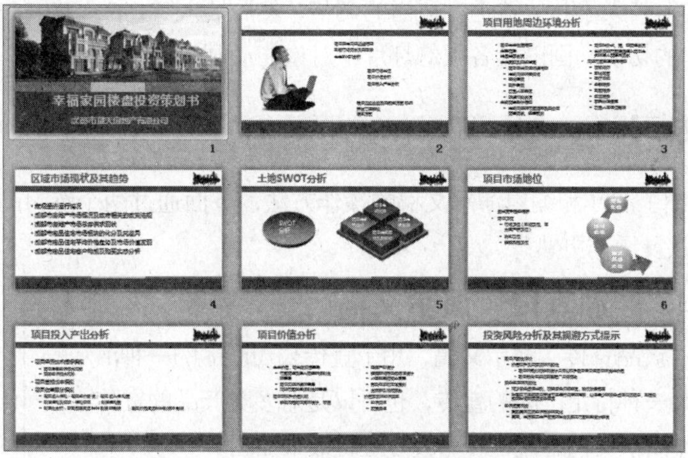

图 7-57 “楼盘投资策划书”演示文稿最终效果

2. 专业背景

楼盘投资策划书是房产相关单位为了达到招商融资或阶段性发展目标，在经过前期对项目科学地调研、分析、搜集与整理有关资料的基础上，根据一定的格式和内容的具体要求而编辑整理的一个全面展示公司和项目状况、未来发展潜力与执行策略的书面材料。

3. 操作思路

完成本实训可以先通过幻灯片母版制作幻灯片的统一模板，然后对幻灯片设置切换方案以及对其中的文本和图形对象设置动画效果，其操作思路如图 7-58 所示。

①设置母版内容幻灯片 ②设置母版标题幻灯片 ③设置切换效果

图 7-58 “楼盘投资策划书”演示文稿的制作思路

【步骤提示】

（1）打开“楼盘投资策划书.pptx”演示文稿，进入幻灯片母版，选择第 1 张幻灯片，在幻灯片下方绘制一个矩形，取消轮廓，并将其填充为“灰色 -80%”，并置于底层。然后使用相同的方法绘制其他形状。

（2）插入“2.jpg”图片，移动到幻灯片右上角，然后调整标题占位符的位置，并将其字体设置为“微软雅黑”“44”“灰色 -25%，背景 2，深色 50%”，再将内容占位符的字体设置为“微软雅黑”。

（3）选择第 2 张幻灯片，单击“幻灯片母版”选项卡，在“背景”组中单击选中 ☑隐藏背景图形 复选框，然后复制第 1 张幻灯片中下方的 4 个形状，将其复制到第 2 张幻灯片中，并对其大小和位置进行适当的调整，然后插入“1.jpg”图片并进行设置。

（4）设置幻灯片的切换动画以及各张幻灯片中对象的动画效果。

7.4 课后练习

本章主要介绍了制作和编辑演示文稿的操作方法，下面通过两个练习的制作，使读者对各知识的应用方法及操作更熟悉。

练习 1：制作“产品宣传”演示文稿

微课视频

制作“产品宣传”演示文稿

下面将制作“产品宣传”演示文稿，用于宣传公司产品的一种演示文稿，可以是对某一种特定产品的宣传，也可以是对多类产品的宣传。通过练习巩固制作演示文稿的流程和一般方法，效果如图 7-59 所示。

素材所在位置 素材文件 \ 第 7 章 \ 课后练习 \ 产品宣传

效果所在位置 效果文件 \ 第 7 章 \ 课后练习 \ 产品宣传 .pptx

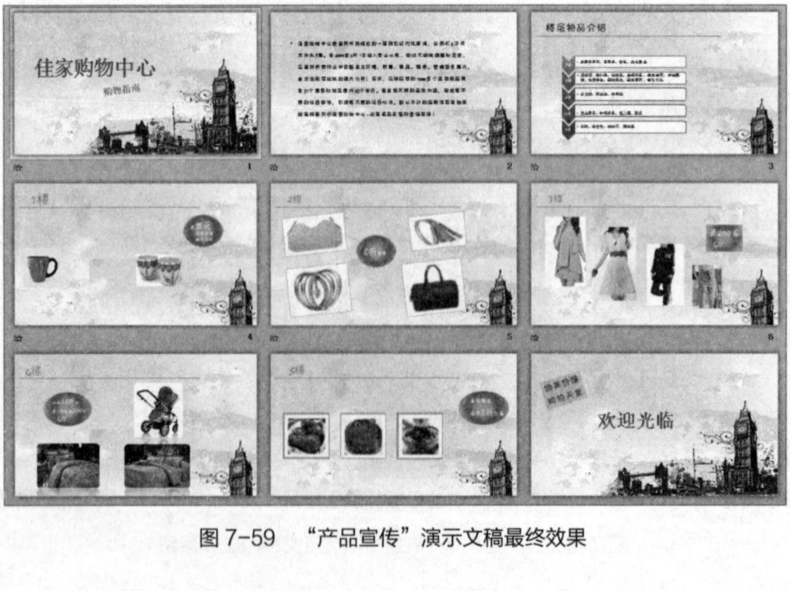

图 7-59 “产品宣传”演示文稿最终效果

操作要求如下。

- 打开“产品宣传 .pptx”演示文稿，在第 1、2 张幻灯片中使用文本框输入相应文本。
- 在第 3 张幻灯片上方绘制矩形条，并设置格式，在上方输入标题。然后插入“垂直 V 形列表”SmartArt 图形，输入文本内容并编辑格式。
- 将第 3 张幻灯片上方的形状和标题复制到其他幻灯片，修改标题内容。然后插入图片和椭圆形状并进行编辑。
- 在最后一张幻灯片中绘制形状和添加文本内容。
- 设置幻灯片的切换动画以及各张幻灯片中对象的动画效果。

练习 2：制作“管理培训”演示文稿

下面将制作“管理培训”演示文稿，管理培训是为了使企业负责人、团队领导人、职业经理人拥有更优良的管理技能。本例主要练习如何在幻灯片母版中设置样式，设置 SmartArt 图形和动画。效果如图 7-60 所示。

微课视频

制作“管理培训”演示文稿

素材所在位置 素材文件 \ 第 7 章 \ 课后练习 \ 管理培训 .pptx

效果所在位置 效果文件 \ 第 7 章 \ 课后练习 \ 管理培训 .pptx

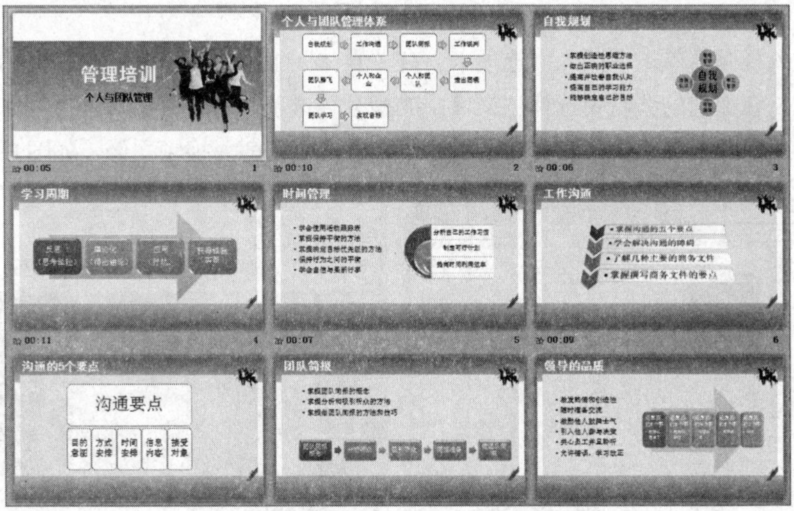

图 7-60 “管理培训”演示文稿最终效果

操作要求如下。

- 打开“管理培训 .pptx”演示文稿，在第 1 张幻灯片中输入设置标题文本。
- 新建 8 张幻灯片，输入标题，分别在幻灯片中插入 SmartArt 图形，输入文本并设置其格式，颜色选择上应与背景协调。
- 进入幻灯片母版，在第 1 张幻灯片中将中间的矩形形状填充为“金色，强调文字颜色 4，淡色 80%”。
- 设置幻灯片的切换动画以及各张幻灯片中对象的动画效果。

7.5 技巧提升

1. 插入媒体文件

在某些演示场合下，生动活泼的幻灯片才能更吸引观众。除了文中介绍的插入对象外，用户可以插入媒体文件，如音频和视频文件，使幻灯片声情并茂。

- **插入音频**：单击“插入”选项卡，在“媒体”组中单击“音频”按钮下方的按钮，在弹出的列表中选择音频文件样式，如选择“剪辑画音频”选项。在打开的“剪贴画”窗格的声音文件列表框中单击需插入的声音选项，此时幻灯片中将显示一个声音图标，同时打开提示播放的控制条，单击▶按钮即可预览插入的声音，如图 7-61 所示。

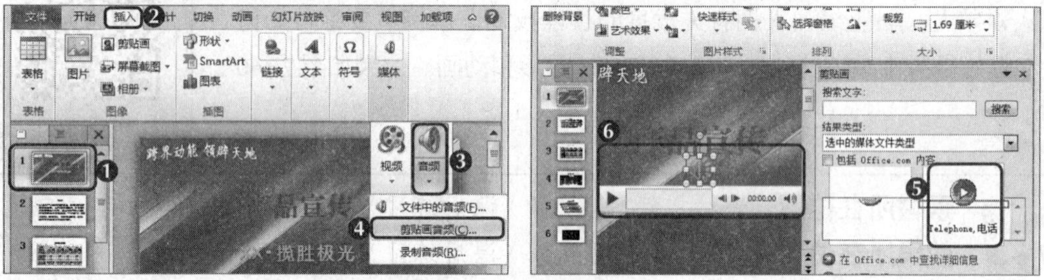

图 7-61　插入剪贴画音频文件

- **插入视频**：单击“插入”选项卡，在“媒体”组中单击“视频”按钮下方的按钮，在弹出的列表中选择“文件中的视频”选项，在打开的“插入视频文件”对话框中选择要插入的视频文件，单击 插入(S) 按钮，插入视频文件，如图 7-62 所示。

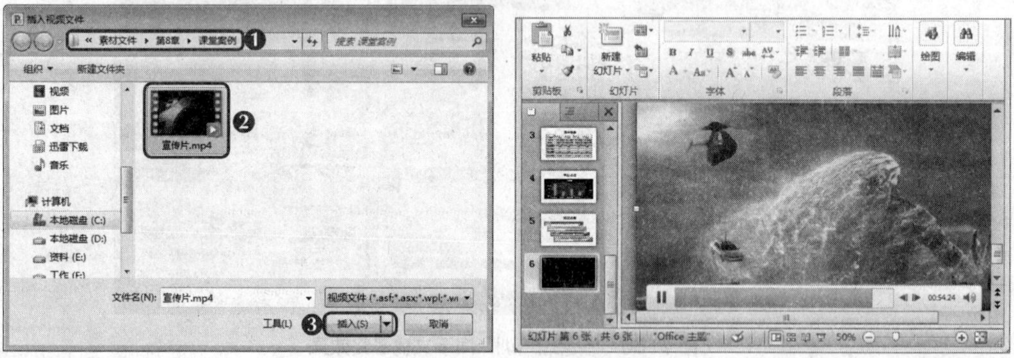

图 7-62　插入视频文件

2. 使用格式刷复制动画效果

如果需要为演示文稿中的多个幻灯片对象应用相同的动画效果，依次添加动画会非常麻烦，而且浪费时间，这时可使用动画刷快速复制动画效果，然后应用于幻灯片对象即可。使用动画刷的方法是：在幻灯片中选择已设置动画效果的对象，再单击“动画”选项卡，在“高级动画”组中单击“动画刷”按钮，此时，鼠标光标将变成形状，将鼠标光标移动到需要应用动画效果的对象上，然后单击鼠标，即可为该对象应用复制的动画效果。

CHAPTER 8

第 8 章 放映与输出演示文稿

情景导入

公司研发了一款新产品，准备对其进行放映发布，为此，专门召开了一个小型会议，讨论由谁担当演讲者，对产品进行放映和讲解。老洪力荐米拉来进行讲解，得到公司高层领导的认可，因此米拉开始积极做演讲准备。

学习目标

- 掌握演示文稿放映设置与放映控制的操作方法。

  如设置排练计时、录制旁白、添加超链接、设置放映方式、定位幻灯片、添加注释等操作。

- 掌握输出演示文稿的操作方法。

  如将演示文稿转换为图片、将演示文稿导出为视频等操作。

案例展示

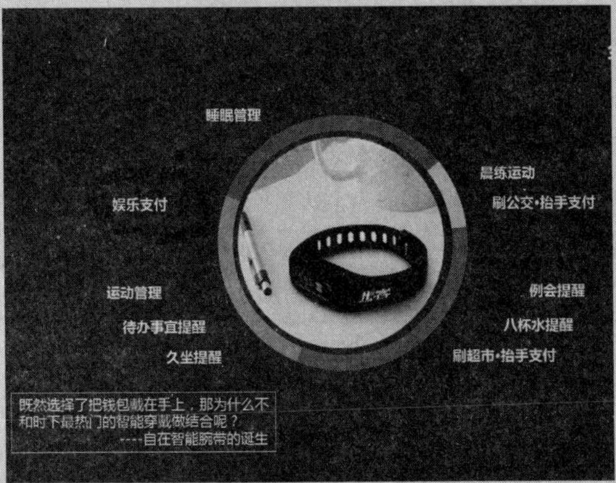

▲“产品营销推广”演示文稿放映效果

▲“市场调研报告”演示文稿视频效果

8.1 课堂案例：放映“产品营销推广”演示文稿

米拉虽然心情很紧张，但是很快便平静下来了，因为她做了充足的准备。以往老洪在进行演示文稿的讲解时，米拉每次都做笔记，记录放映的过程，也仔细观察了老洪的放映操作，为了进一步掌握放映方法，还向老洪要了演示文稿的文件，观察文件的设置等。最终圆满完成放映讲解任务，放映效果如图 8-1 所示。

素材所在位置 素材文件 \ 第 8 章 \ 课堂案例 \ 产品营销推广 .pptx
效果所在位置 效果文件 \ 第 8 章 \ 课堂案例 \ 产品营销推广 .pptx

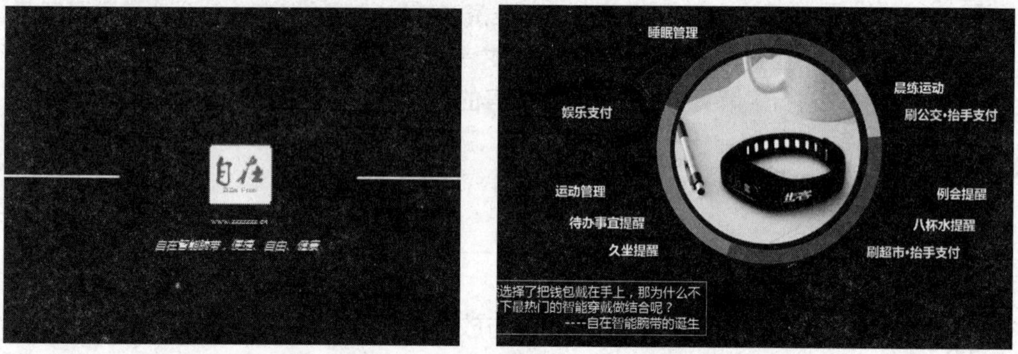

图 8-1 “产品营销推广”放映效果

职业素养

“产品营销推广”的作用和内容框架

“产品营销推广”是公司常用的一种演示文稿类型，通常一个新成立的公司研发出一款适用的新产品，都会在市场中大力推广，演示文稿的展示将发挥巨大的作用，从而让产品消息迅速传播，达到营销宣传的最终目的。产品营销推广演示文稿一般包含产品介绍信息、产品实现的功能、产品的特色等，这类演示文稿分为多个部分，在演示文稿的前部分将会制作一个小目录，用于排列提炼出内容大纲。

8.1.1 放映设置

制作演示文稿的最终目的是放映给观众看，但制作好演示文稿后，并不是立即放映给观众，还需做一些放映准备，因为不同的放映场合，对演示文稿的放映要求会有所不同，因此，在放映之前，还需要对演示文稿进行一些放映设置，使其更符合放映的场合，如设置排练计时、录制旁白、设置放映方式等，下面将介绍幻灯片放映准备工作的设置知识。

1. 设置排练计时

排练计时是指将放映每张幻灯片的时间进行记录，然后放映演示文稿时，就可按排练的时间和顺序进行放映，从而实现演示文稿的自动放映，演讲者则可专心地进行演讲而不用控制幻灯片的切换等操作。下面在“市场营销推广 .pptx”演示文稿中设置排练时间，其具体操作如下。

微课视频

设置排练计时

（1）单击“幻灯片放映”选项卡，在“设置”组中单击排练计时按钮，进入放映排练状态。

（2）进入放映排练状态后，将打开“录制”工具栏并自动为该幻灯片计时，如图 8-2 所示。

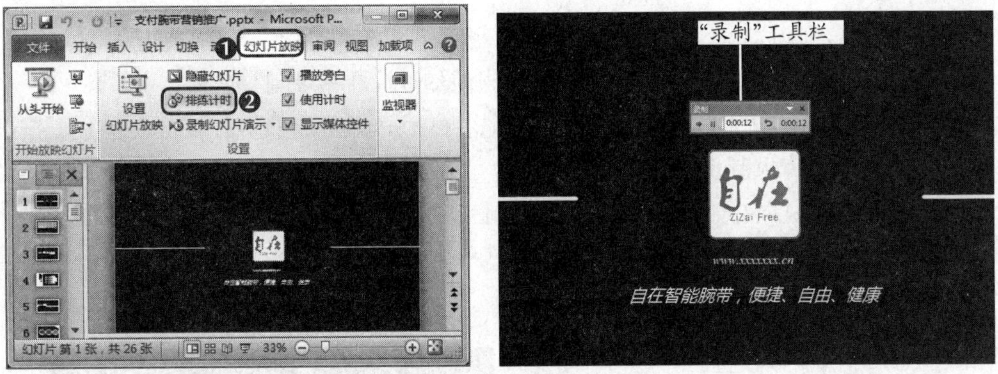

图 8-2　排练计时

（3）该张幻灯片播放完成后，在“录制”工具栏中单击“下一项”按钮或直接单击鼠标左键切换到下一张幻灯片，并且“录制”工具栏中的时间又将从头开始为该张幻灯片的放映进行计时，如图 8-3 所示。

（4）使用相同的方法录制其他幻灯片的计时，所有幻灯片放映结束后，屏幕上将打开提示对话框，询问是否保留幻灯片的排练时间，单击 是(Y) 按钮进行保存，如图 8-4 所示。

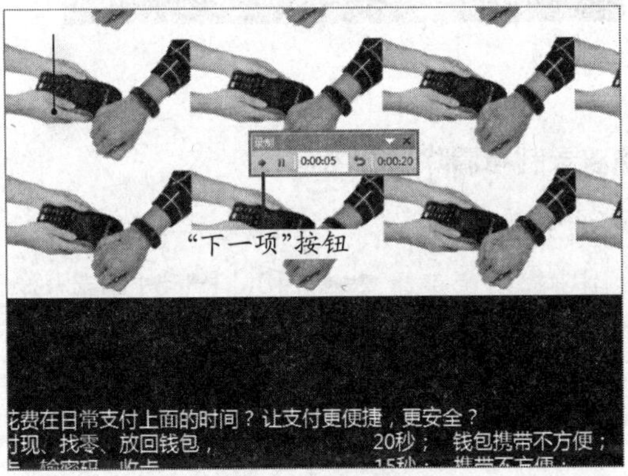

图 8-3　继续录制计时

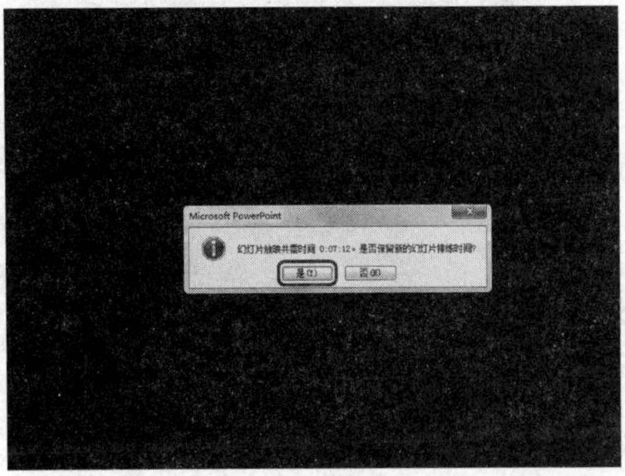

图 8-4　保存录制计时

知识提示

计时的控制

在“录制”工具栏中单击“暂停”按钮将暂停计时；单击“重复”按钮可重新进行计时。在计时过程中按【Esc】键可退出计时。

2．录制旁白

在放映演示文稿时，可以通过录制旁白的方法事先录制好演讲者的演说词，这样播放时会自动播放录制好的演说词。需注意的是：在录制旁白前，需要保证计算机中已安装了声卡和麦克风，且两者并处于工作状态，否则将不能进行录制或录制的旁白无声音。下面在“产品营销推广.pptx”演示文稿中录制旁白，详细介绍产品的抬手支付功能，其具体操作如下。

微课视频

录制旁白

（1）选择第 6 张幻灯片，单击“幻灯片放映”选项卡，在“设置”组中单击“录制幻灯片演示”按钮右侧的▾按钮，在弹出的列表中选择“从当前幻灯片开始录制”选项。

（2）在打开的“录制幻灯片演示”对话框中撤销选中“幻灯片和动画计时(T)”复选框，单击“开始录制(R)”按钮。

（3）此时进入幻灯片录制状态，打开“录制”工具栏并开始对录制旁白进行计时，此时录入准备好的演说词，如图 8-5 所示。录制完成后按【Esc】键退出幻灯片录制状态，返回幻灯片普通视图，此时录制旁白的幻灯片中将会出现声音文件图标，通过控制栏可试听旁白语音效果。

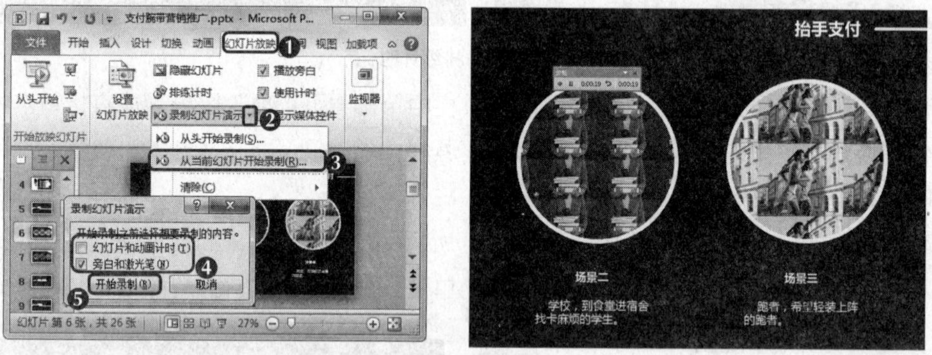

图 8-5　录制旁白

> **多学一招**
>
> **放映时不播放录制与清除录制内容**
>
> 如果放映幻灯片时，不需要使用录制的排练计时和旁白，可单击“幻灯片放映”选项卡，在“设置”组中撤销选中“播放旁白”和“使用计时”复选框，这样不会将录制的旁白和计时删除。若想将录制的计时和旁白从幻灯片中彻底删除，可以单击“录制幻灯片演示”按钮右侧的▾按钮，在弹出的列表中选择“清除”选项，在弹出的子列表中选择相应的清除选项即可。

3．设置超链接

一些大型的演示文稿，其内容较多，信息量很大，通常会存在一个目录页，用户可对目录页的内容添加超链接跳转到具体介绍的幻灯片页面，也可任意选择对象跳转到需要的位置，一般是通过超链接创建完成。下面在“产品营销推广.pptx”演示文稿中的第 4 张目录幻灯片中创建超链接，其具体操作如下。

微课视频

设置超链接

（1）在第4张幻灯片中选择目标文本内容，单击“插入”选项卡，在“链接”组中单击“超链接”按钮，如图8-6所示。

（2）打开“插入超链接”对话框，在“链接到”列表框中单击“本文档中的位置”按钮，在“请选择文档中的位置”列表框中选择链接到的幻灯片，这里选择第24张幻灯片选项，单击 确定 按钮，如图8-7所示。

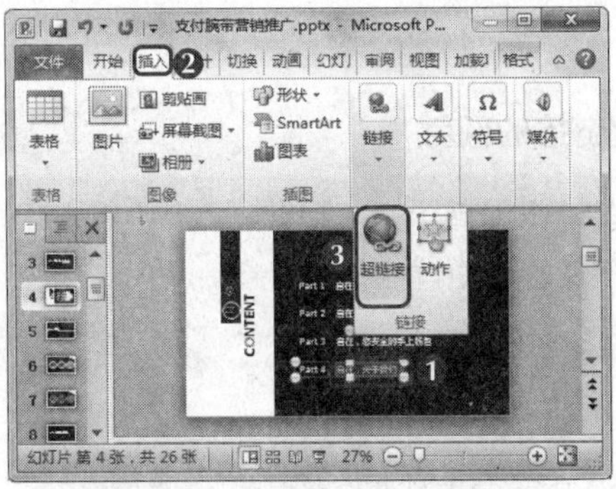

图8-6 选择设置文本内容链接

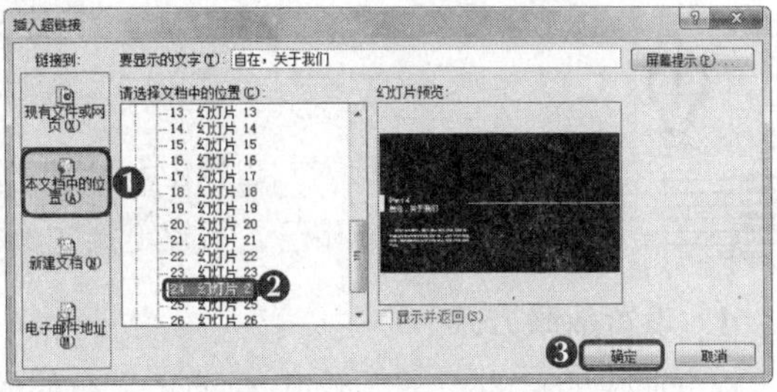

图8-7 设置链接目标

“插入超链接”对话框

知识提示

“链接到”列表框中的“现有文件或网页”按钮，用于设置链接到现有的某个文件或网页；“新建文档”按钮，用于新建文档，并链接到该文档；“电子邮件地址”按钮用于链接到邮箱地址，它们的操作方法相似。“要显示的文字”文本框则用于显示设置超链接的文本内容。

（3）返回幻灯片，即可查看到选择的“自在，关于我们”文字内容添加超链接后的效果，其颜色发生改变，为默认的蓝色，如图8-8所示。

（4）使用相同的方法，分别将“Part 3”“Part 2”“Part 1”中的文字内容链接到第19张、第9张、第5张幻灯片，如图8-9所示。

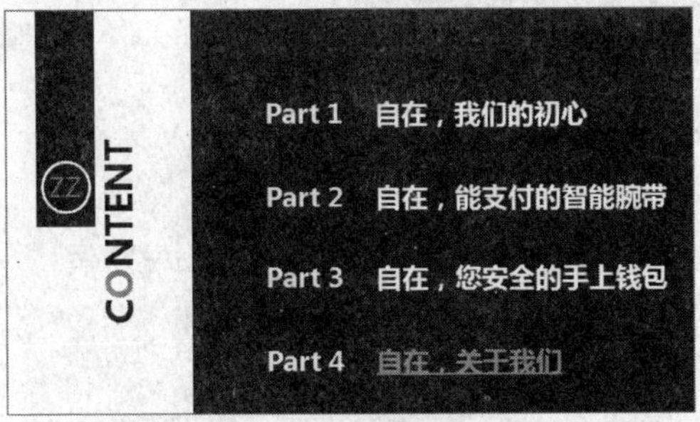

图8-8 查看文字超连接的效果

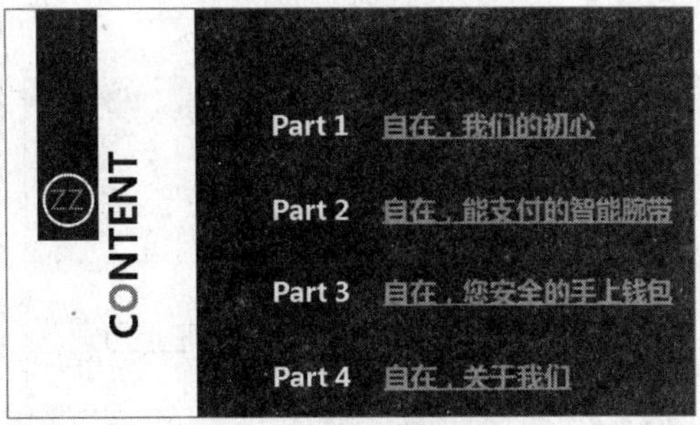

图8-9 添加其他超链接

（5）放映幻灯片时，将鼠标移到“Part 1”中的文字内容上，鼠标光标变为形状时，单击鼠标可跳转到第5张幻灯片，单击“Part 2”中的文字内容将跳转到第9张幻灯片，如图8-10所示，单击超链接后的文字链接内容颜色将发生改变，如图8-11所示。

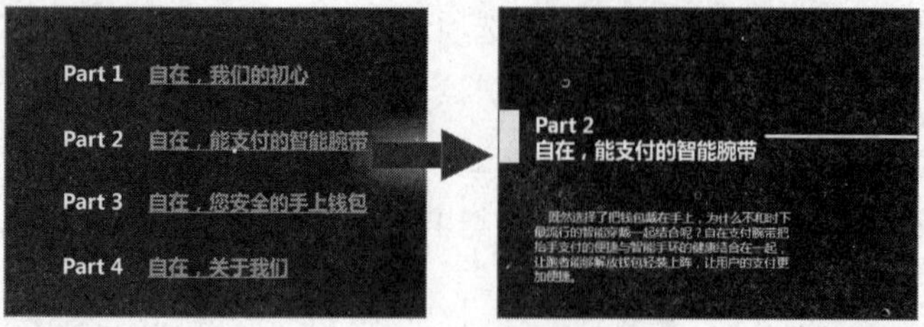

图 8-10 放映跳转效果

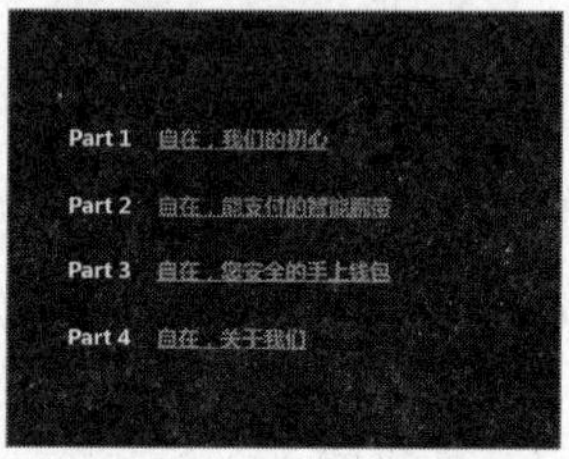

图 8-11 单击超链接的效果

多学一招

自定义超链接的颜色

单击“设计”选项卡，在“主题”组中单击颜色按钮，在弹出的列表中选择“新建主题颜色”选项，在打开的“新建主题颜色”对话框中可自定义超链接和已访问超链接的颜色。

4. 设置放映方式

根据放映的目的和场合不同，对演示文稿的放映方式会有所不同。设置放映方式包括设置幻灯片的放映类型、放映选项、放映幻灯片的范围以及换片方式和性能等，这些设置都是通过“设置放映方式”对话框实现的。下面在“产品营销推广 .pptx”演示文稿中设置放映方式，其具体操作如下。

微课视频

设置放映方式

（1）单击“幻灯片放映”选项卡，在“设置”组中单击“设置幻灯片放映”按钮，打开“设置放映方式”对话框，在“放映类型”栏中根据需要选择不同的放映类型，这里单击选中“演讲者放映（全屏幕）(P)”单选项，在“放映选项“栏中设置放映时的一些操作，如放映时不播放动画等，这里单击选中“循环放映，按 ESC 键终止(L)”复选框；在“放映幻灯片”栏中可设置幻灯片放映的范围，这里单击选中“全部(A)”单选项；在“换片方式”栏中设置幻灯片放映时的切换方式，这里单击选中“如果存在排练时间，则使用它(U)”单选项，单击“确定”按钮。

（2）此时放映演示文稿将以“演讲者放映（全屏幕）”进行，如图 8-12 所示。

图 8-12 设置放映方式

知识提示

"演讲者放映（全屏幕）"放映方式的适合场合

"演讲者放映（全屏幕）"是最常用的方式，通常用于演讲者指导演示时。该方式下演讲者具有对放映的完全控制，并可用自动或人工方式运行幻灯片放映；演讲者可以暂停幻灯片放映，以添加会议细节或即席反应；还可以在放映过程中录下旁白。也可以使用此方式，将幻灯片放映投射到大屏幕上、主持联机会议或广播演示文稿。

8.1.2 放映控制

放映的准备工作完成后，演讲者即可有条不紊的进行演讲，在放映演示文稿时，演讲者根据实际情况，可对放映情况进行控制，如放映时幻灯片的定位切换、放映时对重点内容的注释等。

1. 放映的方法

按照设置的效果进行顺序放映，被称为一般放映。它是放映演示文稿最常用的放映方式，PowerPoint 中提供了从头开始放映和从当前幻灯片开始放映两种方式。

- 单击"幻灯片放映"选项卡，在"开始放映幻灯片"组中单击"从头开始"按钮，或直接按【F5】键，从演示文稿的开始位置开始放映。
- 单击"幻灯片放映"选项卡，在"开始放映幻灯片"组中单击"从当前幻灯片开始"按钮，或直接按【Shift+F5】组合键，从演示文稿的当前幻灯片开始放映。

2. 定位幻灯片

默认状态下，演示文稿是以幻灯片顺序进行放映，实际放映中演讲者通常会使用快速定位功能实现幻灯片的定位，这种方式可以实现任意幻灯片的切换，如从第 1 张幻灯片定位到第 5 张幻灯片等。下面在"支产品营销推广 .pptx"演示文稿中快速定位幻灯片，其具体操作如下。

微课视频

定位幻灯片

（1）放映演示文稿，在幻灯片中单击鼠标右键，在弹出的快捷菜单中选择"下一页"命令可切换到下一张幻灯片，这里选择"定位至幻灯片"命令。

（2）在弹出的子命令中显示了所有幻灯片对应的选项，这里选择"16 幻灯片"命令，快速定位到第 16 张幻灯片，如图 8-13 所示。

多学一招

通过键盘或鼠标控制放映

在放映幻灯片的过程中，按键盘上的数字键输入需定位的幻灯片编号，再按【Enter】键，可快速切换到该张幻灯片；或按键盘的空格键切换到下一页，通过滚动鼠标滚轮移动到上下页。

图 8-13　定位幻灯片

3. 添加注释

在演示文稿放映的过程中，演讲者若想突出幻灯片中的某些重要内容，着重进行讲解，此时可以通过在屏幕上添加下划线和圆圈等注释方式来勾勒出重点。下面在放映“产品带营销推广”演示文稿时，使用荧光笔为第 10 张幻灯片添加注释内容，其具体操作如下。

微课视频

添加注释

（1）放映演示文稿，在第 10 张幻灯片中单击鼠标右键，在弹出的快捷菜单中选择“指针选项”命令，在子菜单中选择“荧光笔”命令。

（2）再在该幻灯片上单击鼠标右键，在弹出的快捷菜单中选择“指针选项”命令，在子菜单中选择“墨迹颜色”命令，在弹出的子菜单中选择笔触的颜色，这里选择“红色”命令，如图 8-14 所示。

（3）此时将鼠标指针移动到幻灯片需要标注的位置，拖动鼠标标记该张幻灯片中的重点内容，幻灯片放映结束后，弹出提示对话框，提示是否保留墨迹注释，单击 保留(K) 按钮保存注释，如图 8-15 所示。

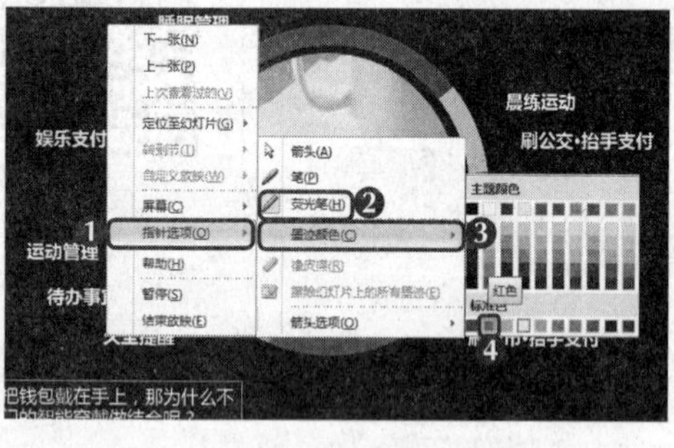

图 8-14　选择荧光笔并设置颜色

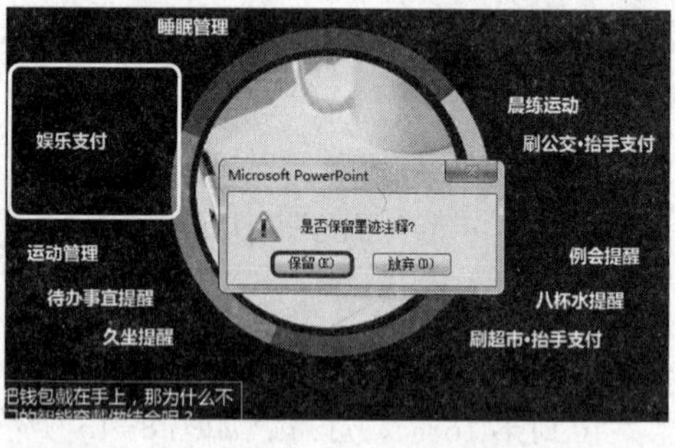

图 8-15　保存注释

多学一招

放映页面左下角的工具栏

进入放映状态后，在左下角将显示出工具栏，其功能应用与右键菜单对应。按钮用于切换到上一张幻灯片；按钮对应“指针选项”命令，在添加注释时，也可使用笔工具绘制下划线等；按钮对用右键菜单除指针选项外的命令；按钮则切换到下一张幻灯片。

8.2 课堂案例：输出“市场调研报告”演示文稿

米拉根据同事提供的调研资料制作出了“市场调研报告”演示文稿，在交给老洪审查时，老洪要求米拉将报告输出为图片或视频格式，因为他要将报告发给每个小组组长，让他们根据调研报告制定计划，但考虑到可能未在计算机中安装 PowerPoint 2010 的情况，无法正常打开演示文稿，因此将其输出为图片或视频。输出的图片和视频效果如图 8-16 所示。

素材所在位置 素材文件 \ 第 8 章 \ 课堂案例 \ 市场调研报告 .pptx
效果所在位置 效果文件 \ 第 8 章 \ 课堂案例 \ 市场调研报告

图 8-16 “市场调研报告”输出效果

“市场调研报告”的整理分析和影响

职业素养

市场调研报告用于对市场调研情况进行报告，它是市场调查与市场研究的统称，是个人或组织根据特定的决策问题而系统地设计、搜集、记录、整理、分析及研究市场各类信息资料、报告调研结果的工作过程，主要由市场调研人员所制作。

8.2.1 将演示文稿输出为图片

微课视频

将演示文稿输出为图片

演示文稿制作完成后，可将其输出为其他格式的图片文件，如 JPG、PNG 等图片文件，这样浏览者可以图片的方式观看演示文稿的内容。下面将“市场调研报告 .pptx”演示文稿的幻灯片输出为图片，其具体操作如下。

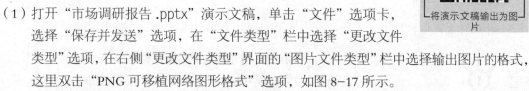

（1）打开“市场调研报告 .pptx”演示文稿，单击“文件”选项卡，选择“保存并发送”选项，在“文件类型”栏中选择“更改文件类型”选项，在右侧“更改文件类型”界面的“图片文件类型”栏中选择输出图片的格式，这里双击“PNG 可移植网络图形格式”选项，如图 8-17 所示。

（2）打开“另存为”对话框，设置保存位置和文件名，单击 保存(S) 按钮。此时会弹出一个提示对话框，单击 每张幻灯片(E) 按钮可将演示文稿中所有幻灯片保存为图片，单击 仅当前幻灯片(C) 按钮，只将当前的幻灯片转换为图片文件，这里单击 每张幻灯片(E) 按钮，如图 8-18 所示。

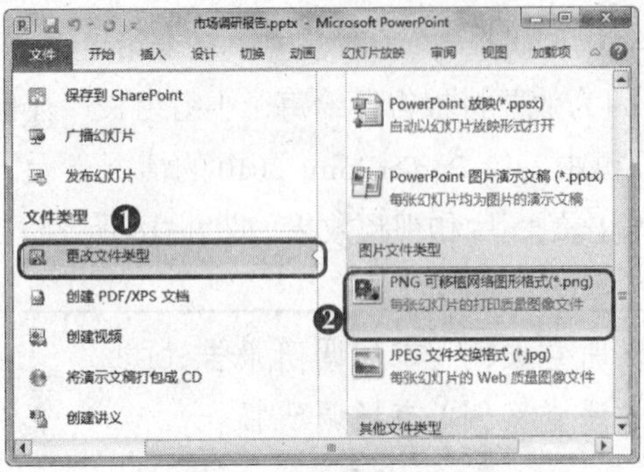

图 8-17　选择图片类型

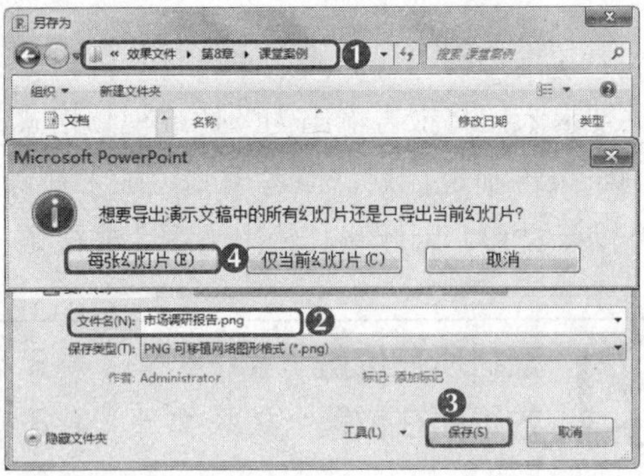

图 8-18　转换每张幻灯片

（3）打开保存幻灯片图片的文件夹，在其中可查看图片内容，双击幻灯片图片，在 Windows 照片查看器中打开图片进行查看，如图 8-19 所示。

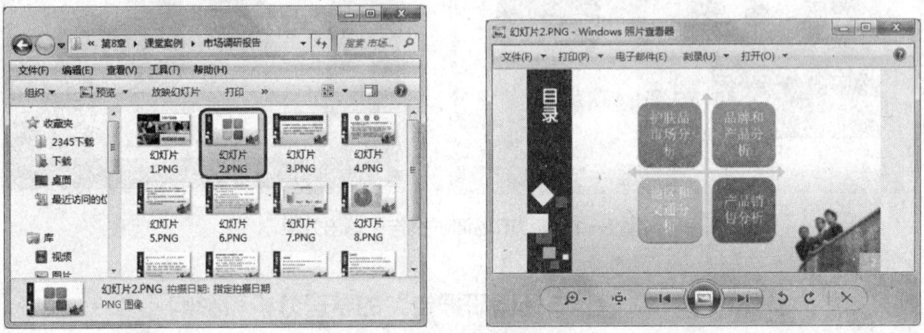

图 8-19　查看转换的图片

8.2.2 将演示文稿导出为视频

微课视频

将演示文稿导出为视频

将演示文稿导出为视频文件，不仅可以使添加动画和切换效果的演示文稿更加生动，还可使浏览者通过播放器查看演示文稿的内容。下面将“市场调研报告.pptx”演示文稿导出为 .wmv 格式视频，其具体操作如下。

（1）单击“文件”选项卡，选择“保存并发送”选项，在“文件类型”栏中双击“创建视频”选项。

（2）打开“另存为”对话框，在地址栏中设置保存位置，在“文件名”文本框中保持默认文件名，单击 保存(S) 按钮。

（3）开始导出视频，导出完成后，双击发布的视频文件，播放视频，如图 8-20 所示。

多学一招

将演示文稿导出为 PDF 文件

在“文件类型”栏中双击“创建 PDF/XPS 文档”选项，可将演示文稿导出为 PDF 文件，PDF 是一种常用的电子文件格式，类似于网络中的电子杂志，便于阅读，其操作与导出为视频的方法相似。

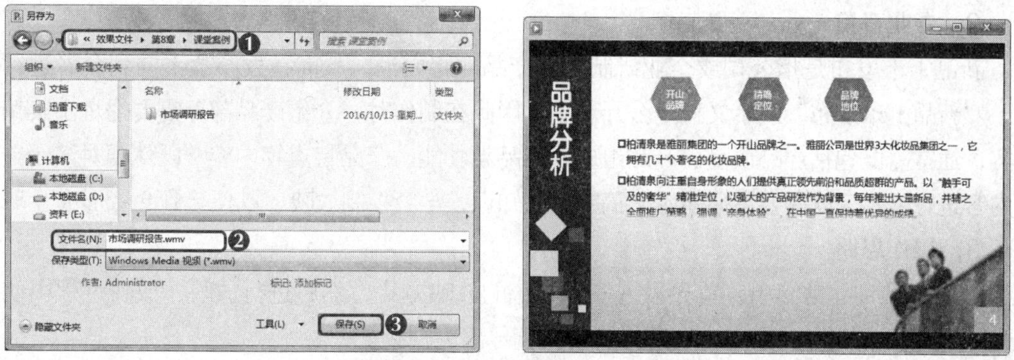

图 8-20　将演示文稿导出为视频

8.3 项目实训

本章通过放映“产品营销推广”演示文稿、输出“市场调研报告”演示文稿两个课堂案例，讲解了放映与输出演示文稿的操作，其中设置排练计时、设置超链接、设置放映方式、定位幻灯片、添加注释、将演示文稿输出为图片、导出为视频等操作，是日常办公中经常使用的知识点，应重点学习和把握。下面通过两个项目实训，将本章学习的知识灵活运用。

8.3.1 放映并输出“新品上市发布”演示文稿

微课视频

放映并输出“新品上市发布”演示文稿

1. 实训目标

本实训的目标是放映并输出“新品上市发布”演示文稿。打开演示文稿后，根据放映目的，设置放映方式，然后将其导出为视频，放映与视频播放的效果如图 8-21 所示。

素材所在位置　素材文件 \ 第 8 章 \ 项目实训 \ 新品上市发布 .pptx
效果所在位置　效果文件 \ 第 8 章 \ 项目实训 \ 新品上市发布

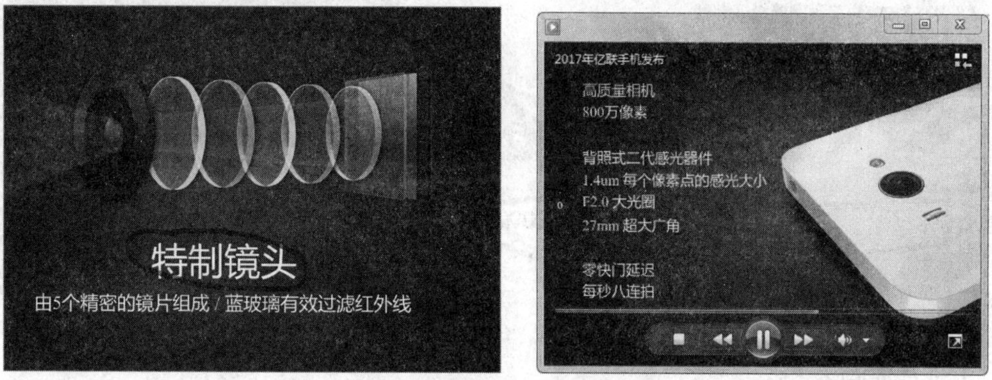

图 8-21　放映与视频播放效果

2. 专业背景

新品上市发布是指公司或企业研制的新产品即将面世，从而在发布会上向到会者进行展示。“新品上市发布”演示文稿是公开展示，因此在制作时，介绍产品部分需要提炼出其精华内容，通常需要包括产品质量、产品组成、产品新功能、产品特点等内容。既然要对演示文稿的内容进行展示，就需要掌握演示文稿的放映知识，学会控制放映，以便与到会者形成互动。

3. 操作思路

完成本实训非常简单，首先设置演示文稿的放映方式，然后进行放映，放映过程中使用荧光笔标注重点内容，完成放映后将演示文稿导出为视频。

【步骤提示】

（1）打开“新品上市发布.pptx”演示文稿，将放映范围设置为从第 25 张幻灯片到第 69 张幻灯片，取消循环放映，放映类型为“演讲者放映（全屏幕）”。

（2）按【F5】键从第 25 张幻灯片开始放映，至第 44 张幻灯片时，使用荧光笔注释“特制镜头”。

（3）将演示文稿导出为视频文件。

8.3.2 放映与输出“年度工作计划”演示文稿

1. 实训目标

本实训的目标是放映输出“年度工作计划”演示文稿，首先对演示文稿进行放映，在放映演示文稿前，作者需要确定放映的场合，来进行放映前的设置。然后将其导出为视频观看，通过实训让用户熟练掌握演示文稿的放映和输出的方法。本实训的最终效果如图 8-22 所示。

微课视频

放映与输出“年度工作计划”演示文稿

素材所在位置 素材文件\第 8 章\项目实训\医院年度工作计划.pptx

效果所在位置 效果文件\第 8 章\项目实训\年度工作计划

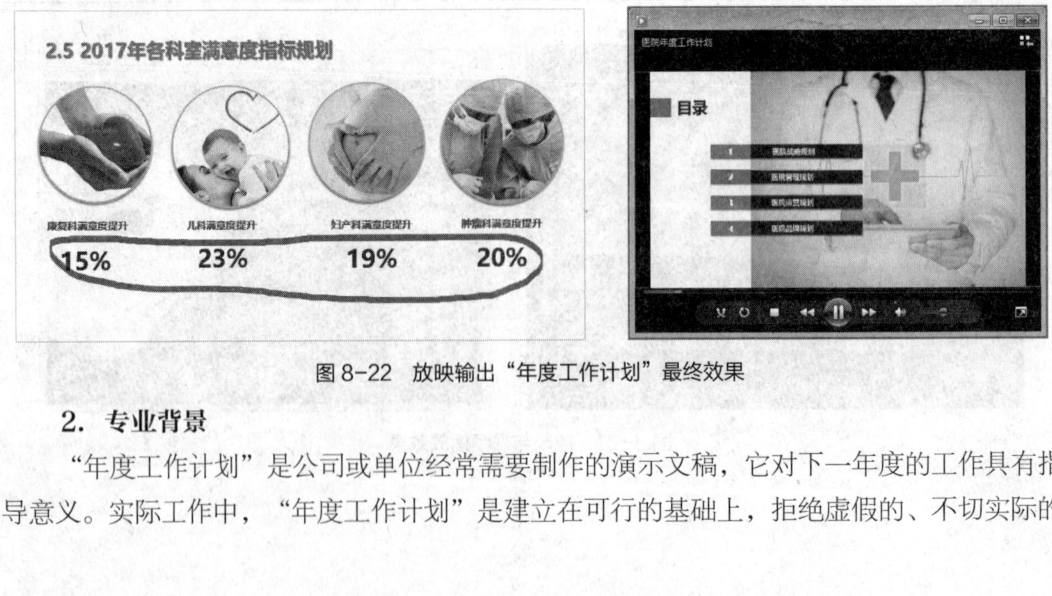

图 8-22 放映输出“年度工作计划”最终效果

2. 专业背景

“年度工作计划”是公司或单位经常需要制作的演示文稿，它对下一年度的工作具有指导意义。实际工作中，“年度工作计划”是建立在可行的基础上，拒绝虚假的、不切实际的空想愿望。因此，演示文稿中所涉及的数据是具体的，并且要说明怎样去实现这个目的。

3. 操作思路

完成本实训首先设置放映方式，然后进行实际放映，最后将演示文稿导出为视频。

【步骤提示】

（1）打开“年度工作计划 .pptx”演示文稿，设置为“演讲者放映（全屏幕）”放映方式。

（2）放映演示文稿，在第 12 张幻灯片中使用荧光笔添加指标数据的注释。

（3）放映完后，退出放映，将演示文稿导出为视频并观看。

8.4 课后练习

本章主要介绍了放映与输出演示文稿的操作方法，下面通过两个练习的制作，使用户对各知识的应用方法及操作更熟悉。放映“年度销售计划”演示文稿效果如图 8-23 所示，输出“品牌构造方案”演示文稿效果如图 8-24 所示。

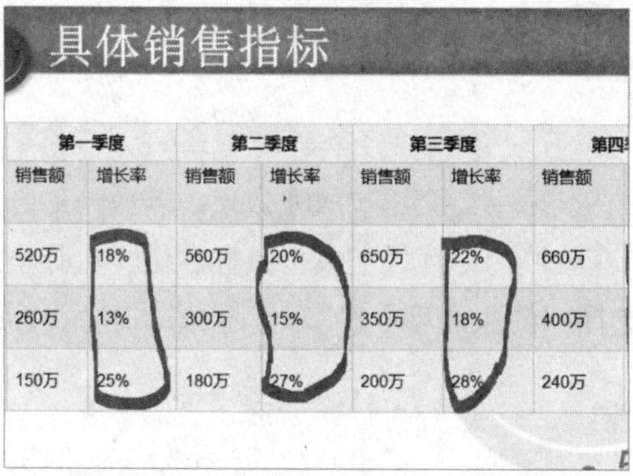

图 8-23　放映“年度销售计划”演示文稿效果

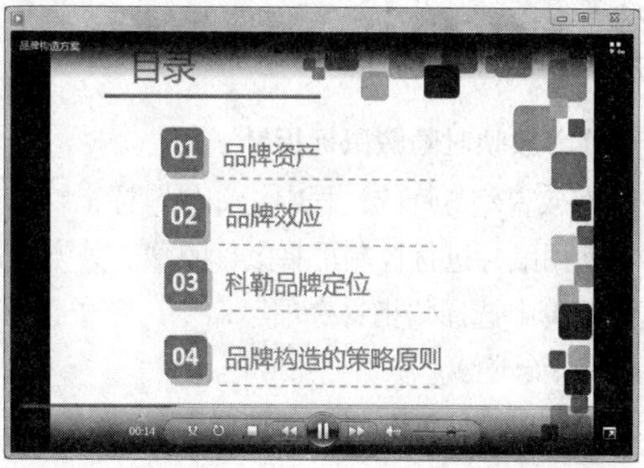

图 8-24　输入“品牌构造方案”演示文稿效果

练习 1：放映“年度销售计划”演示文稿

微课视频

放映“年度销售计划”演示文稿

下面将放映“年度销售计划”演示文稿，练习快速定义演示文稿的放映方式，然后进行放映，在放映过程中为重点内容添加注释。

素材所在位置　素材文件 \ 第 8 章 \ 课后练习 \ 年度销售计划 .pptx
效果所在位置　效果文件 \ 第 8 章 \ 课后练习 \ 年度销售计划 .pptx

操作要求如下。

- 打开“年度销售计划 .pptx”演示文稿，设置放映时不加旁白，放映类型为“演讲者放映（全屏幕）”。
- 按【F5】键从第 1 张幻灯片开始放映，在第 4 张幻灯片中使用笔绘制下划线标注工作目标的数据，使用荧光笔在第 5 张幻灯片销售目标的增长率数据上画圈。

练习 2：输出“品牌构造方案”演示文稿

微课视频

输出“品牌构造方案”演示文稿

下面将打开“品牌构造方案 .pptx”演示文稿，将其分别导出为图片和视频文件。

素材所在位置 素材文件 \ 第 8 章 \ 课后练习 \ 品牌构造方案 .pptx

效果所在位置 效果文件 \ 第 8 章 \ 课后练习 \ 品牌构造方案

操作要求如下。

- 打开“品牌构造方案 .pptx”演示文稿，将每张幻灯片以 JPG 格式导出。
- 将演示文稿导出为 .wmv 视频文件。

8.5 技巧提升

1. 放映时隐藏鼠标指针

在放映幻灯片的过程中，如果鼠标指针一直放在屏幕上，会影响放映效果。若放映幻灯片时不使用鼠标进行控制可将鼠标隐藏。其方法是：在放映的幻灯片上单击鼠标右键，在弹出的快捷菜单中选择“指针选项”命令，在子菜单中选择“箭头选项”/“永远隐藏”命令，即可将鼠标指针隐藏。

2. 用“显示”代替“放映”

在放映演示文稿时，一般都是先打开演示文稿，然后再通过各种命令或单击某些按钮才能进入放映状态，对于讲究效率的演示者来说，这并不是最快的方法，可以选择快速、方便的方法对演示文稿进行放映，如用“显示”来代替“放映”。其方法是：在计算机中找到需放映的演示文稿保存的位置，选择需放映的演示文稿缩略图，单击鼠标右键，在弹出的快捷菜单中选择“显示”命令，即可从头放映该演示文稿。

3. 让幻灯片以黑屏显示

对演示文稿进行演示的过程中，当需要休息或与观众进行讨论时，为了避免屏幕上的图片分散观众的注意力，可单击鼠标右键，在弹出的快捷菜单中选择“屏幕”命令，在子菜单中选择“黑屏”命令或按【B】键使屏幕显示为黑色。休息后或讨论完成后再单击鼠标右键，在弹出的快捷菜单中选择“屏幕”命令，在子菜单中选择“屏幕还原”命令或按【B】键即可恢复正常。按【W】键也会产生类似的效果，只是屏幕将自动变成白色。

4. 导出为演示文稿类型

演示文稿文件类型包括放映演示文稿 (*.pptx)、PowerPoint 97-2003 演示文稿 (*.ppt)、模板 (*.potx) 和 PowerPoint 放映 (*.ppsx) 等，不同的类型，导出的演示文稿格式不同，用户可以根据需要进行选择。其方法是：在“导出”页面中选择“更改文件类型”选项，在右侧的“更改文件类型”栏中选择“演示文稿文件类型”栏中的选项，然后根据提示进行操作即可。

CHAPTER 9

第 9 章 常用办公工具软件的使用

情景导入

老洪将公司产品图片发给米拉，要求米拉对图片进行编辑和美化，米拉接到任务后，不知道如何开展，只能到老洪的办公室虚心请教，老洪告诉米拉，要安装一款图片处理软件。

学习目标

- 掌握安装与卸载软件的操作方法。

  如安装软件、卸载软件以及获取软件安装程序等。

- 掌握常用办公工具软件的使用。

  如使用压缩软件、使用 Adobe Acrobat、使用光影魔术手图片处理软件以及使用安全防护软件等。

案例展示

▲使用 Adobe Acrobat 查看 PDF 文档效果

▲使用光影魔术手美化图片效果

9.1 安装与卸载软件

办公自动化是通过计算机系统中一系列软件辅助完成的，而系统自带的软件是有限的，在办公中要实现更多的目的，就需要在系统中安装其他实用的软件，那么作为办公人员有必要掌握安装软件与卸载软件的操作。

9.1.1 获取软件安装程序

选择需要安装的软件后，在安装前必须先获取该软件的安装程序，安装程序的后缀名一般为 .exe。获取软件的方法通常有以下 3 种。

- **购买**：一般在软件经销商处可以购买到软件的安装光盘。需要注意的是，千万不要购买盗版软件，因为盗版软件不仅得不到软件商的技术支持，还可能存在危害计算机安全的计算机病毒等程序。
- **网上下载**：一些共享软件或免费软件，在很多网站上都提供了下载这类软件的链接，可根据需要进行下载，网上下载知识将在第 10 章中进行详细讲解。但在下载时要小心网络中的病毒和木马，知名度较高的网站在安全性方面会更有保障。
- **赠送**：有时在购买软件或计算机方面的书籍时会赠送一些经授权许可的共享软件，或作者自行开发的软件。

知识提示

软件的序列号或注册码

一些软件有自己的“身份证”，即安装序列号或注册码，分别用于在安装时输入以继续安装，或在安装后输入以激活软件。大部分软件都将安装序列号印刷在光盘包装盒上，用户可在包装盒上直接获取安装序列号。一些共享软件可通过网站或手机注册的方法获得安装序列号或注册码。免费软件则不需要注册码，直接安装即可。

9.1.2 安装软件

微课视频

安装软件

在计算机中安装软件的方法基本相似，安装过程智能化，用户只需根据软件的说明提示进行操作即可。但是有的软件在安装时，需要输入安装序列号或注册码。下面以在计算机系统中安装 360 安全卫士为例介绍安装软件的一般方法，其具体操作如下。

（1）打开 360 安全卫士的安装程序的保存位置，双击程序图标启动安装程序，如图 9-1 所示。

（2）在打开的安装界面中单击选中 ☑已阅读并同意 许可协议 复选框，然后在“安装在”列表框中设置程序安装位置为“D 盘”，单击“更多选项”超链接，可在展开的界面中设置更多安装选项，如是否生成桌面快捷图标等，单击 立即安装 按钮，如图 9-2 所示。

（3）开始安装软件，并显示安装进度，用户只需等待其自动安装完成即可，如图 9-3 所示。完成后，在“开始”菜单中可找到 360 安全卫士的启动选项。

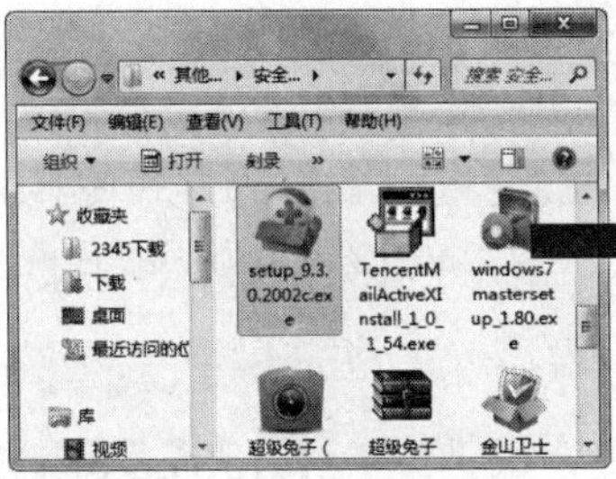

图 9-1　启动安装程序

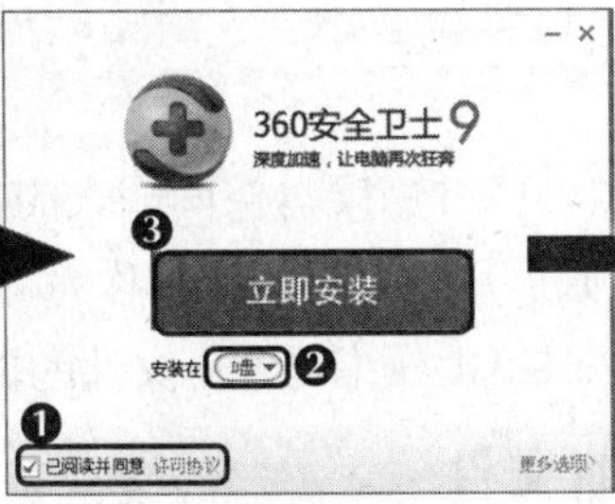

图 9-2　设置安装位置

图 9-3　安装软件

9.1.3 卸载软件

微课视频

卸载软件

计算机系统中的软件不是越多越好，在办公中为了节省系统资源，可以将无法正常使用或不经常使用的软件从计算机中卸载。卸载一般软件主要通过控制面板进行。下面以卸载计算机系统中不常使用的“多米音乐”播放器软件为例，讲解卸载软件的一般方法，其具体操作如下。

（1）单击“开始”按钮，在系统控制区中选择“控制面板”选项，打开“控制面板”窗口，在其中单击“程序和功能”超链接，如图 9-4 所示。

（2）打开“程序和功能”窗口，在“卸载或更改程序”列表框中可查看在计算机中安装的软件，这里选择“多米音乐”选项，然后单击卸载/更改按钮，再在打开的对话框中单击是(Y)按钮确认卸载，如图 9-5 所示。

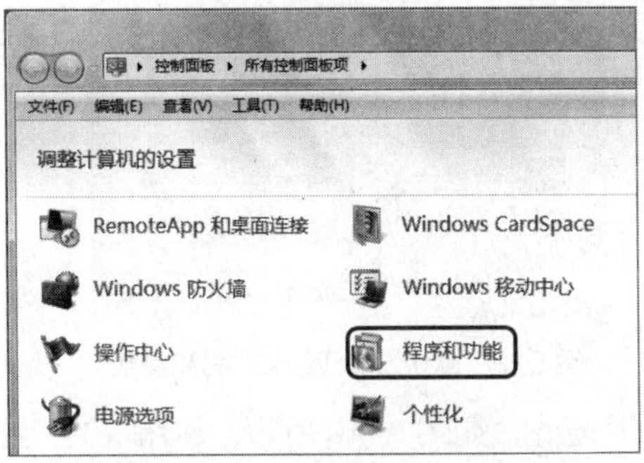

图 9-4　打开“程序和功能”窗口

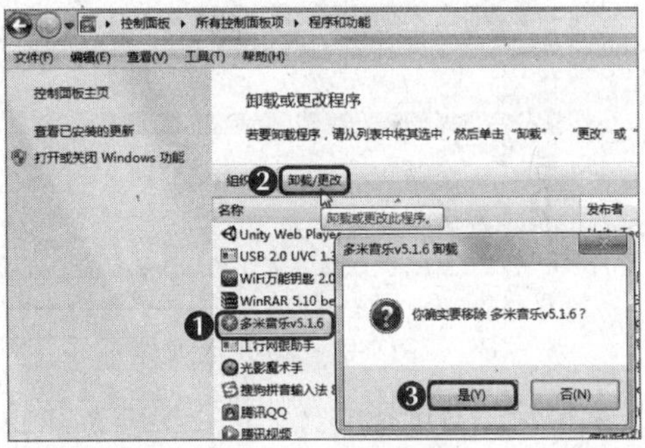

图 9-5　执行卸载操作

（3）开始卸载软件，并显示卸载进度，如图 9-6 所示。卸载完成后，打开提示对话框提示软件被卸载，单击确定按钮即可，如图 9-7 所示。

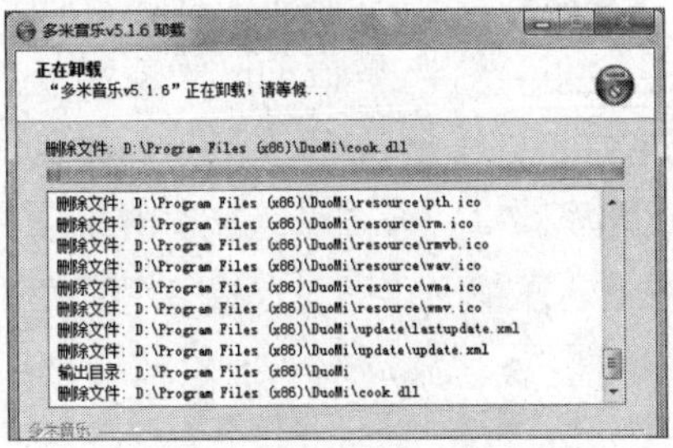

图 9-6　卸载软件

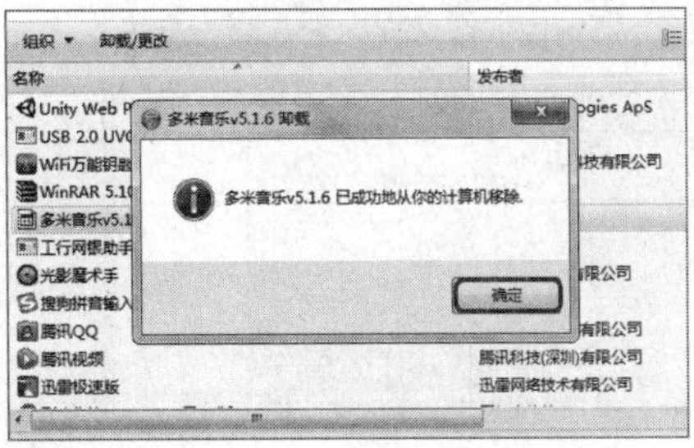

图 9-7　完成卸载

9.2 使用压缩软件

压缩是使用软件将计算机中一些占用硬盘空间较大的文件通过特殊的编码方式使其缩小的操作。将这些压缩的文件还原成最初大小的操作称为解压。常用的压缩解压软件主要有WinRAR，下面具体介绍使用WinRAR压缩与解压文件的操作方法。

9.2.1 使用 WinRAR 压缩文件

微课视频

使用WinRAR压缩文件

有的文件占用的磁盘空间过大，当用户需要在网络中传输某些大文件时，可先将文件进行压缩，减小文件大小，以节省传输时间。下面将本书中制作的Word、Excel和PowerPoint效果文件进行压缩，其具体操作如下。

（1）选择【开始】/【所有程序】/【WinRAR】/【WinRAR】菜单命令，启动WinRAR软件，在其主界面的地址栏中选择文件的保存位置，然后在下方列表框中选择其中要进行压缩的文件，这里选择“效果文件”文件夹，单击“添加”按钮，如图9-8所示。

（2）打开“压缩文件名和参数”对话框，在“压缩文件名”文本框中可以重新输入压缩后的文件名，保持默认设置，单击确定按钮，如图9-9所示。

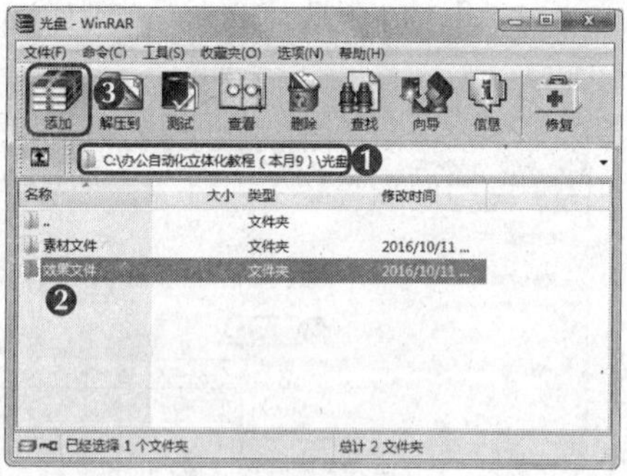

图 9-8　添加压缩文件

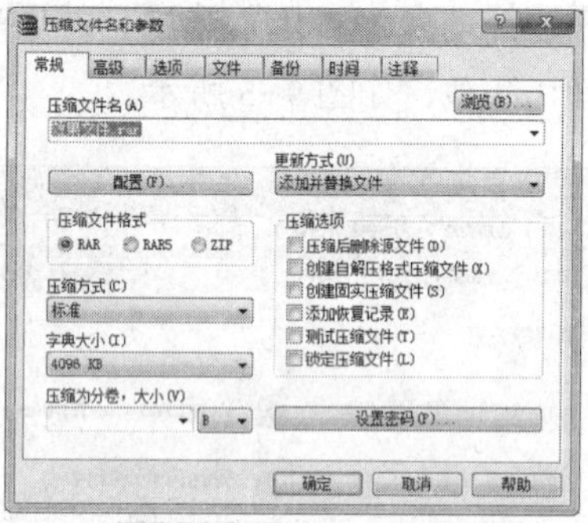

图 9-9　默认设置压缩文件名和参数

（3）系统开始对选择的文件进行压缩，并显示压缩进度，如图9-10所示。压缩文件将被保存到原文件的保存位置。

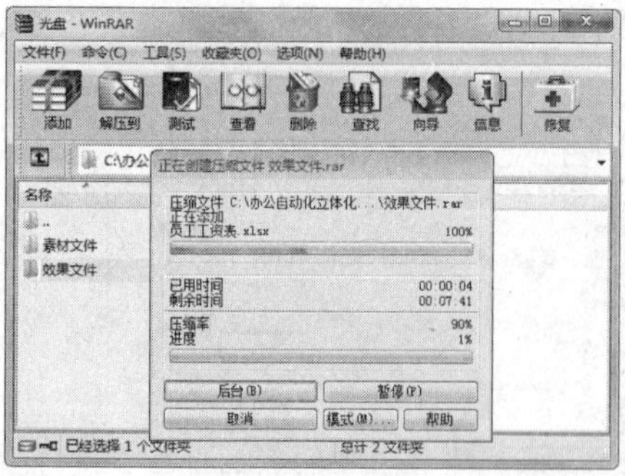

图 9-10　压缩文件

知识提示

压缩时间与效率

通常文件越大，压缩与解压的时间就越长，对于文字文档、exe文件，其压缩率较高，而图形等文件的压缩率相对越低。压缩时可同时选择多个文件进行压缩。

9.2.2 使用 WinRAR 解压文件

微课视频

使用 WinRAR 解压文件

在网络中下载的多数文件都经过压缩，其文件图标显示为▪，下载压缩文件后，要使用该文件，首先需要对文件进行解压。下面将“素材”压缩文件进行解压，其具体操作如下。

（1）打开“素材”压缩文件的保存位置，在压缩文件上单击鼠标右键，在弹出的快捷菜单中选择“解压到当前文件夹”命令，如图 9-11 所示。

（2）对文件进行解压，并显示解压进度，解压后的文件保存到原位置，如图 9-12 所示。

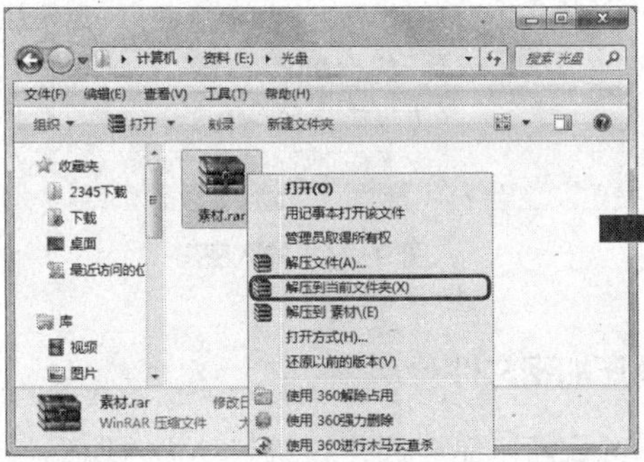

图 9-11　选择解压命令

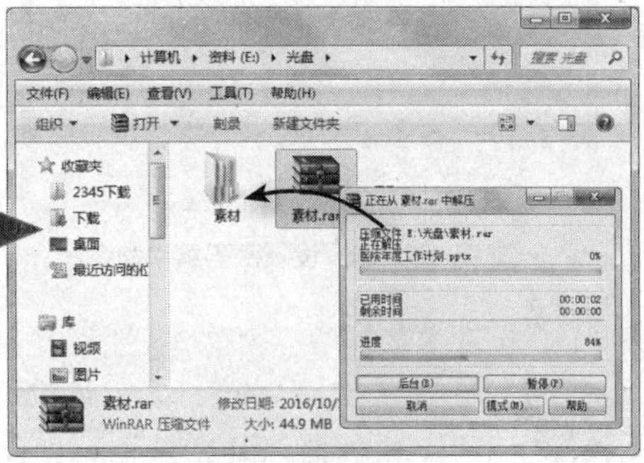

图 9-12　解压文件

知识提示

解压右键命令的使用

安装 WinRAR 软件后，系统会自动添加它到右键菜单，在解压右键菜单中选择“解压到当前文件夹”或“解压到‘素材’”命令将直接解压；选择“解压”文件，将打开“解压路径和选项”对话框，设置解压文件名称和保存位置后进行解压。在压缩文件时，也可使用对应的压缩右键菜单命令完成，选择“添加到压缩文件”命令，将打开“压缩文件名和参数”对话框，选择“添加到‘文件名称’”命令将以原名称直接进行压缩。

9.2.3 加密压缩

微课视频

加密压缩

加密压缩文件即是在压缩文件时添加密码，当解压该文件时需要输入密码才能进行解压，是一种保护文件的方法，防止他人任意解压并打开该文件。下面将本书第 6 章制作的“员工工资表 .xlsx”工作簿文件进行加密压缩，其具体操作如下。

素材所在位置　素材文件 \ 第 9 章 \ 员工工资表 .xlsx

效果所在位置　效果文件 \ 第 9 章 \ 员工工资表 .rar

（1）启动 WinRAR 软件，选择要进行压缩的文件，然后选择【文件】/【设置默认密码】

菜单命令，如图 9-13 所示。

（2）打开“输入密码”对话框，在“输入密码”文本框中输入密码，这里输入“1234 5678”，单击确定按钮，如图 9-14 所示。

（3）单击“添加”按钮，打开“压缩文件名和参数”对话框，保持默认设置，单击确定按钮。

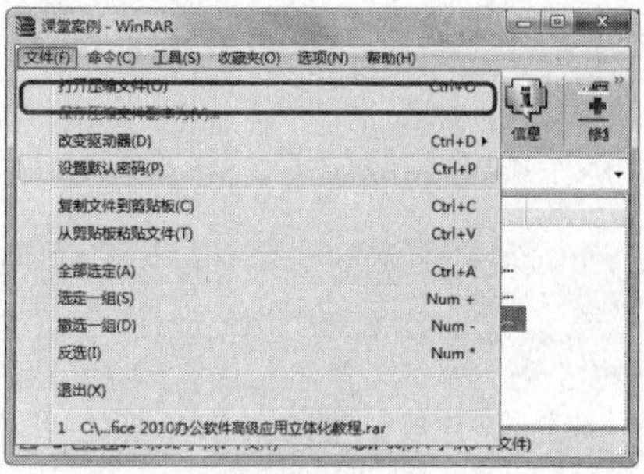

图 9-13　选择设置密码菜单命令

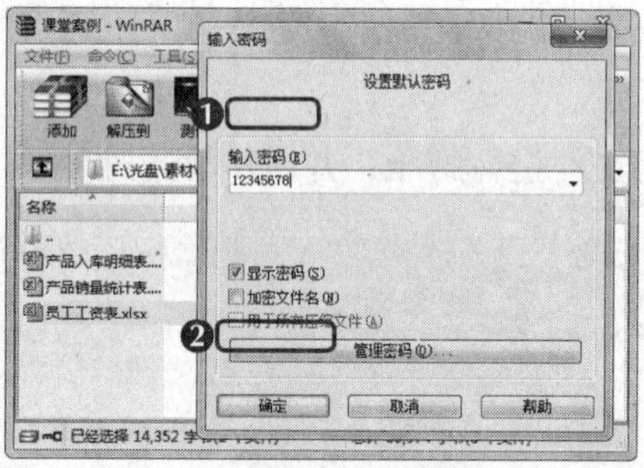

图 9-14　输入密码

知识提示

解压加密文件

在解压加密压缩的文件时，选择解压命令后，将打开“输入密码”对话框，只有在输入正确的密码后才能顺利解压。

9.3　使用 Adobe Acrobat

PDF 格式是一种全新的电子文档格式，该格式能如实保留文档原来的面貌和内容，以及字体和图像。使用 Adobe Acrobat 可方便地阅读、创建、转换、编辑和打印 PDF 文档。

微课视频

查看 PDF 文档

9.3.1　查看 PDF 文档

前面介绍了将 PPT 演示文稿转换为 PDF 文件的方法，方便在办公中传递和审阅文件，如果要查看 PDF 文档，就需要使用 Adobe Acrobat 软件。下面将使用 Adobe Acrobat 查看“支付腕带营销推广 .pdf”文件，其具体操作如下。

效果所在位置　素材文件\第 9 章\支付腕带营销推广 .pdf

（1）选择【开始】/【所有程序】/【Adobe Acrobat】选项，或双击桌面的快捷图标，启动 Adobe Acrobat 软件，选择【文件】/【打开】菜单命令，如图 9-15 所示。

（2）在打开的“打开”对话框的地址栏中打开文件保存位置，然后在列表框中双击“支付腕带营销推广 .pdf”文件，如图 9-16 所示。

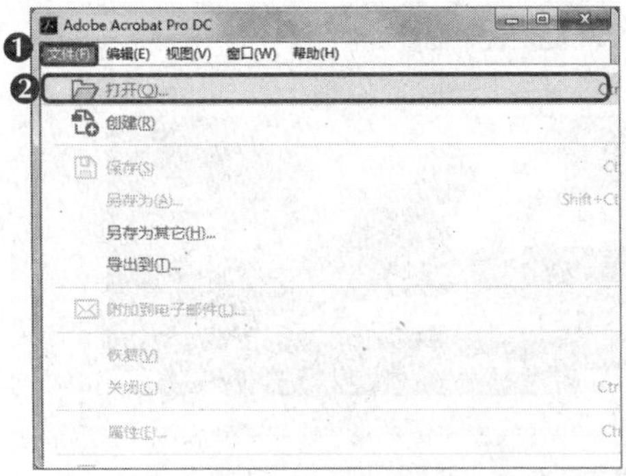

图 9-15 选择“打开”命令

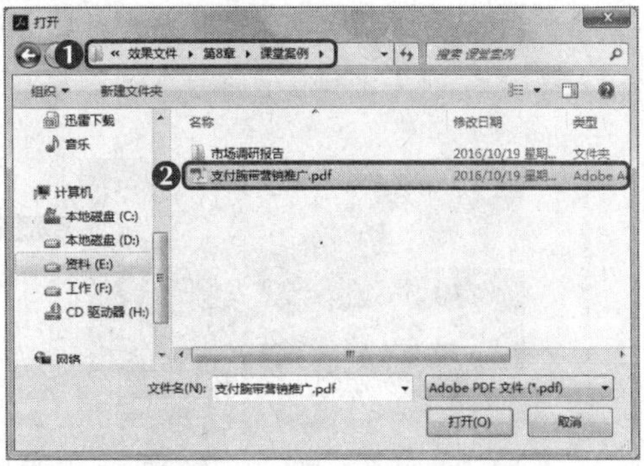

图 9-16 双击打开文件

（3）打开文件，在软件窗口中默认显示第 1 页，滚动鼠标滚轮可以依次进行查看，在工具栏的“页数”文本框中输入页码，如输入“15”，将跳转到第 15 页，如图 9-17 所示。

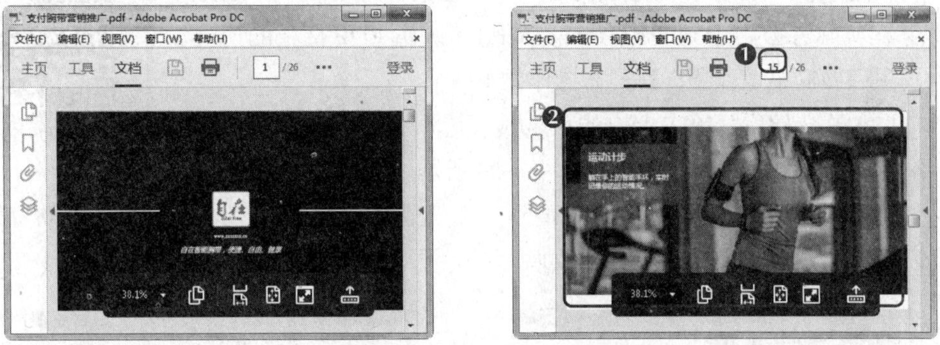

图 9-17 浏览 PDF 文档页面

（4）单击浮动工具栏中的“显示 / 隐藏页面缩略图”按钮，显示文档页面的缩略图进行查看，如图 9-18 所示。

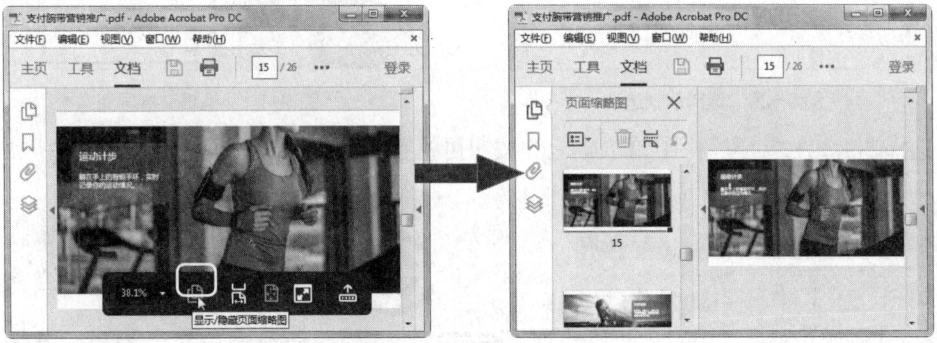

图 9-18 浏览缩略图

（5）单击×按钮关闭“页面缩略图”窗格。单击“以阅读模式查看文件”按钮，工作界面将隐藏工具栏等部分，只显示文档页面，如图 9-19 所示。

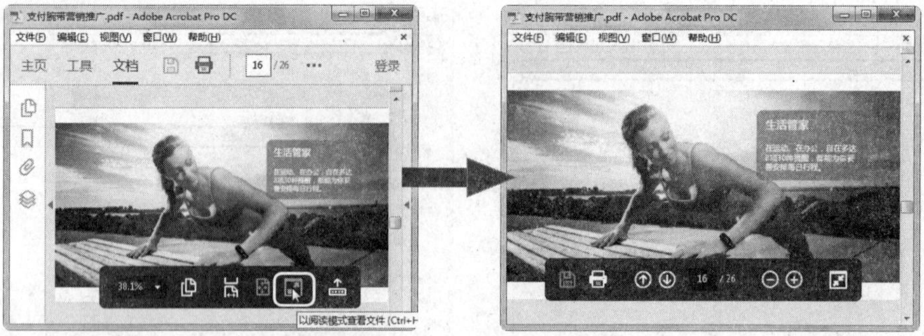

图 9-19 以阅读模式查看

9.3.2 编辑 PDF 文档

打开 PDF 文档后，使用 Adobe Acrobat 软件可对文档内容，如文字和图像等进行编辑操作，其方法与在 Word 中编辑文本和图片的方法相似。在实际办公中遇到使用 Adobe Acrobat 编辑 PDF 文档的情况较少，这里只做简单地介绍，其具体操作如下。

微课视频

编辑 PDF 文档

（1）打开 PDF 文档后，单击上方的“工具”选项卡，然后在右侧窗格中选择“编辑 PDF”选项，如图 9-20 所示。

（2）进入编辑界面，将光标插入点定位到文本处或选择文字内容，可对文字进行修改、删除以及设置字体、颜色等操作，如图 9-21 所示。

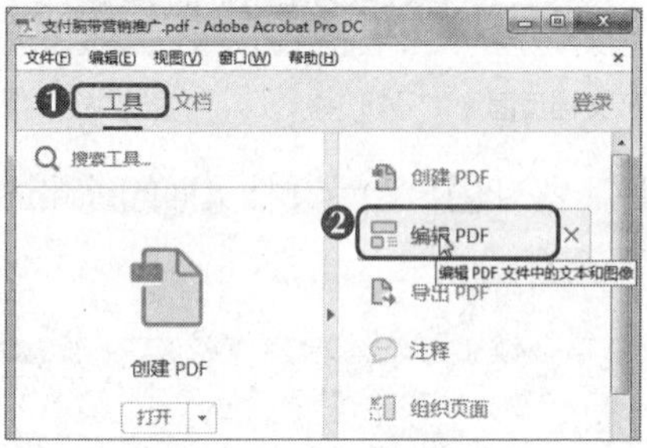

图 9-20 选择编辑选项

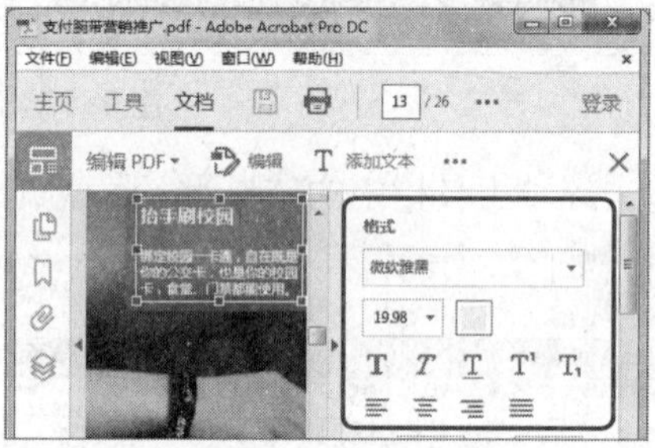

图 9-21 编辑文本界面

（3）选择图片，在“对象”栏中单击相应的按钮可执行旋转、裁剪图像等操作，如图 9-22 所示。

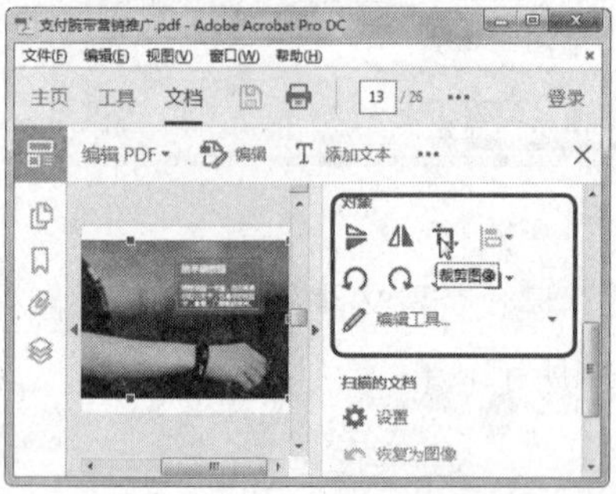

图 9-22 编辑图像界面

知识提示

关于文档内容的编辑

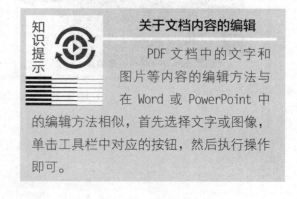

PDF 文档中的文字和图片等内容的编辑方法与在 Word 或 PowerPoint 中的编辑方法相似，首先选择文字或图像，单击工具栏中对应的按钮，然后执行操作即可。

9.3.3 转换 PDF 文档

微课视频

转换 PDF 文档

在办公中，有时需要将已有的 PDF 文档转换为 Word、Excel、PowerPoint 等格式的文件，通过专业的办公软件编辑内容，有时则需要将办公软件制作完成的文件转换为 PDF 文档进行统一查看，以便于文档的传阅，无论将什么格式的文件进行转换，其方法相似。下面将上面打开的“支付腕带营销推广 .pdf”文件转换为 PowerPoint 演示文稿进行编辑或放映，然后将前面章节制作的“劳动合同 .docx”转换为 PDF 文档查看，其具体操作如下。

素材所在位置　素材文件 \ 第 9 章 \ 支付腕带营销推广 .pdf、劳动合同 .docx
效果所在位置　效果文件 \ 第 9 章 \ 支付腕带营销推广 .pptx、劳动合同 .pdf

（1）在“支付腕带营销推广 .pdf”文档工具面板中选择“导出 PDF”选项，如图 9-23 所示。

（2）在打开的“导出 PDF”工作界面选择导出文件的格式“Microsoft PowerPoint”选项，单击下方的 导出 按钮，如图 9-24 所示。

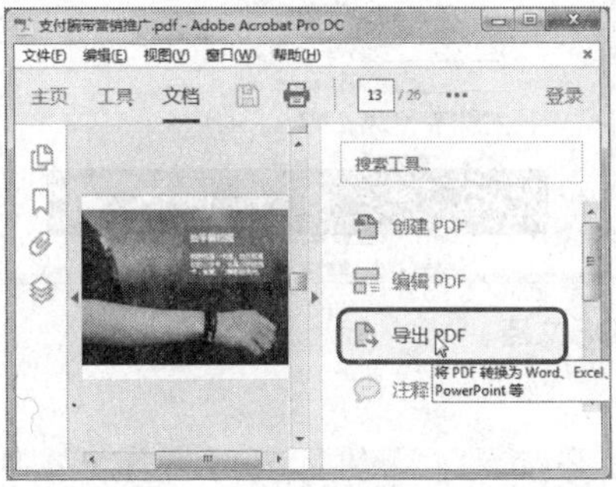

图 9-23　选择“导出 PDF”命令

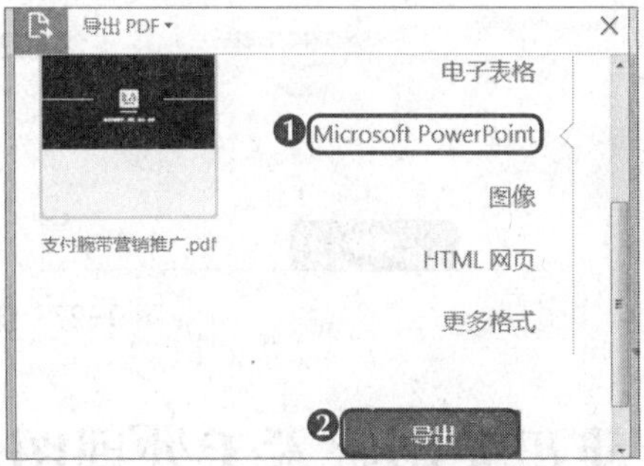

图 9-24　导出为 PowerPoint 演示文稿

（3）打开“导出”对话框，设置导出文件的保存位置和名称，单击 保存(S) 按钮，开始导出文件，导出完成后，将自动打开“支付腕带营销推广 .pptx”演示文稿，如图 9-25 所示。

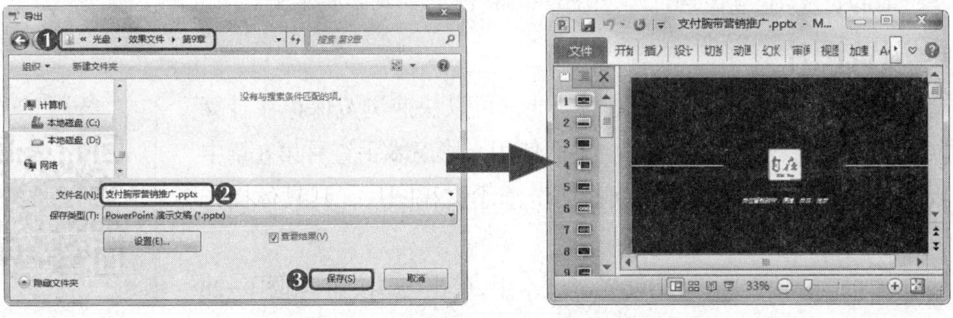

图 9-25　将 PDF 文档导出为演示文稿

（4）返回 PDF 文档界面，在工具面板中选择“创建 PDF”选项，在打开的“创建 PDF”界面单击“选择文件”超链接。

（5）在打开的“打开”对话框中选择需要转换的文件，单击 打开(O) 按钮，如图 9-26 所示。

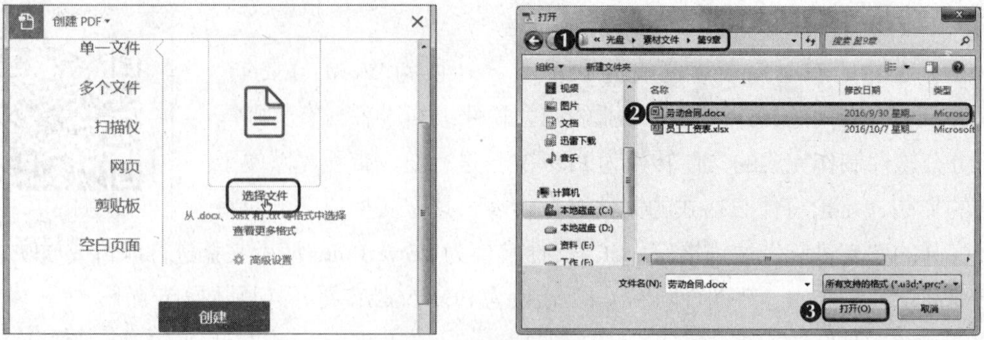

图 9-26　添加文件

（6）返回“创建 PDF”界面，单击按钮，开始转换，转换完成后可查看 PDF 文档效果，如图 9-27 所示；然后选择【文件】/【保存】菜单命令，将文档进行保存。

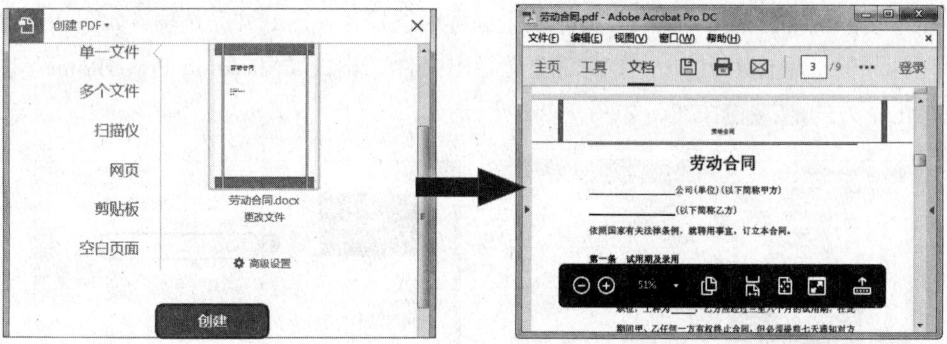

图 9-27　创建 PDF 文档

9.4　使用光影魔术手处理图片

公司的计算机中通常会安装一款占用体积小，方便实用的图片处理软件，用于对工作中的图片进行浏览查看或简单编辑。处理图片的类似软件很多，这些软件的功能和使用方法大同小异。下面将介绍一款简单且实用性强的软件——光影魔术手。

9.4.1　浏览图片

光影魔术手具有强大的图片处理功能，可以快速浏览保存在计算机中的所有图片，其操作十分简单。下面使用光影魔术手查看第 8 章中使用 PowerPoint 导出的“市场调研报告”演示文稿图片，其具体操作如下。

微课视频
浏览图片

（1）双击桌面的快捷图标，启动光影魔术手，单击按钮，如图 9-28 所示。

（2）将打开文件夹窗格，依次展开图片所在的“市场调研报告”文件夹选项，在右侧界面可浏览该文件夹中所有图片的缩略图，如图 9-29 所示。

图 9-28　执行浏览图片操作

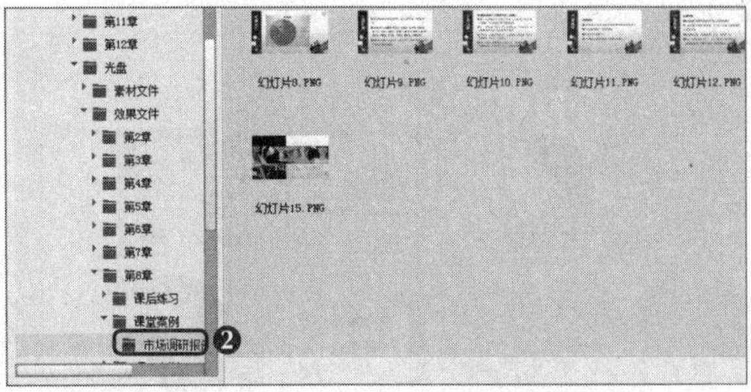

图 9-29　浏览文件夹中图片的缩略图

（3）双击任意一张图片的缩略图，返回光影魔术手的主界面，查看其大图，单击下方的 下一张 按钮浏览下一张大图，如图 9-30 所示。

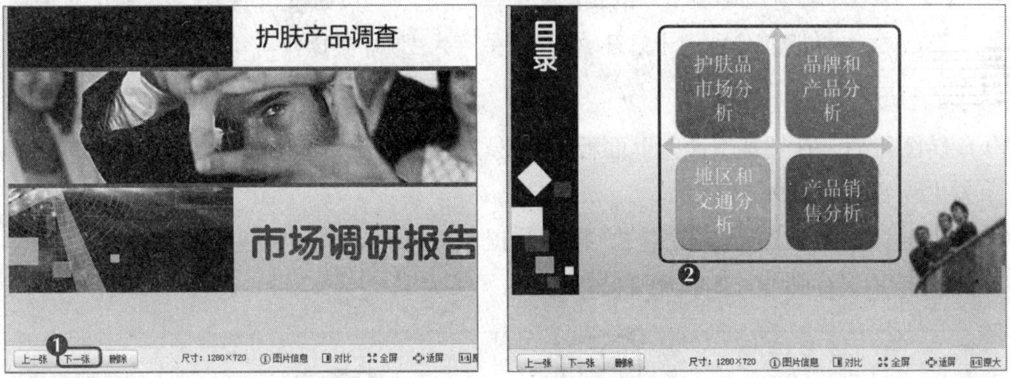

图 9-30　浏览大图

9.4.2　编辑图片

在办公中，有时需要展示某些活动照片或发布公司产品照片，因为拍摄技巧等原因，拍摄出的效果不尽如人意，如曝光度不够或照片形式单调等，可为照片进行编辑美化设置，使照片更加美观。下面使用光影魔术手对品图片进行编辑美化，其具体操作如下。

微课视频
编辑图片

素材所在位置　素材文件 \ 第 9 章 \ 产品图片
效果所在位置　效果文件 \ 第 9 章 \ 产品图片

（1）打开“产品图片”文件夹，选择图片，按住鼠标左键不放，向光影魔术手软件界面中拖动，释放鼠标打开图片，如图 9-31 所示。

（2）打开图片后，在工具栏中单击“旋转”按钮右侧的按钮，在弹出的列表中选择“左右镜像”选项，将图片水平旋转，如图 9-32 所示。

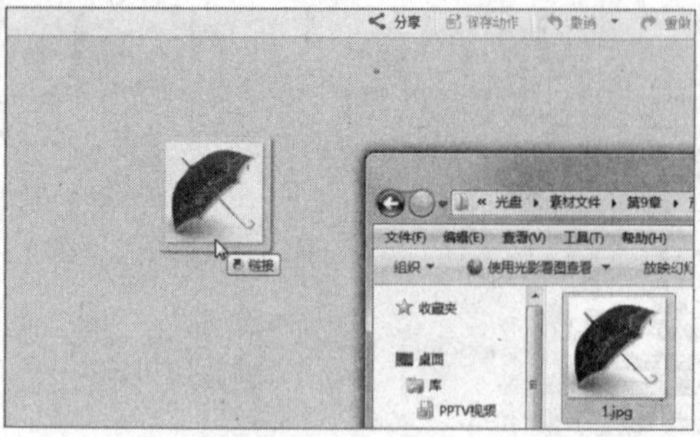

图 9-31　打开图片

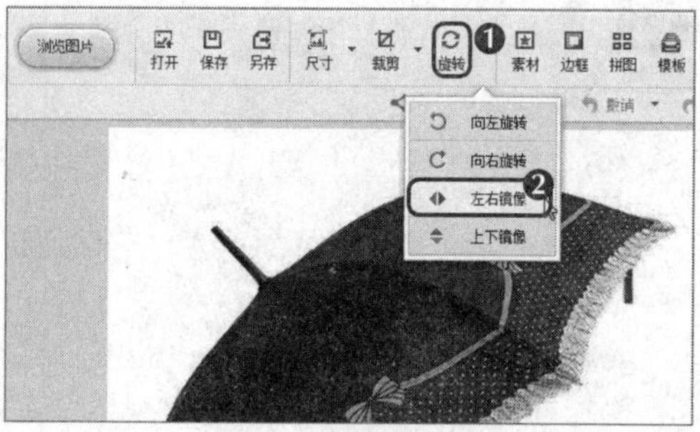

图 9-32　旋转图片

多学一招

图片的打开、保存和另存操作

在光影魔术手的工具栏中单击“打开”按钮、“保存”按钮、“另存”按钮，分别用于打开、保存和另存为图片，其操作与Office办公软件相同。

（3）旋转图片后，在“基本调整”面板中单击自动美化按钮自动美化图片，雨伞的布料颜色将发生改变，如图 9-33 所示。

（4）单击下一张按钮浏览下一张图片，将打开提示对话框，单击是按钮直接保存，单击另存为按钮另存图片，如图 9-34 所示。

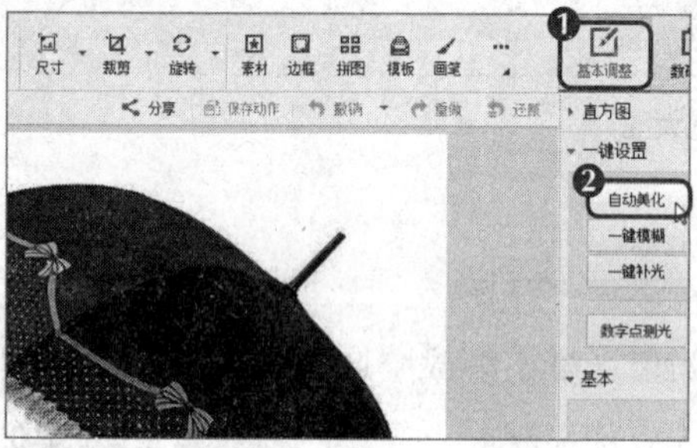

图 9-33　自动美化图片

图 9-34　保存图片

（5）当浏览至食物图片时，在工具栏中单击“边框”按钮，在弹出的列表中选择“轻松边框”选项，在打开的窗口中单击“我的收藏”选项卡，在下方选择边框样式，然后单击确定按钮，如图 9-35 所示。

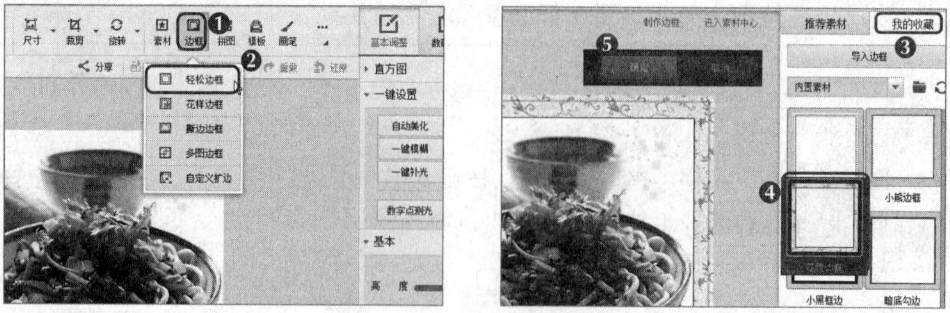

图 9-35　设置图片边框

（6）继续浏览图片，当打开“床”图片时，在工具栏中单击“数码暗房”选项卡，然后在列表框中选择“反转片效果”选项，单击按钮，美化图片效果，如图 9-36 所示。使用类似的方法编辑美化“产品图片”文件夹中的其他图片。

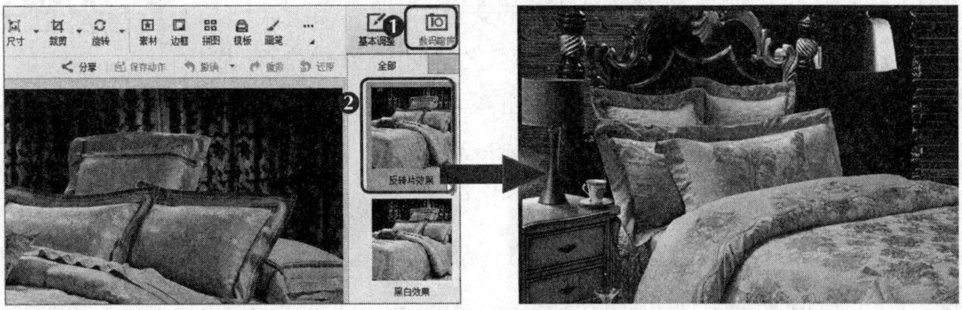

图 9-36　美化图片

9.5　使用安全防护软件

网络在为日常办公带来便利的同时，也带来了计算机安全问题。计算机接入网络后，网络病毒和木马则变为影响计算机安全最重要的因素。因此，一般公司员工工作前都会安装一款安全防护软件，来保障办公中计算机的安全使用。360 安全卫士不仅是一款免费的安全防护软件，并且拥有查杀恶意软件、查杀木马和系统清理等多种功能，是大多数用户的首选。

9.5.1　清理系统垃圾

微课视频

清理系统垃圾

在办公中经常制作各类文档，或下载保存各类资料，长此以往，计算机中将产生很多临时文件等系统垃圾。为了保障计算机有足够的使用空间和流畅的运行效率，可使用 360 安全卫士定期对系统垃圾进行清理，其具体操作如下。

（1）启动360安全卫士，在上方工具栏中单击“电脑清理”按钮，在“电脑清理”界面的“一键清理”选项卡中单击按钮。

（2）360 安全卫士自动对系统垃圾进行扫描和清理，如图 9-37 所示。

图 9-37　一键清理系统垃圾

9.5.2 查杀木马

微课视频

查杀木马

利用计算机程序的漏洞侵入系统并窃取计算机中资料的程序称为木马。木马具有隐藏性和自发性等特点，难以通过明显现象发觉，因此需要使用软件进行检测并查杀，保障办公文件的安全，其具体操作如下。

（1）单击“木马查杀”按钮，在“木马查杀”界面中选择扫描方式，这里单击软件推荐的“快速扫描”按钮。

（2）360 安全卫士自动进行扫描检测，如图 9-38 所示。

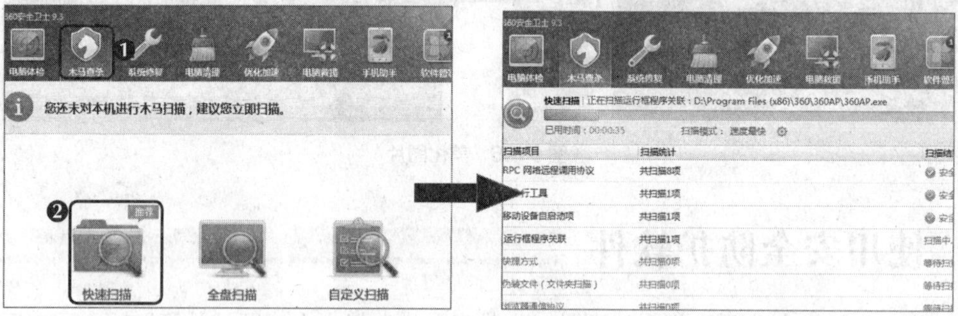

图 9-38 扫描木马

（3）扫描完成后，软件自动选择扫描的威胁项，单击按钮处理威胁项，软件开始对危险项进行处理，处理完成后，将打开对话框提示重启计算机彻底删除危险文件，单击按钮立刻重启，单击按钮稍后手动重启，如图 9-39 所示。

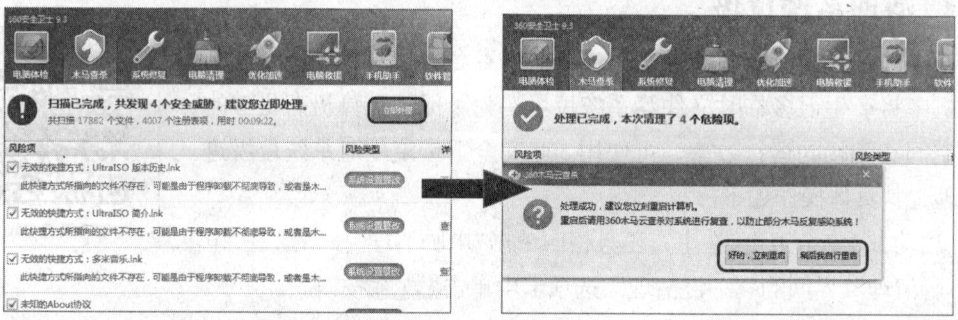

图 9-39 处理危险项

9.5.3 修复系统漏洞

微课视频

修复系统漏洞

系统漏洞是指应用软件或操作系统中的缺陷或错误，他人可能会通过在其中植入病毒或木马，窃取计算机中的重要资料，甚至破坏系统。使用360安全卫士的漏洞修复功能可扫描并修复计算机中存在的漏洞。下面使用 360 安全卫士扫描并修复漏洞，其具体操作如下。

（1）单击“系统修复”按钮，在“系统修复”界面中选择“常规修复”方式，可进行常规修复，如系统突然没有声音或声音图标被隐藏等，这里单击“漏洞修复”按钮。

（2）软件对系统漏洞进行扫描，扫描完成后自动选择高危漏洞选项，单击按钮修复高危漏洞，如图 9-40 所示，对于可选的漏洞补丁，一般不需要安装这些补丁，保持默认选择即可。

图 9-40　修复系统漏洞

多学一招

360 安全卫士的其他防护优化操作

通过操作可发现 360 安全卫士的防护优化操作非常智能化，通过一键单击，即可自动处理。360 安全卫士还可对系统进行体检，查看状态并修复；对系统进行优化加速等，操作与文中介绍的方法相似。

9.6 项目实训

本章介绍了常用办公工具软件的使用等知识，其中软件的安装和卸载是办公人员必备知识，WinRAR 压缩软件、Adobe Acrobat 阅读器、光影魔术手图片处理软件和 360 安全卫士防护软件是工作中频繁使用的工具软件，使用性很强，对工作有很大帮助。下面通过两个项目实训，将本章学习的知识灵活运用。

9.6.1 系统状态体检与优化

1. 实训目标

本实训将在用户自己的计算机中安装 360 安全卫士，然后使用安全卫士对计算机进行状态体检与优化，保障计算机系统的安全运行，练习防护软件的操作。

微课视频

系统状态体检与优化

2. 专业背景

在使用计算机的过程中用户需要养成良好的软件操作习惯，不仅需要在计算机中安装防护软件，还需注意以下情况。

- **软件的保存和安装位置**：在实际办公中，无疑将使用很多工具软件来辅助完成工作，这些软件要统一放置在一个位置管理，在安装软件时，一般要将安装目录设置到除安装盘以外的其他磁盘中，给系统盘留下足够的空间，保证计算机快速运行。
- **删除文件要彻底**：对于计算机中不使用的文件要及时删除，选择“删除”命令删除文件时，删除的文件仍然在“回收站”中，回收站占用的空间属于系统盘，因此还需在回收站中将这些文件删除。

- **定期清理和查杀**：计算机中安装了防护软件后，由于办公过程中将产生系统垃圾，或侵染危险文件，用户需要养成定时清理和查杀计算机的习惯。一般发现计算机出现运行缓慢或卡顿的情况时，首先想到的即是清理和查杀系统。

3．操作思路

完成本实训，首先启动“360 安全卫士”软件，然后进入相应界面对系统进行检测修复，其操作过程示意图如图 9-41 所示。

①修复体检项　　②优化加速　　③清理垃圾文件

图 9-41　系统状态体检与优化操作过程示意图

【步骤提示】

（1）安装并启动 360 安全卫士，进入“电脑体检”界面，单击按钮进行计算机体检，检测完成后单击按钮修复。

（2）进入“优化加速”界面，软件自动对优化项目进行扫描，单击按钮优化。

（3）进入“电脑清理”界面，单击按钮清理系统垃圾。

9.6.2　加密压缩公司文件

1．实训目标

微课视频

加密压缩公司文件

本实训要求根据情况使用 WinRAR 加密压缩用户所在公司的保密性质文件。公司一些保密型资料需要添加密码，以确保即使资料泄露，也不会立即造成太大的损失。因此压缩这些资料时，就可选择加密压缩。

2．专业背景

WinRAR 可创建 RAR 和 ZIP 两种不同格式的压缩文件。

- **RAR 格式**：比 ZIP 具有更好的压缩率；支持多卷压缩文件；允许物理受损数据的恢复；可管理的文件大小几乎无限制，而以 ZIP 压缩文件的单个文件的最大值仅为 4GB。
- **ZIP 压缩文件**：具有较高的普及率；其创建速度比 RAR 更快。

3．操作思路

本实训按压缩文件的操作步骤进行即可，启动 WinRAR 软件后，设置压缩文件密码，然后添加公司文件进行压缩操作。

【步骤提示】

（1）选择多个要压缩的文件夹，单击鼠标右键，在弹出的快捷菜单中选择“添加到压缩文件”命令，打开“压缩文件名和参数”对话框。

（2）在“常规”选项卡中设置压缩文件名称和保存路径。在其中单击 设置密码(P)... 按钮，打开“带密码压缩”对话框。

（3）在“输入密码”文本框中输入加密密码，在“再次输入密码以确认”文本框中输入相同的密码，最后单击 确定 按钮即可。

9.7 课后练习

本章主要介绍了安装与卸载软件，以及办公中常用的工具软件的使用方法，下面通过两个练习，巩固所学知识点。

微课视频

安装 QQ 软件

练习 1：安装 QQ 软件

本练习将在计算机中安装 QQ 软件，QQ 是办公必备软件，用于公司内部同事或与外部客户的沟通联系，其具体使用将在第 10 章中详细讲解。通过本练习熟练掌握安装软件的方法，其参考图示如图 9-42 所示。

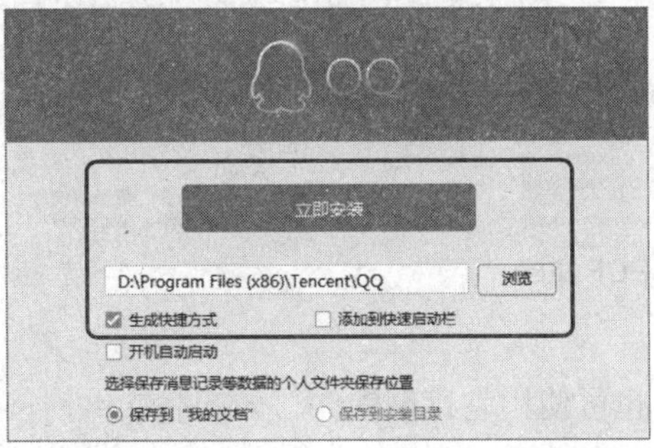

图 9-42　安装 QQ 软件

练习 2：使用 360 安全卫士进行全面检测

防护软件在办公中占有非常重要的位置，对防护软件的合理使用可以有效保障公司和员工利益，本练习将使用 360 安全卫士进行计算机全面检测修复，分别进入“木马查杀”“系统修复”“电脑清理”和“优化加速”界面进行操作。

9.8 技巧提升

1．直接打开压缩文件

如果只是临时需要查看使用某个压缩文件，可不进行解压，通过 WinRAR 直接打开该文件。其方法是，启动 WinRAR 软件，打开压缩文件的保存位置，然后双击压缩文件选项，打开该文件，依次展开文件夹，然后双击所需文件选项打开该文件，如图 9-43 所示。

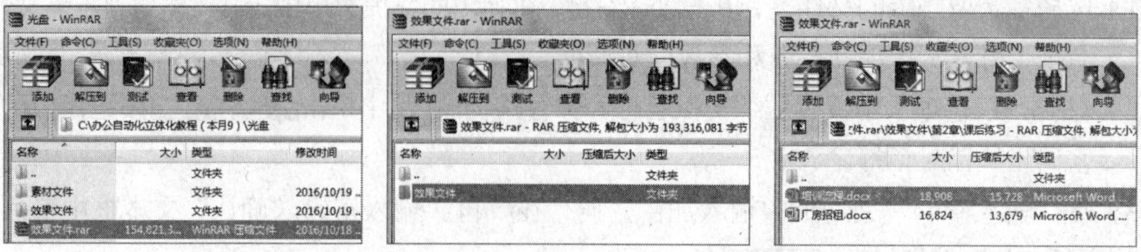

图 9-43　直接打开压缩文件

2. 打印 PDF 文档

PDF 文档也可打印输出，其操作与打印 Word 文档相似，选择【文件】/【打印】菜单命令，或按【Ctrl+P】组合键，打开“打印”对话框，在“份数”数值框中可设置打印份数；“要打印的页面”栏中可设置打印范围，单击页面设置(S)...按钮打开“页面设置”对话框，可设置纸张大小和打印方向等，设置后在“打印”对话框中单击打印按钮即可，如图 9-44 所示。

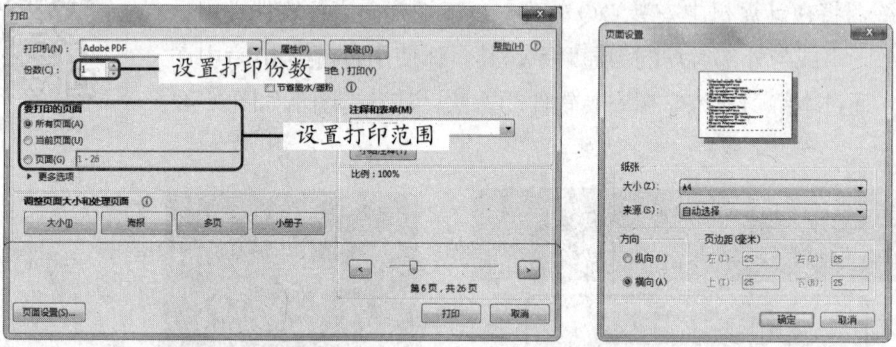

图 9-44　打印 PDF 文档

3. 使用 360 安全卫士卸载软件

使用 360 安全卫士不仅可防护计算机安全，也可使用它管理软件，如卸载软件，首先单击工具栏中的“软件管家”按钮，在“软件管家”主界面的工具栏中单击“软件卸载”按钮，依次单击“我的软件”和“已安装的软件”选项卡，在打开的窗口中将显示计算机中安装的全部软件，单击软件选项右侧的卸载按钮，如图 9-45 所示，通过 360 安全卫士卸载软件，和通过控制面板卸载软件相比，其卸载更加彻底。

图 9-45　使用 360 安全卫士卸载软件

CHAPTER 10

第 10 章 网络办公应用

情景导入

销售部办公室的无线路由器信号不稳定，公司购买了新的路由器，老洪安排米拉去设置办公室的无线网络。米拉需要即刻完成网络的连接，因为网络是现代办公中必不可少的元素，学会网络办公应用对米拉来讲刻不容缓。

学习目标

- 掌握网络办公常用应用。

  如配置办公室无线网络、网络资源的搜索与下载，以及使用 QQ 网上交流等。

- 掌握其他网络办公应用。

  如使用微信公众号发布信息、使用网盘存储办公文件等。

案例展示

▲使用浏览器搜索查看信息

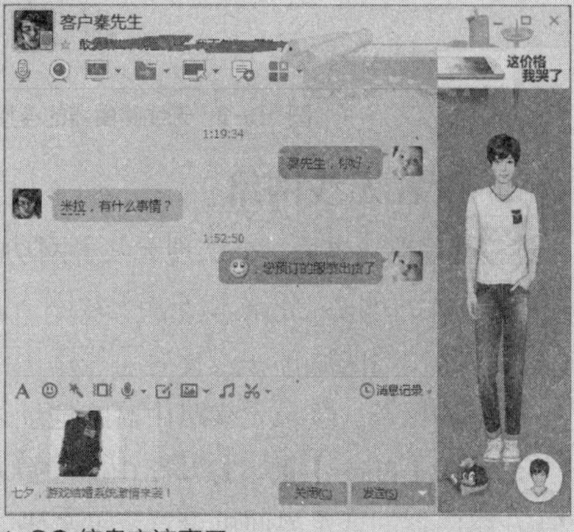

▲ QQ 信息交流窗口

10.1 配置办公室无线网络

现代办公基本离不开网络应用，借助网络获取资料或与客户进行项目交谈等。如今，绝大多数的办公室都配置无线网络，无线网络省去有限网络的网线布局，并且随着科技的进步，无线网络的覆盖范围，传输距离不会影响正常办公，作为办公人员有必要对办公室无线网络的配置等知识进行了解和学习。

10.1.1 连接无线路由器

由于公司的外部网络已经搭建完成，实际工作中，首先要做的便是连接无线路由器。无线路由器是配置办公室无线网络的基础，用来实现外部网络与计算机数据的传输。虽然，在公司购买宽带时，有专门的工作人员连接好无线路由器，但是当无线路由器需要进行更换等情况时，熟悉了连接无线路由器的操作，将在工作中大放异彩。下面将讲解无线路由器的连接知识。图 10-1 所示为无线路由器的连接示意图，员工在实际操作时，只需要将 WAN 端口与外部网络连接即可，一些大型公司会使用交换机对外部网络进行分配，一个无线路由器连接一个交换机的端口。LAN 端口则与计算机端连接，配置无线网络后则不需要用网络数据线连接计算机。

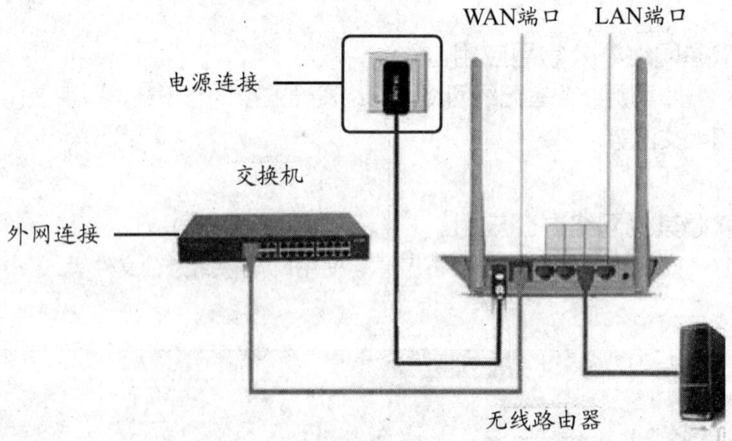

图 10-1　无线路由器的连接示意图

微课视频

设置无线网络

10.1.2 设置无线网络

连接无线路由器后，要实现无线上网功能，需对无线路由器进行设置，即设置无线网络的名称和连接无线网络的密码，其具体操作如下。

（1）无线路由器的底部一般标有无线路由器的默认登录网址、用户名和密码标签。登录无线路由器的地址通常为“192.168.1.1”。启动浏览器，输入这个地址并按【Enter】键，打开路由器的登录页面，如图 10-2 所示。

（2）在路由器的登录界面可设置登录密码，这里直接单击 确认 按钮，打开“设置向导”对话框，单击 下一步 按钮。

（3）打开“设置向导－上网方式”对话框，单击选中 ⊙让路由器自动选择上网方式（推荐）单选项，单击 下一步 按钮，如图 10-3 所示。

（4）在打开的对话框的“上网账号”和“上网口令”文本框中分别输入宽带服务商提供的网络账号和密码，单击 下一步 按钮，如图 10-4 所示。

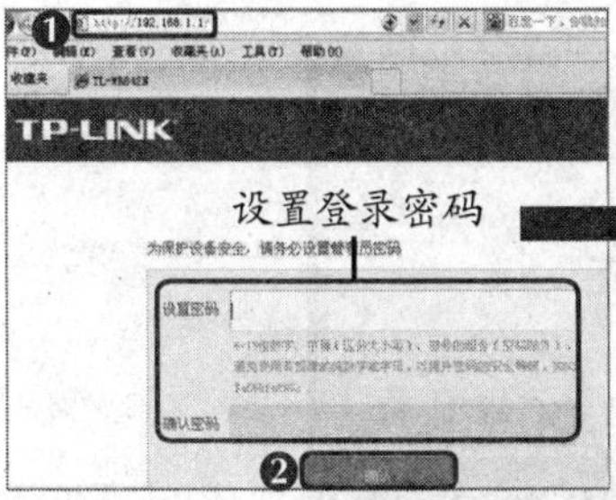

图 10-2　无线路由器登录界面

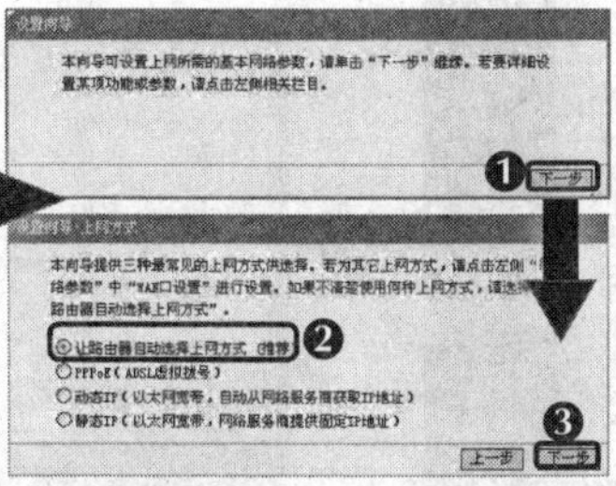

图 10-3　选择上网方式

图 10-4　输入宽带账号与密码

（5）打开“设置向导－无线设置”对话框，在“无线状态”列表框中选择“开启”选项，在“SSID”文本框中设置无线网络名称，在“无线安全选项”栏中单击选中 ⊙ WPA-PSK/WPA2-PSK 单选项，然后在其后的文本框中输入无线密码，单击 下一步 按钮，如图 10-5 所示。

（6）在打开的对话框中单击 完成 按钮完成设置，如图 10-6 所示，然后按路由器设备上的开关按钮，关闭路由器后重启路由器，使设置生效。

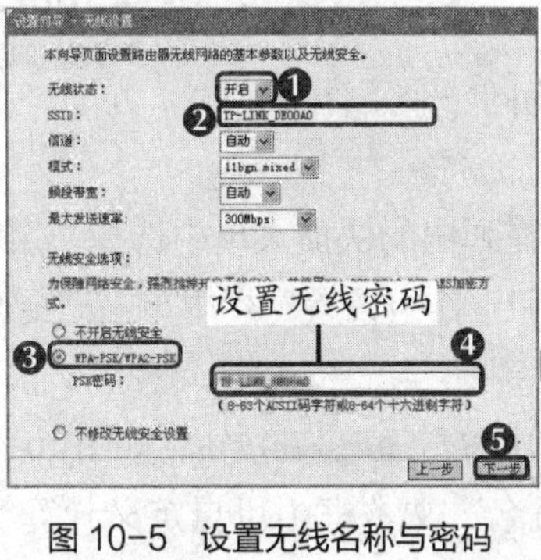

图 10-5　设置无线名称与密码

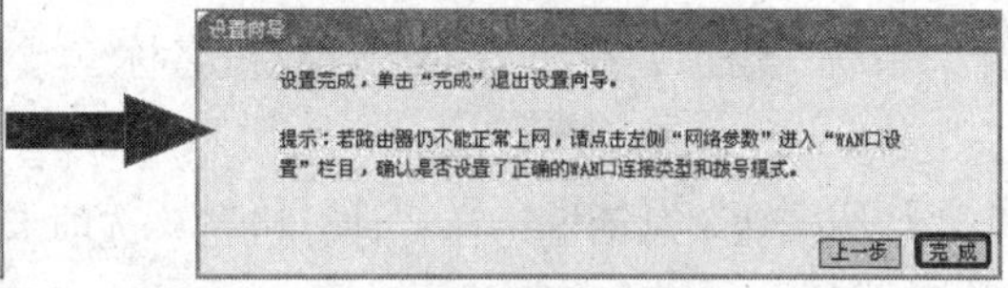

图 10-6　完成设置

> **知识提示**
>
> **打开设置向导与重启路由器**
>
> 用户也可在路由器设置界面的左侧窗格中单击“设置向导”超链接，打开设置向导对话框；有的路由器没有开关，则可通过拨开电源再连接电源来重启路由器。

10.1.3　连接无线网络

微课视频：连接无线网络

无线网络设置成功后，即可使用上网功能，此时需要将办公室的其他计算机连接到无线网络，其具体操作如下。

（1）单击计算机系统桌面任务栏通知区域中的网络图标，在打开的界面中将显示计算机搜索到的无线网络，在设置的无线网络名称选项上单击，展开网络选项后，单击连接(C)按钮。

（2）打开“连接到网络”对话框，在“安全密钥”对话框中输入设置的无线密码，单击确定按钮连接网络，如图 10-7 所示。连接成功后，网络图标变为样式。

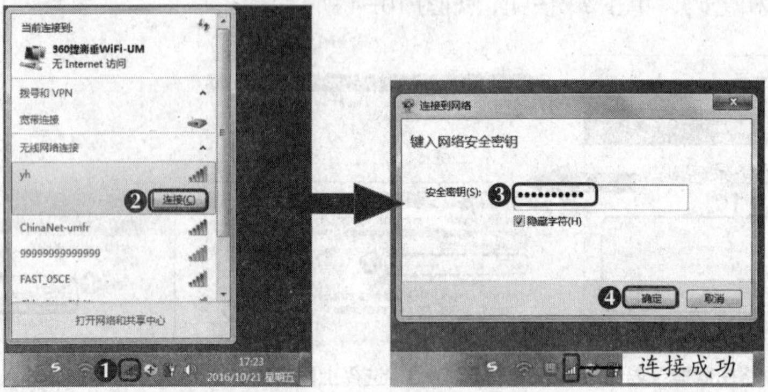

图 10-7　连接无线网络

10.1.4　资源共享

计算机成功连接无线网络后，通过设置可在办公室中接入同一个无线网络的计算机之间实现文件、打印机等资源共享。下面将介绍如何通过系统设置实现计算机之间的资源共享。

1．资源共享的准备工作

要实现办公资源的共享，首先需要将计算机设置为同一个工作组，然后在计算机中开启资源共享功能，其具体操作如下。

（1）在系统桌面的“计算机”图标上单击鼠标右键，在弹出的快捷菜单中选择“属性”命令，打开“系统”窗口，在下方的“计算机名称、域和工作组设置”栏中单击“更改设置”超链接，如图 10-8 所示。

（2）打开“系统属性”对话框，在“计算机名”选项卡中单击更改(C)...按钮，如图 10-9 所示。

（3）打开“计算机名 / 域属性”对话框，在“计算机名”文本框中可自定义计算机名称，单击选中◉工作组(W):单选项，在下方的文本框中将资源共享的计算机设置为同一个工作组，单击更改(C)...按钮，如图 10-10 所示。

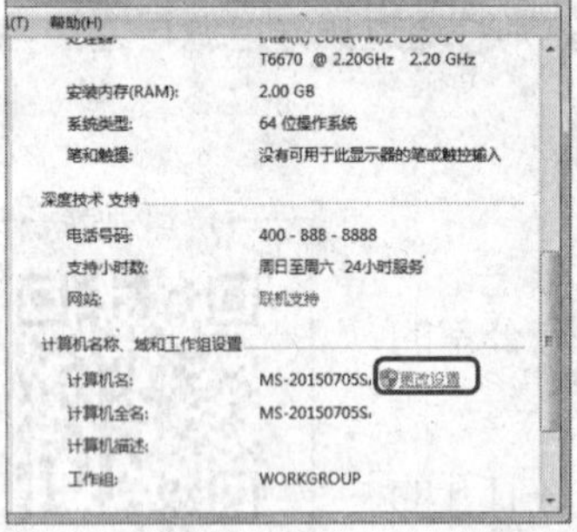

图 10-8　单击“更改设置”超链接

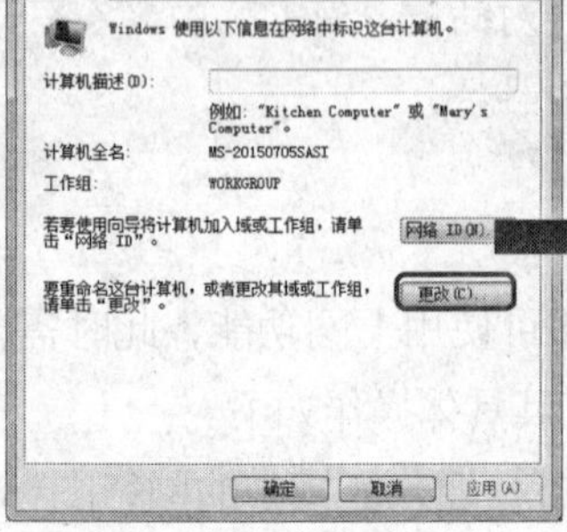

图 10-9　单击“更改”按钮

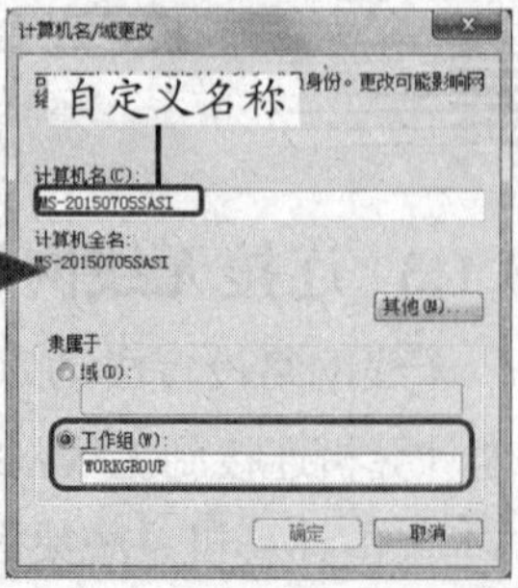

图 10-10　设置同一个工作组

（4）单击通知区域的网络图标，单击打开界面的“打开访问和共享中心”超链接。

（5）在打开的“网络和共享中心”窗口的右侧窗格中单击“更改高级共享设置”超链接，打开“高级共享设置”窗口，在“网络发现”栏中单击选中 启用网络发现 单选项，在“文件和打印机共享”栏中单击选中 启用文件和打印机共享 单选项，单击 保存修改 按钮，如图 10-11 所示。

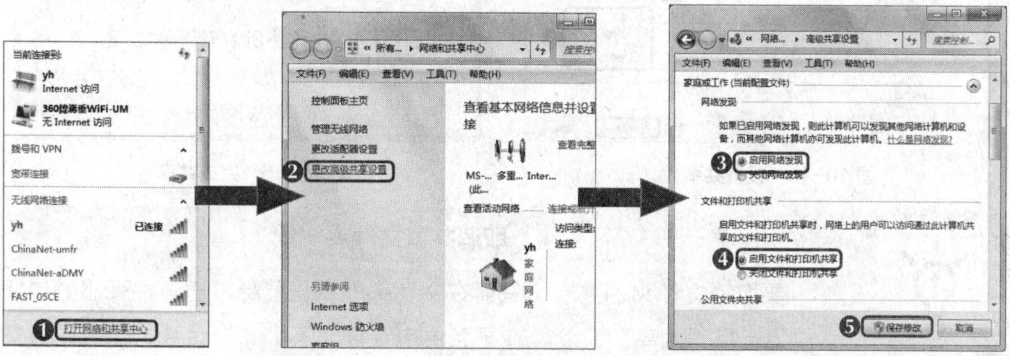

图 10-11　开启共享功能

多学一招

关闭密码保护的共享

如果计算机设置了系统的登录密码，那么共享资源时，还需在“高级共享设置”窗口中单击选中 关闭密码保护共享 单选项。用户也可通过在“控制面板”中单击“网络和共享中心”超链接打开“网络和共享中心”窗口。

2. 设置文件夹共享属性

微课视频

设置文件夹共享属性

完成资源共享的准备工作后，可对计算机中任意的文件夹设置共享属性，以便快捷地实现计算机之间的资源共享，其具体操作如下。

（1）在要进行共享的文件或文件夹上单击鼠标右键，在弹出的快捷菜单中选择“共享”命令，在子菜单中选择“特定用户”命令，如图 10-12 所示。

（2）打开“选择要与其共享的用户”对话框，在上方的列表框中选择一个用户名称（通常选择“Everyone”），然后单击 添加(A) 按钮，如图 10-13 所示。

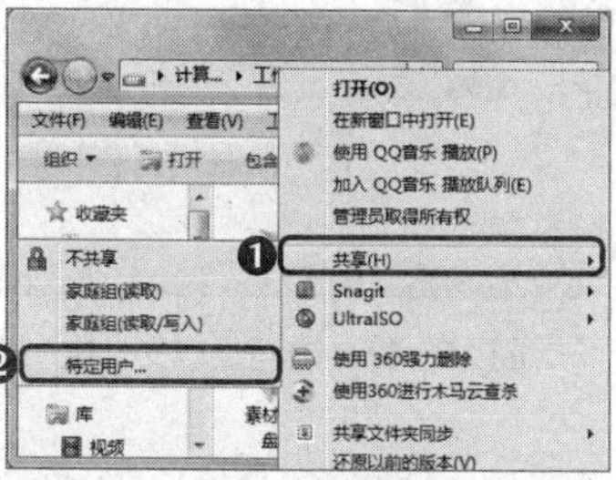

图 10-12　启用共享向导

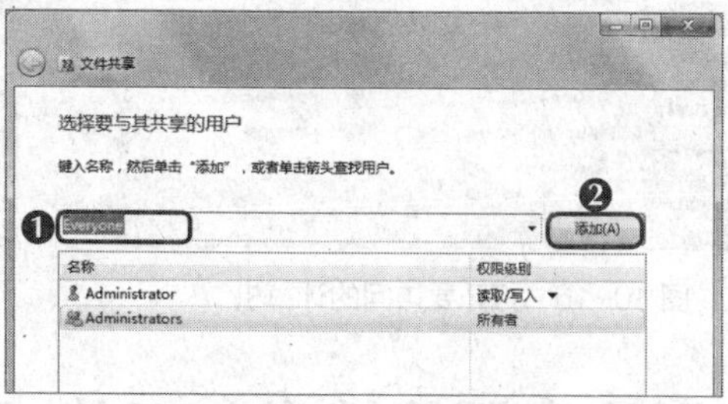

图 10-13　添加共享用户

（3）选择的用户将显示在下方的列表框中并且为选择状态，单击“权限级别”下的▾按钮，在弹出的列表中选择访问权限，完成后单击 共享(H) 按钮，如图 10-14 所示。

（4）在打开的对话框中显示文件夹已共享，中间列表框显示添加的共享文件夹，单击 完成(D) 按钮完成设置，如图 10-15 所示。

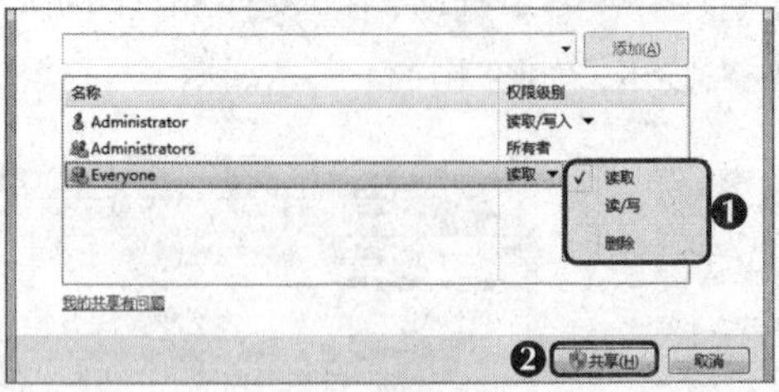

图 10-14　设置共享

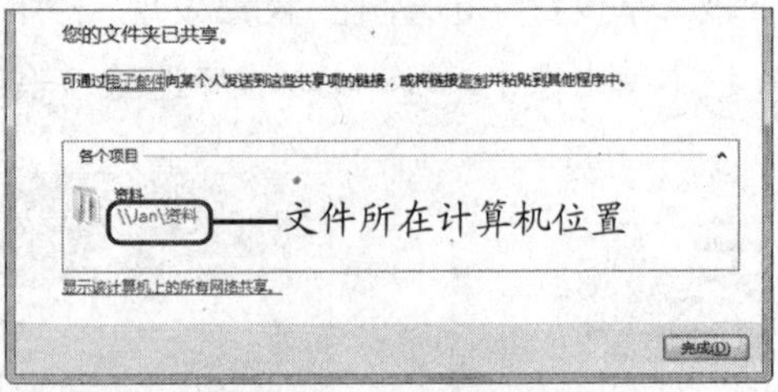

图 10-15　完成共享

多学一招

取消共享文件夹

要取消文件夹的共享，只需在文件夹上单击鼠标右键，在弹出的快捷菜单中选择“共享”命令，在子菜单中选择“不共享”命令，然后在打开的对话框中选择“停止共享”选项。

3. 访问共享资源

微课视频

访问共享资源

仅掌握设置共享文件夹的知识还不能达到利用局域网共享资源的目的，用户还需要学会怎样访问局域网中其他计算机中设置为共享的文件夹。下面将在其他计算机中访问设置为共享的“资料”文件夹中的文件，其具体操作如下。

（1）双击桌面上的“网络”系统图标，打开“网络”窗口，右侧窗口中显示了局域网中的所有计算机和其他设备，双击要访问的计算机图标，如图 10-16 所示。

（2）在打开的窗口中显示了共享文件夹，显示“共享”字样的文件夹即是被访问计算机中的共享文件夹，如图 10-17 所示，双击共享的“资料”文件夹可打开文件夹，查看其中的文件，双击文件图标可打开文件。

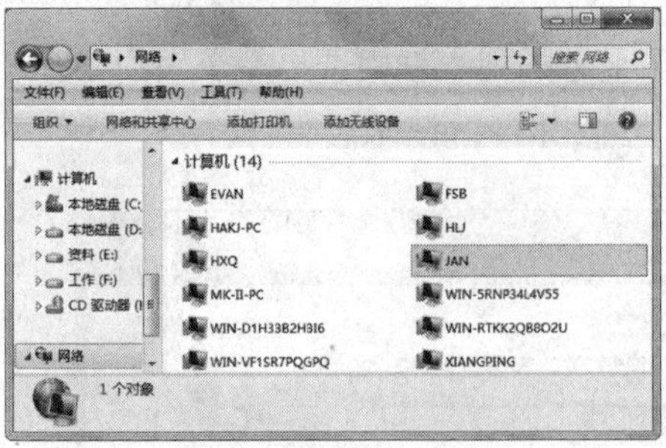

图 10-16　打开要访问的计算机

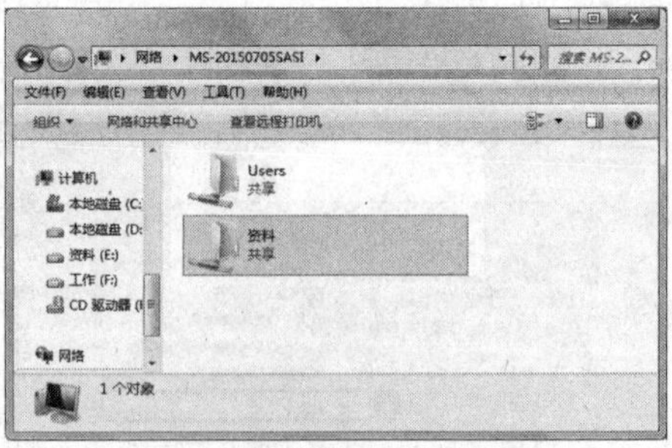

图 10-17　访问共享文件夹

10.2　网络资源的搜索与下载

Internet 是目前世界上最大的计算机网络，包含了各种各样的资源信息，是现代自动化办公中不可缺少的组成部分。将计算机连接网络后即可在网络世界中浏览各种信息，进行浏览前应先学会如何使用网络浏览器，浏览器是进入网络的重要门户，使用浏览器可搜索和下载网络资源。

10.2.1 常用浏览器简介

IE（Internet Explorer）浏览器是操作系统自带的网页浏览器，是目前最常使用的网页浏览器之一，其工作界面如图 10-18 所示。除此以外还可自行安装其他常用的浏览器，如 360 浏览器，其工作界面如图 10-19 所示。这些浏览器都是仿照 IE 浏览器衍生设计的产品，其界面与 IE 浏览器相似。

图 10-18　IE 浏览器

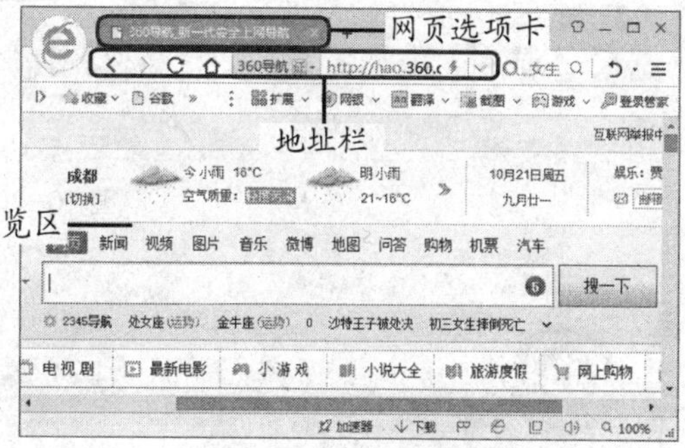

图 10-19　360 浏览器

从图中可看出浏览器的界面组成与窗口系统相似，包括标题栏、地址栏、工作栏、状态栏、工作区（网页浏览区）等，只是这些窗口的作用和实现目的有所差异。下面进行简要介绍。

- **地址栏**：用于输入或显示当前网页的地址，即网址。单击其右侧的按钮，可在弹出的列表中快速访问曾经浏览过的网页。
- **网页选项卡**：在同一个浏览器窗口中打开多个网页，每打开一个网页对应增加一个选项卡标签，单击相应的选项卡标签可在打开的网页之间进行切换，网页浏览区中将显示该网页的内容。
- **网页浏览区**：网页浏览区是浏览网页的主要区域，用于显示当前网页的内容，包括文字、图片和视频等各种信息。

知识提示

其他常用浏览器

如今，浏览器百花齐放，常见的浏览器还有 CHROME 浏览器、搜狗浏览器、火狐浏览器、QQ 浏览器等，其窗口与使用方法与 IE 浏览器相似，这里不再一一介绍，使用这些浏览器需要先进行安装。

10.2.2 浏览网页

微课视频　浏览网页

启动 IE 浏览器后，如果设置了主页，将打开主页，如果未设置主页，将显示空白页，这时在地址栏输入网站的地址并按【Enter】键，可进入该网站。在打开的网页中，单击各文字或图片超链接，可打开相应的网页以查看其详细内容。如在地址栏输入网址“http://www.sina.com.cn/”，按【Enter】键后，将打开新浪网的首页，单击“天气”超链接，将打开新浪天气频道，再单击网页中的具体栏目或文字链接，可查看相应的内容，如图 10-20 所示。

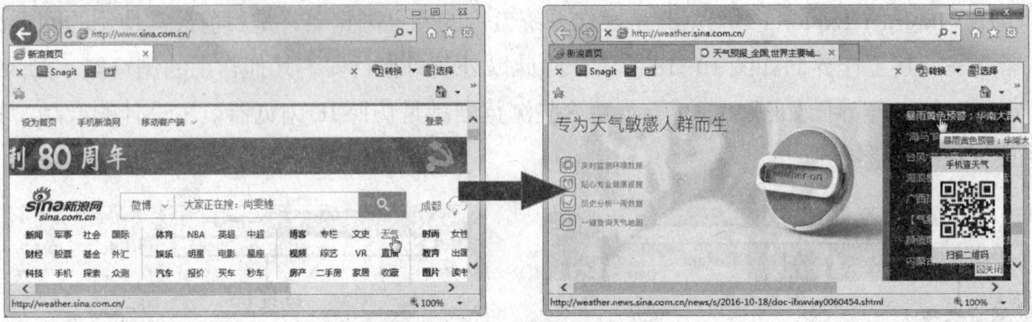

图 10-20　浏览网页

知识提示

地址输入

在输入网址时，可以省略掉网址前面的“http://www”部分，如浏览新浪网也可以直接输入“sina.com.cn”，浏览器会自动补上网址前面的前缀。

10.2.3　搜索办公资源

微课视频

搜索办公资源

搜索信息是上网时经常用到的技巧，在工作中遇到不明白的问题时，通过网络搜索获取答案非常方便。通过网络不仅可以搜索一些感兴趣的信息，还可以搜索众多知识性问题以及计算机上常用的软件程序等。目前提供搜索功能的搜索引擎很多，著名的有百度、搜狗以及 Microsoft 的必应等。下面将使用百度搜索信息，其具体操作如下。

（1）启动 IE 浏览器，在地址栏中输入“www.baidu.com”，按【Enter】键打开百度网首页。

（2）在搜索框中输入关键字，如输入“通知文档格式”，单击 按钮或按【Enter】键。在打开的网页中显示了众多与关键字相关信息的链接，用户可根据文字内容的提示单击相应的超链接，如图 10-21 所示。

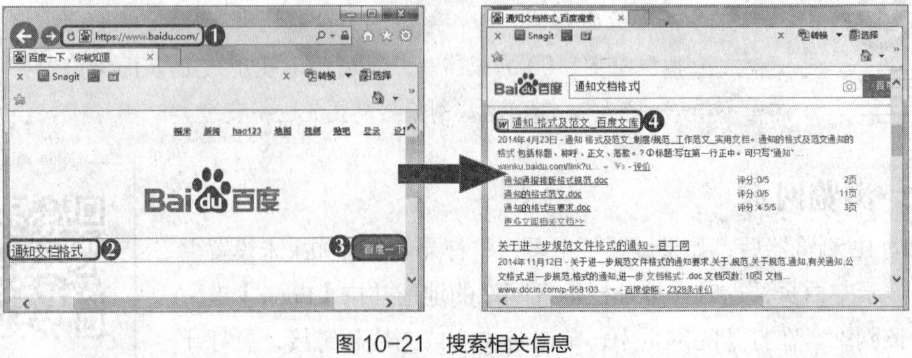

图 10-21　搜索相关信息

（3）在打开的网页中即可查看到“通知格式和范文”的相关信息，在网页中可选择文字内容，单击鼠标右键，在弹出的快捷菜单中选择“复制”命令，将文字内容粘贴到 Word 等文档中保存或修改使用，如图 10-22 所示。如果需保存图片，则在图片上单击鼠标右键，在弹出的快捷菜单中选择“另存为”命令，将图片保存到计算机的文件夹中。

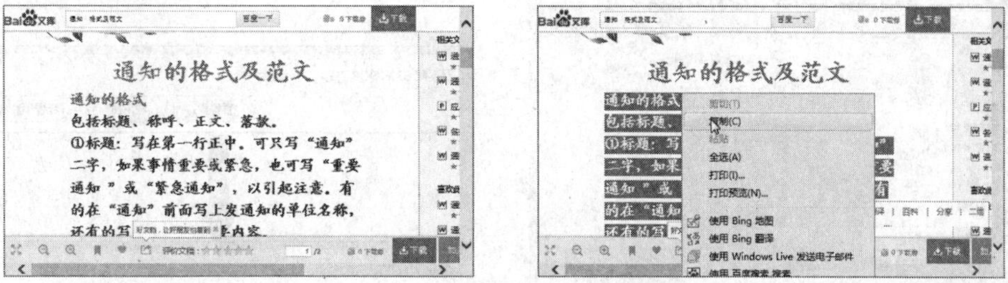

图 10-22　查看信息并复制文字内容

10.2.4　下载网上资料

微课视频

下载网上资料

网络中的资源十分丰富，有很多网站提供资源下载服务，下载的对象包括文档、软件程序、音乐、视频等，可以通过搜索引擎搜索资源下载，也可以在文件的官方网站中下载，关键在于找到文件的下载链接。下面将在 QQ 官方网站下载 QQ 软件的安装程序，其具体操作如下。

（1）在浏览器的地址栏中输入“http://im.qq.com”，按【Enter】键，打开 QQ 软件官方网站，单击“下载”超链接，打开“下载”界面，找到文件下载的链接，这里在“QQ PC 版”栏下方单击下载按钮，如图 10-23 所示。

（2）启动浏览器的下载功能，在下载框中单击保存(S)按钮右侧的▾按钮，在弹出的列表中选择“另存为”选项，如图 10-24 所示。

图 10-23　单击“下载”按钮

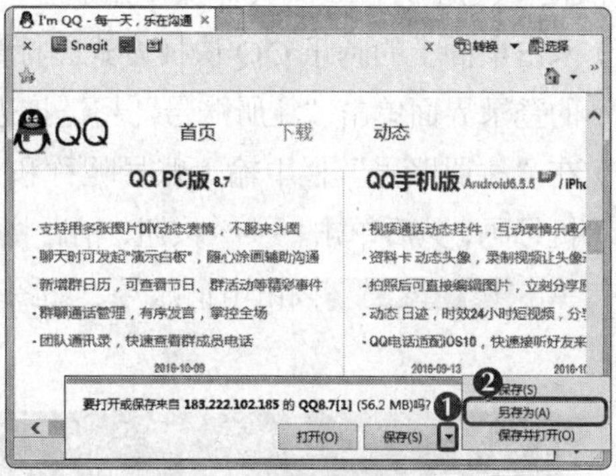

图 10-24　选择“另存为”选项

多学一招

文件下载技巧

当不知道官方网站的地址时，可通过搜索引擎输入关键字“QQ 官网”打开网站，或直接输入“QQ 软件下载”打开相关网站进行下载。

（3）打开“另存为”对话框，设置保存位置，单击保存(S)按钮，如图 10-25 所示。

（4）在浏览器的下载框中显示了下载进度，下载完成后单击打开(O)按钮，可直接运行安装程序，单击打开文件夹(P)按钮，则打开安装程序的保存位置，如图 10-26 所示。

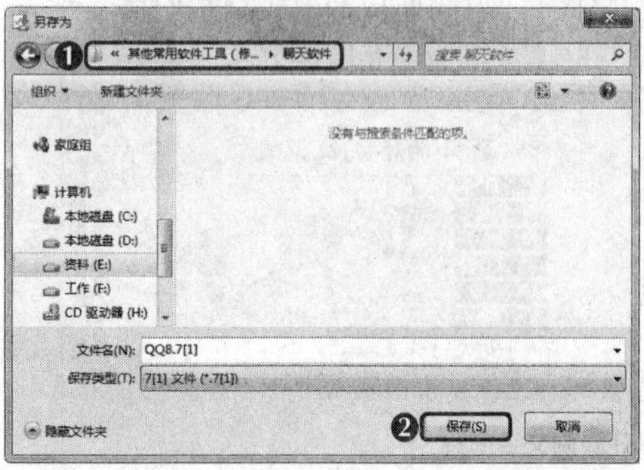

图 10-25　执行“保存”操作

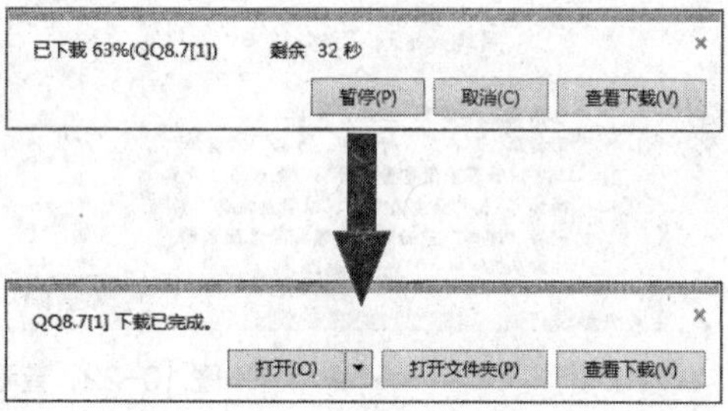

图 10-26　下载文件

10.3　使用 QQ 网上交流

互联网开始普及后，使用网络通信工具进行聊天一直备受网友的推崇，在现代办公中更是普遍使用。目前提供网络即时通信的软件有很多，如QQ、微信等。即时通信工具的优势在于，通过网络和软件的服务器实现信息交流。而在众多的即时聊天工具中，使用人数最多的当属腾讯 QQ，办公人员可通过 QQ 与同事和客户之间沟通信息。

微课视频　申请 QQ 账号

10.3.1　申请 QQ 账号

要使用 QQ 进行网上交流，还需要申请一个 QQ 账号。下面介绍申请 QQ 账号的方法，其具体操作如下。

（1）双击桌面上的腾讯 QQ 快捷方式图标，启动软件。在腾讯 QQ 的登录界面单击“注册账号”超链接进入腾讯 QQ 申请网页，如图 10-27 所示。

（2）在“注册账号”栏中输入账号昵称和登录密码等信息，申请账号时需要输入自己的手机号码，然后单击获取短信验证码按钮，稍后将收到腾讯发送的验证码短信，如实输入该验证码，单击立即注册按钮申请账号，如图 10-28 所示。

图 10-27　单击“注册账号”超链接

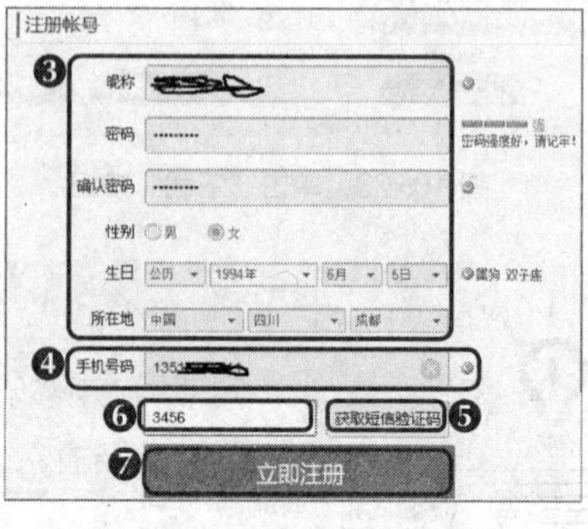

图 10-28　填写申请信息并注册申请

（3）申请成功后，会在网页中显示一个号码，该号码即为申请的 QQ 账号。

> **知识提示**
>
> **QQ 账号申请提示**
>
> 有时候申请 QQ 账号并不一定就能一次成功，可能会因为服务器繁忙或申请过于频繁而导致不能成功申请 QQ 账号，这时可以稍待片刻或改天申请。

10.3.2 添加好友

微课视频 添加好友

申请 QQ 账号成功后，首先需要登录 QQ，然后将同事和客户添加为好友，即将他们添加为联系人，之后才可在 QQ 中通讯。下面将登录 QQ 并添加好友，其具体操作如下。

（1）启动 QQ 软件，在登录界面输入申请的 QQ 账号和注册时设置的登录密码，单击 登录 按钮，如图 10-29 所示。

（2）登录后，在 QQ 主界面下方单击 查找 按钮，打开“查找”对话框，在“查找”文本框中输入同事或客户的 QQ 账号，按【Enter】键查找，在下方的界面将显示搜索到的 QQ 信息，单击 +好友 按钮，如图 10-30 所示。

图 10-29 登录 QQ

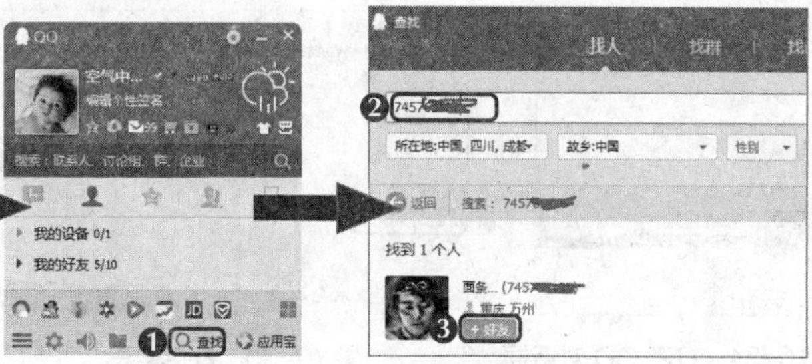

图 10-30 查找好友

> **多学一招**
>
> **记住密码与自动登录**
>
> 在登录界面单击选中☑记住密码复选框，将记住账号的密码，单击选中☑自动登录复选框后，启动计算机进入系统后将自动登录 QQ。

（3）在打开的对话框的“请输入验证信息”文本框中输入验证信息，单击 下一步 按钮，如图 10-31 所示。

（4）在打开的对话框的“备注姓名”文本框中输入对方的备注信息，然后单击“新建分组”超链接，在打开的对话框的“分组名称”文本框中输入分组名称，如输入“客户”，用于存放客户的账号，单击 确定 按钮，单击 下一步 按钮，如图 10-32 所示。

（5）请求发出后，如果对方在线并同意添加好友，则会收到一个系统消息，单击任务栏通知区域的闪动的好友 QQ 图标，将打开 QQ 对话框，在 QQ 主界面的“客户”组中可查看到添加的 QQ 好友，如图 10-33 所示。

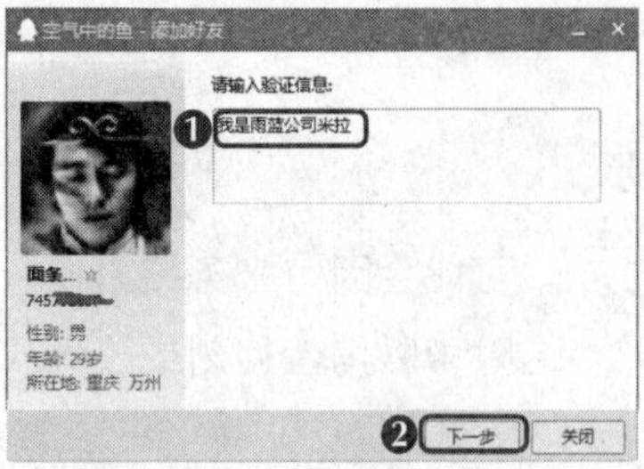

图 10-31　输入验证信息

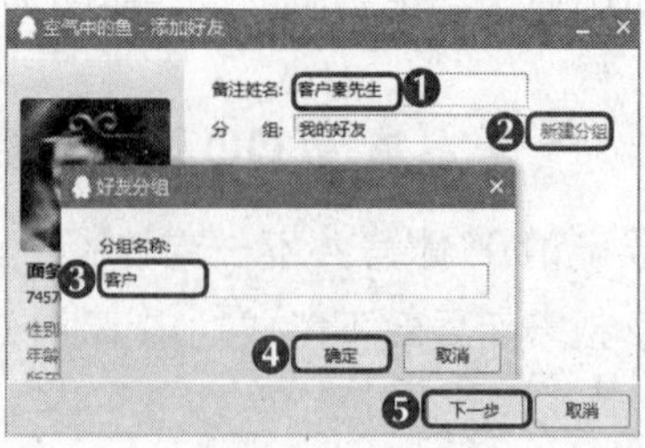

图 10-32　好友分组

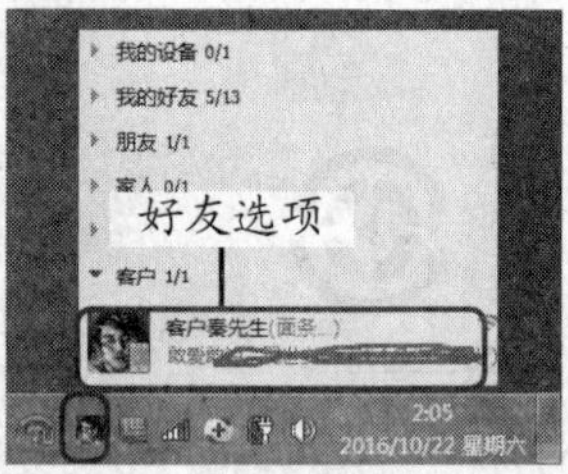

图 10-33　查看添加的好友

10.3.3 信息交流

微课视频

信息交流

QQ 最重要的功能便是与好友进行信息交流，在工作中这种方式比电话更便捷，并且是免费的。添加好友后，便可与其进行信息交流，其具体操作如下。

（1）在 QQ 界面的组别中双击好友选项，如图 10-34 所示。

（2）打开 QQ 对话框，在下方文本框中输入内容，然后单击发送按钮发送信息，如图 10-35 所示，发送的信息显示在上方的窗格中，对方回复信息后，内容同样显示在上方的窗格中，如图 10-36 所示。

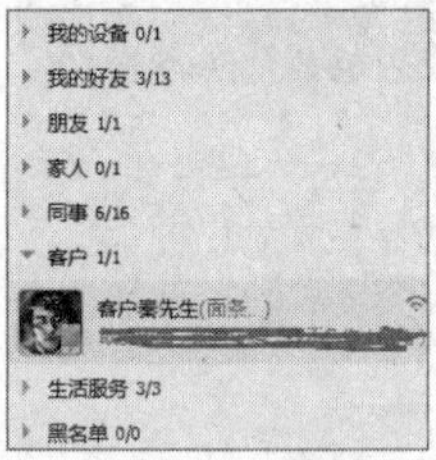

图 10-34　打开 QQ 对话框

图 10-35　发送消息

图 10-36　查看接收的信息

（3）为了使交谈氛围变得轻松，可单击 QQ 对话框工具栏中的“选择表情”图标☺，在弹出的列表框选择表情图标进行发送，如图 10-37 所示。

（4）在办公中有时需要通过截图说明内容，首先打开进行截图的文件窗口，然后在工具栏中单击“截图”按钮✂，拖动鼠标选择截图范围，如图 10-38 所示。单击✔完成按钮或双击截图区域，将图片添加到文本框中，如图 10-39 所示，单击发送按钮发送。

图 10-37　发送表情

图 10-38　截图

图 10-39　发送截图图片

多学一招

按快捷键发送信息

在 QQ 对话框的工具栏中单击发送(S)按钮右侧的按钮，在弹出的列表中选择“按 Enter 键发送消息”选项，可通过按【Enter】键发送信息，选择“按【Ctrl+Enter】组合键发送消息”选项，可通过按【Ctrl+Enter】组合键发送信息。

10.3.4 文件传送

微课视频

文件传送

使用 QQ 除了能进行文字信息的交谈，还可进行文件的传送，即发送和接收文件。如果是发送文件夹，可先使用压缩软件压缩文件，然后发送该压缩文件，其具体操作如下。

（1）在 QQ 对话框中单击“传送文件”按钮，在弹出的列表中选择“发送文件”选项，如图 10-40 所示。

（2）在打开的“打开”对话框中选择要发送的文件，单击打开(O)按钮，如图 10-41 所示，添加发送文件。对方接收后，将显示文件发送和接收成功的信息提示，如图 10-42 所示。

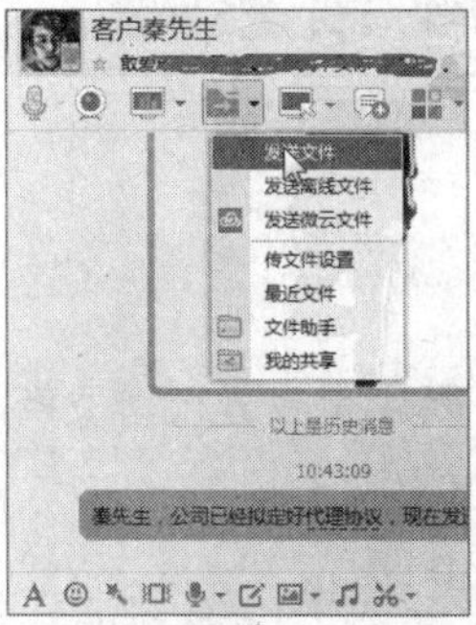

图 10-40 选择“发送文件”选项

图 10-41 添加发送文件

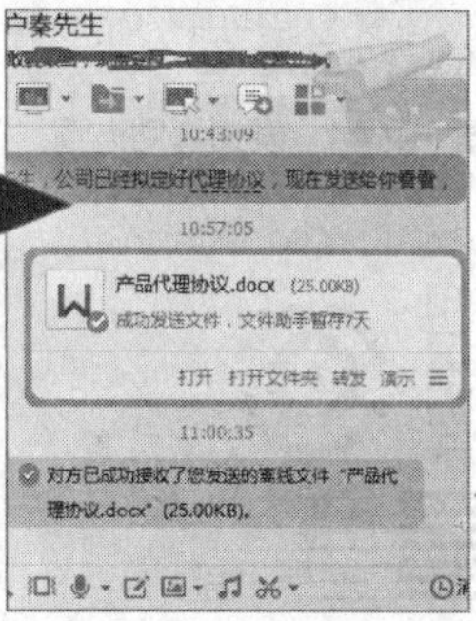

图 10-42 发送成功

（3）当好友发来文件，在“传送文件”窗格中单击“另存为”超链接，然后在打开的“另存为”对话框中选择文件的保存位置，单击保存(S)按钮接收文件，如图 10-43 所示。

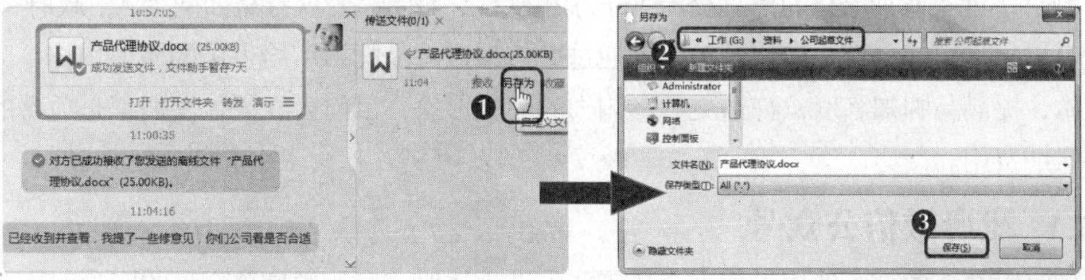

图 10-43 接收文件

10.3.5 远程协助

微课视频

远程协助

在办公中若遇到不懂的操作，可通过 QQ 发送远程协助请求，邀请好友通过网络远程控制自己的计算机系统，由对方对系统进行操作；

反之，也可接受好友的远程协助请求，来控制好友的计算机系统进行操作。如下面在 QQ 中邀请好友协助办公，其具体操作如下。

（1）单击“远程桌面”按钮，在弹出的列表中选择“邀请对方远程协助”选项，如图 10-44 所示。

（2）对方接受邀请后，在对方的 QQ 对话框中显示自己的系统桌面，然后好友可对自己的系统进行操作，如图 10-45 所示。如果邀请控制对方的计算机，待对方接受邀请后，在自己的 QQ 对话框中显示对方计算机系统桌面，然后操作对方的系统。

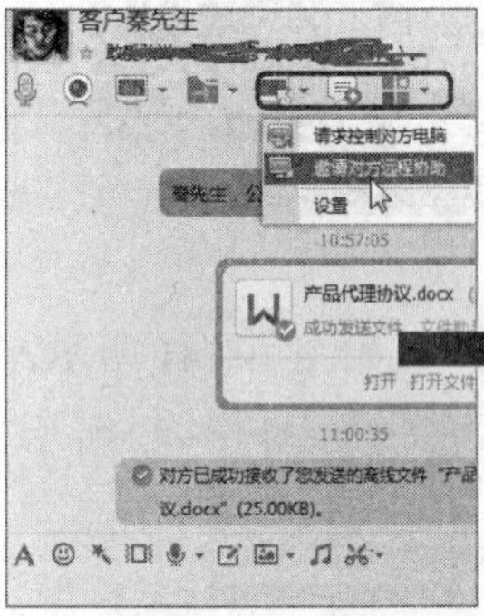

图 10-44　发送协助邀请

图 10-45　进行远程控制

> **知识提示**
>
> **远程协助信息安全**
>
> 在使用远程控制技术时，应先确定对方的身份，特别是在进行涉及商业机密的交流时，更应做好保密工作，以确保重要信息的安全。

10.4　使用微信公众号发布信息

微信是近年非常流行的信息交流 App 手机软件，而微信公众号是面向个人、政府、媒体、企业等机构推出的合作推广业务。可以通过微信渠道将品牌推广给上亿的微信用户，减少宣传成本，提高品牌知名度，打造更具影响力的品牌形象，目前公众平台注册都是免费的，不需要缴纳费用。

10.4.1　注册微信公众号

与使用 QQ 类似，使用微信公众号需要先进行注册，获取微信公众号的账号。

1．微信公众号的分类

公众账号类型主要分为服务号和订阅号。下面简要介绍服务号和订阅号的作用和适用人群，帮助用户根据实际情况选择注册微信公众号的账号类型。

- **服务号**：主要偏向于服务交互（功能类似 12315、114、银行，提供绑定信息，服务交互），每月可群发 4 条消息；适用人群包括媒体、企业、政府或其他组织。

- **订阅号**：主要偏向于为用户传达资讯（功能类似于报纸和杂志，为用户提供新闻信息或娱乐趣事），每天可群发 1 条消息；适用人群包括个人、媒体、企业、政府或其他组织。

如果想用公众平台简单的发消息，做宣传推广服务，建议选择订阅号；如果想用公众平台进行商品销售，建议选择服务号，后续可认证再申请微信支付商户。

2. 注册账号

微课视频

注册账号

注册微信公众号时，可根据公众号的用途，具体选择对应的类型，它们的注册方法类似，只是在注册时提交的材料不同。下面注册个人类型的公众账号，其具体操作如下。

（1）打开浏览器，在地址栏中输入微信公众平台官网地址“https://mp.weixin.qq.com/”，按【Enter】键，在打开的网页中单击“立即注册”超链接，如图 10-46 所示。

（2）在打开的注册页面填写邮箱（使用没有注册过微信账号的邮箱）、密码和验证码等信息，然后单击注册按钮，如图 10-47 所示。

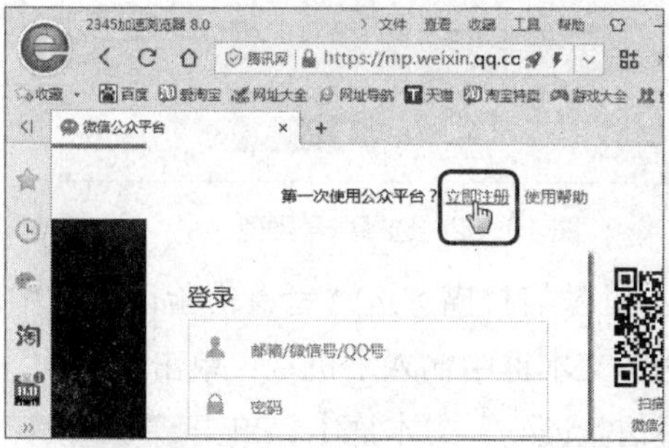

图 10-46 单击“立即注册”超链接

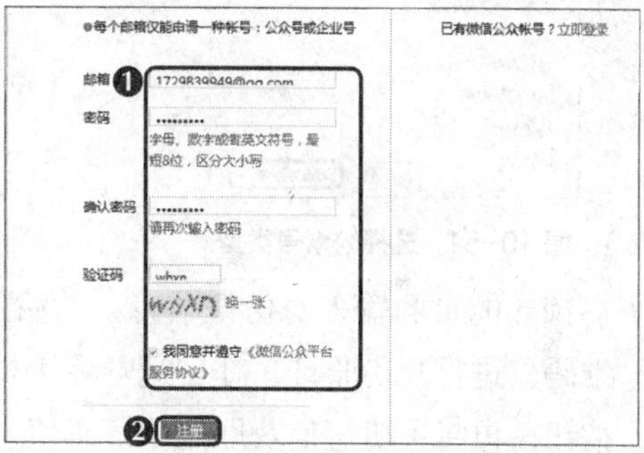

图 10-47 填写邮箱等基本信息

知识提示

QQ 邮箱

QQ 邮箱类似于生活中的信箱，用于传送邮件等，其邮箱地址是 QQ 账号 +“@qq.com”。由于 QQ 对话框中可以便利的传送文件，因此邮箱逐渐被替代。

（3）在打开的页面中提示需要登录邮箱激活公众平台账号。这里填写的 QQ 邮箱账号，因此在 QQ 主界面中单击“邮箱”按钮，如图 10-48 所示。

（4）进入 QQ 邮箱，在左侧窗格中单击“收件箱”选项卡，打开“收件箱”，单击微信团队发送的信件标题超链接，如图 10-49 所示。

（5）打开信件窗口，提示要求单击链接激活微信公众号，单击信件中的超链接激活账号，如图 10-50 所示。

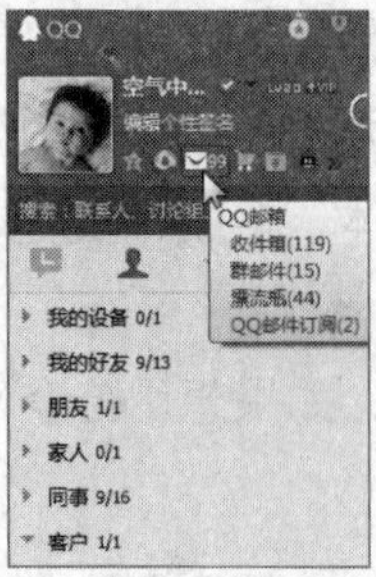

图 10-48　进入邮箱

图 10-49　打开信件

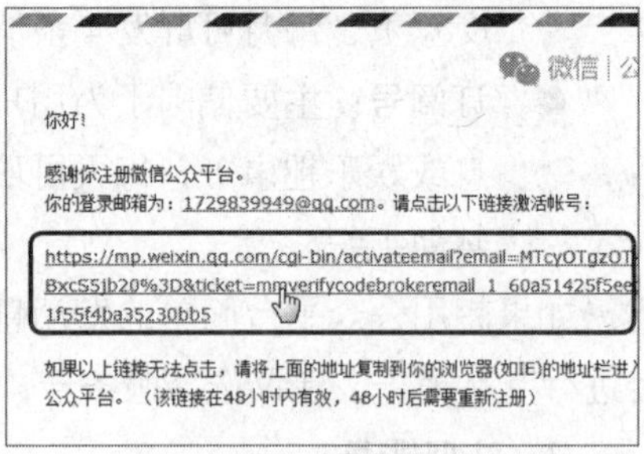

图 10-50　激活微信公众号

（6）激活公众平台账号后，返回注册页面，提示选择公众号类型，这里选择注册“订阅号”，单击下方的“选择并继续”超链接，如图 10-51 所示。打开提示对话框提示，选择账号类型后不能再进行更改，单击确定按钮。

（7）在打开的页面中选择账号类型，这里单击“个人”超链接，如图 10-52 所示。

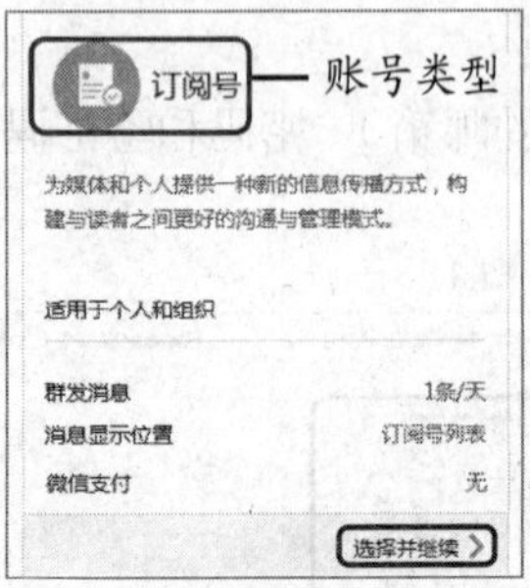

图 10-51　选择公众号类型

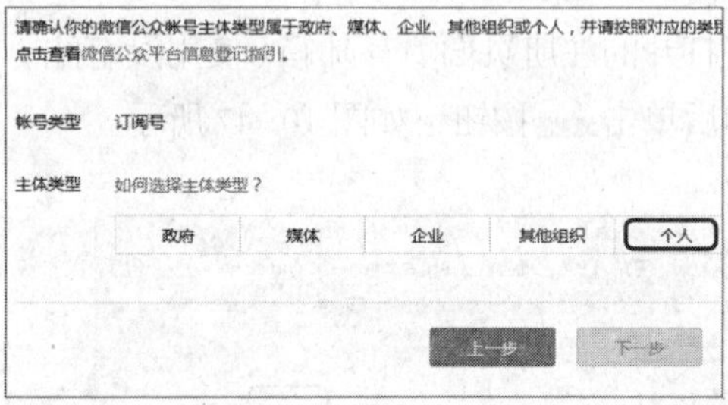

图 10-52　选择账号类型

（8）在打开的页面输入身份证信息，然后使用手机微信扫描“运营者身份验证”栏中的二维码，进行身份验证，在“运营者手机号码”文本框中输入手机号，单击右侧的获取验证码按钮，再将手机短信获取的验证码填入“短信验证码”文本框中，单击继续按钮，如图 10-53 所示。

（9）在打开的页面输入订阅号的账号名称和功能介绍内容，设置后不能更改，单击确定按钮，如图 10-54 所示，完成微信公众号的注册。

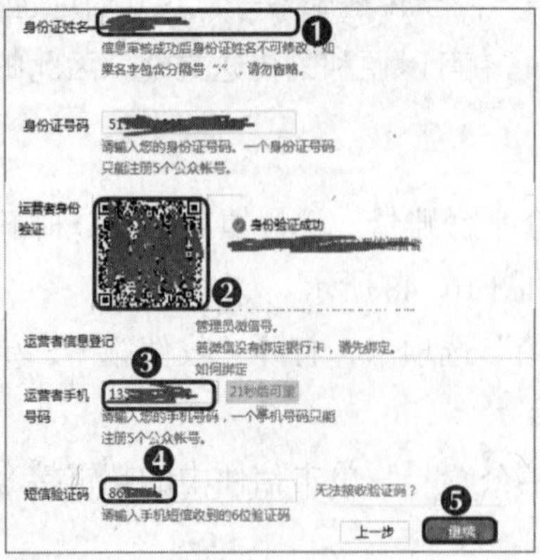

图 10-53　身份认证

图 10-54　完成注册

10.4.2 使用微信公众号

微信公众号申请成功后，便可使用公众号了。那么，微信公众号的实际应用该怎样进行，其实微信公众号的操作与一般软件的使用无异，下面将对相关知识和操作进行讲解。

1. 微信公众号的使用简介

微信公众号最突出的作用是发布信息，进行产品推广，如公司近期开展的活动、产品的介绍等。公众号发布信息的受众是关注了公众号的微信用户，刚开通的公众号没有用户关注，其他微信用户通常是通过扫描公众号的二维码或搜索公众号的账户名称进行关注添加，在实际工作中，首先需要将公众号推广出去，让微信用户添加公众号，如将二维码打印在纸张上，让公司的客户扫描添加。由于微信在生活中所占比重日益增加，现实中有不少公司、企业，甚至个体经销商都有自己的微信公众号，用于商品推广等，正因如此，产生的竞争较激烈。如何经营好微信公众号是一门很深的学问，有的公司还专门聘用了员工对微信公众号进行使用和管理。下面只对微信公众号最主要的应用进行介绍，如群发消息和生成二维码，帮助用户了解公众号所能实现的功能以及如何对公众号进行操作。

2. 生成二维码

微课视频

生成二维码

通过简介，了解了微信用户添加关注公众号的主要方式是扫描公众号的二维码。下面在注册的微信公众号中下载二维码图片，将其打印到纸张上，供其他微信客户扫描添加关注使用，其具体操作如下。

（1）启动浏览器，在地址栏中输入“mp.weixin.qq.com”，按【Enter】键，在微信公众号登录界面输入注册时填写的邮箱账号和密码，登录微信公众号。

（2）在公众号主界面的左侧窗格中单击“公众号设置”选项卡，打开“公众号设置”界面，在“账号详情”选项卡中单击“二维码”栏中的“下载更多尺寸”超链接，如图 10-55 所示。

（3）在打开的对话框中列出了二维码的尺寸选项，根据需要进行选择，如选择打印纸张大小和放置位置等，然后单击对应的下载链接，如图 10-56 所示。

图 10-55　下载更多尺寸

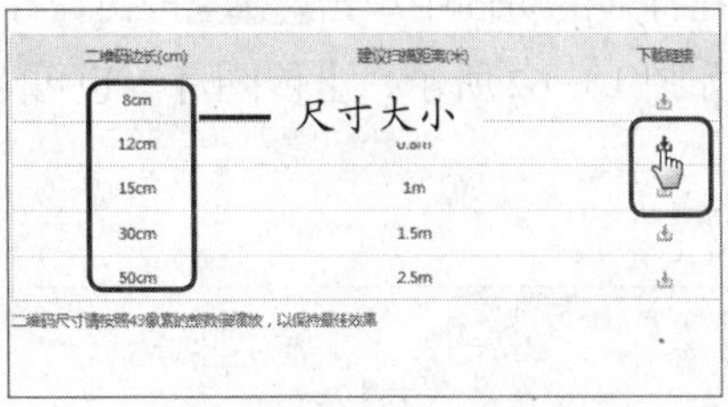

图 10-56　下载二维码

（4）启动浏览器的下载功能，在下载框中单击保存(S)按钮右侧的▾按钮，在弹出的列表中选择“另存为”选项。

（5）在打开的“另存为”对话框中设置保存位置，单击保存(S)按钮，如图 10-57 所示。下载二维码后，在保存位置可查看二维码图片，如图 10-58 所示，可将二维码图片插入 Word 等文档中打印输出。

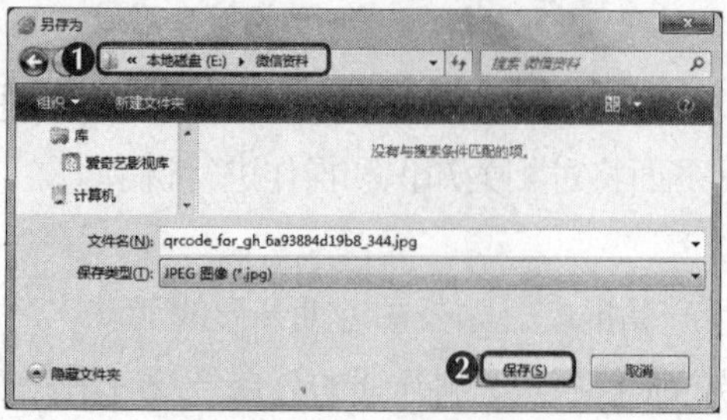

图 10-57　下载二维码

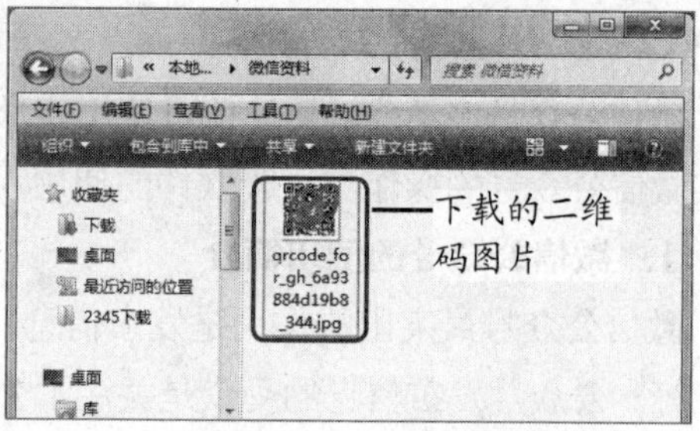

图 10-58　查看二维码图片

3. 群发消息

微信公众号除了二维码应用外，另一个重要的应用是发送信息，简单地讲，二维码是添加联系人的途径，群发消息是与联系人进行交流，即向用户推送消息，达到宣传公司形象和产品推广的目的，其具体操作如下。

微课视频

群发消息

（1）单击“群发功能”选项卡，单击“新建图文信息”超链接，如图 10-59 所示。

（2）在打开的界面中输入文章标题和正文，在“多媒体”栏中单击相应的链接可添加多媒体文件，如图 10-60 所示。

图 10-59　新建图文消息

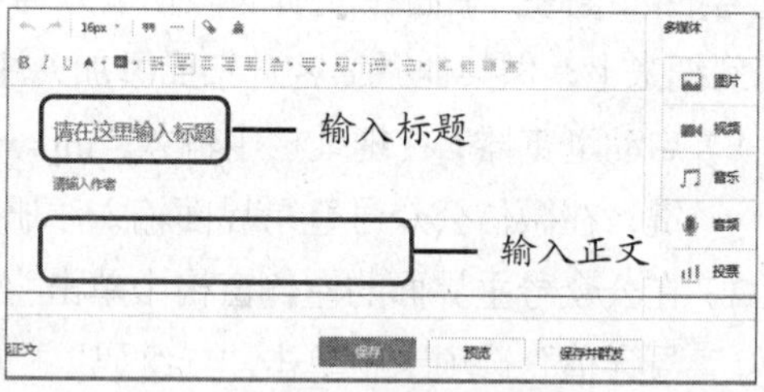

图 10-60　输入文本内容

（3）发送消息时，要求必须插入一张图片，单击页面下方的 从图片库选择 按钮，如图 10-61 所示。

（4）在打开的页面中单击 本地上传 按钮，打开“打开”对话框，选择图片，单击 打开(O) 按钮，如图 10-62 所示，上传图片。也可上传二维码图片或公司售卖产品的链接。

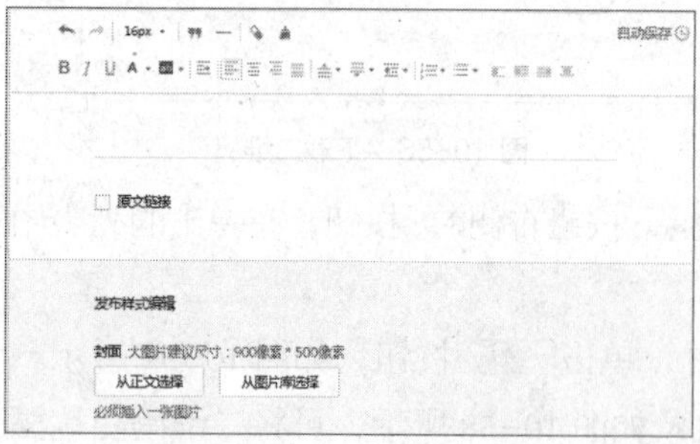

图 10-61　单击插入图片按钮

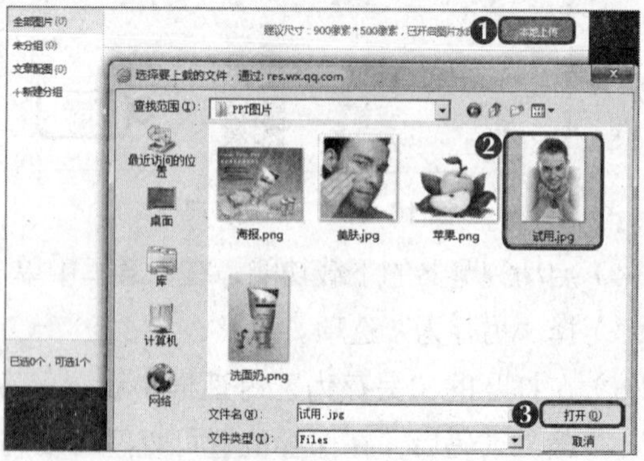

图 10-62　插入图片

（5）上传图片后，单击图文信息编辑页面下方的保存并群发按钮，返回“群发功能”界面，可查看到添加的图文信息，在上方设置“群发对象、性别和群发地区”，选择发送至添加关注微信的用户，单击群发按钮。

（6）打开提示对话框，使用手机微信扫描二维码，如图10-63所示，然后在手机微信页面确认发送即可。

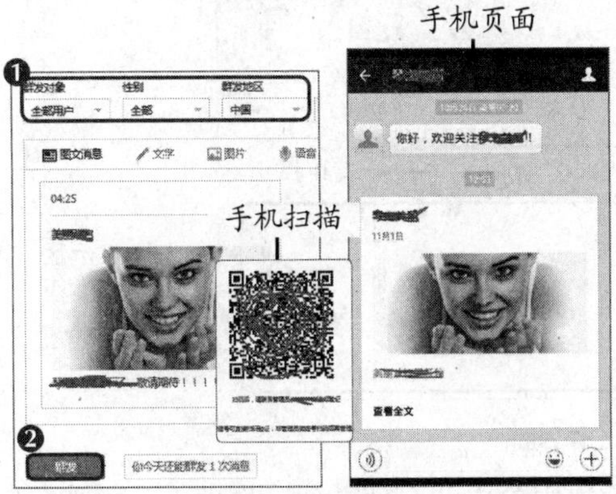

图10-63 通过手机微信管理账号群发消息

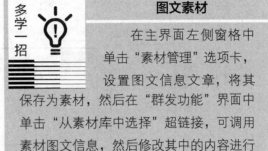

> **多学一招**
>
> **图文素材**
>
> 在主界面左侧窗格中单击“素材管理”选项卡，设置图文信息文章，将其保存为素材，然后在“群发功能”界面中单击“从素材库中选择”超链接，可调用素材图文信息，然后修改其中的内容进行群发，可提高工作效率。

10.5 使用网盘存储办公文件

网盘可以理解为网络硬盘，其免费存储量能够达到几千GB，在办公中，网盘主要用来备份存放文件。常见的网盘有百度网盘、115网盘（www.115.com）等，其使用方法相同，下面以办公中最常用的百度网盘进行知识介绍。

10.5.1 注册与登录百度网盘

启动浏览器，在地址栏中输入百度网盘官方网址“http://pan.baidu.com/”，进入百度网盘的登录界面，如图10-64所示，单击立即注册百度帐号按钮可注册百度账号，用于登录网盘，其注册方法与注册QQ和微信公众号的方法相似。同时，百度网盘支持使用QQ快速登录，单击页面的QQ图标，打开QQ登录对话框，输入QQ账号和密码，单击授权并登录按钮即可登录网盘，如图10-65所示。

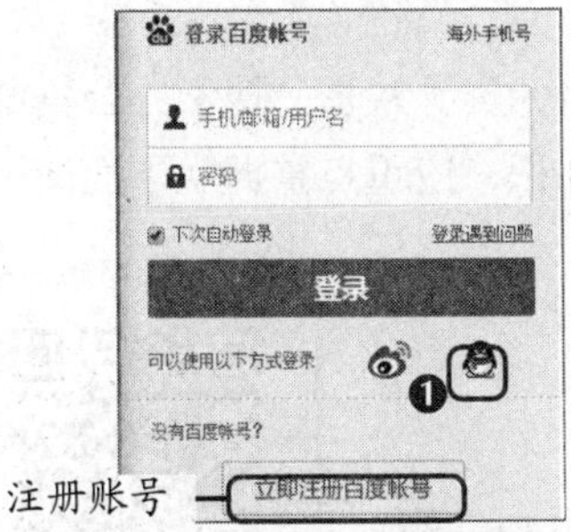

图10-64 注册与登录界面

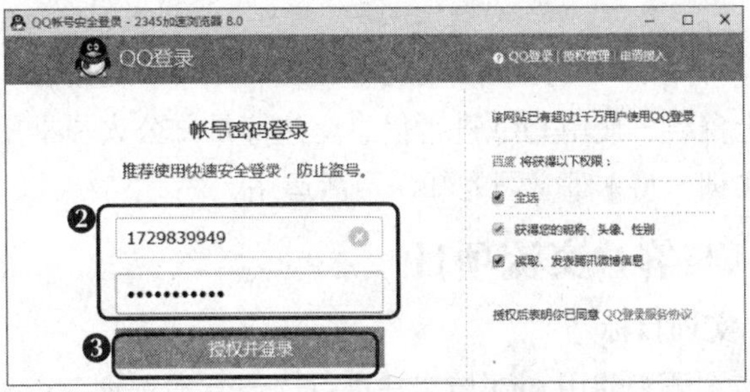

图10-65 使用QQ账号登录网盘

10.5.2 使用百度网盘

进行登录后，即可进入百度网盘主界面，如图 10-66 所示。百度网盘工作界面主要包含切换窗格、工具栏和文件显示区。通过观察可发现网盘主界面与“计算机”窗口相似，同样，其操作也存在共通性。下面对网盘的使用进行简要介绍。

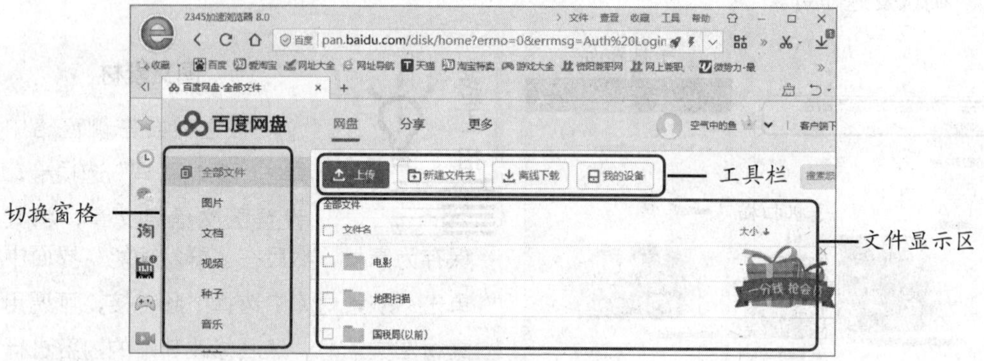

图 10-66 网盘工作界面

- **切换窗格**：用于文件存储分类，在切换窗格中单击“全部文件”选项卡，可在窗口中查看所有文件，单击“图片”选项卡可查看图片文件，依次类推。
- **工具栏**：工具栏主要用于文件的上传和下载，单击“离线下载”按钮，打开“打开”对话框，可将计算机中的文件上传到网盘；单击“新建文件夹”按钮可在网盘中新建文件夹，用于分类存放文件；“离线下载”按钮则用于将网盘中的文件下载到计算机中。
- **文件显示区**：文件显示区用于显示网盘中存放的文件，选择某个或多个文件，可执行下载和删除等操作。

> **多学一招**
>
> **分享网盘文件**
>
> 在网盘中保存的文件上单击鼠标右键，在弹出的快捷菜单中选择“分享”命令，在打开的对话框中可创建文件的分享链接，然后将链接发送给其他用户，其他用户单击此链接可下载分享的文件。

10.6 项目实训

本章介绍了网络办公应用的相关知识，其中连接无线网络、资源共享、搜索办公资源、下载网上资料、使用 QQ 进行信息交流等是办公人员常用的知识，应重点掌握。下面通过两个项目实训，将本章学习的知识灵活运用。

微课视频

与客户交流项目

10.6.1 与客户交流项目

1. 实训目标

本实训要求使用 QQ 与客户进行交流。本实训考查了使用 QQ 的相关知识，包括发送即时消息、发送文件等操作。

2. 专业背景

在与客户进行交流时，应掌握语言技巧，现代交往中，不同行业有不同的要求，站在不同的角度看问题，结果可能大不一样。在交流时，应注意客户的职业导致其形成的语言特点，从而掌握客户潜在表达的意思和逻辑思维，有效地推进项目的合作等。

3. 操作思路

进行本实训时，应先登录 QQ 并将客户添加为好友，接着与客户进行文字交流，并给客户发送资料。

【步骤提示】

（1）登录 QQ，查找客户 QQ 账号并添加客户为好友。

（2）就目前进行的项目进行交流，必要时可截图表达内容，并将相关文件发送给客户。

10.6.2 在网络中学习 Excel 知识

1. 实训目标

微课视频

在网络中学习 Excel 知识

本实训的目标是在 Excel Home 网站中学习 Excel 知识，Excel Home 也叫“Excel 之家”，是国内具有较大影响力的以从事研究与推广 Excel 为主的网站。通过实训练习使用浏览器浏览网页信息的操作，同时强化学习 Excel 的操作知识。Excel Home 的网站页面如图 10-67 所示。

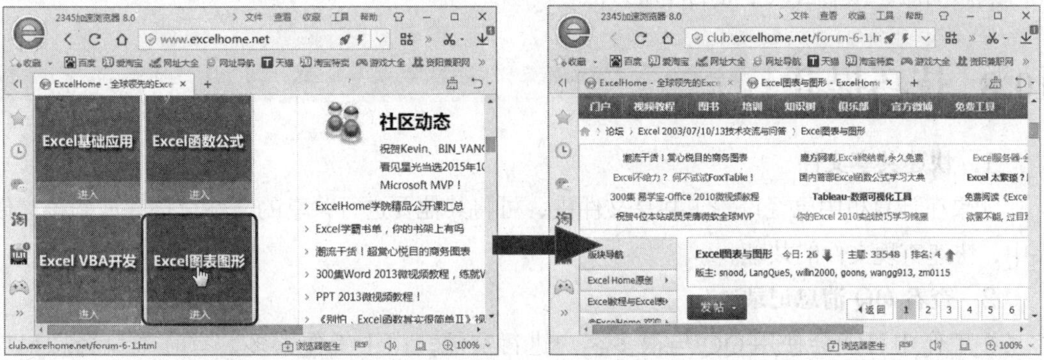

图 10-67 使用浏览器查看网页学习 Excel 知识

2. 专业背景

Excel Home（http://www.excelhome.net/）在 Excel 方面做得非常出色，网站的主要成员都是 Excel 方面的高手，有几本销量不错的著作。网站提供内容学习、答疑、软件下载等主流内容，Excel 函数、图表制作方面的内容丰富。同时，该网站还提供视频学习、公开课等特色学习形式。Excel Home 推出的微信公众号，也让用户可以随时随地了解最新的 Excel 信息。

3. 操作思路

本实训首先连接办公室无线网络，启动计算机中安装的任意一款浏览器，在地址栏输入“http://www.excelhome.net”，进入 Excel Home 浏览信息。

【步骤提示】

（1）输入无线密码，连接办公室网络，然后启动浏览器。

（2）在地址栏输入“http://www.excelhome.net”，进入 Excel Home 网站主页，根据需要单击相关的链接，如单击“Excel图表图形”超链接，进入该分类主题页面，再单击相关链接，浏览学习 Excel 制作图表的操作知识等。

10.7 课后练习

本章主要介绍了网络办公应用的操作知识，下面通过两个练习，巩固所学的知识。

练习 1：配置无线网络

本练习将使用用户自己的计算机配置无线网络。购买无线路由器后，连接路由器，然后进入无线路由器开启无线功能，再在用户的手机中打开无线功能，输入密码连接无线网络，如果有多台计算机，可进行共享设置。通过练习熟悉无线网络的配置设置。

练习 2：注册百度网盘和微信公众号

本练习将启动浏览器，进入百度网盘登录页面，注册一个百度账号，然后登录到百度网盘，查看各项功能。根据需要，可自行注册一个微信公众号，可根据公司或个人的相关情况对公众号账号进行命名，以备后用。通过本练习，用户将拥有一个自己的百度网盘，以备工作所需，同时熟悉网盘、微信公众号等的注册方法。

10.8 技巧提升

1．快速共享文件

如果在计算机中已经设置了共享文件夹，可将其他要进行共享的文件直接存放到该文件夹中，快速实现文件的共享。

2．查看 QQ 消息记录

在工作中可能会使用 QQ 与很多客户进行交流，由于工作繁多，有时难免会忘记与客户交流的重点内容，此时，打开与客户进行交流的 QQ 对话框，在输入文本框上方单击“消息记录”按钮，可打开“消息记录”窗口，查看与该客户近期交谈的内容。

3．设置浏览器主页

如果每次启动浏览器都通过输入网站地址打开网页，相当麻烦，此时，可打开 IE 浏览器，选择【工具】/【Internet 选项】菜单命令，在打开的“Internet 选项”对话框的“主页”栏中输入网站地址，然后单击“确定”按钮，将该网页设置为浏览器主页，以后启动浏览器，将直接打开该网站页面。

CHAPTER 11

第 11 章 常用办公设备的使用

情景导入

公司购买了大批新的办公设备，有打印机、扫描仪、投影仪等，对原有设备进行更新，而公司能够全方位使用这些设备的人才较缺乏，老洪笑说米拉是“可造之材”，希望她对这些办公设备有足够的了解并掌握必要的操作。虽然老洪有说笑之嫌，但米拉还是觉得肩上的担子似乎重了起来。

学习目标

- 掌握打印机的使用方法。

  如安装本地打印机、安装网络打印机、添加纸张以及解决卡纸故障等。

- 掌握其他办公设备的使用方法。

  如扫描仪的使用、一体速印机的使用、投影仪的使用以及移动办公设备的使用等。

案例展示

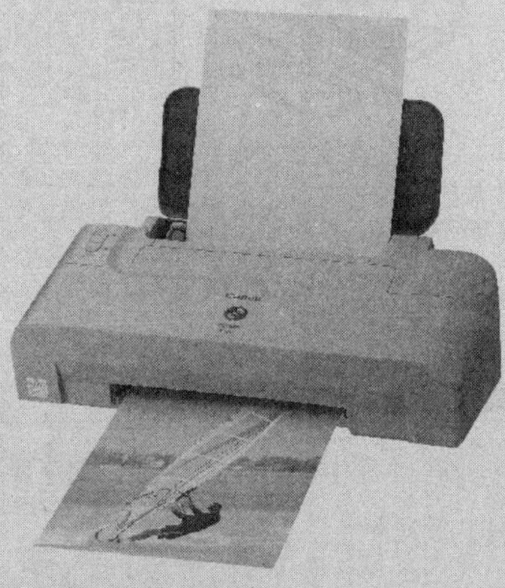

▲使用彩色打印机

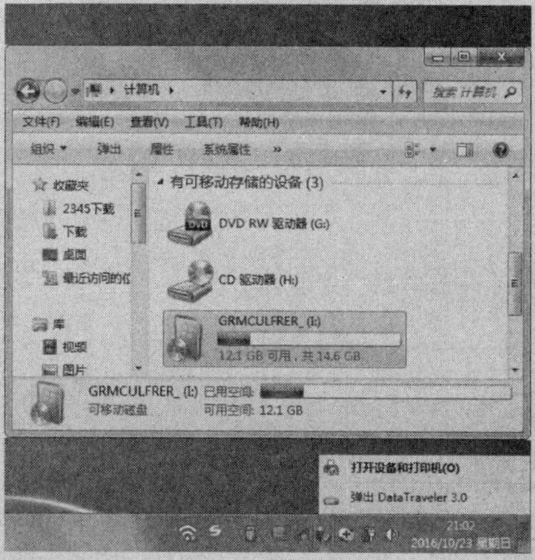

▲使用 U 盘

11.1 打印机的使用

打印机是办公自动化中重要的输出设备之一，主要用于将计算机运算和处理后的结果输出到纸张上。用户可通过简单的操作，利用打印机将制作好的各种类型的文档输出到纸张或有关介质上，从而便于在不同场合传送、阅读和保存。办公应用中不仅能通过打印机打印出文档内容，还应该对打印机设备的安装、维护等使用方法有足够的了解，更利于自动化办公的开展和顺利实现。

11.1.1 打印机的类型

通常办公中都会将一些文件打印输出。目前家用和办公最常用的是喷墨打印机和激光打印机。下面对打印机的类型及其结构进行介绍，以帮助用户更加直观地掌握打印机的使用。

1. 喷墨打印机

喷墨打印机是一种经济型非击打式的高品质打印机，是一款性价比较高的彩色图像输出设备，因其强大的彩色功能和较低的价格，在现代办公领域颇受青睐。

喷墨打印机将墨水喷到纸张上形成点阵图像。它主要由喷头和墨盒、清洁单元、小车单元和送纸单元 4 部分组成，其外观与结构示意图如图 11-1 所示。

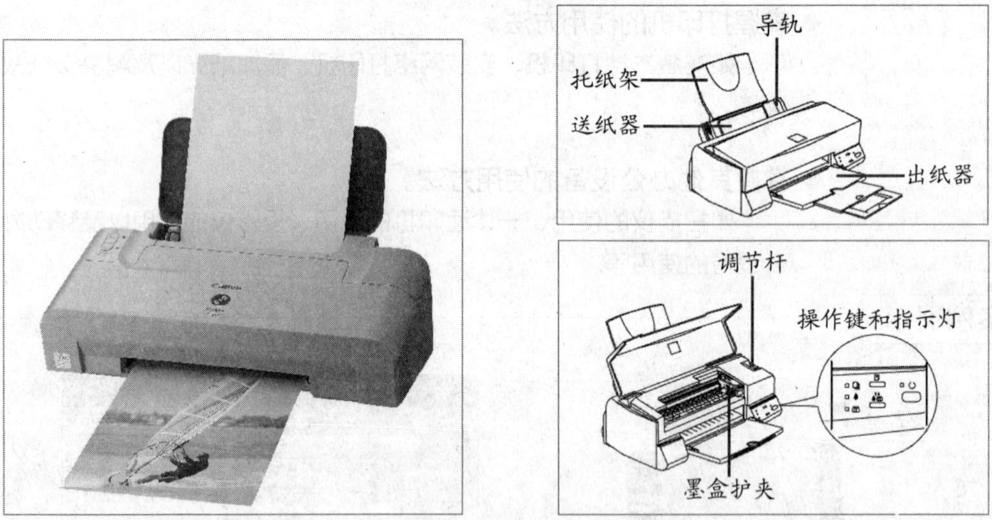

图 11-1 喷墨打印机外观与结构

喷墨打印机的特点是体积小、操作简单方便、打印速度快、工作噪声低和分辨率高。

知识提示

选购喷墨打印机

在选购喷墨打印机时，应从墨滴控制、打印精度、耗材成本和打印速度 4 个方面考虑，还应注意是否能直接打印照片。

2. 激光打印机

与喷墨打印机相比，激光打印机是使用硒鼓粉盒里的碳粉形成图像。激光打印机分为黑白激光打印机和彩色激光打印机，顾名思义分别用于打印黑白和彩色页面。彩色激光打印机价格比喷墨打印机贵，成像更复杂。其优势在于技术更成熟、性能更稳定、打印速度和输出质量较高。

图 11-2 所示为激光打印机的外观图与结构图示。表 11-1 介绍了激光打印机组成部分的名称和功能。

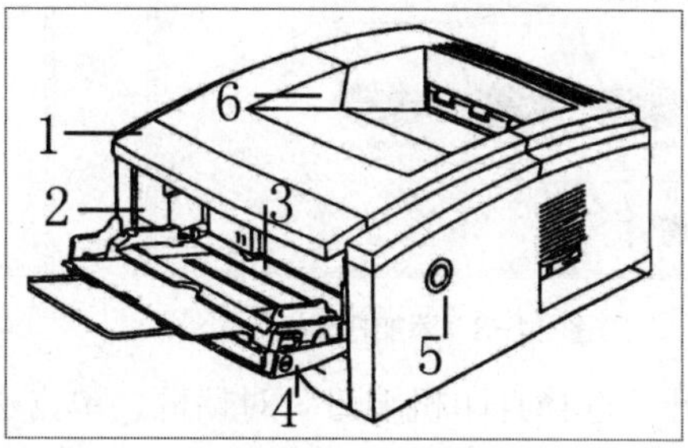

图 11-2 激光打印机组成部分示意图

表 11-1 激光打印机组成部分的名称和功能

编号	名称	功能
1	控制面板	有 5 个指示灯，从左到右依次是电源、准备就绪、卡纸、多功能纸盘状态和标准纸盘状态（就绪灯亮为进纸或纸张就绪状态，就绪灯灭且纸盒灯闪表明对应纸盒缺纸）
2	多功能纸盒	放置纸、信封等打印介质，按住两侧凸块向前拉可打开
3	纸张宽度导板	按纸张大小调节位置，将纸张夹紧
4	标准纸盒	标准的 250 张纸盒，可装 B5~A4 纸或公文纸
5	打印机电源开关按钮	控制打印机电源开关
6	顶部出纸盘	接收打印后的纸

11.1.2 安装本地打印机

不管是何种类型的打印机，其使用方法大同小异。在将数据线与一台计算机连接后，首先需要安装打印机的驱动程序，通常，通过以下 3 种方式获取打印机的安装程序。

- 系统自带的相应型号的打印机驱动程序。
- 通过购买打印机时附带的驱动程序安装光盘。
- 通过从打印机品牌官方网站下载相应型号的打印机的驱动程序。

微课视频

安装本地打印机

不管安装哪一种途径获得的驱动程序，其安装打印机的操作方法类似，其中安装通过光盘和下载方式获得的驱动程序较简单，且与安装软件程序相同，然后进行其他设置。下面以使用系统自带的驱动程序的方式介绍安装打印机的方法，其具体操作如下。

（1）单击“开始”按钮，在系统控制区中选择“设备和打印机”选项，打开“设备和打印机”窗口，在工具栏中单击添加打印机按钮，如图 11-3 所示。

（2）打开图 11-4 所示的向导对话框，选择该对话框中的“添加本地打印机”选项。

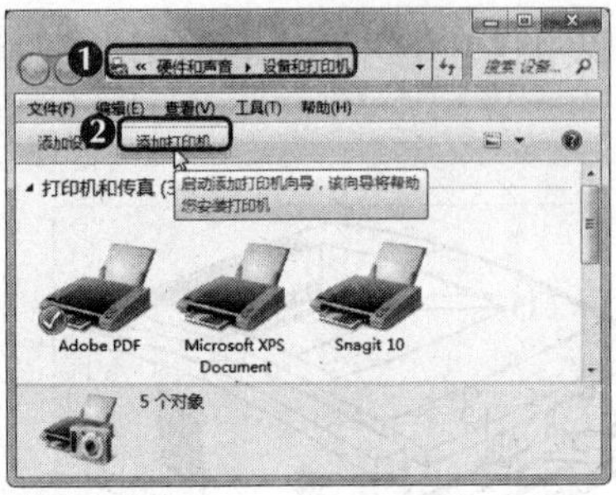

图 11-3　添加打印机

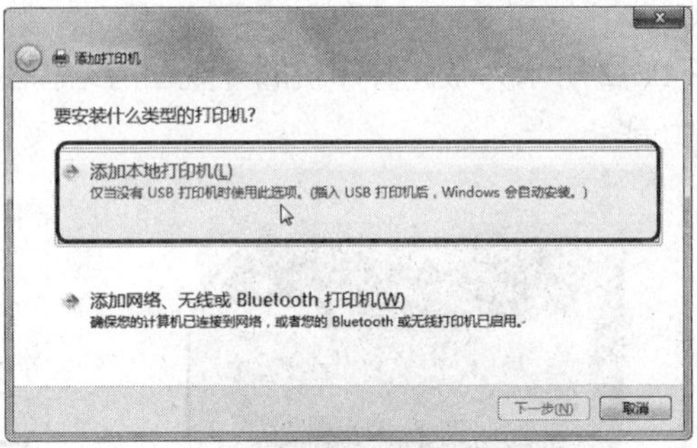

图 11-4　选择添加本地打印机

（3）打开“选择打印机端口”对话框，单击选中使用现有的端口(U):单选项，在其列表中选择端口选项，这里选择默认的 LPT1 端口，单击下一步(N)按钮，如图 11-5 所示。

（4）打开“安装打印机驱动程序”对话框，选择使用打印机的厂商和型号，在“厂商”列表框中选择“Canon”选项，在“打印机”列表框中选择“Canon Inkjet MX7600 series FAX”选项，单击下一步(N)按钮，如图 11-6 所示。

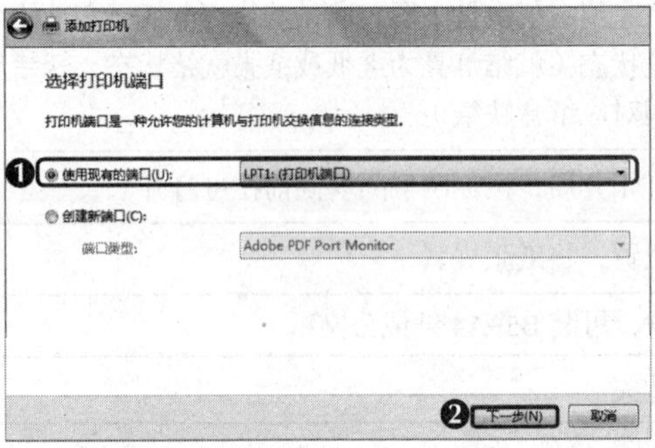

图 11-5　选择端口

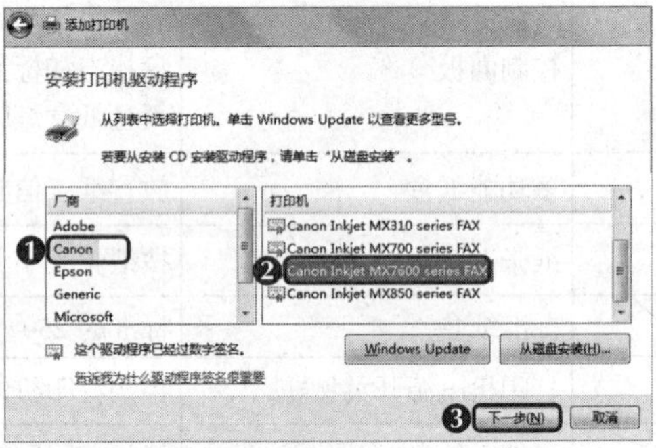

图 11-6　选择打印机型号

> **多学一招**
>
> **更新驱动程序**
>
> 在“设备和打印机”窗口中的当前打印机上单击鼠标右键，在弹出的快捷菜单中选择“属性”命令，打开对应的属性对话框，在其中选择驱动程序，并单击更新驱动程序(P)...按钮，即可更新打印机驱动程序。

（5）打开“输入打印机名称”对话框，可自定义安装的打印机的名称，如图 11-7 所示，单击下一步(N)按钮。

（6）系统开始安装选择打印机的驱动程序，安装完成后，将打开“打印机共享”对话框，选择打印机是否共享，这里单击选中共享此打印机以便网络中的其他用户可以找到并使用它(S)单选项，如图 11-8 所示，单击下一步(N)按钮。打开提示已成功添加打印机的对话框，单击完成(F)按钮，完成安装。

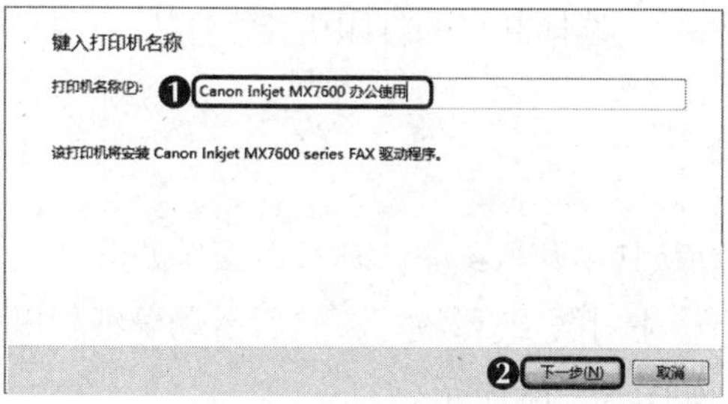

图 11-7　自定义打印机名称

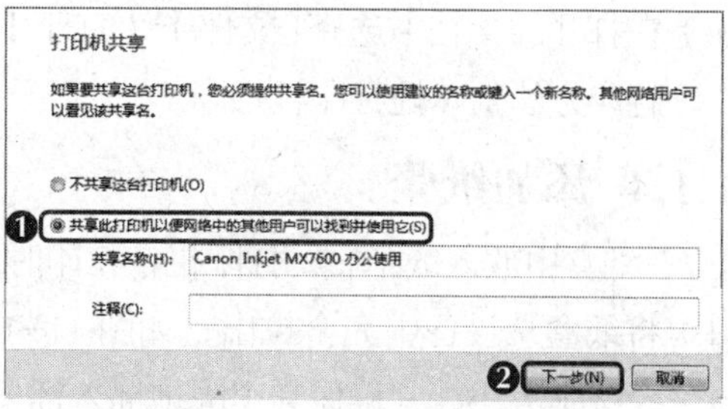

图 11-8　"打印机共享"对话框

11.1.3 安装网络打印机

微课视频

安装网络打印机

安装好本地打印机，开启共享功能并允许共享打印机后，可通过网络安装方式为同一个工作组的其他计算机添加打印机，使这些计算机共同使用这台打印机计算机电脑连接一台打印机，其具体操作如下。

（1）打开"设备和打印机"窗口，在工具栏中单击 添加打印机 按钮，在打开的向导对话框中选择"添加网络打印机"选项。

（2）系统开始自动搜索局域网中的打印机，搜索完成后在"选择打印机"列表框中显示安装的打印机选项，选择所需打印机，单击 下一步(N) 按钮，如图 11-9 所示。

（3）打开"Windows 打印机安装"对话框，开始连接网络打印机，并自动下载安装打印机驱动程序，如图 11-10 所示。

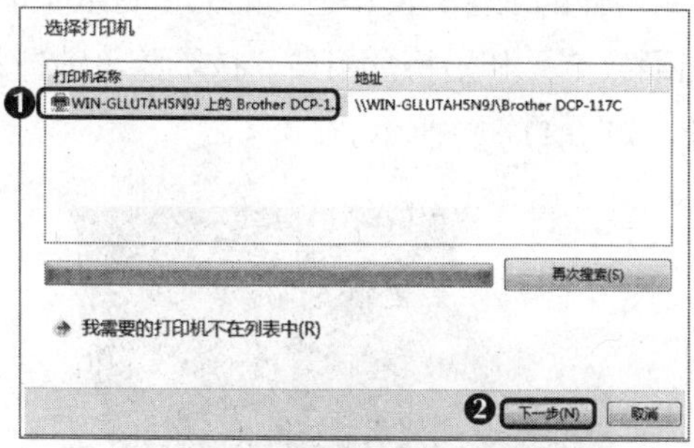

图 11-9　搜索安装的打印机

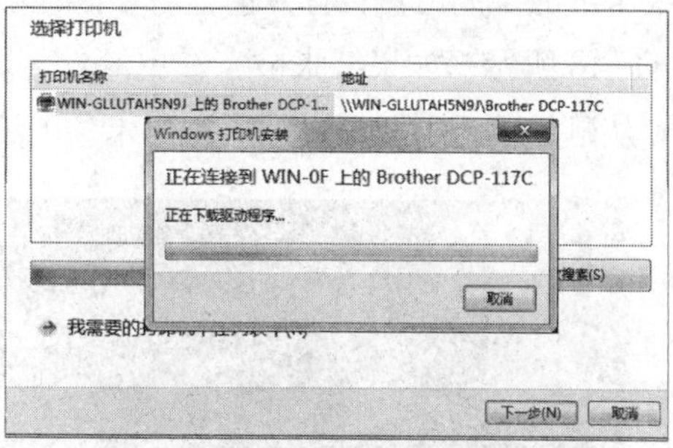

图 11-10　连接网络打印机

（4）在打开的对话框中将显示成功添加信息，完成网络打印机的安装，如图 11-11 所示。

（5）在"设备和打印机"对话框中便可看到添加的网络打印机，如图 11-12 所示。

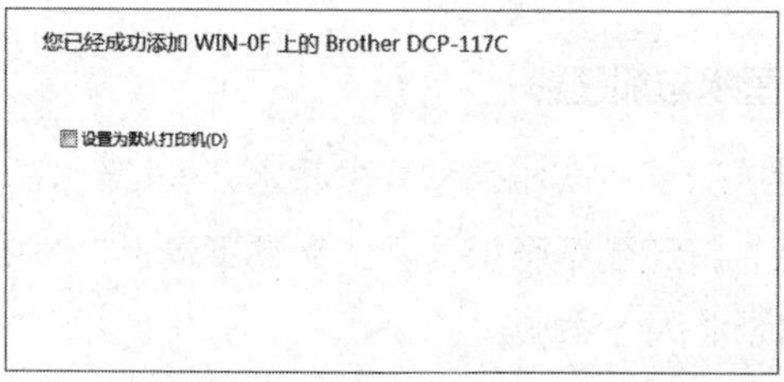

图 11-11　成功安装打印机

图 11-12　看到网络打印机

（6）在打开的文档中选择【文件】/【打印】菜单命令，选择共享的打印机，可对其进行打印，打印方法与本地打印机相同。

11.1.4 添加纸张

在纸盒中放入纸张后，打印机在打印时会自动从其中获取纸张，其具体操作如下。

（1）将纸盒从设备中完全拉出，如图 11-13 所示。按下导纸释放杆，然后滑动导纸板以适合纸张大小，并确保其牢固地插入插槽中，如图 11-14 所示。

（2）将纸张放入纸盒中，确保纸张的厚度位于最大纸张限量标记之下，如图 11-15 所示。

（3）将纸盒牢固地装回设备中，确保其完整地置于打印机中。

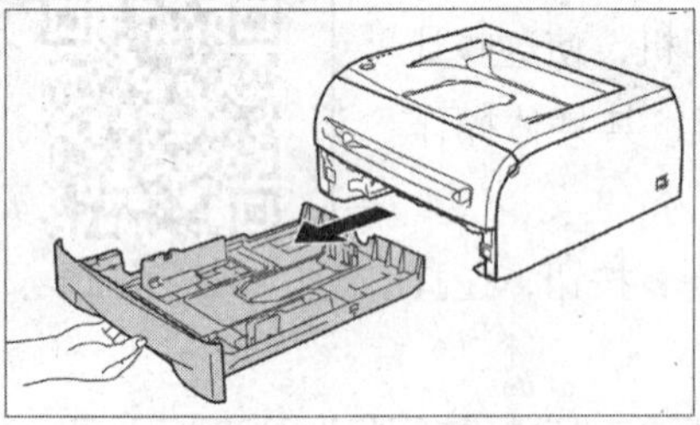

图 11-13 拉出纸盒

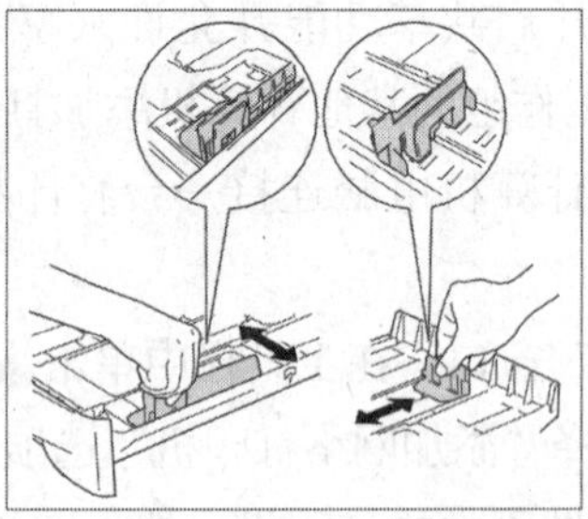

图 11-14 调整导纸板

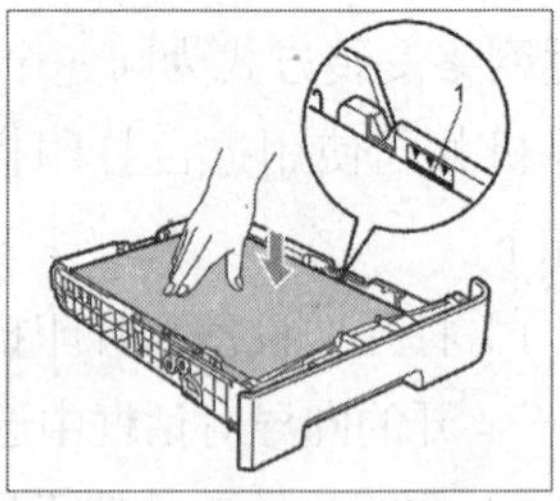

图 11-15 放入纸张

11.1.5 解决卡纸故障

使用打印机打印多份文件时，容易出现卡纸故障。在办公中遇到这种情况时，用户可掌握解决卡纸故障的方法：打开前盖，如果能够看到卡住的纸张，使用适当的力量将纸张取出，如图 11-16 所示，如果纸张被卡在更深处，取出硒鼓单元和墨粉盒组件，按下蓝色锁杆并将墨粉盒从硒鼓单元中取出，然后拖出卡住的纸张，如图 11-17 所示。

图 11-16 打开前盖取出纸张

图 11-17 取出硒鼓单元拖出纸张

知识提示

换墨水与加墨粉

喷墨打印机的墨水使用完后，只需购买相同型号的墨水，连接到打印机。激光打印机的墨粉使用完后，打印到纸张上显示的字迹不清晰，需要添加墨粉，操作稍微复杂，需请专业人士添加。

11.2　扫描仪的使用

扫描仪是一种捕获图像并将其转换为计算机可以显示、编辑、储存和输出的数字化输入设备。自动化办公普遍使用平板式扫描仪，这种扫描仪占用体积小，便于放置，操作便捷。图 11-18 所示为平板式扫描仪的外观图，图 11-19 和图 11-20 所示为扫描仪连接计算机和连接电源的示意图。与打印机的使用相同，扫描仪也需要安装驱动程序，驱动程序的获取方法及安装与打印机驱动程序的获取和安装相似。

图 11-18　平板式扫描仪

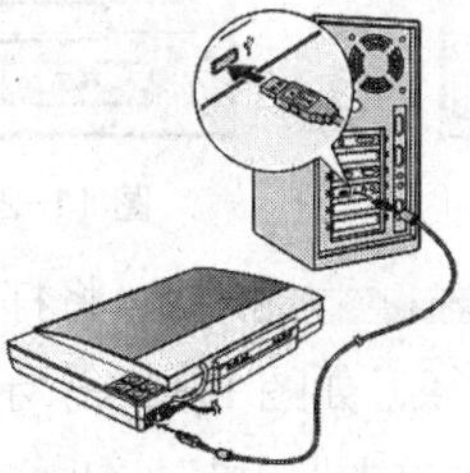

图 11-19　连接扫描仪与计算机

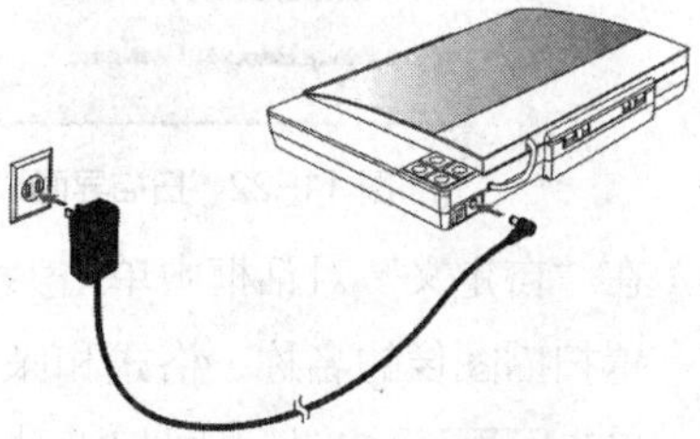

图 11-20　电源连接

11.2.1　扫描文件

连接扫描仪并安装驱动程序后，即可开始对所需文件进行扫描，然后将扫描结果保存到计算机中。办公应用中，通常将一些发票、印有公章的文件或其他文档扫描为图片格式，将其保存或发送给同事或客户查看，虽然不同品牌的扫描仪其扫描界面有所差异，但是其工作方式和操作方法相似，下面使用爱普生扫描仪扫描文件，其具体操作如下。

（1）打开扫描仪盖，将要扫描的文件放在文件台内，需要扫描的面朝下，将文件抚平，盖上扫描仪盖，以免文稿页面移动，如图 11-21 所示。

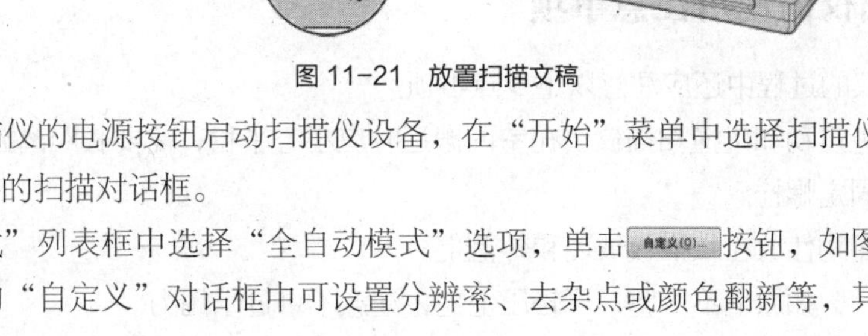

图 11-21　放置扫描文稿

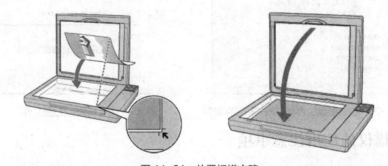

（2）按下扫描仪的电源按钮启动扫描仪设备，在“开始”菜单中选择扫描仪选项，打开扫描仪软件的扫描对话框。

（3）在“模式”列表框中选择“全自动模式”选项，单击 自定义(O)... 按钮，如图 11-22 所示，在打开的“自定义”对话框中可设置分辨率、去杂点或颜色翻新等，其中分辨率越高图像越清晰，扫描时间则更长，如图 11-23 所示。

图 11-22　扫描界面

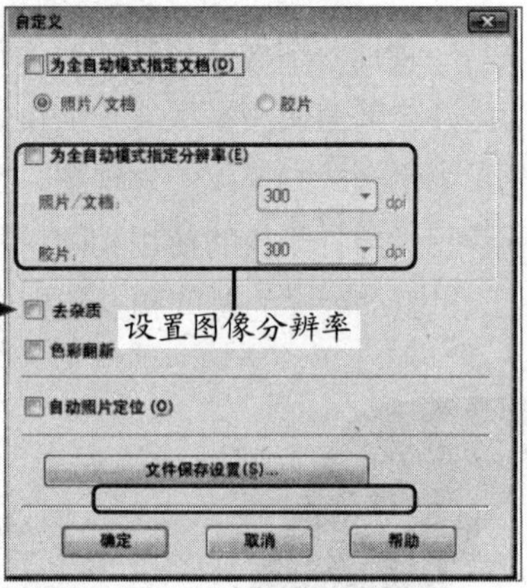

图 11-23　设置图像分辨率

（4）在“自定义”对话框中单击按钮，将打开“文件保存设置”对话框，设置扫描图像的名称、格式和保存路径，如图 11-24 所示。

（5）单击按钮，返回扫描对话框，单击“扫描”按钮，开始扫描文件，如图 11-25 所示。扫描完成后将生成扫描文件的预览图。扫描的图像文件将被保存到设置的位置中，如果没有设置文件保存位置，图像将以默认格式保存在“我的文档”中。

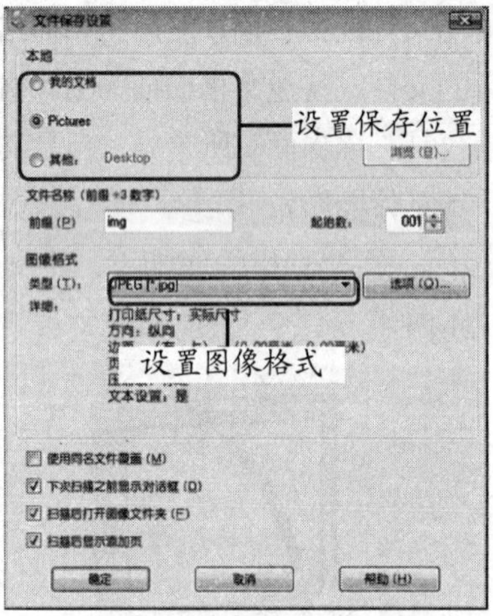

图 11-24　设置图像的名称、格式和保存路径

图 11-25　扫描文件

11.2.2 扫描仪的使用注意事项

使用扫描仪的过程中还应注意以下 5 点事项。

- 应避免震动和碰撞扫描仪，在室内搬运时应小心平稳，需要长距离搬运时，必须先复位固定螺栓。
- 避免将物件放在扫描板玻璃和外盖上。
- 扫描时，如原稿不平整，可轻压上盖，注意不可过于用力。

- 应保持扫描仪的清洁，扫描仪板上如有污垢，可用软布蘸少量酒精擦拭。
- 不要拆开扫描仪或给一些部件加润滑油。

11.3 一体化速印机的使用

一体化速印机是打印机和复印机等设备的结合，已逐步取代单独的复印机设备。图 11–26 所示为常见一体化速印机的外观图，具有打印和复印的功能，在办公中被广泛应用，其中打印部分与打印机的组成相同，下面主要介绍其复印功能。

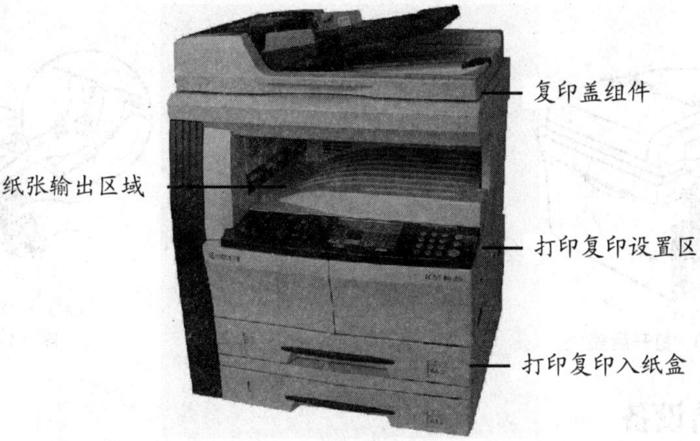

图 11–26 一体化速印机

11.3.1 复印文件

使用一体机的复印功能可以快捷地复制出多份文件，复印方法非常简单，其具体操作如下。

（1）连接复印机电源线，然后开机进行预热，当操作面板上的指示灯由红色变为绿色时，预热完成。

（2）在复印机纸盒中装入纸张，如图 11–27 所示，然后打开盖板，将要复印的文件放在原稿台上，注意对准定位标志，如图 11–28 所示。

（3）盖上盖板，在数字键盘上按下数字按键设置复印数量，最后按“开始”键，即可开始复印。按下控制面板中的“暂停”键可暂停复印，再次按下“暂停”键可继续复印。

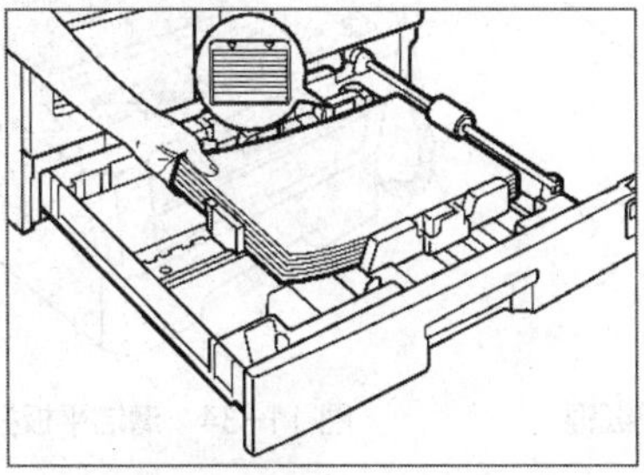

图 11–27 装入纸张

图 11–28 放置复印文件

11.3.2 卡纸处理

卡纸是复印机使用过程中常见的故障。当发生卡纸时复印机将停止工作，同时“卡纸”指示灯将闪烁。下面介绍卡纸的处理方法，其具体操作如下。

（1）打开后盖，如图 11−29 所示，然后将滑块朝身体方向拉出，打开后部斜槽盖，如图 11−30 所示。

（2）将卡纸从定影单元中抽出。如果不能轻松地抽出卡纸，需先用一只手按下蓝色滑块，另一只手轻轻将卡纸抽出，如图 11−31 所示，最后合上后盖。

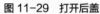

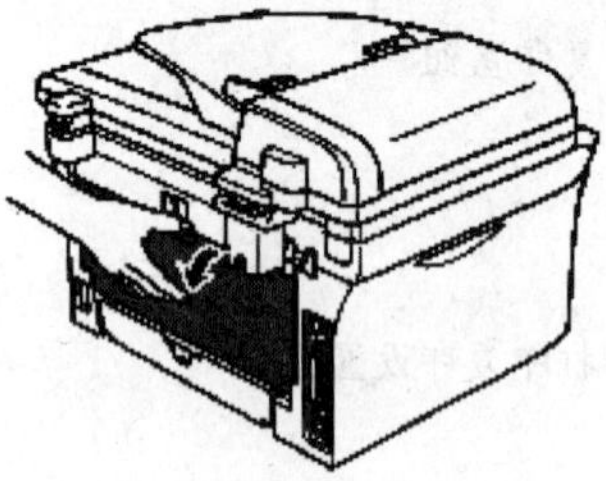

图 11−29 打开后盖

图 11−30 拉出滑块

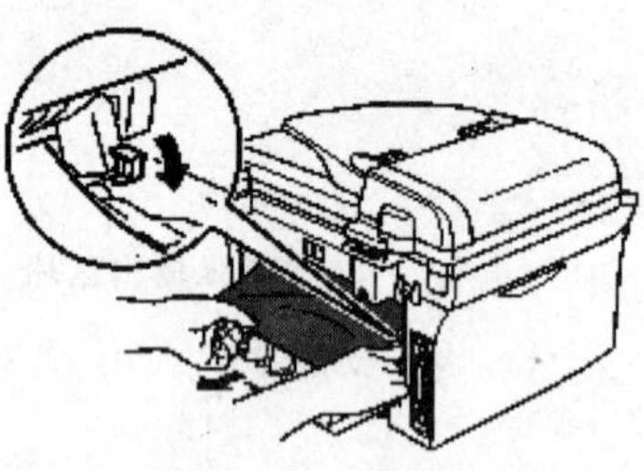

图 11−31 抽出卡纸

11.3.3 清洁设备

在使用一体机的过程中应定期进行清洁，以保证其正常工作，其具体操作如下。

（1）关闭设备电源，用柔软的无绒干布擦去设备外部的灰尘。

（2）取出纸盒，用无绒干布擦拭纸盒内外部的灰尘，如图 11−32 所示，然后擦拭设备内部的搓纸辊，如图 11−33 所示。

（3）抬起原稿盖板，用柔软的无绒湿布清洁白色塑料表面和其下方的平板扫描器玻璃，如图 11−34 所示。

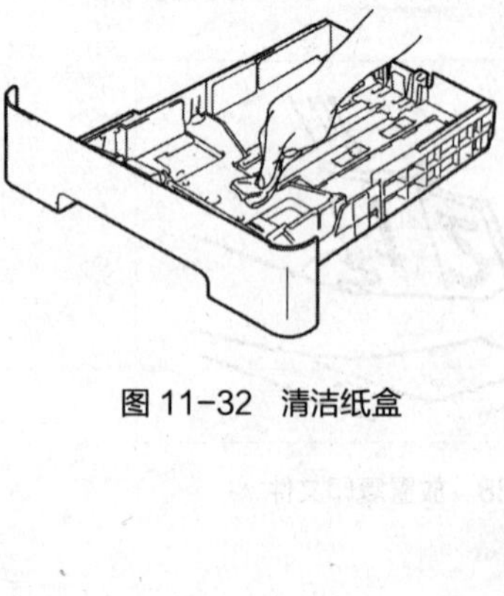

图 11−32 清洁纸盒

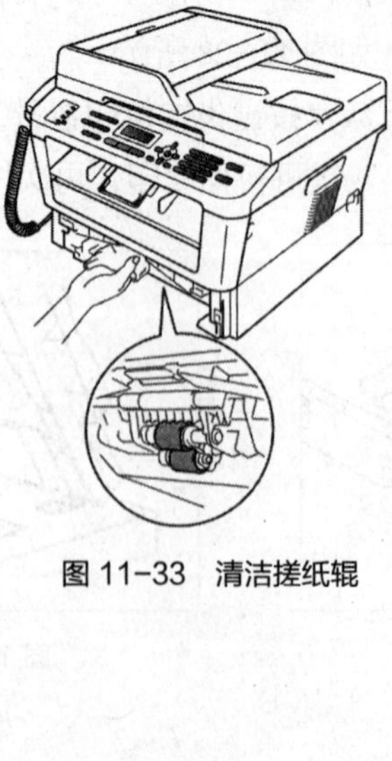

图 11−33 清洁搓纸辊

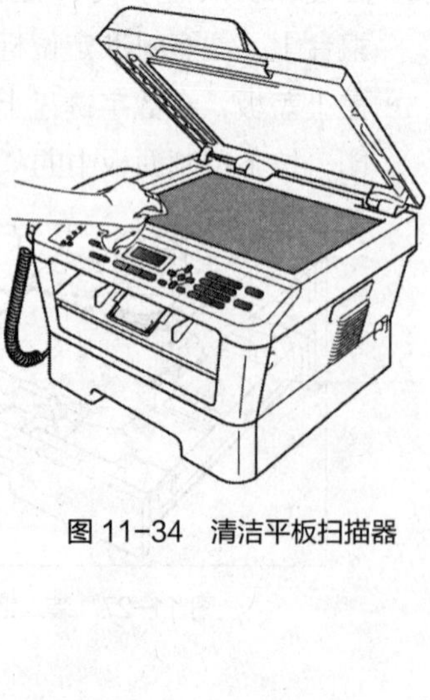

图 11−34 清洁平板扫描器

11.4 投影仪的使用

投影仪是用于放大显示图像的投影装置，在办公应用中与计算机连接，将计算机中的图像转换成高分辨率的图像投放在屏幕上，并具有高分辨率、高清晰度和高亮度等特点。投影仪被广泛应用于教学、移动办公、讲座演示和商务活动中。投影仪一般可分为两种，即便携式投影仪，如图 11-35 所示；吊装式投影仪，如图 11-36 所示。

图 11-35 便携式投影仪

图 11-36 吊装式投影仪

11.4.1 安装投影仪

投影仪的投影方式有多种，主要有桌上正投、吊装正投、桌上背投和吊装背投 4 种，其中桌上正投和吊装正投是办公过程中使用最多的投影方式。无论使用哪种方式进行投影，都必须对投影的角度进行适当的调整，所以首先可将投影仪安装好，使其正对投影屏幕，再通过投影仪的操作面板上的按键，调整投影角度和投影大小。

- **桌上正投**：投影机位于屏幕的正前方，如图 11-37 所示，是放置投影机最常用的方式，安装快速并具移动性。
- **吊装正投**：投影机倒挂于屏幕正前方的天花板上，如图 11-38 所示。
- **桌上背投**：投影机位于屏幕的正后方，如图 11-39 所示，此安装位置需要一个专用的投影屏幕。
- **吊装背投**：投影机倒挂于屏幕正后方的天花板，如图 11-40 所示，此安装位置需要一个专用的投影屏幕和投影机天花板悬挂安装套件。

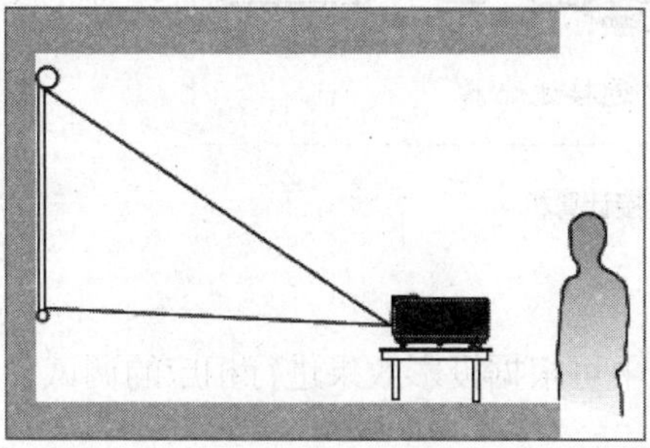

图 11-37 桌上正投

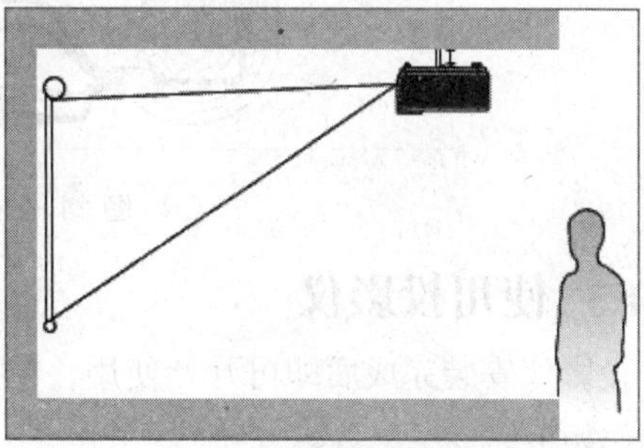

图 11-38 吊装正投

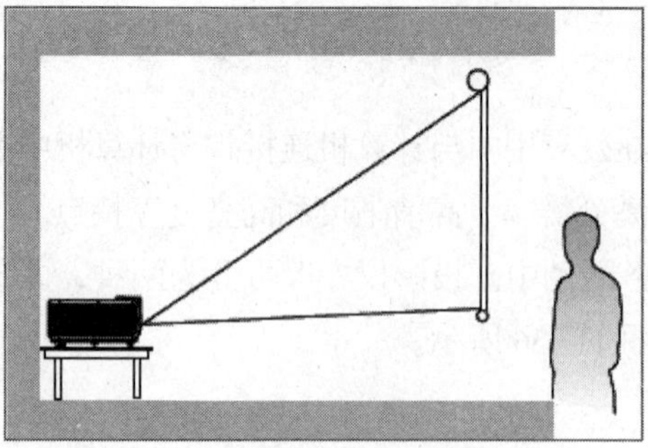

图 11-39　桌上背投

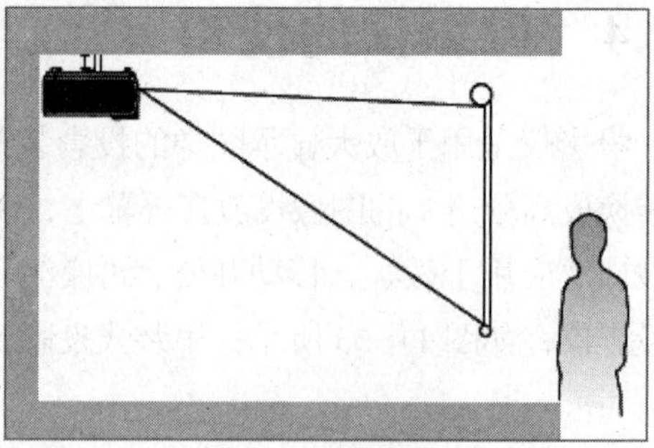

图 11-40　吊装背投

安装投影仪时要注意镜头和屏幕之间的距离，屏幕的大小不同，其数值也有相应变化，可参考表 11-2 中的参数进行调整，实际操作中应根据需要和实际情况进行调整。

表 11-2　屏幕和镜头间距的设置参数

屏幕尺寸 /in	40	80	100	150	200	250	300
最小距离 /m	1.2	2.3	2.9	4.4	5.9	7.3	8.8
最大距离 /m	1.4	2.8	3.6	5.4	7.2	9.0	10.7

11.4.2 连接投影仪

将投影仪连接到计算机上，即可将计算机中的画面投射到投影屏幕上，其具体操作如下。

（1）关闭设备，将随机的 HD D 副 15 芯电缆两端分别连接在投影仪与计算机对应的端口上。

（2）将 A/V 连接适配器的输入端连接到投影仪上，在输出端连接音频电缆的输入端，然后将音频电缆的输出端连接到计算机对应的端口上，具体操作如图 11-41 所示。

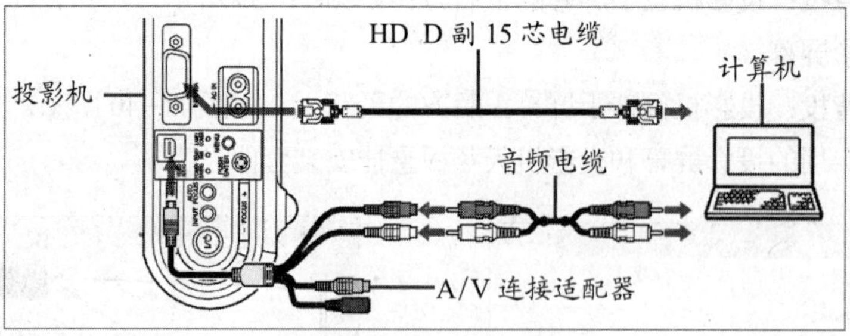

图 11-41　投影仪连接计算机

11.4.3 使用投影仪

投影仪安装完成后即可开始使用，在投影过程中可根据投影效果进行相应的调试，其具体操作如下。

（1）连接设备，当指示灯亮起时，表示投影仪进入待机状态，按下开机键。

（2）使投影仪与投影屏幕垂直（不能垂直时可稍微调整角度，最大 10°），同时按投影仪上的调节按键，调整投影仪高度，如图 11-42 所示。

（3）切换所连接的装置向投影仪输出信号，根据计算机类型的不同，可能需要按下某个功能键来切换计算机的输出，如图 11-43 所示。

（4）按操作面板上的“Wide”键，放大投影尺寸，按“Tele”键减小投影尺寸，适当情况下，可将投影仪移至离投影屏幕更远的地方，进一步放大影像。

（5）当图像不太清晰时，可在操作界面上按下相应的按键调整焦距。

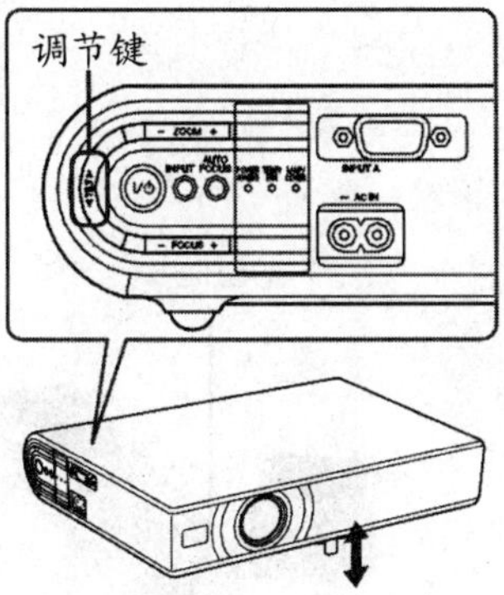

图 11-42　调节投影仪高度

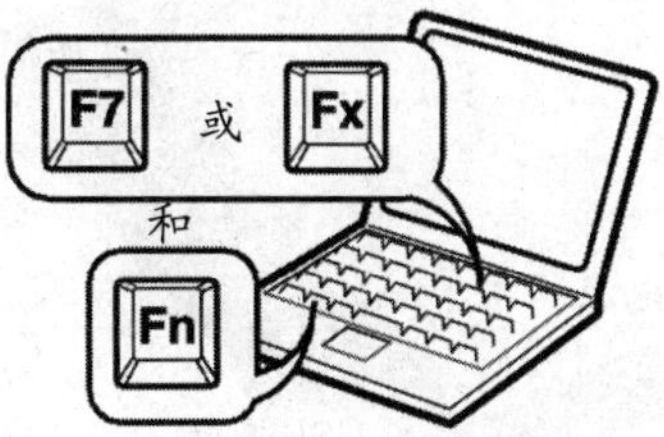

图 11-43　笔记本上的切换功能键

11.4.4　故障排除

投影仪常见的故障现象、产生原因和排除方法如表 11-3 所示。

表 11-3　投影仪常见故障和解决办法

故障现象	产生原因	排除方法
灯泡不亮	灯泡钨丝烧断	更换同种规格的灯泡
	灯泡接触不良	检查灯脚与灯座、电源接触点是否接牢
	与灯泡有关的开关接触不良	更换开关或将开关修好
	保险丝烧断	更换相同规格的保险丝
图像模糊	放映镜头位置没有调好	调节镜头位置的高低
	灯泡离聚光灯太近	通过色边调节器调节灯泡与聚光灯的距离
图像缺损	聚光镜、反光镜或灯泡位置不正	调好聚光镜、反光镜和灯泡的位置
	物镜偏离主轴，部分光线未通过	调整物镜位置，使光束通过其中心
图像部分模糊	螺纹透镜变形	更换新的螺纹透镜
	光程差太大	尽量减少光程差
	放映物镜偏斜、不平行	调节物镜位置，使其与螺纹透镜平行

11.5 移动办公设备的使用

办公常用的移动办公设备主要是指移动硬盘和U盘，图11-44所示为移动硬盘，图11-45所示为U盘，都属于即插即用型硬件，即不用安装驱动程序直接连接计算机使用。移动硬盘和U盘主要用于存储和传输文件，即将硬件中的文件传送到计算机中，或将计算机中的文件传送到硬件设备中。U盘具有体积小巧、外观别致、易于携带且支持热插拔的特点，在日常生活和工作中的使用频率较高，移动硬盘可看做大型的U盘，其存储空间更大，二者的使用方法相同。下面将在计算机中使用U盘进行知识介绍。

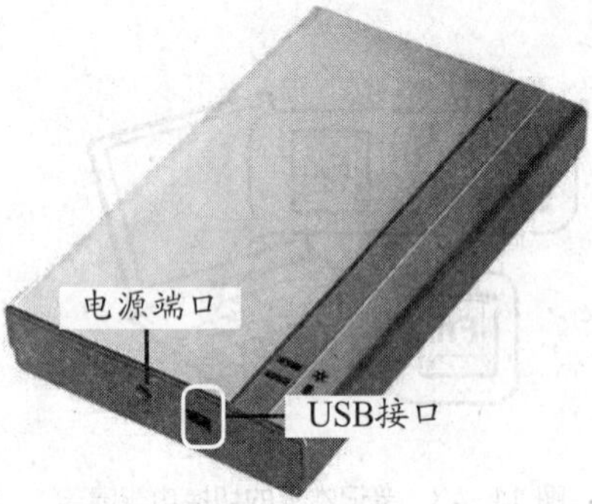

图11-44　移动硬盘

图11-45　U盘

11.5.1 连接U盘

移动办公设备使用USB接口，将接口与计算机主机中的端口连接，即可自动安装驱动程序，然后对移动办公设备进行管理和使用。连接U盘的具体操作如下。

（1）将U盘连接到已启动的计算机主机的USB接口中，系统将自动提示正在安装驱动程序，稍等片刻后，将提示已成功安装程序，在桌面的通知区域中将显示成功安装U盘的图标，如图11-46所示。

（2）在桌面上双击“计算机”图标，打开“计算机”窗口便可查看添加的硬件，如图11-47所示，双击该选项可打开U盘窗口，查看其中存储的文件。

图11-46　插入U盘

图11-47　在“计算机”窗口查看U盘选项

11.5.2 使用 U 盘

微课视频

使用U盘

下面将计算机中的文件夹复制到 U 盘中以备它用，其具体操作如下。

（1）鼠标双击桌面上的“计算机”图标，打开“计算机”窗口，依次双击打开要传输文件的存储位置。

（2）选择目标文件，选择【编辑】/【复制】菜单命令或按【Ctrl+C】组合键复制文件，如图 11-48 所示。

（3）打开 U 盘窗口，选择【编辑】/【粘贴】菜单命令或按【Ctrl+V】组合键，将文件粘贴到 U 盘中，并显示复制进度，如图 11-49 所示。

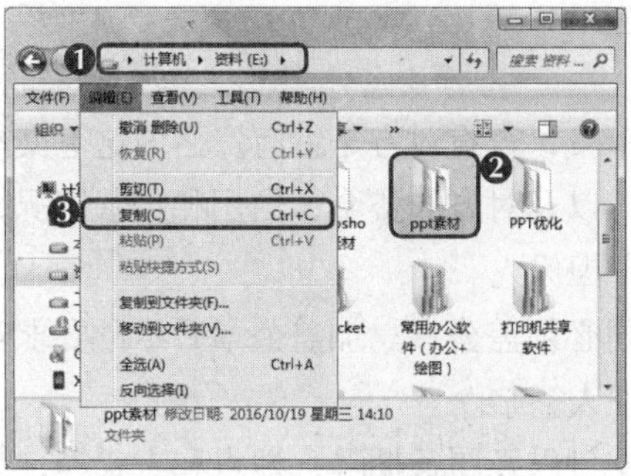

图 11-48　复制电脑中的文件

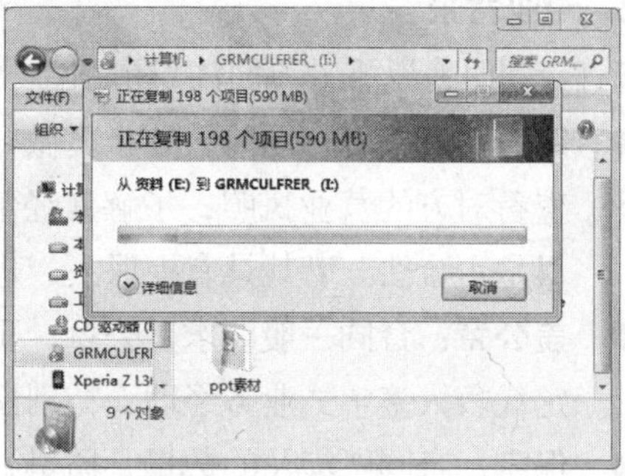

图 11-49　在 U 盘中粘贴文件

（4）复制的文件可以存放到 U 盘或将其复制或移动到其他计算中，关闭 U 盘窗口，在通知区域单击图标，在弹出的列表中选择 U 盘对应的弹出选项。然后从 USB 接口拔出 U 盘。

（5）系统提示可以安全移除硬件后，即可将 U 盘从计算机的 USB 接口拔出，如图 11-50 所示。

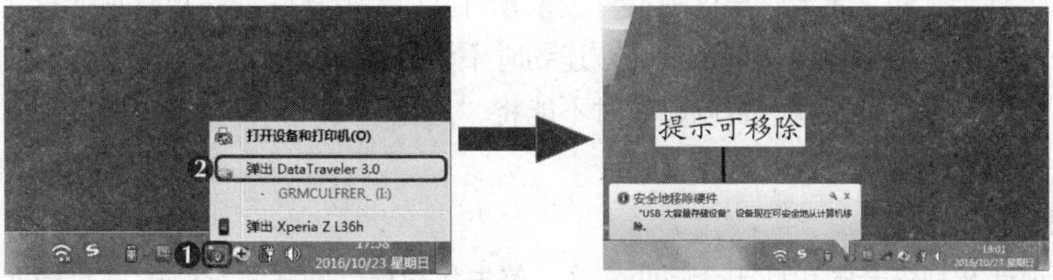

图 11-50　拔出 U 盘

知识提示

正确拔出 U 盘

在移除 U 盘前，应先关闭所有与该硬件相关的程序或文件，否则将会提示该硬件无法停止。如果直接拔出 U 盘，有可能破坏 U 盘中的文件或损害 U 盘设备。

11.6 项目实训

本章介绍了常用办公设备的使用等知识，其中打印机是办公中最常使用的设备，扫描仪、投影仪和移动设备也经常使用。下面通过两个项目实训，将本章学习的知识灵活运用。

11.6.1 扫描并打印业务合同

1. 实训目标

公司与合作公司谈成了一笔业务，合作公司要求公司先起草一份合同初稿，并将其扫描，以图片形式传送给对方，再经双方协商洽谈，修改确定合同条款，最后将合同终稿打印出来，便于正式签订合同。本实训涉及使用扫描仪和打印机等办公设备的相关知识。

2. 专业背景

签订合同时有以下 6 方面注意事项。

- **审查**：在签订合同前，要认真做好主体审查，查看对方是否有资格做这笔交易，并查看对方的营业执照，了解其经营范围，以及对方的资金、信用和经营情况，其项目是否合法。若其具有担保人，也应调查担保人。
- **盖公章**：合同一般要求盖公章，重要合同必须盖公章。加盖公章后尽量要求对方法定代表人签字或业务经理、特别授权代理人签字。
- **保密**：合同所涉及的数量、质量、货款支付以及履行期限、地点和方式等，都必须严密、清楚。
- **应明确规定商品的标准**：一般按国家标准执行，若没有固定标准而有专业标准的，则按照专业标准执行；没有国家和专业标准的，应按企业标准执行。
- **合同必须明确规定双方应承担的义务和违约的责任**：规定双方的各自责任和义务要清楚明确，若对方违约的可能性较大时，要尽量约定违约金数额或计算标准，数额可以超过合同标的数额。
- **“订金”和“定金”要区别**：订金系预付款，合同解除或终止时顶抵货款或退回；而定金是担保金，交付定金一方违约时不予返还，收取定金一方违约双倍返还，正常履行时顶抵货款，合同起草时不能将“定金”写成“订金”“保证金”“押金”或“定约金”。

3. 操作思路

本实训涉及扫描合同和打印合同两部分，首先将扫描合同文件，再将 U 盘插入计算机，利用网络传送给对方，确认无误后，再打印合同。

【步骤提示】

（1）打开扫描仪的电源，打开盖板，将合同的第一页放在原稿台上（左下角对齐）。

（2）放下盖板，执行扫描操作开始扫描合同的第一页。

（3）打开盖板，取出第一页合同，放入第二页，放下盖板，执行相同的操作，扫描合同的第二页，使用相同的方法，扫描合同的其他内容，完成后取出合同的最后一页。

（4）将所有图片压缩为一个压缩文件，通过 QQ 软件将文件发送给对方。

（5）确定合同内容后，打开编写合同的 Word 文档，单击“文件”选项卡，选择“打印”选项，打开“打印”对话框，打印两份合同。

11.6.2 复印员工身份证并打印员工入职登记表

1. 实训目标

本实训要求首先复印新员工的身份证证件，身份证等证件复印要进行双面复印。然后打印“员工入职登记表”表格，登记员工基本信息。

2. 专业背景

在办公中，如果公司新招聘了员工，行政人员需要对新员工的身份、教育情况等信息进行核实和登记。一般要求员工提供身份证，对身份证证件进行复印或扫描，进行备份，用于发放工资或购买保险等使用。新员工还需要填写员工登记表，填写员工的姓名、联系方式和教育情况等信息。

3. 操作思路

本实训分为两部分，首先对身份证进行双面复印，然后打印员工入职登记表，让员工填写基本信息。

【步骤提示】

（1）启动一体机，打开盖板，将身份证的正面朝下放置在扫描玻璃上，放下盖板，按复印键复印身份证正面。

（2）完成后，再次打开盖板，将身份证反面朝下放置在扫描玻璃上，与复印身份证时放置的位置间隔一个以上的身份证证件宽度，按复印键复印身份证反面。

（3）完成后，将身份证原件取出交给新入职员工，然后打开保存在计算机中的“员工入职登记表”，设置页面后，选择【文件】/【打印】菜单命令打印表格。

11.7 课后练习

本章主要介绍了办公常用设备的使用，在具备拥有投影仪和 U 盘的条件下，练习使用投影仪和 U 盘。

练习 1：连接投影仪放映演示文稿

本次练习将用数据线连接投影仪和计算机，然后打开投影仪的电源，调节投影仪高度，将其正对投影屏幕（没有帷幕，可以使用白色的墙壁，但是应避免墙壁周围有强的光源，以免影响投影图像的显示效果），然后在 PowerPoint 中打开演示文稿，按【F5】键进行放映。

练习 2：使用 U 盘存放效果文件

本练习将使用 U 盘存放用户制作的 Word 文档、Excel 表格、PowerPoint 演示文稿的效果文件。首先在计算机中打开保存效果文件的位置，然后将 U 盘插入 USB 接口，复制效果文件，将文件粘贴到 U 盘中，可在 U 盘中新建一个文件夹存放。

微课视频

使用 U 盘存放效果文件

11.8 技巧提升

1. 直接在网络计算机中添加共享打印机

用户除了通过“控制面板”添加局域网中的共享打印机，还可直接访问设置共享打印机的计算机进行添加连接，其方法是，鼠标双击桌面上的“网络”图标，打开“网络”窗口，鼠标双击安装有打印机的计算机选项，打开该计算机，在共享打印机选项上单击鼠标右键，在弹出的快捷菜单中选择“连接”命令，系统自动进行连接，连接完成后即可使用，如图 11-51 所示。

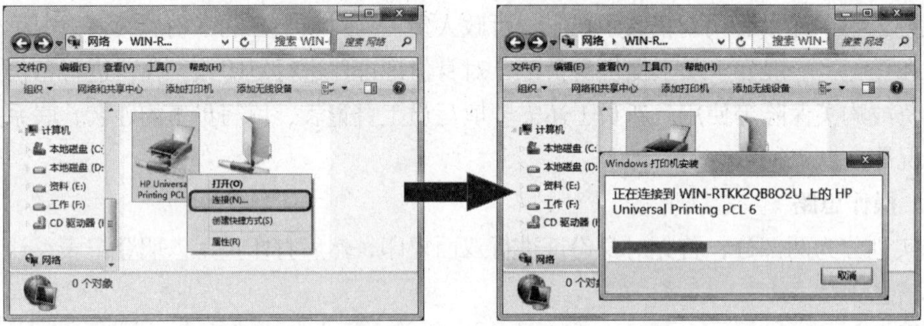

图 11-51　直接在网络计算机中添加共享打印机

2. 通过软件启动扫描仪进行扫描

扫描仪除了像书中介绍的通过向导的方式进行文件扫描外，还可通过软件进行扫描，如尚书七号软件、PS 软件等。在尚书七号中进行扫描的方法为：打开扫描仪的保护盖，放入需要扫描的图片或资料，有图像的一面朝下，合上保护盖，启动尚书七号软件，选择【文件】/【扫描】菜单命令即可开始扫描，完成扫描后，在软件的窗口中将显示扫描图片。

3. 查杀移动硬盘或 U 盘的木马

因为移动硬盘或 U 盘经常在不同计算机之间使用，容易感染木马或病毒，可通过 360 安全卫士等软件进行 U 盘的木马查杀。在 360 安全卫士主界面单击“木马查杀”按钮，然后在打开的界面中单击“自定义扫描”按钮，再在打开的对话框的“扫描区域位置”列表框中选择移动硬盘或 U 盘的选项，单击 开始扫描 按钮扫描查杀，如图 11-52 所示。

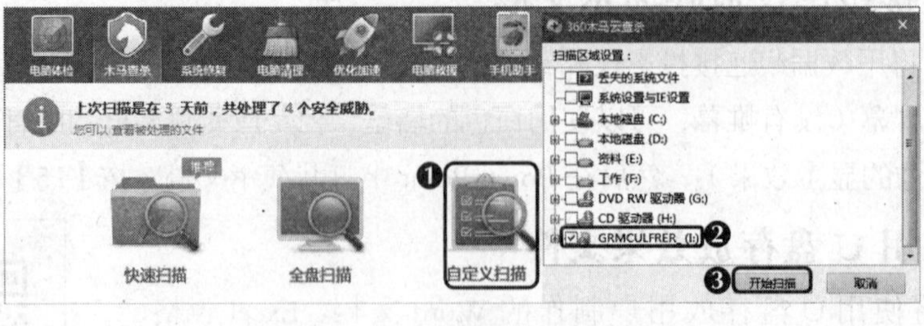

图 11-52　查杀移动硬盘或 U 盘的木马

CHAPTER 12

第12章 综合案例——编写广告文案

情景导入

米拉如今在工作岗位中游刃有余，也不负老洪的厚望，制作各类文件的速度和质量都有保证，办公软件和设备都运用得相当熟练。公司最近接了一笔大的生意，编写广告文案的重担落在米拉身上，借此机会米拉将对所学知识再次巩固和总结。

学习目标

- 巩固 Word 与 Excel、PowerPoint 的操作方法。

  如新建文件、保存文件、输入内容、编辑内容格式、美化文档、美化表格和演示文稿等。

- 进一步熟练使用办公常用软硬件。

  如 WinRAR 压缩软件的使用、QQ 的使用、Adobe Acrobat 软件的使用以及打印机、扫描仪等办公设备的使用。

案例展示

▲“洗面奶广告案例”演示文稿

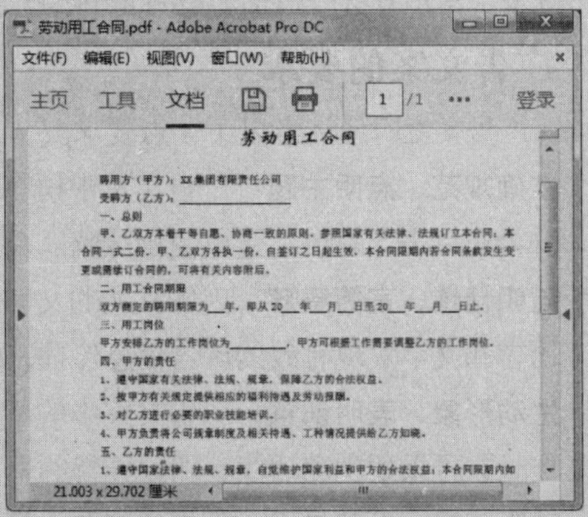

▲合同 PDF 文档效果

12.1 实训目标

本实训要求制作广告文案，需要使用 Office 办公软件、网络和办公设备等方面的知识。用户不仅需要掌握 Word 文档的编写、Excel 表格的编写和计算，以及 PowerPoint 演示文稿的制作和设计，还需要掌握在网络中搜索资料的方法，并熟练掌握办公设备的使用方法。本实训完成后的效果如图 12-1 所示，下面讲解具体制作方法。

素材所在位置 素材文件 \ 第 12 章 \ 综合案例 \ 广告文案
效果所在位置 效果文件 \ 第 12 章 \ 综合案例 \ 广告文案

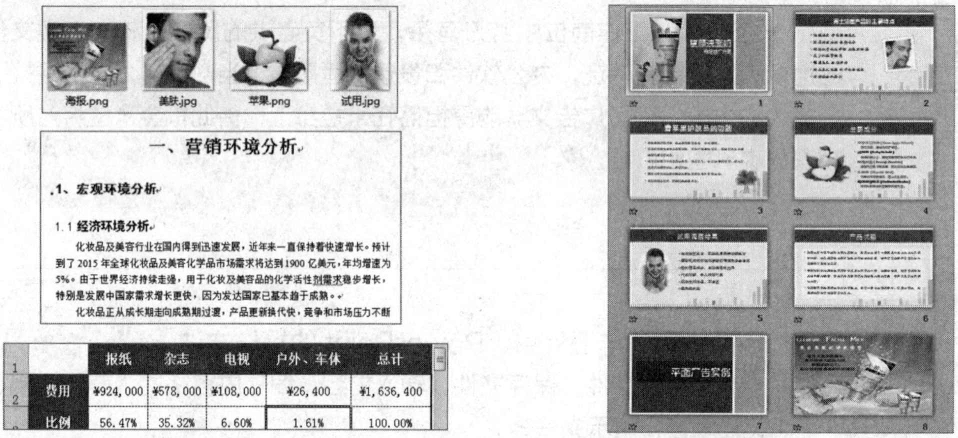

	报纸	杂志	电视	户外、车体	总计
费用	¥924,000	¥578,000	¥108,000	¥26,400	¥1,636,400
比例	56.47%	35.32%	6.60%	1.61%	100.00%

图 12-1　广告文案效果

12.2 专业背景

广告文案是以语辞进行广告信息内容表现的形式。广告文案有广义和狭义之分，广义的广告文案是指通过广告语言、形象和其他因素，对既定的广告主题、广告创意进行具体表现。狭义的广告文案则指表现广告信息的言语与文字构成。

12.2.1 广告文案的要求

在编写广告文案时应注意以下 4 点要求。

- **准确规范、点明主题**：广告文案中语言表达要规范完整，避免产生歧义或误解；要符合语言表达习惯，避免使用冷僻以及过于专业化的词语。
- **简明精炼、言简意赅**：广告文案的文字语言要简明扼要、精练概括，以尽可能少的语言和文字实现有效的广告信息传播，使广告受众迅速记住广告内容。
- **生动形象、表明创意**：广告文案中的生动形象能够吸引受众的注意，在进行文案创作时，可采用生动活泼、新颖独特的语言，还需添加一定的图像进行辅助配合。
- **动听流畅、上口易记**：广告语言要注意优美、流畅和动听，使其易识别、记忆和传播，从而突显广告的定位，突出广告主题和广告创意，产生良好的广告效果。

12.2.2 广告文案的构成

广告文案主要由广告标题、广告正文、广告口号、广告图像和广告音响构成。在广告设计中，文案与图案图形同等重要，图形具有视觉冲击力，广告文案则具有较深的影响力。下面对广告标题、广告正文和广告口号进行简要介绍。

- **广告标题**：广告文案的主题也是广告内容的诉求重点，作用在于吸引消费者对广告的兴趣。撰写广告标题应注意，语言简明扼要、传递清楚，文字数量一般以 12 字之内为宜。
- **广告正文**：广告正文是对产品及服务的说明，从而增加消费者的了解与认识广告正文写作。内容应注意实事求是，通俗易懂，要抓住主要信息进行叙述。
- **广告口号**：口号是战略性的语言，可以使消费者掌握商品或服务的特性。广告口号应注意简洁明了、语言明确、独创有趣且便于记忆。

12.2.3 广告文案的原则

写作广告文案时应遵循真实性原则、原创性原则、有效传播原则 3 大原则。

- **真实性原则**：真实性是广告文案的生命力所在，如果违背了真实性原则，广告文案会因为失真而丧失可信度。广告活动如果失去了受众的信任，其本身也是毫无意义的行为。
- **原创性原则**：原创性包括表现手法上的独创和信息内容的独创。广告文案写作需要在形式上体现原创，寻找到独特的信息内容进行表现。
- **有效传播原则**：有效传播是通过沟通建立与目标消费者之间的独特关系，广告的优劣，不仅要视其销售产品的能力，更取决于其能否树立一个持久的品牌，获得消费者的忠诚和信任。

12.3 制作思路分析

制作本例前，应先收集相关资料，做好前期准备。不仅可以进行相关调查活动，还可在网上查找需要的数据和图片，再进行整合处理。处理数据时可将 Excel 和 Word 结合使用，之后发送文件进行审核，审核通过后打印输出。本实训的操作思路如图 12-2 所示。

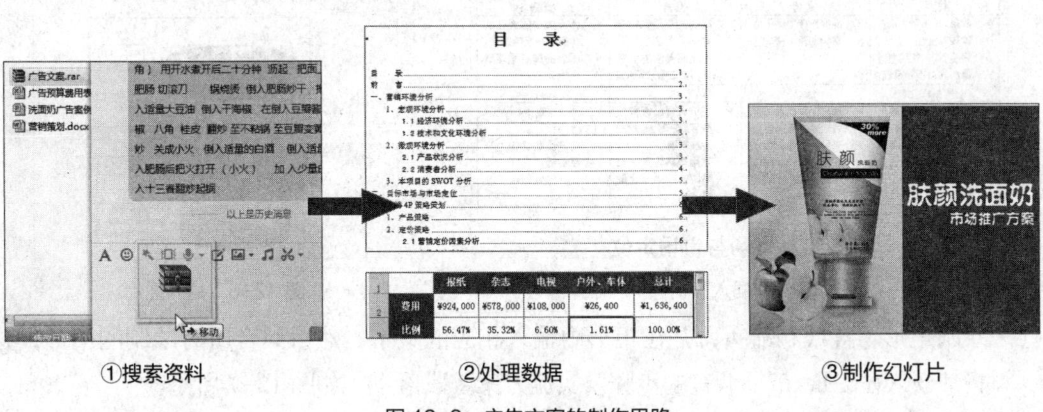

①搜索资料　　②处理数据　　③制作幻灯片

图 12-2　广告文案的制作思路

12.4 操作过程

拟定好制作思路后即可按照思路逐步进行操作，下面进行讲解。

12.4.1 使用 Word 制作“营销策划”文档

微课视频

使用 Word 制作“营销策划”文档

利用 Word 可整理文字资料，制作广告的相关策划案。制作广告策划之前必须进行市场调查，目的是了解目标市场，然后分析和研究调查结果。撰写广告文案时，应该将实际调查的数据进行整理归纳，才能制作出真正符合市场需要的产品广告。下面在 Word 中输入相关分析资料，其具体操作如下。

（1）打开 Word 2010，新建“营销策划 .docx”文档并保存。

（2）在文档中输入相关资料，并将所有正文文本设置为“宋体、小四、首行缩进、1.25 倍行距”，并为小标题段落添加项目符号，如图 12-3 所示。

（3）为一级标题文本应用“标题 1”样式，并设置为居中显示；为二级标题文本应用“标题 2”样式；将三级标题文本设置为“黑体、小三”；将四级标题文本设置为“宋体、小四、加粗”。然后分别为各级别的文本段落设置相应的大纲级别，如图 12-4 所示。

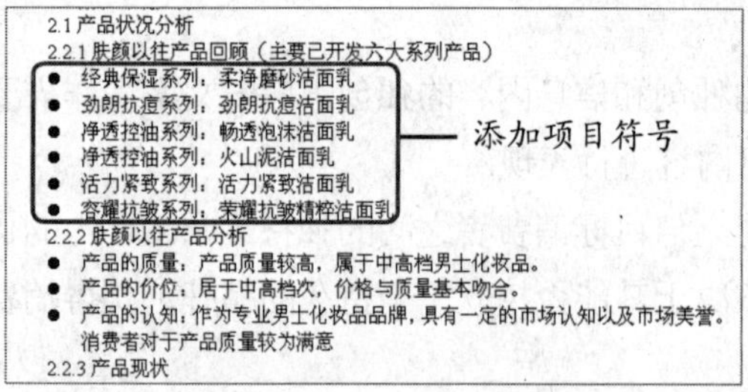
2.1 产品状况分析
2.2.1 肤颜以往产品回顾（主要已开发六大系列产品）
- 经典保湿系列：柔净磨砂洁面乳
- 劲朗抗痘系列：劲朗抗痘洁面乳
- 净透控油系列：畅透泡沫洁面乳
- 净透控油系列：火山泥洁面乳
- 活力紧致系列：活力紧致洁面乳
- 容耀抗皱系列：荣耀抗皱精粹洁面乳

2.2.2 肤颜以往产品分析
- 产品的质量：产品质量较高，属于中高档男士化妆品。
- 产品的价位：居于中高档次，价格与质量基本吻合。
- 产品的认知：作为专业男士化妆品品牌，具有一定的市场认知以及市场美誉。消费者对于产品质量较为满意

2.2.3 产品现状

图 12-3 输入文本并添加项目符号

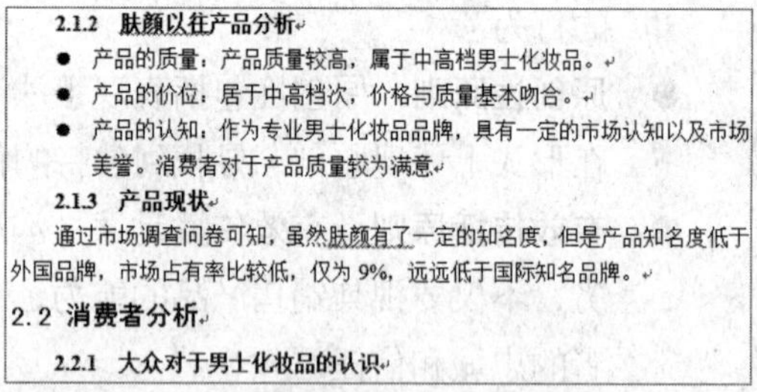
2.1.2 肤颜以往产品分析
- 产品的质量：产品质量较高，属于中高档男士化妆品。
- 产品的价位：居于中高档次，价格与质量基本吻合。
- 产品的认知：作为专业男士化妆品品牌，具有一定的市场认知以及市场美誉。消费者对于产品质量较为满意

2.1.3 产品现状
通过市场调查问卷可知，虽然肤颜有了一定的知名度，但是产品知名度低于外国品牌，市场占有率比较低，仅为 9%，远远低于国际知名品牌。
2.2 消费者分析
2.2.1 大众对于男士化妆品的认识

图 12-4 设置段落格式

（4）在文档中插入表格，输入相应的数据内容并设置其格式，如图 12-5 所示。

（5）在表格“年龄段”下方插入“年龄段 .jpg”图片，并使其居中显示，然后按照相同的方法在其他表格下方插入相应的图片，如图 12-6 所示。

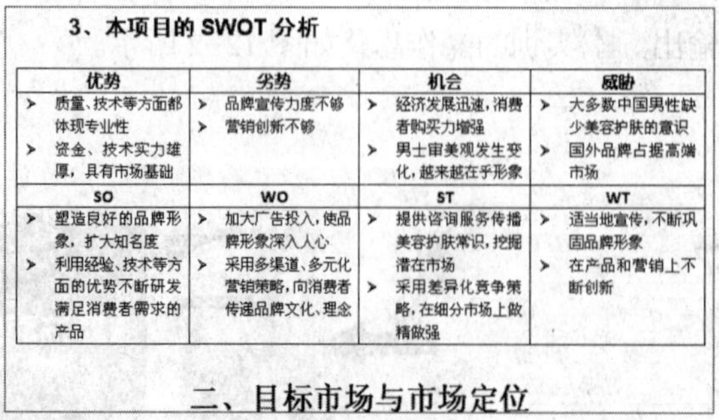
3、本项目的 SWOT 分析

优势	劣势	机会	威胁
➢ 质量、技术等方面都体现专业性 ➢ 资金、技术实力雄厚，具有市场基础	➢ 品牌宣传力度不够 ➢ 营销创新不够	➢ 经济发展迅速，消费者购买力增强 ➢ 男士审美观发生变化，越来越在乎形象	➢ 大多数中国男性缺少美容护肤的意识 ➢ 国外品牌占据高端市场
SO	WO	ST	WT
➢ 塑造良好的品牌形象，扩大知名度 ➢ 利用经验、技术等方面的优势不断研发满足消费者需求的产品	➢ 加大广告投入，使品牌形象深入人心 ➢ 采用多渠道、多元化营销策略，向消费者传递品牌文化、理念	➢ 提供咨询服务传播美容护肤常识，挖掘潜在市场 ➢ 采用差异化竞争策略，在细分市场上做精做强	➢ 适当地宣传，不断巩固品牌形象 ➢ 在产品和营销上不断创新

二、目标市场与市场定位

图 12-5 插入表格

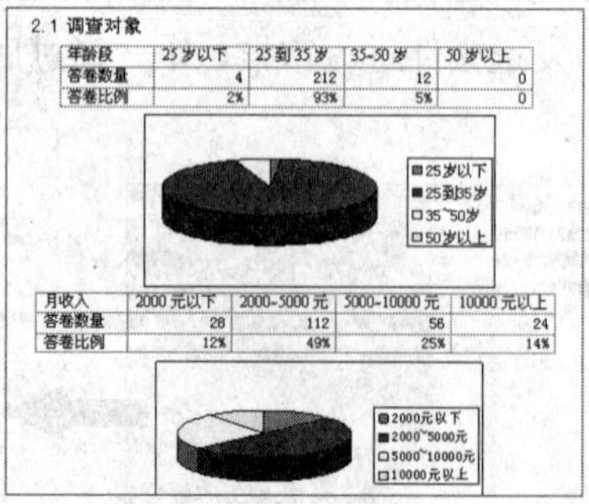
2.1 调查对象

年龄段	25 岁以下	25 到 35 岁	35-50 岁	50 岁以上
答卷数量	4	212	12	0
答卷比例	2%	93%	5%	0

月收入	2000 元以下	2000-5000 元	5000-10000 元	10000 元以上
答卷数量	28	112	56	24
答卷比例	12%	49%	25%	14%

图 12-6 插入图片

（6）绘制矩形、直线和箭头，并在矩形中输入相应的文本，然后组合所有绘制的图形，并将其嵌入在“1、市场调查的步骤及实施方案”段落下，如图 12-7 所示。

（7）在页眉区域双击鼠标进入页眉编辑状态，输入页眉内容“肤颜青苹果洗面奶营销策划”，然后切换到页码编辑状态，插入普通数字型页码，居中显示，如图 12-8 所示。

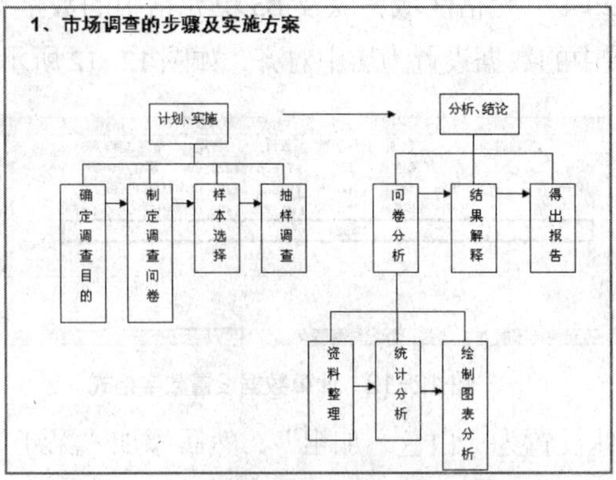

图 12-7 绘制图形输入文本

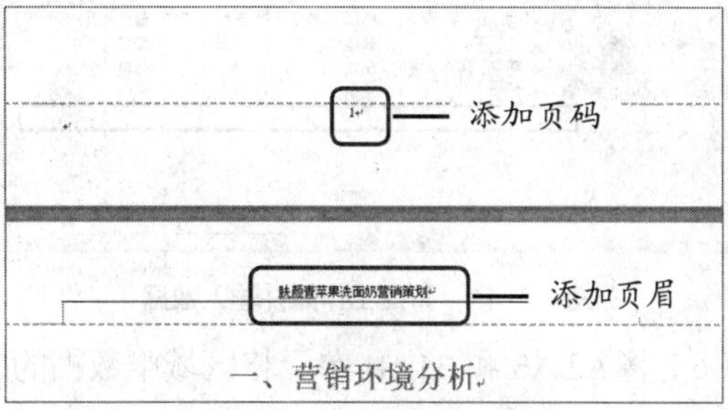

图 12-8 设置首页不同

（8）在第一页上方插入目录，格式为“来自模板”，“显示级别”设置为 3，如图 12-9 所示。

（9）在目录页上方插入“现代型”封面，分别在模板块中输入标题、作者和时间，如图 12-10 所示。最后将制作完成的文档进行保存。

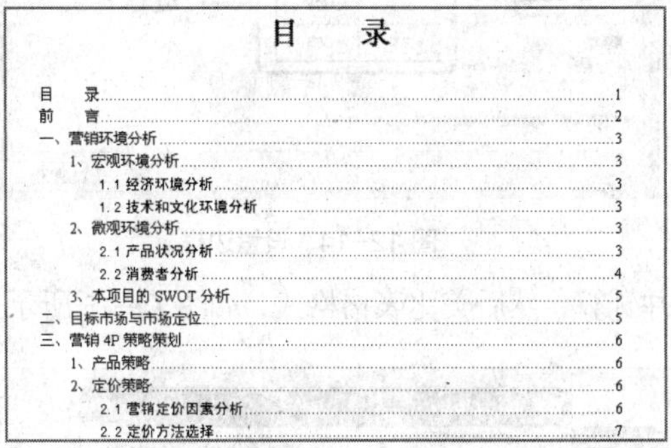
目　录

目　录......1
前　言......2
一、营销环境分析......3
1、宏观环境分析......3
1.1 经济环境分析......3
1.2 技术和文化环境分析......3
2、微观环境分析......3
2.1 产品状况分析......3
2.2 消费者分析......4
3、本项目的 SWOT 分析......5
二、目标市场与市场定位......5
三、营销 4P 策略策划......6
1、产品策略......6
2、定价策略......6
2.1 营销定价因素分析......6
2.2 定价方法选择......7

图 12-9 插入目录

图 12-10 插入封面

12.4.2 使用 Excel 制作“广告预算费用表”

微课视频
使用 Excel 制作“广告预算费用表”

搜集完资料后，即可将相关数据录入到 Excel 表格中，使用公式对广告投放的费用进行预算。下面在 Excel 中统计广告预算费用，其具体操作如下。

（1）打开 Excel 2010，新建工作簿并以“广告预算费用表 .xlsx”为名进行保存。

（2）插入 2 张新工作表，然后将工作表分别命名为“总计费用”“报纸”“杂志”“电视”和“户外、车体”。

（3）选择“报纸”工作表，输入相应的数据，然后合并 B5:G5 单元格区域，并根据内容调整行高和列宽，如图 12-11 所示。

（4）在 F2 单元格中输入公式“=D2*E2”，再将公式填充到 F3、F4 单元格中。在 B5 单元格中使用求和函数“=SUM(F2:F4)”，计算出 F2:F4 单元格区域中的费用总和。

（5）将表头数据设置为居中对齐，将 E2:E4、F2:F4 单元格区域，以及 B5 单元格中的数字类型设置为“货币”，再将 C2:G4 单元格区域中的数据设置为居中对齐，如图 12-12 所示。

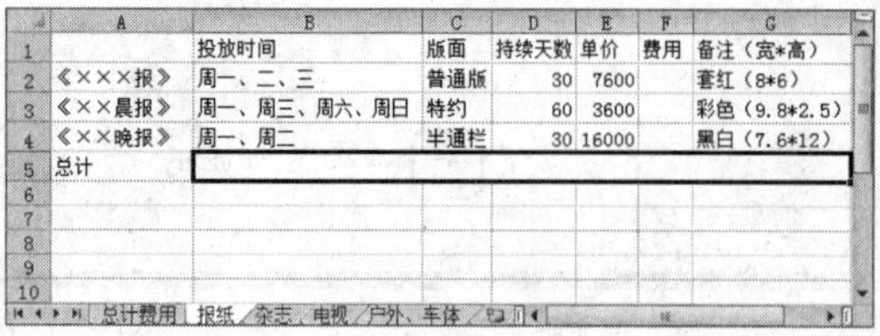

图 12-11　新建工作簿并输入数据

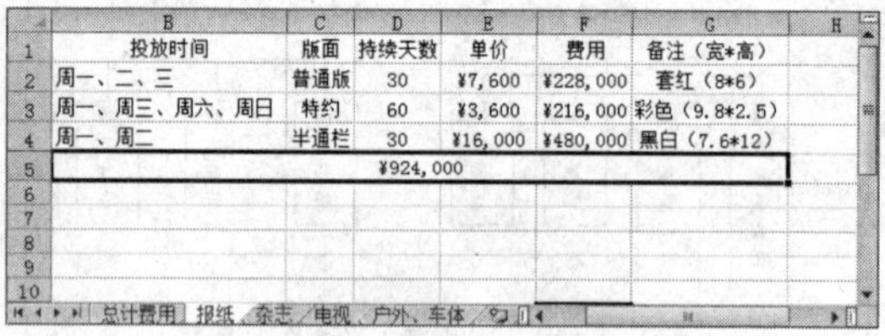

图 12-12　计算数据设置数字格式

（6）将 A2:A5 和 B1:G1 单元格区域中数据的字体设置为“白色、加粗”，然后添加“深红”底纹，如图 12-13 所示。

（7）为 B2:G5 单元格区域添加虚线内边框，以及粗线右边框和底边框，如图 12-14 所示。

图 12-13　设置字体格式和底纹

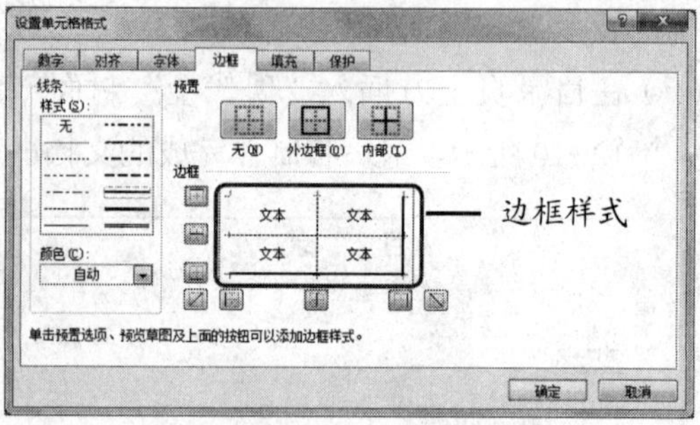

图 12-14　设置边框

（8）按照相同的方法，在其他工作表中输入数据并计算，然后美化表格格式，如图 12-15 所示。

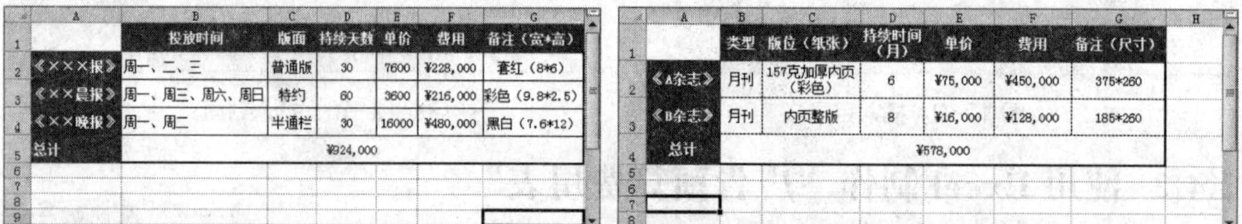

图 12-15　美化表格的效果

（9）选择“总计费用”工作表，在 B2 单元格中输入“=”。然后单击“报纸”工作表标签，在 B5 单元格上单击鼠标，并按【Enter】键，引用该单元格中的数据。

（10）分别在 C2、D2 和 E2 单元格中引用相应表格中的数据，然后在 F2 单元格中计算 B2:E2 单元格区域中数据的总和，如图 12-16 所示。

（11）在 F3 单元格中输入“1”，在 B3:E3 单元格区域中分别输入“=B2/F2”“=C2/F2”“=D2/F2”和“=E2/F2”，计算出各项费用所占总费用的比例，然后将 B3:F3 单元格区域的数字类型设置为“百分比”，如图 12-17 所示。

图 12-16 引用并计算总费用

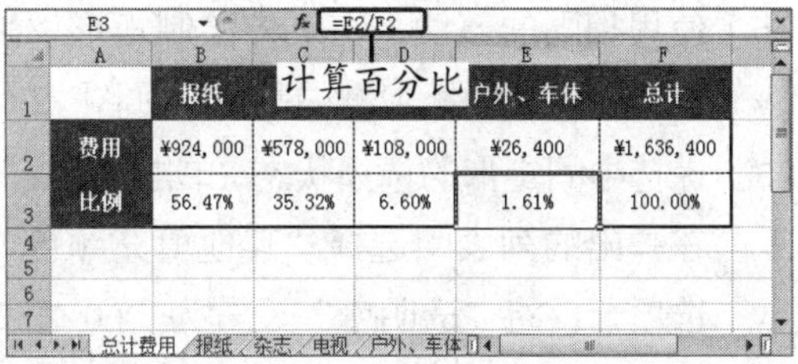

图 12-17 计算各项费用比例

12.4.3 制作“洗面奶广告案例”演示文稿

微课视频

制作“洗面奶广告案例”演示文稿

资料整理完毕后，即可使用 PowerPoint 制作产品的广告演示文稿，从而更直观地展示产品。下面在 PowerPoint 中制作广告演示文稿，其具体操作如下。

（1）打开 PowerPoint 2010，新建“洗面奶广告案例 .pptx”演示文稿。

（2）单击“设计”选项卡，选择“页面设置”组，单击“页面设置”按钮，将幻灯片大小设置为“全屏显示（16:9）”，如图 12-18 所示。

（3）切换到幻灯片母版视图，将主题设置为网格，然后将主题的颜色设置为“穿越”，如图 12-19 所示。

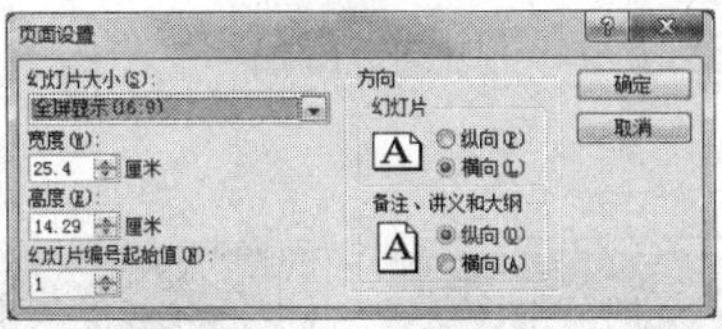

图 12-18 设置幻灯片页面大小

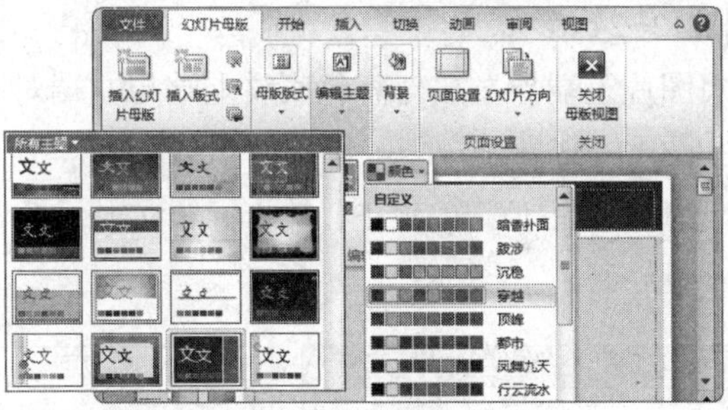

图 12-19 设置幻灯片主题

（4）将第 1 张母版幻灯片上方的矩形填充颜色设置为“深绿”，高度设置为“2.2 厘米”，宽度设置为“25.4 厘米”，如图 12-20 所示。

（5）在矩形的下方绘制一个矩形，设置填充颜色为“橙色”，高度设置为“0.15 厘米”，宽度设置为“25.4 厘米”，如图 12-21 所示。

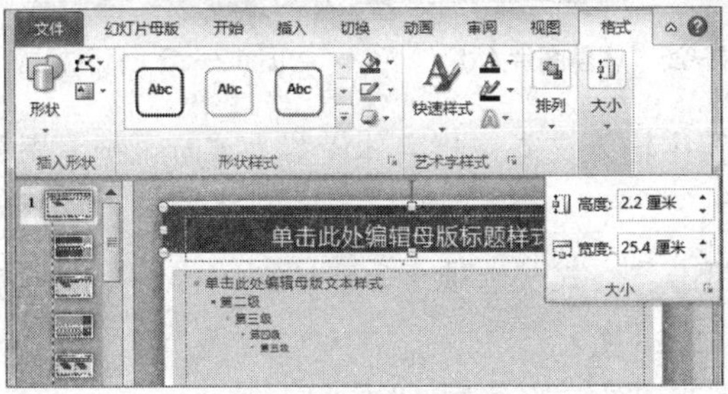

图 12-20 修改上方第 1 个矩形

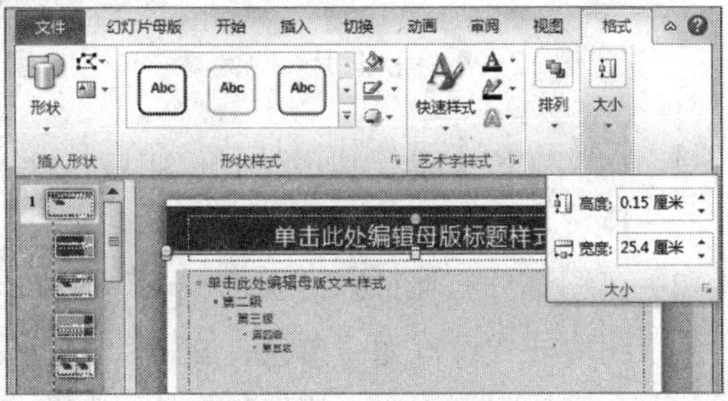

图 12-21 绘制矩形

（6）使用相同的方法，在下方绘制矩形，然后将标题占位符移动到上方矩形的中间位置，再调整中间的矩形框的高度，如图 12-22 所示。

（7）保持中间矩形的选择状态，单击“格式”选项卡，在“形状样式”组中单击 形状填充 按钮，在弹出的列表中选择“其他填充颜色”选项，打开“颜色”对话框，单击“自定义”选项卡，将“透明度”设置为“60%”，如图 12-23 所示。

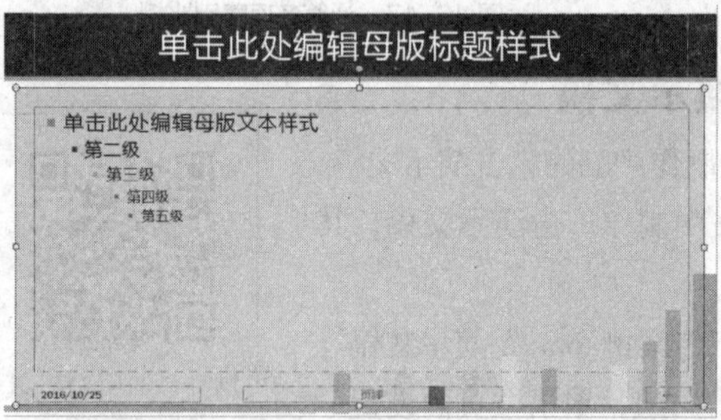

图 12-22　设计第 1 张母版幻灯片版式

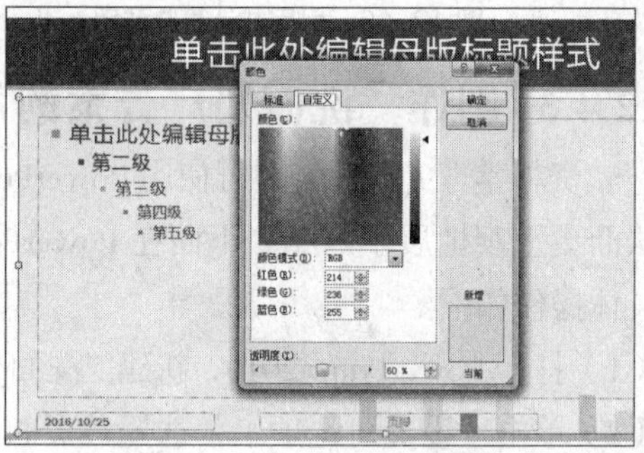

图 12-23　设置矩形透明度

（8）退出幻灯片母版视图，选择第 1 张幻灯片，单击“插入”选项卡，在“图像”组中单击“图片”按钮，在打开的“插入图片”对话框中双击“洗面奶 .png”选项，插入图片，如图 12-24 所示。

（9）将图片上端与左端与蓝色底纹上端与左端对齐，然后调整图片大小，使其底端对齐，如图 12-25 所示。

（10）调整标题占位符的大小，输入标题文本，将字体设置为“方正水柱简体”，如图 12-26 所示。

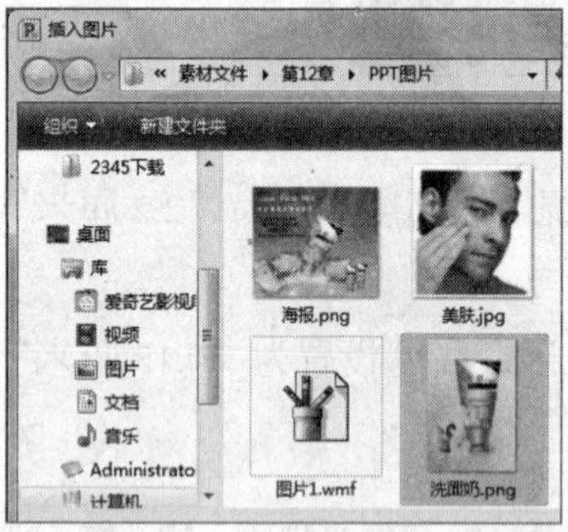

图 12-24　插入图片

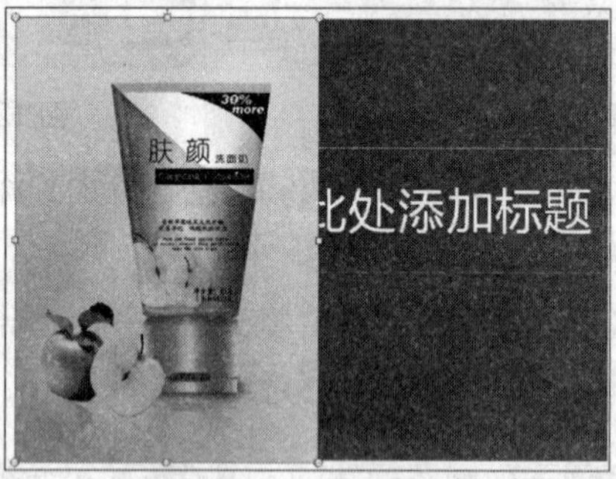

图 12-25　调整图片大小

图 12-26　输入标题

（11）按【Entet】键新建幻灯片，在正文占位符中输入文本，将字体设置为“方正毡笔黑简体”，19 号字，如图 12-27 所示。

（12）在幻灯片右侧插入“美肤 .jpg”图片，单击“格式”选项卡，在“图片样式”组中将图片样式设置为“白色，旋转”，如图 12-28 所示。

（13）利用相同的方法，新建幻灯片，制作第 3 张 ~ 第 6 张幻灯片。

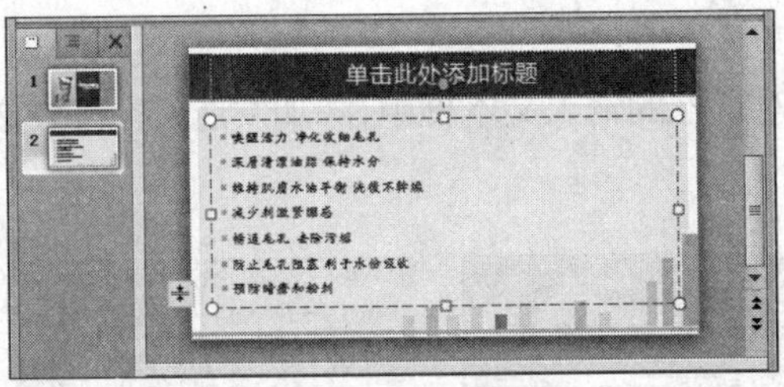

图 12-27　输入正文内容

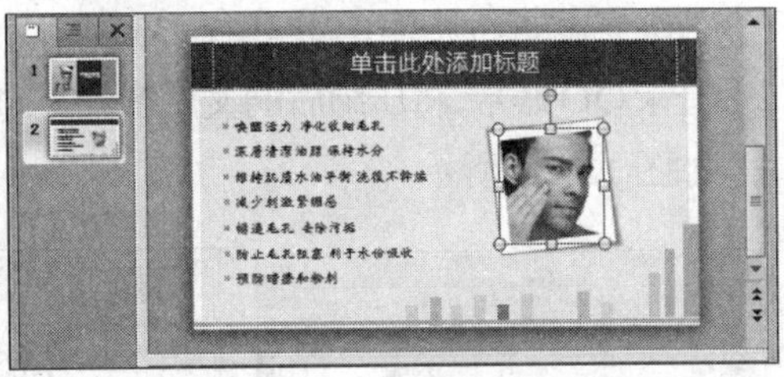

图 12-28　插入并编辑图片

（14）在第 6 张幻灯片处新建“标题幻灯片”，输入标题文本，将标题占位符的填充颜色设置为“深蓝”，如图 12-29 所示。

（15）新建第 8 张“空白”幻灯片，插入“海报 .png”图片，覆盖整张幻灯片页面。

（16）新建第 9 张“空白”幻灯片，复制第 6 张幻灯片中的标题占位符，调整大小和位置，然后输入结束语，将填充颜色设置为“青绿色”，如图 12-30 所示。

图 12-29　制作第 7 张幻灯片

图 12-30　制作结束幻灯片

（17）选择第 1 张幻灯片，设置“形状”切换效果，将显示时间设置为“1 秒”，并应用到所有幻灯片中，如图 12-31 所示。

（18）选择第 2 张幻灯片，选择正文占位符，设置“向内溶解”动画效果，将持续时间设置为“1 秒”，如图 12-32 所示。

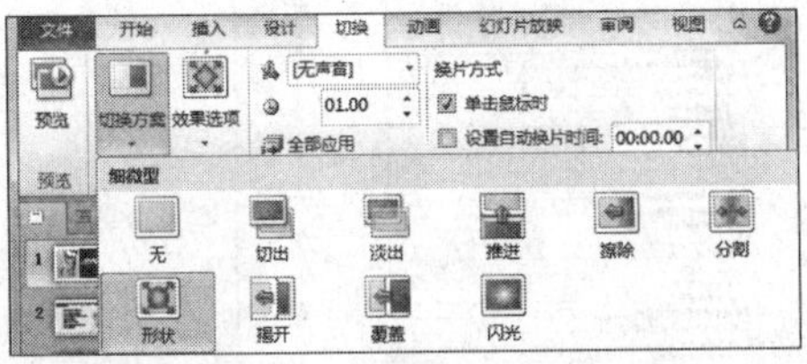

图 12-31　设置幻灯片切换效果

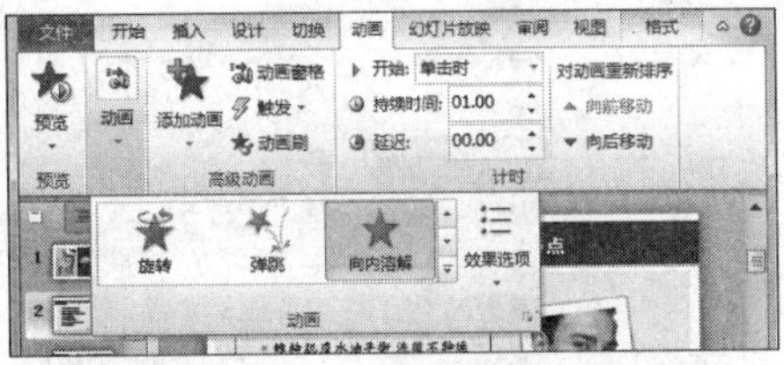

图 12-32　设置幻灯片对象动画效果

（19）使用相同的方法为后面的各张幻灯中的对象设置动画效果，然后保存演示文稿。

12.4.4 发送文案进行审核

在工作中完成文案等文件的制作后，有时需要将文件发送给相关负责人审核，查看是否合乎要求。下面首先将制作的文件进行压缩然后使用 QQ 发送，其具体操作如下。

微课视频

发送文案进行审核

（1）打开保存文件的“广告文案”文件夹，选择制作后的 3 个文件，单击鼠标右键，在弹出的快捷菜单中选择“WinRAR”命令，在子菜单中选择“添加到‘广告文案’”命令，将以保存文件的文件夹名称进行压缩，如图 12-33 所示。

（2）登录QQ账号，将压缩后的文件拖动至QQ对话框的输入文本框中，添加发送文件并发送，如图 12-34 所示。

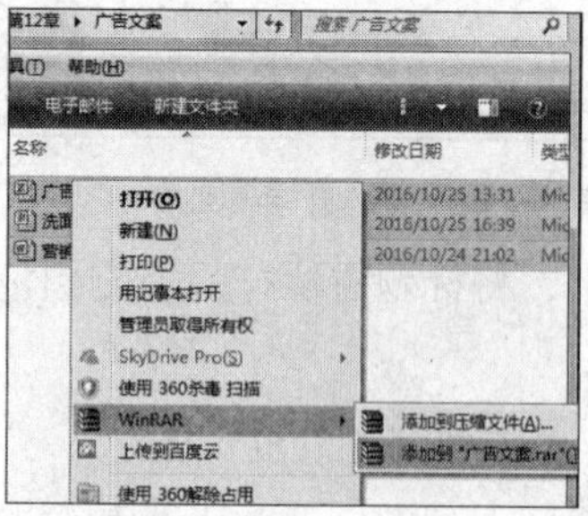

图 12-33　压缩文件

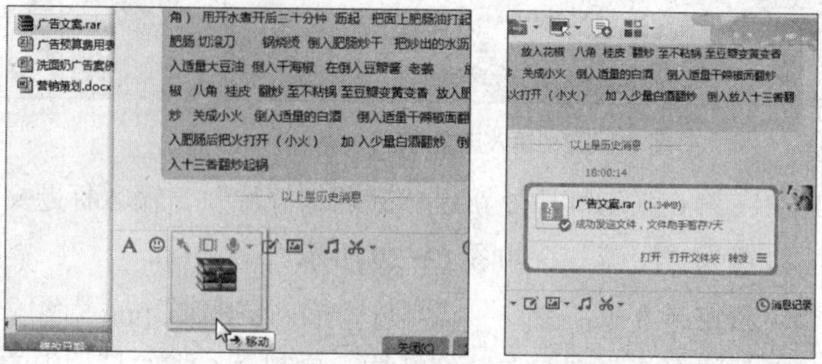

图 12-34　发送压缩文件

12.4.5 打印文档

通常在办公中有特殊需要的文档需将其进行打印，以便查看和使用。下面将制作的“营销策划 .docx”文档打印 3 份，其具体操作如下。

微课视频

打印文档

（1）启动打印机，在文档中选择单击“文件”选项卡，选择“打印”菜单命令。

（2）在“打印”界面的“份数”数值框中输入“3”，在“打印机”栏中选择连接的打印机设备选项，在“设置”栏中设置页面方向和纸张大小为“纵向、A4”。

（3）预览效果后，单击“打印”按钮打印，如图 12-35 所示。

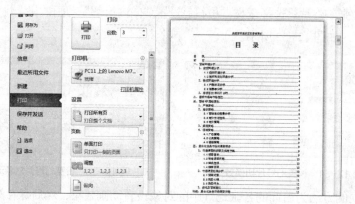

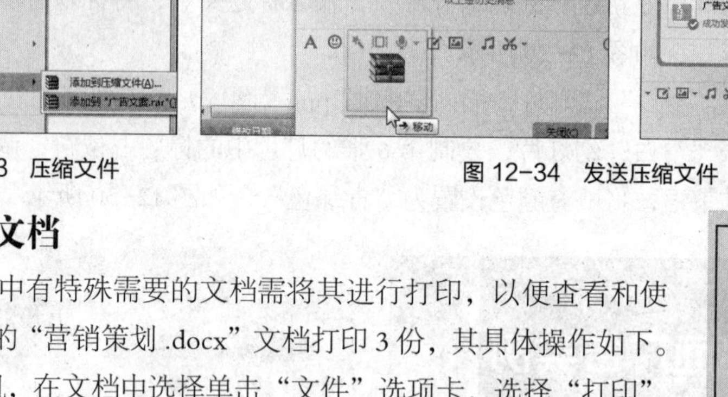

图 12-35　打印文档

12.5 项目实训

12.5.1 协同制作“年终销售总结”演示文稿

微课视频

协同制作“年终销售总结”演示文稿

1. 实训目标

根据提供的“年终销售总结 .pptx”“销售情况统计 .xlsx”“销售工资统计 .xlsx”“销售总结草稿 .docx”文件，协同制作“年终销售总结”

演示文稿，并设计动画，参考效果如图 12-36 所示。

素材所在位置 素材文件\第 12 章\项目实训\年终销售总结

效果所在位置 效果文件\第 12 章\项目实训\年终销售总结

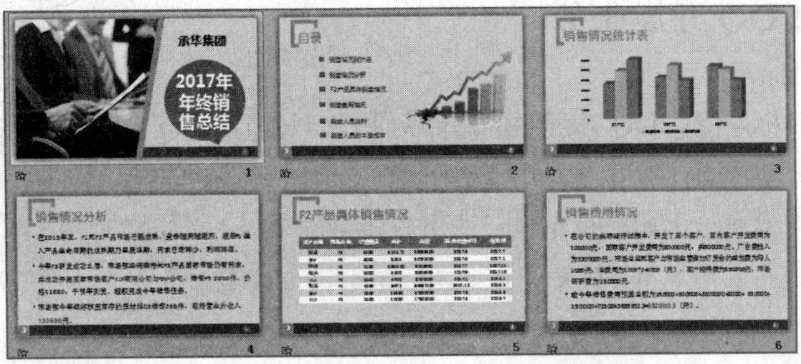

图 12-36 “年终销售总结”演示文稿最终效果

2. 专业背景

“年终总结”是公司对当年度公司整体情况进行的汇总报告，其概括性极强，是一类总结性的演示文稿。其重点一般包括产品“生产状况”“质量状况”“销售情况”以及来年的计划。“年终总结”对公司有积极的作用。实际工作中，这类文稿中包含总结文本信息、表格以及图表等对象，在 PowerPoint 中调用 Word、Excel 中的内容，协作制作演示文稿，将有效提高工作效率。

3. 操作思路

完成本实训首先在“销售情况统计 .xlsx”工作簿中创建销售图表，然后使用 PowerPoint 创建演示文稿，然后将文档和表格粘贴到演示文稿中，其操作思路如图 12-37 所示。在 Word、Excel、PowerPoint 中制作好的文档、表格、幻灯片可以通过复制、粘贴操作相互调用。复制与粘贴对象的方法很简单，只需要选择相应的对象并进行复制，再切换到另一个 Office 组件中粘贴即可。

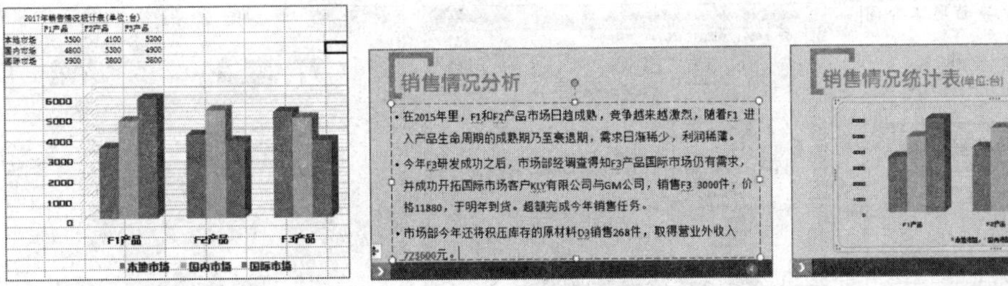

①创建图表　②复制文字　③复制图表

图 12-37 “年终销售总结”演示文稿的制作思路

【步骤提示】

（1）将“销售总结草稿 .docx”文档的正文内容添加到演示文稿的第 4 张、第 6 张、第 7 张幻灯片中。

（2）在“销售情况统计 .xlsx”工作簿中创建销售图表，然后将图表粘贴到第 3 张幻灯片中。

（3）将“销售情况统计 .xlsx”中的 F2 产品销售表格数据粘贴到第 5 张幻灯片中。

（4）在第 8 张幻灯片中粘贴“销售工资统计 .xlsx”工作簿的“基本工资”和“提成工资”工作表数据表格对象。

（5）为幻灯片中添加的对象设置动画效果，并为每张幻灯片设置切换效果。

12.5.2 使用 QQ 开展业务

1．实训目标

微课视频

使用 QQ 开展业务

本实训的目标是使用 QQ 开展业务，首先公司领导通过 QQ 发布任务，如制作劳动合同，然后员工开始制作员工合同，制作完成后，需要将合同文件发送给上司进行审核，这里先将合同 Word 文档转换为 PDF 文件再进行发送。审核之后，按照实际情况进行打印。

效果所在位置 效果文件 \ 第 12 章 \ 项目实训 \ 劳动合同

2．专业背景

QQ 在办公自动化中占有举足轻重的位置，首先它拥有众多用户，几乎每个客户和同事都有一个甚至更多的 QQ 账号，在工作中，有很多事情都通过 QQ 来展开，如信息的交流、业务的沟通、消息传达等。在 QQ 的使用过程中，应掌握其交流技巧，即交谈的用户身份不同，那么交谈的内容，说话的语气和用词都要十分注意，如称呼，客户需要使用尊称，与上司交流，尽量言简意赅等。

3．操作思路

完成本实训需要使用 Word 制作“劳动合同 .docx”文档，然后使用 Adobe Acrobat 将“劳动用工合同 .docx”文档转换为 PDF 格式，并通过 QQ 传送文件，最后打印文档，其操作思路如图 12-38 所示。

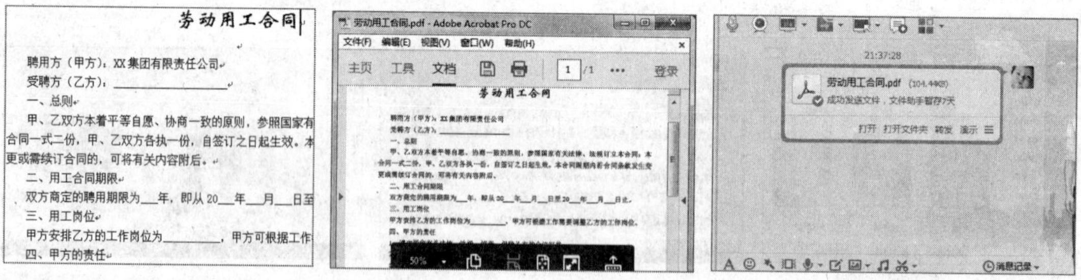

①使用 Word 制作文档　②使用 Adobe Acrobat 转换文档　③发送文件

图 12-38　使用 QQ 开展业务参考图示

【步骤提示】

（1）启动 Word 2010，制作“劳动用工合同 .docx”文档。

（2）使用 Adobe Acrobat 将“劳动用工合同 .docx”文档转换为 PDF 文件。

（3）登录 QQ，发送“劳动用工合同 .pdf ”文件进行审核。

（4）通过审核后，将“劳动用工合同 .docx”文档打印输出。

12.6 课后练习

本章主要通过综合实训巩固 Word、Excel 和 PowerPoint 的相关操作知识，下面通过两个习题的制作，使读者进一步掌握 Word、Excel、PowerPoint 制作各类文件的一般方法。

微课视频

协同制作“市场分析”演示文稿

练习 1：协同制作“市场分析”演示文稿

下面将根据提供的文档和表格，然后在 PowerPoint 中粘贴文档和表格内容，协同完成制作“市场分析”演示文稿，完成后的参考效果如图 12-39 所示。

素材所在位置 素材文件 \ 第 12 章 \ 课后练习 \ 市场分析

效果所在位置 效果文件 \ 第 12 章 \ 课后练习 \ 市场分析 .pptx

图 12-39 “市场分析”最终效果

操作要求如下。

- 在提供的“市场分析 .docx”文档中复制相关文本。
- 在 PowerPoint 幻灯片中按【Ctrl+V】组合键进行粘贴。
- 选择需创建图表的幻灯片，单击“插入”选项卡，在“对象”组中单击“对象”按钮，打开“插入”对话框，在其中选择需要插入的“开发情况 .xlsx”和“投资情况 .xlsx”工作簿。

练习 2：办公软硬件的使用

通过实训掌握自动化办公中常用软硬件的使用，实训目的如下。

- 熟练掌握使用 WinRAR 压缩与解压的操作。
- 熟练掌握使用 QQ 的操作。
- 熟练掌握使用光影魔术手的操作。
- 熟练掌握打印机的使用操作。

- 熟练掌握一体机的使用操作。
- 了解扫描仪和投影仪的使用操作。

操作要求如下。

（1）获取相关的软件安装程序，下载后进行解压，再进行安装。

（2）使用 QQ 与同事进行会话。

（3）使用光影魔术手浏览计算机中保存的图片。

（4）将制作的某个 Word 文件利用打印机进行打印。

（5）将前面打印的 Word 文件复印两份。

（6）将现有的文件通过扫描仪扫描到计算机中。

（7）使用投影仪放映制作的演示文稿。

12.7 技巧提升

1. Word 文档制作流程

Word 常用于制作和编辑办公文档，如通知、说明书等，在制作这些文档时，只要掌握了使用 Word 制作文档的流程，制作起来便非常方便、快捷。虽然使用 Word 可制作的文档类型非常多，但其制作流程都基本相同，图 12-40 所示为使用 Word 制作文档的流程。

2. Excel 电子表格制作流程

Excel 用于创建和维护电子表格，通过它不仅可制作各种类型的电子表格，还能对其中的数据进行计算、统计。Excel 的应用范围比较广，如日常办公表格、财务表格等，但在制作这些表格前，需要掌握使用 Excel 制作电子表格的流程，如图 12-41 所示。

图 12-40 Word 文档制作流程

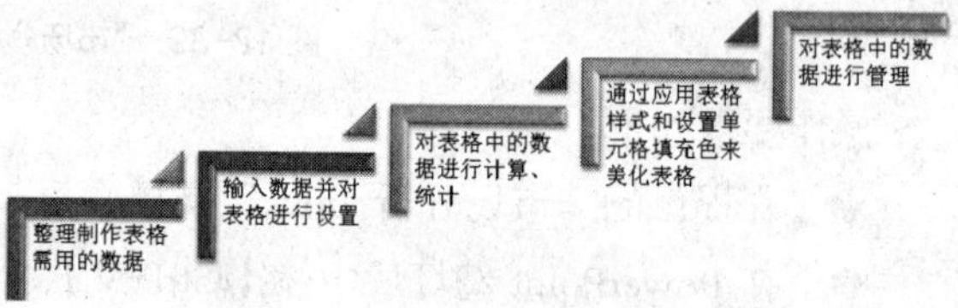

图 12-41 Excel 电子表格制作流程

3. PowerPoint 演示文稿制作流程

PowerPoint 用于制作和放映演示文稿，是现在办公行业应用最广泛的多媒体，使用 PowerPoint 软件可制作培训、宣传、课件以及会议报告等类型的演示文稿。PowerPoint 虽然分类比较广，但其制作方法和流程都类似，图 12-42 所示为制作演示文稿的流程图示。

图 12-42 PowerPoint 演示文稿制作流程

附录

APPENDIX

为了使读者在办公中提高制作各类文件的效率，本附录整理了 Word、Excel 和 PowerPoint 这 3 款办公软件的通用快捷键和其他常用快捷键，通过使用快捷键快速完成文件内容的格式设置和编排，如附表 1~ 附表 4 所示。

附表 1　Word、Excel 和 PowerPoint 通用快捷键

快捷键	作用	快捷键	作用
Ctrl+A	全选	Ctrl+C	复制
Ctrl+F	查找	Ctrl+H	替换
Ctrl+N	新建	Ctrl+O	打开
Ctrl+P	打印	Ctrl+S	保存
Ctrl+V	粘贴	Ctrl+X	剪切
Ctrl+Z	撤销	Ctrl+Y	重复上一次操作

附表 2　Word 常用快捷键

快捷键	作用	快捷键	作用
Ctrl+B	粗体	Ctrl+E	居中对齐
Ctrl+G	定位	Ctrl+I	斜体
Ctrl+J	两端对齐	Ctrl+K	插入超链接
Ctrl+M	左缩进	Ctrl+L	左对齐
Ctrl+R	右对齐	Ctrl+T	首行缩进
Ctrl+U	下划线	Ctrl+Shift+C	格式复制
Ctrl+Shift+D	添加双下划线	Ctrl+Shift+N	降级为正文
Ctrl+Shift+L	应用列表样式	Ctrl+Shift+M	减少左缩进
Ctrl+Shift+T	减小段落缩进	Ctrl+Shift+U	添加下划线
Alt+Shift+D	插入日期	Alt+Shift+P	插入页码
Shift+Enter	换行符	Ctrl+Enter	分页符
Ctrl+Alt+1	应用“标题 1”	Ctrl+Alt+2	应用“标题 2”

附表 3　Excel 常用快捷键

快捷键	作用	快捷键	作用
Ctrl+D	向下填充	Ctrl+R	向右填充
Ctrl+Shift+:	插入时间	Ctrl+;	输入日期

续表

快捷键	作用	快捷键	作用
Alt+Page down	向右移动一位	Alt+Page up	向左移动一位
End	移动到窗口右下角的单元格	End+ 箭头键	在一行或一列内以数据块为单位移动
Ctrl+ 空格	选择整列	Shift+ 空格	选择整行
Alt+Enter	在单元格中换行	Ctrl+Enter	用当前输入项填充选择的单元格区域
Alt+=	使用 SUM 函数插入“自动求和”公式	Shift+F3	在公式中，打开“插入函数”对话框
Ctrl+1	打开“设置单元格格式”对话框	Ctrl+Delete	删除插入点到行末的文本
Ctrl+Shift+%	应用不带小数位的“百分比”格式	Ctrl+9	隐藏选择行
Ctrl+Shift+$	应用带两个小数位的“货币”格式	Ctrk+Shift+Page up	选择当前工作表和上一张工作表
Home	移动到行首或窗口左上角的单元格	Ctrl+Home	移动到工作表的开头
Ctrl+End	移动到工作表的最后一个单元格		

附表 4　PowerPoint 常用快捷键

快捷键	作用	快捷键	作用
F5	从开始进行放映	Ctrl+ 鼠标左键	显示激光笔
Ctrl+Shift++	应用上标格式（自动调整间距）	Ctrl+=	应用下标格式（自动调整间距）
Ctrl+G	组合对象	Ctrl+Shift+G	解除组合
Shift+F5	从当前页开始放映	Esc	退出放映状态
B 或句号	黑屏或从黑屏返回幻灯片放映	W 或，	白屏或从白屏返回幻灯片放映
S 或加号	停止或重新启动自动幻灯片放映	键入编号后按 Enter	直接切换到该张幻灯片
Ctrl+Shift+S	另存文档	M	排练时使用鼠标单击切换到下一张幻灯片
E	擦除屏幕上的注释	H	到下一张隐藏幻灯片
O	排练时使用原设置时间	Ctrl+H	立即隐藏指针和按钮